主办 | 西南政法大学诉讼法与司法改革研究中心

第9卷

刑事司法论丛

主编　闫召华

法律出版社
LAW PRESS·CHINA
北京

图书在版编目(CIP)数据

刑事司法论丛. 第9卷 / 闫召华主编. -- 北京 : 法律出版社, 2024
ISBN 978-7-5197-8469-0

Ⅰ. ①刑… Ⅱ. ①闫… Ⅲ. ①刑事诉讼法-研究-中国 Ⅳ. ①D925.204

中国国家版本馆CIP数据核字(2023)第252676号

刑事司法论丛(第9卷)
XINGSHI SIFA LUNCONG(DI-9 JUAN)

闫召华 主编

责任编辑 薛 晗 宋佳欣
装帧设计 汪奇峰

出版发行 法律出版社
编辑统筹 法商出版分社
责任校对 王 丰 郭艳萍
责任印制 胡晓雅
经 销 新华书店

开本 710毫米×1000毫米 1/16
印张 24.5 **字数** 498千
版本 2024年6月第1版
印次 2024年6月第1次印刷
印刷 北京建宏印刷有限公司

地址:北京市丰台区莲花池西里7号(100073)
网址:www.lawpress.com.cn
投稿邮箱:info@lawpress.com.cn
举报盗版邮箱:jbwq@lawpress.com.cn

销售电话:010-83938349
客服电话:010-83938350
咨询电话:010-63939796

书号:ISBN 978-7-5197-8469-0
定价:108.00元

《刑事司法论丛》
编辑委员会

上海政法学院	魏化鹏
中南财经政法大学	郭　航
西北政法大学	步洋洋
安徽财经大学法学院	纵　博
安徽大学法学院	孔令勇
重庆大学法学院	自正法
兰州大学法学院	蒋　勇
天津商业大学法学院	吴常青
重庆邮电大学法学院	赵长江
南京审计大学法学院	陈苏豪

目　录

理论前沿

院校荐稿

实务论坛

域外法制

理论前沿

数据合规的平衡难题与完善进路

孔令勇　王全涛*

摘　要:数据合规作为数据治理的主要内容,对于个人数据保护具有重要意义。数据合规既有内在正当性也有外在紧迫性,企业数据价值实现中面临的流转类风险与使用类风险叠加数据合规的“三维”法律规制,构成了当下我国数据合规的现状。我国在推进数据合规中存在三大平衡难题:治理主体上,政府规制下忽视了企业自我监管;治理理念上,线性刑法处罚模式与高权行政监管模式的数据治理成效不彰;治理目标上,企业处理数据行为的双重外部性难以平衡数据保护与数据红利间的关系。对此,应从三个方面进行完善:形成数据合规的协力并发挥行业组织的作用,以整合数据合规的力量;通过数据合规强度平衡与场景平衡,以转变数据治理的理念;采取“负外部性内在化”与“正外部性外部化”的经济逻辑,以实现数据合规的目的。

关键词:数据合规;平衡;数据治理;个人信息

数据作为一项新的生产要素,在提高企业生产效率和竞争力的同时,极大地便利了公民的日常生活,提高了政府管理的精确性和决策的科学性。与数据价值实现相伴而生的还有数据在流转及使用过程中产生的风险。对此,我国于2017年颁布了《网络安全法》,2021年通过实施了《数据安全法》、《个人信息保护法》,构筑了我国数据安全保护领域的三大基石。学者们以数据为主题展开了关于“数

---

* 孔令勇,安徽大学法学院副教授,博士生导师,安徽法治与社会安全研究中心研究人员;王全涛,安徽大学法学院硕士研究生。基金项目:安徽法治与社会安全研究中心一般项目“全面法治视野下企业合规从宽机制改革的问题展现与制度纾困”(编号:fzsh2022lx－12);安徽大学法学院2022级优质生源创新项目(编号:M080148001);2023年度安徽省高校哲学社会科学研究优秀青年项目“企业合规视野下涉案企业认罪认罚及犯罪治理研究——基于安徽省企业的考察”(编号:2023AH03005)。

据刑事合规”“数据安全合规”“数据保护合规”“数据安全刑事合规”等方面的研究,[1][2][3][4]为企业数据保护/安全/刑事合规体系的构建提供了方案或框架。可以说,实务界与理论界对企业处理数据应严格监管这一点基本达成了共识。但鲜有学者关注企业进行数据合规的背后逻辑,一旦有适当的利润,企业也会大胆起来,企业数据合规的底层逻辑必定也是利益。而基于单一化政府规制路径,企业建立的数据合规管理体系只是应付政府监管的需要,此举对于企业犯罪控制难以奏效,[5]企业犯罪预防的目标更难以实现。此外,强调并夸大数据保护,赋予企业以严格的数据合规义务而忽视数据的挖掘利用,会造成数据价值的减损。

有鉴于此,本文以数据合规的平衡难题为切入点,对其完善进路进行初步研究。数据合规既有内在正当性也有外在紧迫性,企业数据价值实现中面临的流转类风险与使用类风险叠加数据合规的“三维”法律规制,构成了当下我国数据合规的现状。我国的数据合规面临着三大平衡难题,分别是政府监管与自我监管的平衡、刚性治理与柔性治理的平衡、数据保护与数据红利的平衡,关涉数据合规的主体、理念及目的,事关企业数据合规制度构建的有效性、发挥作用的长期性及收益的均衡性。在协同既有数据合规力量的基础上,本文构建行业自律的“成本—收益”博弈模型,认为在政府监管下也应当发挥行业协会在数据合规中的作用,以整合数据合规的力量。针对目前刚性的线性刑法惩罚模式及高权行政监管模式,本文提出以强度平衡与场景平衡来转变数据合规理念。最后,企业处理数据的双重外部性应以“负外部性内在化”和“正外部性外部化”的经济逻辑进行规制,以最大限度地实现数据保护与数据红利的平衡。这一完善进路旨在为企业建立实现企业、个人与国家三者利益平衡的数据合规管理体系减少制度障碍。

一、数据合规的实践探微

研究数据合规问题的逻辑起点须从数据合规的实践着手,在避免数据合规理论上的研究偏离数据合规实践的同时,亦有助于增强数据合规的“实践理性”。具体而言,数据合规的内在正当性和外在紧迫性构成了数据合规的内在要义;企业

---

① 参见刘品新:《论数据刑事合规》,载《法学家》2023年第2期。

② 参见何航:《企业数据安全合规治理的关键问题与纾解》,载《贵州社会科学》2022年第10期。

③ 参见毛逸潇:《数据保护合规体系研究》,载《国家检察官学院学报》2022年第2期。

④ 参见张勇:《数据安全刑事合规的滤罪模式》,载《学术论坛》2022年第3期;张勇、冯明昱:《数据安全刑事合规的责任伦理》,载《河南社会科学》2022年第8期。

⑤ See Sally S. Simpson, *Corporate Crime*, *Law and Social Control*, Cambridge University Press, 2002, p.154.

在数据流转和使用中的合规风险,有碍数据价值的实现及数据安全的保护。对此,数据合规领域采取了"三维"法律规制。

(一)数据合规的内在要义

1. 数据合规内在的正当性

数据合规的内在正当性是基于对数据权利本质的内在考量,关于数据权利属于何种性质的法律权利形成了两种主张:"数据人格权"与"数据财产权"。

数据之所以具有人格权特征,反映出人格尊严和自由,是因为企业数据包含着大量的个人数据,而个人数据能够直接识别或者结合其他信息间接识别出特定的自然人,承载着与个人尊严、隐私等密切相关的可识别要素。[①] 在美国法语境下,对个人数据保护的基础性权利是隐私权,对个人数据的侵害即为对个人隐私的侵害,[②]个人数据关涉私人生活安宁的隐私利益。在德国法语境下,数据是自我表达或自我延伸的体现,受人格尊严的道义要求的约束,[③]故个人数据所承载的人格利益属于人格尊严和人格平等的一部分。[④] 因此,从数据人格权的主张来看,数据合规体现着维护人之为人的隐私和尊严的内在正当性。

数据财产权的主张者认为数据正成为继物权和知识产权之后的可供人类支配与利用的第三类新兴财产权利,[⑤]通过赋予数据以财产权,能够为企业从事数据活动提供最基础的激励,[⑥]强化数据本身的经济驱动功能,发挥数据的乘数效应。对于企业而言,数据是21世纪的"黄金",合理地利用数据有助于企业制定经营战略、开拓市场、获得市场竞争中的优势地位。对于个人来说,同样享有对自己所属数据财产的占有、使用、收益、处分等权能。因此,从数据财产权的主张来看,数据合规有助于数据的高效流通和合理利用,实现对数据的全面保护。

2. 数据合规外在的紧迫性

数据合规面临着纵向维度与横向维度的强监管。纵向维度的强监管主要是

---

① 参见项焱、陈曦:《大数据时代美国信息隐私权客体之革新——以宪法判例为考察对象》,载《河北法学》2019年第11期。

② 参见连玉明主编:《数权法3.0 数权的立法前瞻》,社会科学文献出版社2021年版,第28页。

③ See Luciano Floridi, *On Human Dignity as a Foundation for the Right to Privacy*, 29 PHIL. & TECH. 307, 707 - 08(2016).

④ 参见王利明:《论个人信息权在人格权法中的地位》,载《苏州大学学报(哲学社会科学版)》2012年第6期。

⑤ 参见张新宝:《论作为新型财产权的数据财产权》,载《中国社会科学》2023年第4期。

⑥ 参见龙卫球:《再论企业数据保护的财产权化路径》,载《东方法学》2018年第3期。

指国际层面的数据“长臂管辖”与高额行政处罚,横向维度的强监管是指国内层面的数据“多头监管”与“运动式监管”。

2016 年,号称“史上最严格的个人数据立法”——《通用数据保护条例》(General Data Protection Regulation,GDPR)由欧盟议会通过,并于 2018 年 5 月在欧盟成员国正式实施。在数据跨境流动方面,GDPR 第 3 条第 2 款确立了“长臂管辖”原则,无论外国企业在欧盟境内是否设立机构,只要向其境内的数据用户提供了商品、服务或者监控他们的行为,该外国企业亦适用 GDPR。因此,GDPR 事实上已成为世界性的法律,并且这种“长臂管辖”效应也在不断扩散。① 在实施行政处罚方面,GDPR 第 83 条规定了两级行政处罚制度,第 83 条第 4 款为第一级行政处罚:最高可被处以 1000 万欧元或上一财年全球营业额 2% 的行政罚款,二者以罚款数额较高者为准;第 83 条第 5 款、第 6 款为第二级行政处罚,为第一级的两倍。② 目前,世界各国都在推进综合性数据保护立法进程,③联合国贸易和发展会议(UNCATD)于 2021 年 12 月 14 日发布的数据显示,在其统计的全球 194 个国家中,有 137 个国家制定了数据安全与隐私保护方面的立法,④不仅为企业设定了较高的数据合规义务,而且进一步拓展了法案的效力范围。⑤

国内层面上,一方面,我国对数据合规领域采取的是“多头监管”模式。《网络安全法》第 8 条、《数据安全法》第 6 条、《个人信息保护法》第 60 条分别规定了网络安全、数据安全、个人信息保护工作均由国家网信部门统筹协调,国务院及县级以上人民政府的有关部门在职责范围内履行监管职责。形成了网信办统筹,工信部、市场监督管理局及行业主管部门等主体共同监管的格局。另一方面,数据合规领域呈现“运动式监管”特点。运动式监管源于运动式治理理念,是监管主体运用自身资源,对社会重大问题或难题进行的非常态化的专项整治,⑥典型表现为

---

① 参见叶开儒:《数据跨境流动规制中的“长臂管辖”——对欧盟 GDPR 的原旨主义考察》,载《法学评论》2020 年第 1 期。

② See Intersoft Consulting. GDPR Fines/Penalities, https://gdpr - info. eu/art - 83 - gdpr/.

③ 参见毛逸潇:《数据保护合规体系研究》,载《国家检察官学院学报》2022 年第 2 期。

④ UNCATD:*Data Protection and Privacy Legislation Worldwide* 25, https://unctad. org/page/data - protection - and - privacy - legislation - worldwide.

⑤ 例如,2022 年修改实施的《俄罗斯联邦个人数据保护法》对俄罗斯用户提供商品或服务的网络运营商和各类网络企业,不管是否在俄罗斯境内,均受俄罗斯法律的管辖;我国台湾地区“个人资料保护法”第 52 条规定了公务机关及非公务机关,在中国台湾领域外对中国台湾人民个人资料搜集、处理或利用者,亦适用本法。

⑥ 参见孙培军、丁远朋:《国家治理机制转型研究——基于运动式治理的视角》,载《江西师范大学学报(哲学社会科学版)》2015 年第 2 期。

"专项行动""专项治理""集中整治"等。例如,2015 年公安部开展针对网络违法犯罪的"净网行动",此后又于 2018 年起连续 5 年开展"净网"专项行动;2019 年 1 月,中央网信办等开展 App 违法违规收集使用个人信息专项治理工作;2022 年 8 月,银保监会开展银行保险机构侵害个人信息权益乱象专项整治工作。运动式监管"从严、从重、从快"的倾向性及监管模式的轮回性,[①]恰恰需要企业的常态式合规应对。

(二)数据合规的风险类型

有效识别企业的合规风险是制定合规计划、构建合规管理体系的前提。对于数据企业而言,数据给企业带来价值的同时往往风险也相伴而生。故本文以数据价值的实现方式,将数据合规风险分为数据流转类风险与数据使用类风险。

1. 数据流转类风险

数据作为第五大生产要素,并不是天然地具有价值,必须经过市场交换这一环节才能实现数据资本化。[②] 也即实现数据商品向数据资本"惊险的一跃",其关键环节在于挖掘并放大数据的交换价值,从而将数据推向市场并实现交易。因此在数据流转过程中,企业所获得的利益源于数据的交换价值。

但企业与企业之间进行数据交换或者从事跨境数据流动中存在一定的行政、刑事风险。例如,我国《刑法》第 253 条之一规定的侵犯公民个人信息罪,以合法的方式获取个人信息,未经被收集者的同意而向他人提供,符合一定的情节便构成该罪。但是经过处理无法识别特定个人且不能复原的除外。[③] 该条虽然规定了上游数据提供方刑事责任排除的两条途径,即取得同意、匿名化处理,但是在数据流动过程中出现的数据泄露风险,中游数据代理商和下游数据接收方的刑事风险未能排除。若中游和下游企业实施了违法犯罪活动,上游企业也有被推定为"系统性单位犯罪"的风险。[④] 再如,企业从事跨境数据流动会面临国家间法律规则的冲突,美国《外国公司问责法案》要求在美国上市的公司必须披露审计细节,直接与我国《证券法》第 177 条相违背。[⑤] 故企业从事数据跨境业务,因各国监管要求

---

① 参见李辉:《"运动式治理"缘何长期存在? ——一个本源性分析》,载《行政论坛》2017 年第 5 期。

② 参见郝寿义:《论信息资本化与中国经济高质量发展》,载《南开经济研究》2020 年第 6 期。

③ 最高人民法院、最高人民检察院 2017 年 5 月 8 日《关于办理侵犯公民个人信息刑事案件适用法律若干问题的解释》第 3 条第 2 款。

④ 参见陈瑞华:《企业合规出罪的三种模式》,载《比较法研究》2021 年第 3 期。

⑤ 《证券法》第 177 条第 2 款规定:"未经国务院证券监督管理机构和国务院有关主管部门同意,任何单位和个人不得擅自向境外提供与证券业务活动有关的文件和资料。"

的差异会给企业从事相关业务带来不同程度的合规风险。

2. 数据使用类风险

数据价值实现的另一种方式源于数据的使用价值,也即数据满足人的某种需求的属性。党的二十大报告指出"加强个人信息保护",我国刑法对数据流转类犯罪也进行了专门规定,如上文所提及的以非法获取、出售、提供为内容的侵犯公民个人信息犯罪。然而吊诡的是,我国侵犯公民个人信息犯罪的案件数量一直处于高位。[①] 究其原因,企业进行数据收集发挥的是由于数据集聚所产生的量的收益,而对数据的深度挖掘与可视化分析给企业带来的是质的效益,个人信息因此成为具有高度商业价值的"数据黄金",[②]在利益驱动下导致个人信息受侵害的风险加剧。

由于我国刑法重视对数据流转类的行为施以刑事责任,加之大数据时代强调对数据的使用,因此常常出现"合法获取,不当滥用"的侵害公民个人信息行为。[③]具体而言主要包括以下几个方面:其一,企业处理个人信息不得超出事先约定的处理目的及方式,并且处理敏感个人信息应当告知其必要性并取得个人的单独同意;其二,个人信息处理者即便对个人信息采取了去标识化处理,但由于数据的深度挖掘、重组与结合,仍然有对公民的个人信息造成侵害的风险;其三,企业在使用个人信息时还应履行管理义务,避免对个人信息的不当管理和使用,若企业怠于履行管理职责,不仅会招致行政处罚风险,甚至会构成拒不履行信息网络安全管理义务罪的刑事风险。

(三)数据合规的"三维"法律规制

规制,指政府依据一定的法规对于具有社会价值的活动进行的限制或制约。[④]从规范体系层面来看,数据合规活动主要受到"三维"法律规制:民事法律规制、行政法律规制、刑事法律规制。质言之,企业的不合规行为将使企业承担相应的"三维"法律责任。

---

① 2020年,全国检察机关起诉侵犯公民个人信息犯罪6000余人,2021年起诉人数攀升至9800余人,2022年起诉9300余人。《依法严惩侵犯公民个人信息犯罪 2022年检察机关起诉9300余人》,载中华人民共和国最高人民检察院官网,https://www.spp.gov.cn/xwfbh/wsfbh/202303/t20230302_605284.shtml,最后访问日期:2023年10月20日。

② 参见[英]维克托·迈尔-舍恩伯格、肯尼斯·库克耶:《大数据时代:生活、工作与思维的大变革》,盛杨燕、周涛译,浙江人民出版社2013年版,第45页。

③ 参见周佑勇、王禄生:《智能时代的法律变革》,法律出版社2020年版,第180页。

④ 参见尹口:《健康权及其行政法保护》,中国社会科学出版社2015年版,第184页。

1. 民事法律规制

《民法典》第117条、第127条分别对个人信息及数据保护作出了原则性规定。在第1034条至第1039条对数据的主要构成要素——个人信息，以及个人信息保护方面进行了详细规定，包括个人信息的保护范围、处理原则及处理条件等。《民法典》第179条规定了停止侵害、排除妨碍、消除危险等预防性民事责任承担方式。此外，基于数据权益的复合性特征，受害人可以通过财产损害赔偿或者人身损害赔偿的方式寻求事后救济。①

2. 行政法律规制

当个人信息脱离纯私权范畴，成为大数据的一部分时，便需要行政机关承担"守夜人"角色，保障数据安全和数据资源的有效利用。②《网络安全法》要求网络运营者及关键信息基础设施的运营者履行数据分类、备份和加密等义务，《数据安全法》则以数据发展的视角规定数据安全保护义务、政务数据的安全与开放，《个人信息保护法》建立起了以行为规制为中心的个人信息保护模式以及信息处理者自我规制的限制框架。③ 违反上述规定的企业通常须承担吊销营业执照、吊销业务许可等参与市场竞争的资格剥夺型行政处罚，并对相关直接责任人员施以行政罚款。

3. 刑事法律规制

我国对数据犯罪的法律规制主要是由《刑法》及相关的司法解释构成，它们是企业在进行数据流转和使用过程中必须严格遵守、严禁违反的规则，主要体现为刑法对个人信息的规制保护。伴随个人信息权能的不断丰富，《刑法》对其保护大致经历了三个阶段："附属化"保护阶段，④《刑法》对个人信息保护主要是依附于对通信自由、金融管理秩序的保护实现，如窃取、收买、非法提供信用卡信息罪附带地保护个人的信用卡信息；数据安全保护阶段，《刑法》规定了非法获取计算机信息系统数据罪、拒不履行信息网络安全管理义务罪、帮助信息网络犯罪活动罪等；个人信息专属保护阶段，⑤《刑法》规定了侵犯公民个人信息罪，以实现对个人

---

① 参见王利明：《迈进数字时代的民法》，载《比较法研究》2022年第4期。

② 参见戚建刚、张少乎、许一云：《数字化改革背景下数据要素保护的行政法规制》，载《上海法学研究》2021年第1期。

③ 参见袁博：《大数据时代个人信息保护的行政监管立场及其智慧化转型》，载《西南民族大学学报（人文社会科学版）》2022年第6期。

④ 参见于冲：《侵犯公民个人信息罪中"公民个人信息"的法益属性与入罪边界》，载《政治与法律》2018年第4期。

⑤ 参见李川：《个人信息犯罪的规制困境与对策完善——从大数据环境下滥用信息问题切入》，载《中国刑事法杂志》2019年第5期。

信息的扩张性保护。

二、数据合规的平衡难题

我国企业合规已由合规1.0(“是否要引入合规”)进入合规2.0(“如何构建合规制度”)的过渡阶段,[①]而如何处理好数据合规的推进力量、治理理念及利益冲突间的失衡,关涉到合规制度构建的有效性、发挥作用的长期性及收益的均衡性。

(一)政府规制与自我监管

企业合规发端于美国。企业合规制度的形成与确立源于政府监管较为严格领域的企业(如金融企业)进行的自我监管活动,企业自我监管(self - regulation)不仅指企业为规范自身行为而采取的内部程序,也指独立的行业组织或行业协会对企业的监管。[②] 无论是企业自身还是行业协会的监管,其目的不仅是基于公众利益的考量,更重要的是为了有效地划分市场和控制价格,[③]避免政府的扩大化立法对企业经营的过度干预。事实上,企业合规一直包含着政府规制与自我监管的平衡问题。即便是在“二战”后,美国经济进入国家干预的“凯恩斯时代”,20世纪60年代以前的企业自我监管现实映射出政府并不是万能的,无法有效地实现对所有企业及其成员的监管。20世纪60年代以后,企业合规的法律和实践产生了重大变化。[④] 由于企业的垄断丑闻与海外贿赂行为频频发生,美国刑事司法部门与行政监管部门加大了对相关企业的查处力度,并通过1977年美国《反海外腐败法》与1991年《美国联邦组织量刑指南》推动企业合规进入政府监管时代。政府的监管伴随着一次次的刑事立法而不断加强。[⑤]

与之相比,我国的企业合规制度起步较晚,且更强调政府的规制而非企业的自我监管。2005年以后,我国政府便有意识地在国有金融企业推动合规管理体系,银监会和保监会分别于2006年、2007年发布了合规管理指引,对商业银行、保险公司建立合规管理体系提出了明确要求。到目前为止,我国政府监管部门在证

---

① 参见孔令勇:《刑事合规与认罪认罚从宽的融合 企业合规从宽制度研究》,载《中外法学》2022年第3期。

② See Miriam H. Bae, *Insuring Corporate Crime*, 83 IND. L. J. 1035, 1051, 1054 (2008).

③ 参见陈瑞华:《论企业合规的性质》,载《浙江工商大学学报》2021年第1期。

④ See Rebecca Walker, *The Evolution of the Law of Corporate Compliance in the United States: A Brief Overview* (*March* 2014), in Corporate Compliance and Ethics Institute 2014, at 87, 101.

⑤ See Todd Haugh, *The Criminalization of Compliance*, 92 Notre Dame l. rev. 1215 (2017).

券期货、反垄断、反倾销等领域建立了一系列旨在激励企业建立合规管理体系的制度，除发布合规指引外，还通过行政指导、强制合规等“压力机制”推动企业构建合规管理体系。[①] 除行政机关推动企业合规外，最高人民检察院主导的合规成为当下企业合规的“特色”，并于2022年4月在全国范围内铺展开来。

我国企业合规自始依赖于行政监管部门与刑事司法部门的监管，行业协会发挥的作用甚微。由此便产生这样一种现象：企业建立或健全合规管理体系是为了应付政府的监管，以换取涉案后的行政激励与刑事激励。如最高检发布的第二批企业合规典型案例二“张家港S公司、睢某某销售假冒注册商标的商品案”，涉案企业于2019年2月被立案侦查，但由于证据不足而被长期搁置。根据《人民检察院刑事诉讼规则》第253条之规定，侦查部门应当在立案两年内提出移送起诉、不起诉或者撤案的意见，故涉案企业依此规定享有不起诉或者撤案的权利。但本案最终呈现的样态是以合规整改换取撤案的激励，给涉案企业附加了不应有的负担。[②] 除此之外，若检察机关本可以依据《刑事诉讼法》第177条第2款的规定直接对涉案企业作出相对不起诉处理，却要求涉案企业以合规整改为条件换取相对不起诉激励，也会加剧企业负担。此种危机应对性的合规或事后合规会招致企业合规“走样”，使得企业必须承担政府附加的合规整改义务才能获得本应属于自己的权利。并且，涉案企业合规整改后如何对其进行有效的监管，如何预防同一行业相同或类似犯罪行为的再次发生，事关企业合规社会治理目标的实现，但政府对于企业合规整改后所能发挥的作用空间是有限的。

（二）刚性治理与柔性治理

刚性治理是以规则为基础而开展的程序性、模式化的治理。[③] 我国数据合规的规则体系构建起步较晚，基于对网络数据和个人信息的保护，我国于2016年开始制定了以《网络安全法》、《数据安全法》、《个人信息保护法》为核心的，涵盖数据收集、处理、存储、流动等全生命周期的法律体系，为数据的刚性治理提供了依据。在这些数据治理的法律体系中，要求数据处理者履行数据安全保护、风险评估报告、获取行政许可或批准等义务，并对违反义务的企业及直接负责的主管人

---

① 参见陈瑞华：《论企业合规在行政监管机制中的地位》，载《上海政法学院学报》2021年第6期。

② 参见李本灿：《企业合规改革试点中的程序衔接》，载《东方法学》2022年第6期。

③ 参见高奇琦：《智能革命与国家治理现代化初探》，载《中国社会科学》2020年第7期。

员施以行政处罚。但是在数据治理的法制体系已相对完备的同时,侵犯公民个人信息案件却居高不下,如公安部“净网”专项行动发布的数据显示,2019 年侦破侵犯公民个人信息类案件 2868 起,[①]2020 年侦办侵犯公民个人信息类案件 6524 起,[②]2021 年侦办侵犯公民个人信息案件 9800 余起、[③]2022 年这一数据攀升至 1.6 万余起,[④]侵犯公民个人信息的案件大有愈演愈烈的趋势。该问题的出现可归责于我国现有的法律体系采取线性刑罚惩治机制及高权行政监管模式与数据活动本身的复杂性之间的紧张关系。

1. 线性刑法处罚模式

数据犯罪与信息网络犯罪具有强相关关系,如通过非法控制计算机应用程序的数据通信行为实现“流量劫持”、虚构或伪造官网界面的“钓鱼网站”非法收集公民的身份、财务等信息、凭借“暗网”非法流转企业数据库等。有学者通过检索裁判文书网的案例,对非法获取计算机信息系统数据罪的犯罪对象进行实证分析。结果表明,实践中凡存储于电脑信息系统中的身份信息、网络虚拟财产、知识产权、数据产品、其他网络财产性利益等都可以成为“数据”的权利客体,而对其非法获取的行为均可能构成该罪,[⑤]对其“删除、修改、增加”的行为均可能构成破坏计算机信息系统罪。[⑥] 故刑法在惩治数据犯罪时形成了“数据犯罪——刑法处罚”的线性惩治模式,此种保护数据的做法,难免落入保护计算机信息系统安全的窠臼,减损数据安全法益的保护效果。

2. 高权行政监管模式

高权行政监管模式的典型特征是命令服从,行政相对人必须服从行政主体的命令,否则便会遭到诸如吊销营业执照、剥夺上市资格、天价罚款等行政处罚,以

① 参见《“净网 2019”共侦破涉网案件 4 万余起 抓获嫌疑人 6 万余名》,载人民网,https://baijiahao.baidu.com/s? id = 1650220471755921231&wfr = spider&for = pc,最后访问日期:2023 年 10 月 19 日。

② 参见《公安部:“净网 2020”专项行动全年侦办网络犯罪案件 5.6 万起》,载新华网,http://www.xinhuanet.com/2021 - 03/08/c_1127185335.htm,最后访问日期:2023 年 10 月 21 日。

③ 参见《通报部署全国公安机关开展“净网 2021”专项行动的工作举措和取得的成效等情况》,载中华人民共和国公安部网,https://www.mps.gov.cn/n2254536/n2254544/n2254552/n8330992/n8331006/c8331533/content.html,最后访问日期:2023 年 10 月 21 日。

④ 参见《公安机关“净网 2022”专项行动成效显著》,载中华人民共和国公安部网,https://app.mps.gov.cn/gdnps/pc/content.jsp? id = 8824502,最后访问日期:2023 年 10 月 21 日。

⑤ 参见杨志琼:《非法获取计算机信息系统数据罪“口袋化”的实证分析及其处理路径》,载《法学评论》2018 年第 6 期。

⑥ 参见韩婧颖:《数据犯罪的司法困境及治理进路》,载《上海法学研究集刊——长三角法治论坛文集》2022 年第 17 卷。

强制行政相对人服从。[①] 在此情形下,行政主体与行政相对人实质上是控制与被控制的关系,行政相对人的主体性被行政机关的意志所吸收。[②] 在行政机关对社会经济事务的高权监管模式下,面临着"令行禁止"的治理理想与"禁而不止"的监管现实的矛盾,[③]过于严苛的行政执法手段一直成效不彰。例如,2019 年,谷歌(Google)因未能遵守 GDPR 中关于处理用户信息获取有效同意和信息披露的要求,被法国数据保护机构(CNIL)罚款 5000 万欧元;2022 年,谷歌因未经授权向第三人转移个人数据以及妨碍用户删除个人数据,西班牙数据保护机构(AEPD)依据 GDPR 开出最大罚单——罚款 1000 万欧元。但高额的行政处罚对于大型企业而言"不痛不痒",并未有效阻止数据流转及使用中的不合规行为。与之相反,高额的行政处罚对于中小型企业而言则是"灭顶之灾",企业不复存在,数据流转及使用焉附?实践表明,基于威慑理论的治理模式对于预期目标的实现,在某种程度上是失灵的。[④]

(三)数据保护与数据红利

如前所述,数据的本质既有人格权说也有财产权说。数据作为人格权所蕴含的人格利益需要对此进行严格保护,而数据作为财产权又需要进行流通以实现价值增值。故如何在促进数据流通的同时,满足个人信息保护、企业利益维护及综合社会安全的平衡成为当下数据合规的一对平衡难题。[⑤] 作为兼具人格与财产双重属性的数据,在流转及使用过程中并不是纯粹的价值实现过程,还关涉个人与社会利益的平衡。个人利益与社会利益何者为先的问题需要通过利益冲突衡量,也即在持续增长的数据保护需求与数据利用需求之间寻求平衡路径,[⑥]实现利益的相对平衡。而协调二者的关系亟须合理规制企业的数据处理行为。通常而言,

---

① 参见鲁峥:《法治思维下行政执法方式的嬗变》,载《领导科学》2013 年第 32 期。

② 参见周佑勇:《契约行政理念下的企业合规协议制度构建——以工程建设领域为视角》,载《法学论坛》2021 年第 3 期。

③ 参见王锡锌:《中国行政执法困境的个案解读》,载《法学研究》2005 年第 3 期。

④ See DanM. Kahan, *The Theoy of Value Dilemma*: *A Citique of the Economic Analysis of Ciminal Law*, 1 OHIO ST. J. CRIM. L. 643, 643 – 47 (2004).

⑤ 参见张新宝:《〈民法总则〉个人信息保护条文研究》,载《中外法学》2019 年第 1 期。

⑥ 参见连玉明主编:《数权法 3.0 数权的立法前瞻》,社会科学文献出版社 2021 年版,第 50 页。

企业处理数据行为具有双重外部性。①

1. 企业处理数据行为的负外部性

收集海量的个人数据并使用最先进的分析技术,如边缘计算(Edge Computing)、增强分析(Augmented Analytics)、自然语言处理(NLP)等,能够使直接(如姓名、身份证号、手机号等)或间接(如嗅觉、情绪等)承载个人身份属性的信息以数据的形式进行存储,并被共享和利用。随着个人健康状况、财务信息、位置信息、在线活动等数据被收集和处理,会引发数据歧视、数据垄断、政府监视和失控等负外部性。例如,美国第二大零售巨头塔吉特(Target)公司根据顾客的购买习惯,使用"关联规则 + 预测推荐"技术对注册婴儿登记的女性购买记录进行筛选,建构了怀孕预测模型(Pregnancy - prediction Model)。利用该模型,塔吉特公司雇用的统计学家发现,女性在妊娠中期更喜欢无香味的乳液,或者在怀孕的前 20 周内倾向于购买钙、镁和锌等补品。据此,塔吉特公司确定了一组产品,当顾客购买该组产品时,塔吉特公司可以准确预测客户的怀孕阶段和预产期,从而有针对性地向顾客发放婴儿产品及孕妇服装的优惠券并推送相关的广告。② 据《纽约时报》报道,一位十几岁女孩的父亲冲进塔吉特百货,向经理投诉他的女儿收到了婴儿产品的优惠券和广告。几天后,他打电话给商店经理道歉并承认他女儿的预产期是 8 月。虽然该案例可能会被用来论证"数据比人更了解人",同时该案也引发了公众对企业处理个人数据负外部性的关注。此外,"数据比你还了解你自己",③电商平台通过数据收集与分析不仅能够识别用户的消费偏好,还可以通过最大限度地接近个人的保留价格来定价商品或服务,④从而获得交易中可用的消费者剩余,⑤大数据杀熟即是如此。若数据价值的实现依赖于垄断、歧视与滥用等手段,企业进行数据处理的行为则会招致负外部性。⑥

---

① 外部性概念源于阿尔弗莱德 · 马歇尔在《经济学原理》中提出的"外部经济"概念,后由庇古、科斯进行完善,形成了外部性理论。参见[美]格里高利 · 曼昆:《经济学原理》,梁小民、梁砾译,北京大学出版社 2014 年版,第 201 页。外部性是指某个市场主体未通过市场交易而对其他市场主体产生的一种受益(正外部性)或受损(负外部性)的影响。

② See Charles Duhigg, *How Companies Learn Your Secrets*, New York Times, 16 February 2012.

③ See Omer Tene & Jules Polonetsky, *Big Data for All*: *Privacy and User Control in the Age of Analytics*, 11 NW. J. TECH. & INTELL. PROP. 239 (2013).

④ 保留价格指买方愿意接受的、购买某商品的最高价格。

⑤ 消费者剩余指消费者消费一定数量的某种商品愿意支付的最高价格与这些商品的实际市场价格之间的差额,电商平台依靠大数据分析,使得消费者剩余的多少取决于电商平台的定价策略。

⑥ 参见胡朝阳:《大数据背景下个人信息处理行为的法律规制——以个人信息处理行为的双重外部性为分析视角》,载《重庆大学学报(社会科学版)》2020 年第 1 期。

2. 企业处理数据行为的正外部性

大数据背景下，企业对数据的处理行为也会带来“正外部性”。如果个人和政府均能从数据处理中受益，个人便会积极参与数字经济中，从而使自己的利益与广泛的社会利益保持一致；政府也会采取适当的措施保护数字经济的运行，从而实现个人与社会利益的扩大。美国麻省理工学院进行的一项研究数据表明，以数据为导向进行决策的企业，其生产率会提高5%—6%，①并且该企业往往也有更出色的财务表现。数据处理的收益不仅由企业自身获得，对于公众和政府而言这一正外部性也是不言而明的，如在疫情期间利用大数据进行疫情动态监控、病毒溯源、物资调配等，在打赢疫情阻击战中发挥了重大作用；网络出行平台通过对个人位置数据信息的分析，为道路和公共交通建设、个人出行规划等提供了极大的便利，这样的数据分析不仅能减少交通堵塞，而且能控制污染物的排放。

三、数据合规的完善进路

当前，我国企业数据合规仍以政府规制为主，政府规制发挥作用空间的有限性，行业组织发挥作用的缺失，亟须整合数据合规的力量。并且政府所普遍采用的线性刑法惩罚模式未能实现数据安全保护的目标，高权行政监管也屡遭失灵，亟待转变数据治理理念。在此情形下，妥当平衡企业处理数据的行为带来的双重外部性，有助于实现企业、个人与社会利益的统一。

（一）“双管齐下”：整合数据合规力量

1. 形成数据合规协力

以政府为推进主体的数据合规在实践中形成了“行政主导式”合规和“检察主导式”合规两种模式。由于“双轨执法”体制下，行政监管部门与刑事司法部门并无行政管理关系，办案程序以及实体衔接上出现的一系列问题，有碍合规激励的有效性和企业犯罪预防。对此，“公检行法”的衔接关系应由“检察主导”转变为“检察主导，多方参与”的模式。②

对于涉案企业而言，一般要经历行政调查—行政处罚—刑事立案—审查起诉—定罪量刑，五个环节四个阶段。首先，在行政调查到行政处罚这一阶段，应强

① See Erik Brynjolfsson, Lorin Hitt & Heekyung Kim, *Strength in Numbers: How Does Data - Drive Decision - Making Affect Firm Performance*. A51 (Apr. 2011).

② 公安机关、检察院、法院、行政监管部门。

化检察机关的介入。若行政监管部门在此阶段对涉案企业采取了吊销营业执照、开出天价罚单等行政处罚,会严重降低企业建立合规体系的积极性。对于大部分企业而言,由于经济疲软和疫情等的冲击,本就面临资金链断裂的风险,巨额罚款既无利于企业的可持续经营,也会严重挫伤企业践行检察机关所提出监管措施的积极性。其次,在公安机关立案侦查阶段,检察机关须进一步创新检察适时介入侦查机制。[①] 受制于刑事诉讼法规定的办案期限限制,检察机关的验收或许是走马观花、流于形式。因而,检察机关可以提前介入侦查阶段,启动涉案企业合规必要性审查,并引导公安机关在此阶段收集涉案企业合规材料,以便为审查起诉阶段进行合规考察做好准备。最后,在审查起诉及定罪量刑阶段,要充分发挥行政监管部门的作用,注重企业犯罪预防,以弥补刑事诉讼制度引致的合规程序激励效率价值的减损。[②] 由于数据犯罪具有隐蔽性、智能化等特点,检察机关并不是大数据保护领域的行家里手,有赖于相关行政监管部门的专业知识和实务经验来提供智力支持。

上述阶段"公检法行"之间的衔接将合规由"检察主导"转变为"检察引导,多方参与"的模式,既强调检察机关在行政调查、立案侦查的适时介入,又充分发挥行政机关在合规检察建议、合规监督考察等环节的专业性优势,有助于政府规制效能的发挥。

2. 发挥行业协会作用

行业自律能够给行业内的所有企业带来地位、声誉等收益,[③]并有助于在政府规制与数据企业间起到缓冲作用,[④]但建立和维系行业自律需支付一定的对价。而行业自律所获得的收益具有非排他性,"搭便车"的心理在所难免。在经济学理性人假设条件下,每个企业都追求自身利益的最大化。通过构建数据行业自律成本——收益博弈模型,分析行业组织存在与否的策略问题。为简化分析,本文假设市场由2个数据企业构成,相关参数见表1。

---

① 参见董坤:《论企业合规检察主导的中国路径》,载《政法论坛》2022年第1期。

② 参见李本灿:《企业合规程序激励的中国模式》,载《法律科学(西北政法大学学报)》2022年第4期。

③ See Michael J., *The Role of Private Decentralized Institutions in Sustaining Industry Self-regulation*, Organization Science, Vol. 17, p. 677-690(2006).

④ 央行副行长、外汇局局长潘功胜认为,行业自律有利于营造效率更高、方式更灵活的监管环境和提高政府监管的弹性和有效性。如果行业自律不能发挥作用,一旦潜在风险过度累积和暴露,会迫使监管部门降低监管容忍度、强化监管刚性,采取更为严格的监管理念和监管措施。参见潘功胜:《打造行政监管和行业自律有机结合的互联网金融管理体制》,载中国金融新闻网,https://www.financialnews.com.cn/jg/ld/201603/t20160326_94585.html,最后访问日期:2023年11月1日。

表1 参数解释

参数	含 义
R	企业不自律,政府规制的成本
C	企业遵守行业自律公约的成本
B	企业遵守行业自律公约的收益
c	一方自律一方不自律,不自律方的机会主义成本
b	一方自律一方不自律,不自律方的机会主义收益
r	一方自律一方不自律,自律方的收益(r < B)

在政府规制的情况下,对数据企业的博弈分析构建博弈树如图1所示:

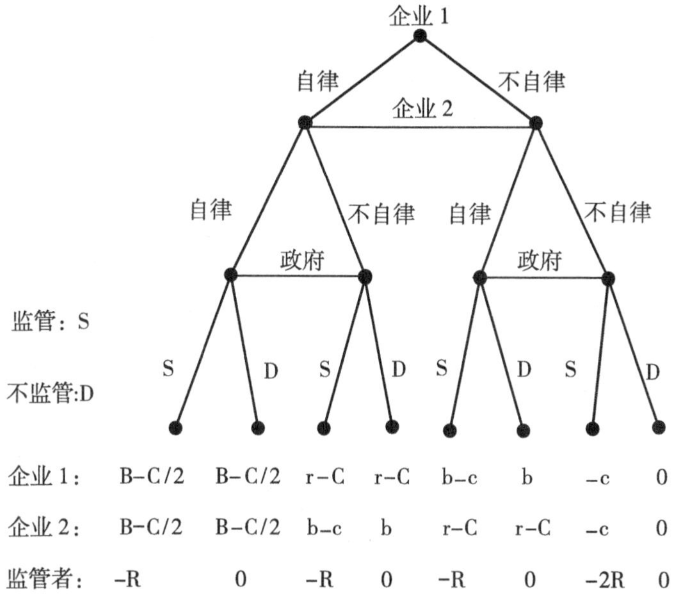

图1 企业与政府监管之间的博弈树

由图1可得企业之间博弈的收益矩阵,如表2所示:

表2 政府监管下企业自律的收益矩阵

		企业2	
		自律	不自律
企业1	自律	(B - C/2 B - C/2)	(r - C b - c)
	不自律	(b - c r - C)	(- c - c)

行业自律的实现取决于 c 的大小,c 的取值应使双方自律的收益大于单方自律的收益,即 B - C/2 > r - C,B - C/2 > b - c,B - C/2 > 0,且单方自律的收益大于双方不自律的收益,即 r - C > - c,b - c > - c。此时在政府监管下,无论另一方是否自律,己方的自律总是有益的。若市场中的数据企业均能如此思考,(自律　自律)的行为矩阵终将实现。

数据企业总是选择对己方有利的方案,但这往往会造成集体行动的非理性,如囚徒困境,一方自律一方不自律,不自律方的收益大于自律方的收益(b - c > r - C > 0),自律方的收益却小于成本(r - C < 0)。所以应当增强企业进行自律的动力,通过政府规制改变利得矩阵,增强数据企业自律的收益和不自律的成本,以此实现数据行业的自律。但是政府监管需要支付一定的监管成本,且严格的政府规制有碍数据的流转及使用,所以增强数据行业自律的最佳方案是发挥行业组织的自律作用,借以实现企业的主动自律。① 事实上,行业协会或商会在企业合规中还发挥着推动企业合规由"个案合规"向"行业合规"转变的作用。②

(二)"刚柔并济":转变数据治理理念

1. 强度平衡

在政府规制下,我国对数据企业采取了线性刑法惩罚和高权行政监管两种模式,这种基于威慑理论采取的监管方式优势明显,缺陷也不容忽视。国家的过度干预,严重减损数据流转的速度和使用的效率,从而抑制数据市场的活力。并且政府在支付大量的规制成本后,仍面临着执法成本高、执法效果差等困境。因此学者们普遍认为,国家治理抑或是企业治理,③④单一的规制路径并不可行,正式制裁亦很难单独奏效。因此,建立在"恢复性正义理论"基础上的行政和解合规不

---

① 参见卜亚、印梦婷:《P2P 网络借贷行业自律:理论模型与跨国经验》,载《金融监管研究》2018 年第 8 期。

② 参见陈瑞华:《行业合规的探索与反思》,载《民主与法制》2022 年第 15 期。

③ 参见[英]迈克尔·曼:《社会权力的来源》第 2 卷(上),陈海宏等译,上海人民出版社 2007 年版,第 69 页。

④ 参见李本灿:《企业犯罪预防中国家规制向国家与企业共治转型之提倡》,载《政治与法律》2016 年第 2 期。

啻为最佳方案,[①]从而建立政府监管与激励相容的数据合规之道。[②]

行政和解合规下,涉案企业就合规计划、合规整改等内容与行政机关展开协商,并在合法范围内与行政机关达成承诺认可协议,后者对履行承诺的经营者终止调查,并根据合规计划的制定、实施及结果对涉案企业予以宽大处理或施以严厉的处罚,[③]从而实现处罚与激励强度的平衡。在激励相容机制下,行政相对人违反合规承诺的内容即要承担相应的责任,履行合规承诺便可得到相应的激励。相较于单一线性的刑事或行政处罚威慑,政府与企业不再是对抗关系,而是通过双方合意实现合规的目标。在数据合规领域,通过建立行政和解合规,行政监管部门对于尚未建立但承诺建立数据合规体系的企业可以适用行政和解程序;对于已经建立数据合规体系的企业应当优先适用行政和解程序,并可纳入“首违不罚”的适用对象,从而以行政和解制度激励企业主动合规。

2. 情景平衡

政府规制在不同的情境下应有所不同,例如最高人民检察院、司法部、财政部等9部门2021年6月3日《关于建立涉案企业合规第三方监督评估机制的指导意见(试行)》第4条规定了企业合规的启动条件,实践中,启动这一程序往往还要考虑到企业的纳税状况、吸纳劳动力状况、科技创新水平等因素。数据企业往往是高新技术企业,在纳税、创新、就业等方面具有先天优势,若能够符合《意见》的要求顺利启动合规整改程序,便有获得刑事合规激励的可能。

另一种情景也值得关注,即重罪企业适用企业合规。如最高检发布的前三批企业合规典型案例中就有4件重罪案件,[④]因进行有效的合规整改而获得了不起诉的激励。可见,最高检并未将企业合规的适用范围局限于轻微的单位刑事犯罪案件。但对于涉案企业与直接责任人员的“双不起诉”应有一定的限度,否则便会招致以合规放纵犯罪的质疑。对于应被判处3年以下有期徒刑的轻微犯罪案件可直接作出相对不起诉的决定,并通过制发检察建议,要求企业建立或健全合规管理体系;对于应被判处3至10年有期徒刑的单位犯罪案件,可以参照附条件不

---

① 参见陶朗道:《论中国治理企业违法的和解合规模式》,载《东北大学学报(社会科学版)》2021年第2期。

② 学者对于激励相容机制的讨论可参见周汉华:《探索激励相容的个人数据治理之道——中国个人信息保护法的立法方向》,载《法学研究》2018年第2期;周佑勇:《契约行政理念下的企业合规协议制度构建——以工程建设领域为视角》,载《法学论坛》2021年第3期。

③ 参见陈瑞华:《论企业合规在行政和解中的适用问题》,载《国家检察官学院学报》2022年第1期。

④ 参见孙静松:《重罪案件适用企业合规的困境与纾解》,载《人民检察》2022年第23期。

起诉制度,企业以进行有效的合规整改为对价获得附条件不起诉或合规从宽量刑的激励;对于10年以上的重大单位犯罪案件,可以以合规整改换取合规从宽量刑的激励。涉案企业构成非法获取计算机信息系统数据罪、破坏计算机信息系统罪,均有可能通过合规整改获得不起诉的激励。对于严重的数据安全犯罪,以合规从宽作为激励更为妥当。以10年有期徒刑作为附条件不起诉的适用界限,契合我国企业犯罪特征及刑事立法现状,并能最大限度地挽救企业、保全经济。①

(三)"利益兼得":实现数据合规目的

无论是2018年《加州隐私保护法案》(CCPA)还是欧盟的GDPR,均强调对泛化的个人信息进行一元控制,②忽视了数据使用规则的设计。我国《个人信息保护法》对数据的处理规则及处理者的义务等方面,部分地采用了欧美一元控制的理念。同时,为适应数据要素市场化配置改革,《个人信息保护法》第1条明确了"促进个人信息合理利用"的立法宗旨。但实现该宗旨的手段却是强化数据主体权利,增加数据处理者的义务,使得数据处理者为履行信息保护义务而投入更多的资源。其结果可能会降低数据要素市场的活力,使得社会整体收益下降。对此,本文提出"负外部性内在化"和"正外部性外部化"的经济规制逻辑。

1. 负外部性内在化

所谓"负外部性内在化",是指将由负的外部性所产生的外部成本以不同的途径由负的外部性制造者自己承担。③ 这种途径具体而言包括三个方面:政府规制、产权协商、社会道德。政府规制作为数据治理不可替代的手段,的确能使数据合规标准、程序等最大限度地被准确依从,但这种手段的作用有限并且也是缺乏效率的。而社会道德或舆论的监督由于缺乏强制性,很难对数据处理产生的负的外部性进行有效制约,并且由于人们的受教育程度、传统道德观念的差别也会导致其规制收效甚微。

上述情形下,学者们普遍认为应运用科斯提出的产权协商定理,④以及张五常的产权交易方案以解决数据处理中的负外部性。⑤ 但低交易费用、零信息成本、少

① 参见王颖:《企业附条件不起诉:改革困境与制度突破》,载《清华法学》2023年第3期。

② 参见靳雨露:《个人信息"控制—利用二元论"的提出及其制度优化》,载《大连理工大学学报(社会科学版)》2022年第3期。

③ 参见刘友芝:《论负的外部性内在化的一般途径》,载《经济评论》2001年第3期。

④ 只要市场交易的费用为零,无论产权属于何方,通过协商交易的途径,都可以达到同样的最佳效果。参见张军:《现代产权经济学》,上海三联书店1994年版,第100页。

⑤ 参见张五常:《经济解释——张五常经济论文选》,商务印书馆2000年版,第85页。

协商主体的假定条件在现实中难以满足,海量的数据提供者在数据市场上仅体现为孤立的个人,囿于个体的信息匮乏及有限理性,[①]在让渡数据时并不能与企业进行充分地"讨价还价",无法有效地实现及保护数据提供者的数据权益。因此,政府可代表分散的个人与企业进行产权协商,将基于用户个人信息而产生的数据人身权归于数据提供者,包括数据"知情—同意"权、数据删除权、数据保密权等,[②]将基于用户个人信息而产生的数据财产权授权给企业使用(用户也能将其授权给其他企业使用),同时将数据处理者基于收集的信息进行加工后形成的数据资产归于付出劳动的企业。在政府规制与社会监督下,通过以明晰的产权降低交易成本,明确数据提供者及处理者的权利和义务,以有效地矫正数据处理中的负外部性。

2. 正外部性外部化

"负外部性内在化"旨在解决由于数据权属不明所导致的不合规行为,"正外部性外部化"旨在解决企业深度挖掘数据信息但共享不足所导致的资源配置效率低下和市场竞争效率不足。[③] 为实现企业数据共享,需建立促进数据共享的激励机制及规制数据垄断的压力机制。

关于激励机制,一是依据庇古的税收理论,政府应给予数据共享企业一定的成本补贴,以分担企业数据共享成本,[④]避免因企业数据共享产生的边际成本大于边际收益而停止数据共享,招致社会福利的减损;二是要增强企业的数据访问与保密控制技术,通过区块链分布式记账技术、数据匿名化技术等,保障数据处理者的经济利益和数据提供者的隐私;三是要建立企业数据共享的规范性标准,如国际标准化组织发布的《共享经济　基本原则》(ISO 42500: 2021)对共享经济领域的相关标准制定提供了参考。关于压力机制,对于具有市场支配地位的企业,如果无正当理由拒绝数据共享而实施了排除、限制竞争的行为,应根据大数据的特性及市场竞争状况,"采取以反垄断法为主、其他法律为辅的综合规制路径。"[⑤]

---

① 参见夏庆锋:《网络空间个人信息保护的通知义务完善与动态匿名化》,载《江汉论坛》2022年第3期。

② 参见刘新宇:《大数据时代数据权属分析及其体系构建》,载《上海大学学报(社会科学版)》2019年第6期。

③ 参见胡朝阳:《大数据背景下个人信息处理行为的法律规制——以个人信息处理行为的双重外部性为分析视角》,载《重庆大学学报(社会科学版)》2020年第1期。

④ 参见盛志云、邵记友、徐榕桦:《平台所有者和参与企业数据共享行为的微分博弈研究》,载《现代情报》2023年第3期。

⑤ 殷继国:《大数据市场反垄断规制的理论逻辑与基本路径》,载《政治与法律》2019年第10期。

四、结语

数据作为一项新的生产要素,在大数据时代越发显现出不可替代的作用。但大数据企业面临着与数据提供者、数据监管者基于政府规制与自我监管、刚性治理与柔性治理、数据保护与数据红利之间的博弈,使得数据企业发展与个人数据保护面临着内在张力。而如何平衡好二者之间的关系,事关企业数据合规制度构建的有效性、发挥作用的长期性及收益的均衡性。当前,我国过分依赖于政府部门的监管,忽视了企业自身与行业协会的自我监管,并且政府规制下往往采取单一线性的刑法惩罚模式和高权行政监管模式,往往面临着政府失灵,亟待整合数据合规的力量并转变数据治理理念。此外,企业处理数据行为具有双重外部性,在规制机制上采取"负外部性内在化"和"正外部性外部化"的经济逻辑,有助于平衡数据保护与数据红利背后的个人利益与公共利益。

(编辑:陈真楠)

论刑事在线诉讼中的被告人权利保障

步洋洋　刘炎俊*

摘　要：刑事在线诉讼因改变传统的控、辩、审三方齐聚同一线下物理空间进行诉讼活动的格局，可能因被告人诉讼参与方式由线下转至线上的变化而带来其部分权利保障的旁落，进而冲击刑事诉讼相关原则与规范而备受争议。立足于刑事诉讼制度乃至整个司法制度变革的时代语义，对刑事在线诉讼这一新型诉讼方式的探讨不应单纯囿于其对被告人权利保障可能造成的张力，而是应当以一种理性、中立的立场，去探寻刑事在线诉讼这一客观事物产生的正当性因由，并从其与传统刑事诉讼的差异性特征入手，分析刑事在线诉讼为何并何以对被告人个人信息保护权、辩护权等权利保障产生巨大争议。最后，以此为基础辩证思考，从立法建议与既有规范完善适用两个维度演绎归纳出时代语境下刑事在线诉讼这一诉讼方式对被告人权利保障的完善路径。

关键词：刑事在线诉讼；被告人权利保障；个人信息保护权；辩护权

"法律系统是社会生活的观察者和守望者"，①社会变革和发展的普遍性也必将涵摄至法律系统，后者会以某种特殊形式进行回应。作为互联网时代司法对于技术回应的刑事在线诉讼便是"实践萌芽于司法科技化的土壤之中，以司法需求和司法改革为导向，在疫情因素的催化剂作用下迅速生长"的时代产物。②

刑事在线诉讼是刑事诉讼与计算机软硬件及信息网络技术相结合而形成的一种新型诉讼方式。相较于线下诉讼，其所同时具备的科技支撑性、空间隔离性

---

* 步洋洋，西北政法大学刑事法学院特聘教授；刘炎俊，西北政法大学刑事法学院硕士研究生。本文系陕西省教育厅2022年度一般专项科研计划项目"刑事在线诉讼的适用限度与程序保障研究"（项目编号：22JK0203）的阶段性研究成果。

① 段厚省：《远程审判的双重张力》，载《东方法学》2019年第4期。

② 陈卫东、崔永存：《刑事远程审判的实践样态与理论补给》，载《中外法学》2021年第6期。

以及功能辅助性特征是对被告人权利产生影响的因素。首先,在技术层面上,刑事在线诉讼对科技的依赖程度较高,若无软硬件设备和信息技术的支持,刑事在线诉讼便不可能完成,由此引发从技术安全视角下对刑事在线诉讼中被告人个人信息保护权的思考;其次,在空间特征上,刑事在线诉讼突破了传统线下诉讼参与主体必须共处同一物理空间的限制,其实现了在虚拟空间平台上完成刑事诉讼活动的飞跃,此现象是刑事在线诉讼名称由来的直接体现,亦是引起被告人权利保障可能张力的重要原因,对被告人质证权和辩护权的保障问题讨论也由此展开;最后,由于刑事在线诉讼尚未在《刑事诉讼法》中拥有完整的制度规则,法律层面上的正当性依据主要来源于相关规则、通知等,实践中适用案件类型多为控辩双方对抗性较弱的案件,从而引发现阶段刑事在线诉讼适用何种类型案件更能取得良好效果的讨论。

因此,本文将从刑事在线诉讼的产生因由及其相较于线下诉讼的差异性特征展开,探寻其差异性特征之下被告人权利保障由此产生的可能张力,进而对刑事在线诉讼与被告人个人信息保护权和辩护权产生张力的原因进行分析,最后通过构建个人信息保护立法体系、明确刑事在线诉讼的案件适用类型的完善路径,为刑事在线诉讼中被告人权利保障提出优化建议。

一、刑事在线诉讼的产生因由及基本特征

(一)刑事在线诉讼的产生因由

1. 产生内因:司法变革与技术的融合

最高人民法院2019年2月27日发布的《关于深化人民法院司法体制综合配套改革的意见——人民法院第五个五年改革纲要(2019—2023)》在总体目标部分中明确指出“全面推进智慧法院建设……有序扩大电子诉讼覆盖范围,推动实现审判方式、诉讼制度与互联网技术深度融合,构建中国特色社会主义现代化智慧法院应用体系。”①这体现出技术深度服务司法变革的导向;除顶层设计纲领以外,最高人民法院、最高人民检察院等也发布相应的规范性文件予以规范要求,②其中均有涉及对软硬件技术的要求。随着经济社会的发展,互联网信息技术在司法工

① 《最高人民法院关于深化人民法院司法体制综合配套改革的意见——人民法院第五个五年改革纲要(2019—2023)》,载中华人民共和国最高人民法院网,https://www.court.gov.cn/fabu-xiangqing-144202.html,最后访问日期:2019年2月27日。

② 例如《人民法院计算机信息网络系统建设管理规定》《人民法院审判法庭信息化建设规范(试行)》《关于全面加强人民法院信息化工作的决定》等。

作中逐渐占有重要地位,刑事在线诉讼便是从传统视听技术至以计算机为核心的数字技术运用的综合体。刑事在线技术的运用不仅体现的是司法理念和司法变革的不断前进,同时也是技术与科技的相互结合。无论是QQ、微信等即时通讯软件,抑或是法院专线网络、腾讯会议,乃至今天的智慧法院、云法庭等都离不开视听技术软硬件的发展,科学技术的发展是在线诉讼发展的必要支撑条件。

2. 直接推力:被告人及时听审的需求

"惩罚犯罪的刑罚越是迅速和及时,就越是公正和有益。"[①]被告人获得迅速审判一方面可以使被告人不用长久处于羁押未确定的状态之中,另一方面被告人快速受到审判和执行刑罚可以使得因受被告人伤害的被害人得到精神上的宽慰或者物质上相应的赔偿,实现刑事诉讼的任务。

当下刑事案件数量逐年增加,人民法院刑事案件审判面临的压力也逐年增长。根据2017年至2022年全国法院司法统计公报统计数据显示(见表1),我国法院刑事案件近五年一审收案均超过100万件,刑事二审收案除2020年外,均超过10万件;在司法人员分类管理制度的改革背景下,2017年全国法官数量从原有的211,990名缩减到120,138名,[②]"案多人少"依然是我国当下司法需面对的客观难题。

表1　2017—2022年我国法院刑事一审和刑事二审收案、结案以及未审数据

单位:件

年份	刑事一审收案	刑事一审结案	刑事一审未结	刑事二审收案	刑事二审结案	刑事二审未结
2017	1,294,377	1,296,650	87,966	151,763	152,477	8921
2018	1,834,374	1,825,835	90,281	155,571	154,391	10,297
2019	1,293,911	1,297,191	84,932	168,785	168,864	9508
2020	1,107,610	1,115,890	75,782	139,256	140,540	8184
2021	1,277,197	1,255,671	96,597	152,955	146,291	14,766
2022	1,039,612	1,038,523	96,594	119,676	122,335	11,873

数据来源:《全国法院司法统计公报》,载中华人民共和国最高人民法院网,http://gongbao.court.gov.cn/ArticleList.html? serial_no = sftj,最后访问日期:2023年4月23日。

① [意]切萨雷·贝卡里亚:《论犯罪与刑罚》,黄风译,北京大学出版社2014年版,第57页。

② 参见周强:《最高人民法院关于人民法院全面深化司法改革情况的报告》,载《人民法院报》2017年11月2日,第1版。

从审判期限上看,即使刑事案件的期限有些因不可抗力而程序中止,但办案期限的延长、中止或者程序回流有严格的条件以及次数、时间限制,有些案件即使合法期限用尽也无法正常审结案件。检察机关起诉严重暴力犯罪案件人数不断减少,3 年以下有期徒刑的判决占比不断增加,从 1999 年 16.2 万人降低到 6 万人,判处 3 年有期徒刑及以下刑罚案件率从 2000 年的 53.9% 上升至 2020 年的 77.4%。① 为应对此情形,可以刑事案件的简单案件快速审理为突破口,依托借助互联网技术的刑事在线诉讼优化司法资源,提高司法效率,做到案件繁简分流,在一定程度上缓解案多人少而产生的审理压力。

(二)刑事在线诉讼的基本特征

1. 刑事在线诉讼的科技支撑性

刑事在线诉讼在举证质证方式和诉讼主体参与模式上更加依赖科学技术的支撑。刑事在线诉讼通过现代信息技术的运用,使得传统法庭审理以出示实物原件为主要特征的举证质证方式发生改变。不同于传统庭审中控辩双方需当庭出示原始实物、证人需出庭到场作证接受质询,在线诉讼的控辩双方通过拍照、扫描、录像等技术手段,将证据转化成照片、视频等形式,进而借助多媒体展示平台、数据传送、视频传送等方式实现证据在法官、检察官、辩护人和当事人之间的交换与展示,证人通过在线及时通讯视频方式出席法庭,提供证言并接受质询,在线诉讼庭审主体的参与模式呈现科技支撑性。

2. 刑事在线诉讼的空间隔离性

空间隔离性是指刑事在线诉讼活动通过借助计算机设备、互联网等在线交流媒介,实现诉讼参与主体在物理空间上由原来的共处同一物理空间到身处不同物理位置;但能实现在相同的虚拟空间中及时沟通交流的情形,即控辩审三方在同一物理空间的传统形式发生了改变,程序的参与者通过在线视频这一全新的互动方式展开。刑事在线诉讼借助互联网技术使得庭审空间突破物理限制,法官、检察官、被告人等即使身处不同地理位置也可以共同参与到庭审活动中。在刑事在线诉讼司法实践中,存在两地、三地甚至是四地在线审理的情形。所谓两地连线审理,是指法官与检察官共处一地,通过视频连线询问证人、讯问被告人的情形;三地连线是指法官、检察官、被告人分别处于法院、检察院、看守所(若被告人取保

① 参见周强:《最高人民法院关于人民法院全面深化司法改革情况的报告》,载《人民法院报》2017 年 11 月 2 日,第 1 版。

候审参加庭审的场所一般为其住所),通过视频连线方式进行审理,三地连线审理情形较为常见,此类案件一般是案情简单、被告人认罪认罚的案件;[①]四地连线是指法官、检察官、被告人、辩护人等分别处于不同场所。在线审理场所(点)由原来的设立在看守所、法院内逐渐发展至检察院、律所等场所,在线诉讼的审判场所多元化与参与主体的分散化趋势越发明显。

3. 在线诉讼的功能辅助性

相较于传统线下审理的案件,刑事在线诉讼并非创设的一种新型诉讼构造,也非一种独立的诉讼程序,而是从诉讼经济效率角度考量下的新型诉讼方式。刑事在线诉讼无论是管辖、回避还是案件的审理皆具有附着于线下法院的属性,既不具有独立管辖案件类型,也没有独立的人员组织机构,控辩审三方之间职权关系并没有发生改变。质言之,可适用于在线诉讼的刑事案件皆可适用于线下审理,但是出于诉讼经济效益的考量,刑事在线诉讼更具有节约成本、提高司法效率的功能。例如,2008 年 4 月最高人民法院首次利用远程视频系统对羁押在泉州市的被告人蒋某某进行远程提讯,适用主要原因是“采用远程提讯……省时省力,最大限度提高复核工作效率”。[②] 具体到审判业务使用上,从 2010 年起最高人民检察院和最高人民法院颁布数十个关于在线诉讼的相关文件,其中最为典型的代表是最高人民法院于 2016 年 9 月 12 日颁布的《关于进一步推进案件繁简分流优化司法资源配置的若干意见》与 2021 年 6 月 16 日颁布的《人民法院在线诉讼规则》(以下简称《在线诉讼规则》)。前者第 10 条将在线诉讼定位为“创新开庭方式”的手段,对于适用简易程序审理的刑事案件和民事案件证人、鉴定人、被害人可以通过在线手段出庭作证,后者则系统全面地规定了在高效公正的前提下刑事速裁程序案件、减刑、假释案件以及因其他特殊原因不宜线下审理的刑事案件,人民法院可以综合考虑案件情况、当事人意愿和技术因素决定是否适用在线审理。

二、刑事在线诉讼与被告人权利保障之间的可能张力

(一)在线诉讼与个人信息保护之间的可能张力

1. 被告人个人信息的过度收集

2021 年 8 月《个人信息保护法》的出台极大地推动了个人信息保护的进程,

---

① 例如(2022)吉 0203 刑初 94 号,秦某帮助信息网络犯罪活动罪一案,法官、检察官与被告人分别处于法院、检察院与被告人住所处,形成三地连线模式。

② 廖元勋:《网络视频在远程审判中的运用》,载《中国审判》2008 年第 10 期。

使得个人信息从主要分布于《民法典》等的私法范围领域、为调整平等主体之间民事关系的个人信息保护逐步扩展至公法、程序法领域,①但是在刑事诉讼中又因案件事实调查会不可避免地涉及被告人的很多证据、身份认证等承载着大量个人信息的材料,实践中存在收集范围过度之虞。

首先,在身份认证方面。刑事在线诉讼中身份认证是法院进行在线诉讼的必备环节和必经之路。《在线诉讼规则》第7条规定,对于诉讼主体身份信息的核实是通过"证件证照在线比对、身份认证平台认证等"开放式手段确认被告人身份主体的准确性,但是在司法实践中,仍有法院在确定诉讼主体身份的准确性之外为诉讼主体辅之以人脸识别、声纹识别、人脸扫描之外的负担,此举措虽然有助于更加稳妥地确认诉讼主体身份,但是可能存在与《个人信息保护法》所规定的禁止过度收集个人信息这一规定相背离。

其次,在证据材料方面。刑事在线诉讼作为传统线下诉讼的替代性方式,也需要遵循证据裁判原则,证据材料中同样蕴含着个人信息。例如,在(2019)川01刑初127号张某华走私、贩卖、运输、制造毒品罪一案中,公安机关通过对被告人张某华的两部手机进行手机数据恢复、提取,生成手机取证报告、调取被告人张某华与简某伟的通话录音、张某华手机定位轨迹及驾驶车辆的行驶轨迹图等,综合证明张某华运输毒品的犯罪事实。这些证据材料中既涉及与张某华犯罪事实有关的信息,同时也包括与案件无关的信息。这就要求公安、检察院和法院应当对第三方所提供的证据进行关联性审查,与案件无关的证据应当及时销毁,避免产生损害被告人个人信息的情形。

2. 在线诉讼平台的安全性不足

囿于各地区经济发展水平和信息技术发展程度的不同,当前刑事在线诉讼的诉讼平台主要有三种模式,第一种是通过信息网络公司专门搭建的诉讼平台类;第二种是利用现有技术对内网视频会议终端加以沟通链接改造而成的刑事在线诉讼系统,例如重庆市二中院利用内网视频会议终端系统建设的"1+9+2"在线诉讼系统;②第三种则是通过腾讯会议、QQ视频等网络视频会议工具进行。此三种刑事在线诉讼形式使得国家机关尤其是司法机关与科技公司之间产生了一种技术服务提供者与被服务者的关系。但是由于科技公司的利益主导和驱动,第三

---

① 参见吴桐:《刑事诉讼中个人信息保护的模式选择》,载《人权》2022年第3期。

② 参见向存丹、赵华:《重庆二中法院"1+9+2"远程庭审系统助力法官真减负》,载重庆法院网,http://cqgy.cqfygzfw.gov.cn/article/detail/2019/02/id/3737422.shtml,最后访问日期:2023年5月10日。

方信息技术服务平台很有可能造成泄露的风险。如果第三方信息技术平台利用其在技术方面的独占性优势以及信息技术存储采集的不透明性特征，对于已经收集到的数据信息进行修改甚至删除的话，将会造成严重的不良后果。诉讼平台作为沟通和链接法院与被告人的桥梁，数据安全问题不容小觑。与此同时，法院在政绩观的驱使下可能会在技术层面与信息技术外包公司进行深入的合作。最后导致虽然数据的使用权是法院所拥有，但是对于司法数据的存储安全性问题实质上是由第三方信息技术公司掌控，安全性取决于信息技术公司的专业水平和能力，这实际上导致包括个人信息在内的司法数据时刻处于不确定的风险状态。

（二）在线诉讼与被告人辩护权之间的可能张力

1. 刑事在线质证权受限

纵观证据产生的来源，一是证人导出的证人证言等言词证据，二是与言词证据相对的由物证、书证等组成的实物证据。本文按照言词证据与实物证据的划分标准结合刑事在线诉讼质证方法的特殊性，对被告人质证权具体展开分析。

第一种是言词证据，对于言词证据质证的目的主要是对证言的可信性以及证人的诚实性进行质疑，从而确定证据的关联性、合法性和客观性。刑事在线诉讼无法像线下场所中能够近距离地观察证人的细微变化和情绪波动，更不必说通过司法仪式活动形成线下庄严肃穆的同等效果。证人在刑事在线诉讼的情形下可能无法形成与线下审理相同的感知和记忆唤醒的概率，降低了证人证言的可靠性。事实认定者对于证人证言的评定很难完全感知，据此可能会导致事实认定的不准确。最为重要的是被告人与证人的有效对质受到影响，证人与被告人的质证并非像传统的物理中面对面空间一般，而是屏幕对屏幕，如此高强度依赖外部软硬件的空间，意味着其具有脆弱性与不稳定性，最终使得对于言词证据的对质效果难以达到与线下诉讼同等的效果。

第二种是实物证据，在刑事在线诉讼实践中，对于实物证据的展示一般是通过多媒体展示和质证。刑事在线诉讼中实物证据的质证与观察实际上很是依赖网络软硬件的支持，极易出现法庭举证和质证阶段对于实物证据观察不清的情况。而且，在刑事在线诉讼中纵使出示了原始证据，对于其质证也只能是隔着屏幕远远观察。尤其注意的是，观察是人的主观活动，具有很强的主观性，对于观察视角和观察内容的选择可能会直接影响到对于实物证据的质证。刑事在线诉讼依靠屏幕进行对实物证据质证的情形，使得对于实物证据的质证实际上人为地增加了客观限制,增加了实物证据失真的风险,进而导致质证效果的减损。

2. 被告人与辩护人的交流权受制

辩护人与被告人的信赖关系是有效辩护的基石,律师与被告人之间的充分、有效交流是建立信赖关系的必由之路。《刑事诉讼法》第39条规定了辩护律师可以同被告人进行会见、通信、提供法律咨询等。在线会见虽然没有对辩护律师会见被告人进行限制,但是通过网络进行线上会见的情形的确可能会对被告人与辩护人的交流产生某种不利的影响。

交流权的行使和两个因素息息相关,一是交流意愿,二是交流渠道。

首先,从交流意愿来讲,在线会见可能会增加辩护方对于会见被监听监控的风险担忧,影响被告人的交流意愿。在线远程会见通过专门的线上会见平台进行,其中的隐忧是,远程会见系统的最高管理权限通常是由看守所来进行控制管理,办案机关可以非常便捷地对其会见进行视频监听或者录制。对于辩护方而言,在线远程会见系统的建设、监督和管理的过程属于内部事务,很难发现问题并及时提请检察官予以纠正。如在辽宁省阜新市日常巡查时发现公安机关工作人员通过执法记录仪对会见过程进行录制,及时制止无果后向主管领导请示并制作发出了《纠正违法通知书》,要求限期纠正、消除影响并反馈整改意见。①

其次,从辩护人与被告人的沟通渠道看,刑事在线诉讼中的沟通交流渠道主要存在于会见环节,在线庭审期间交流不畅。传统"四方格"模式下,被告人与辩护人并不坐在一起,在庭审中不能随时交流、协商,只能经过法官许可后发问。刑事在线诉讼中庭审席位布局通过摄像头等网络信息视频传输形成新的格局,即控辩审三方位次在电脑屏幕上被划分为四块屏幕,传统线下诉讼的"四方格"甚至"三角形"格局实质上已经被打破,被告人与辩护人身处不同空间各自完成相应的诉讼活动。辩护人人身安全考量的因素已通过线上这一模式消失,基于控辩平等原则的法理和技术可能性考量,辩护人与被告人的交流完全可以建立。但是截至2023年5月24日,中国庭审公开网424场刑事案件远程直播回顾中,尚未发现允许被告人与辩护人在在线诉讼时的沟通交流案件。

三、刑事在线诉讼与被告人权利保障张力的原因分析

面对刑事在线诉讼对于被告人权利可能造成的冲击,我们应当审慎理性看

---

① 参见《检察官及时纠正"监视监听"律师会见的违法行为》,载辽宁省阜新市清河门区人民检察院网,http://www.fuxinqhm.jcy.gov.cn/art/2019/7/18/art_4228_23527.html,最后访问日期:2023年5月10日。

待,一方面我们并不能简单地否定在线诉讼在刑事诉讼中所体现的效率价值;另一方面也应当关注刑事在线诉讼不足之处,尤其是对被告人权利保障可能造成冲击之处。通过对其运行中的不足之处进行分析,尽可能消除或限制在线诉讼对刑事诉讼程序的不利影响,这是我们对待在线诉讼应持有的理性态度。

(一)刑事在线诉讼对刑事诉讼原则的冲击

刑事诉讼原则是刑事诉讼具体制度、规则、程序的基础与依据,它以其概括的、指导性的思想内容表述涵盖的法律理念和价值判断,是构建刑事诉讼具体制度、规则、程序的直接基础和依据。[①] 刑事在线诉讼以其空间隔离性为主要特征进而区别于传统线下诉讼,使得即使处于不同物理空间的控辩审三方也能于线上同一空间完成审判,大大提升了审判效率。但是刑事在线诉讼运行的具体展开对产生和发展于传统的物理空间、习惯于面对面集中审理的直接审理原则和言词审理原则产生部分冲击。

1. 直接审理原则的削弱

直接审理原则要求裁判信息直接来源于庭审活动,法官必须亲自从庭审中获取定案所需的实质性内容,不得仅以书面审理等间接方式构建心证并作出裁判。[②] 直接审理原则强调两个方面,首先是法官的亲自接触,无论是证据的审查确认抑或是被告人的精神状态都需要法官的直接亲自接触,即法官的亲历性;其次要求证据的提供者和其他相关证据应当亲自直接参与到法庭审理之中,不能使用证据的替代品代替原始证据,即证据的原始性。[③] 故而直接审理原则对于诉讼各方的要求是需要他们同时亲自参加法庭审理。刑事在线诉讼通过各类软硬件基础设施搭建起的同一网络虚拟视频空间以达到即时通讯,控辩审三方面对的是经由网络信号调制而成并呈现于电子屏幕上的二维画面。从传统的面对面直接的三维沟通变为屏幕对屏幕的平面沟通,法官对于庭审活动的亲历性和接触证据的原始性也从现场性的亲历到屏幕上的亲历。

2. 言词审理原则的减损

言词原则是指法庭审理活动中控辩双方口头提供的证据,通过言语陈述的方

---

① 参见宋英辉:《刑事诉讼原理》,北京大学出版社 2014 年版,第 34 页。

② 参见陈卫东:《直接言词原则:以审判为中心的逻辑展开与实现路径》,载《法学论坛》2022 年第 6 期。

③ 参见步洋洋:《刑事庭审实质化路径研究》,法律出版社 2018 年版,第 42 页。

式进行,[①]刑事在线诉讼中言词原则的减损导致证据过滤受到影响。言词证据在法庭审理中具有重要地位,而言词的产生是需要诉讼主体通过口头的方式直接表达出的,盖因案件事实的查明实为对过去事件的回溯,证据在言词的组织串联下要逐渐还原为一个符合证据和逻辑的事件,故而诉讼主体陈述的内容具有复杂性。诉讼参与人员在言词陈述中所表露出的动作神态等情态证据虽然并不是直接证据,但反映的是一个人内心活动,法官可以通过情态证据对诉讼主体的陈述进行内心评判,辅助还原案件真相。刑事在线诉讼中法官对于情态证据的获得首先面临的是物理空间的障碍,对于诉讼主体在陈述时的动作、表情等可能会因为技术设备的支持不足而遗漏掉,最常见的是网络信号的不稳定带来的视频卡顿或者产生乱码情形,抑或由于网络摄像头本身像素质量问题加上镜头摆放角度问题拍摄的画面不够高清,进而导致法官对于情态证据获得的困难。

(二)刑事在线诉讼中个人信息保护实体性规则缺位

1. 刑事追诉与个人信息保护的特殊关系

刑事司法活动中基于国家安全或者追诉犯罪活动的需要,使得个人信息需要服从于司法活动的优先性位阶并非颠扑不破的真理,对于刑事诉讼中的个人信息保护既需要满足刑事司法活动的正常运转诸如调查取证、证据查验等活动,又要避免刑事司法活动对于个人信息的过度侵犯。因此,可以对刑事诉讼活动中涉及个人信息保护的环节进行合理限制,避免形成无论何种情形下都是以刑事司法活动为优先的局面。

首先,从个人信息保护权利益属性来看,刑事诉讼中被告人个人信息保护权同时具备基本权利和公共利益两种属性。在刑事诉讼的利益衡量中,公共利益与基本权利成为利益衡量的典型对象。具体而言,刑事诉讼中犯罪嫌疑人、被告人享有的权利分为由宪法规定的权利和基于防御追诉权的权利。前者与公共利益属于异质利益衡量,无法单纯从结果上得出利益衡量是否妥当的结论,故刑事司法机关对于消极性权利应履行消极性义务。后者在维护国家承诺的法治秩序与正当程序中有着为履行社会任务和实现公共价值而存在的必要。该权利与公共利益属于同质利益衡量,基于追诉犯罪目的而衍生出的公共利益对其具有优位性。

其次,从目的论角度来看,刑事诉讼中个人信息保护的利益衡量调整的是基

---

① 参见步洋洋:《刑事庭审实质化路径研究》,法律出版社2018年版,第42页。

于追诉犯罪目的的国家公权力与刑事诉讼当事人个人利益之间的矛盾冲突。因此,侦查人员基于预防犯罪目的或社会管理目的收集个人信息的行为,如设立大规模的警务系统对个人信息的登记、储存等警务信息管理和预测警务行为均不属于刑事诉讼的调整范围而应归为警察行政法。对于上述个人信息,刑事司法机关主要是通过"调取"来进行二次收集、使用,规制的重点在于"二次收集、使用"的调取行为。①

因此,在刑事诉讼中基本权利所构建的客观法秩序是体现在刑事程序内,刑事诉讼无法限制履行公共职能主体的公共权力。故无论是从被告人的个人信息保护的基本权利与基于追诉犯罪目的而具备的公共利益属性价值的优先性对比看,还是从基于追诉犯罪目的的国家公权力与刑事诉讼当事人个人利益之间的矛盾冲突角度讲,刑事诉讼中个人信息保护具备不同于私法中处理平等主体之间纠纷的属性,也不同于行政法领域以限制公权力保护个人私权利的特征,呈现的是一种依据法律规范而合理限制的特性。

2. 数据安全技术标准缺失

在线诉讼系统平台是在线诉讼活动得以有效运行的重要物质保障基础,是为诉讼主体提供在线交流以及各类案件信息流转的重要载体,因此在线诉讼平台的安全性建设关乎在线诉讼安全。在刑事在线诉讼程序中,电子卷宗随案同步生成,当事人在网上提交电子证据,法官办案时会自动生成电子文书并通过电子审定签字盖章,再经过电子送达程序送达当事人,最终将其进行电子归档。但是,现在各个法院所使用的平台大多都是根据不一样的技术方案来构建的,因此,在进行数据的互联互通和开放共享以及在内部流转过程中,都有可能会存在端口不匹配、协议不统一等兼容问题,这些技术壁垒会更多地提高诉讼技术故障或遇到失效而造成的数据安全风险。如果没有对技术自身的问题进行有效的防范,仅靠对相关问题的补救是远远不够的。此外,对于实际应用中不同层级、不同地区的不同种类的网络诉讼平台,不能制定统一的标准,造成了不同来源的数据一致性和协调性差的问题。所以,数据安全技术就成了在线诉讼的保障,其关键就是依据现实情况来制定资料建构的技术规范,以满足安全性的价值观。

① 参见吴桐:《刑事诉讼中个人信息保护的模式选择》,载《人权》2022 年第 3 期。

四、刑事在线诉讼被告人权利保障的完善路径

(一)构建刑事在线诉讼的个人信息保护立法体系

根据刑事在线诉讼中可能侵犯个人信息保护权的情形是否与在线诉讼具有直接关系,可以将其划分为诉讼内的个人信息保护与诉讼外的个人信息保护。前者是指刑事在线诉讼中身份认证、证据材料等包含大量个人信息,作为这些信息处理使用者的国家机关负有不过度收集和滥用的义务;后者主要是从刑事在线诉讼平台建设安全适用标准上考量,统一规范化的平台建设与标准是在线诉讼中被告人个人信息保护的外在物质保障。

1. 建立刑事在线诉讼个人信息保护规则

对于个人信息保护这一问题,多数国家是将个人信息保护法作为一项适用例外加以排除,作出这一依据的划分标准为是否影响到国家安全和对于犯罪的追诉,此划分的目的是以期尽可能地保障司法活动的独立性。然而,随着信息技术的发展,个人信息呈现出广泛且又集中的特点。个人信息的广泛性是指个人信息从数量角度的衡量来讲,支付记录、运动痕迹、通话记录、短信记录、即时通讯软件和社交平台上的各种痕迹信息都是个人信息的重要来源;个人信息的集中性是从个人信息承载和主要产生来源的角度讲,互联网信息技术的发展使得互联网信息终端设备成为个人信息产生的重要途径与方式,手机、计算机、智能穿戴设备、车载电脑等成为信息社会发展背景下,个人信息的重要表达途径与承载载体。具体至刑事在线诉讼中,个人信息的收集、处理与使用,经历的是从粗疏海量到细致相关的筛选以及各个不同阶段下对于信息的电子化流转、加工与使用,使得个人信息中可能证明被告人有罪的某些信息片段成为确定证明被告人有罪或无罪的定案根据。例如在郭某明等贩毒一案中,[①]被告人郭某明在微信、Telegram 等聊天软件上贩卖毒品的行为有聊天记录予以佐证,这些聊天记录均存在于被告人的手机中,不难推断的是在寻找被告人郭某明有罪证据的过程中,必然会涉及对其所有微信聊天记录的浏览寻找,以精准找到其有罪证据,过程中难免会对案情无涉及的信息进行获取。在私法领域,个人信息与隐私是和而不同的关系,私法所涉及或者侵犯的法益紧迫性与刑事司法领域相比具有可补救性,抑或说刑事司法领域的个人信息保护具有更重要的地位。

---

① 参见郭某明、李某君、贾某星走私、贩卖、运输、制造毒品案,浙江省瑞安市人民法院(2020)浙0381 刑初 1511 号刑事判决书。

刑事诉讼中个人信息保护的规则应为合理限制而不是完全排除。刑事在线诉讼具有相较于传统线下诉讼在技术支撑上的强烈依赖性,这决定了刑事在线诉讼中个人信息保护相较于线下诉讼应当建立适用于刑事在线诉讼的个人信息保护规范。具体来讲,盖因刑事诉讼乃国家对于犯罪的追诉,控诉方在诉讼活动中不可避免地会涉及对于个人信息的收集、处理和使用,例如妨害疫情管理案件中被告人数字足迹的收集使用、①帮信罪中被告人银行流水、聊天记录的收集、处理和使用等。犯罪行为的追诉与个人信息的保护不可避免地产生了两方面的矛盾:一方面,在司法活动中的个人信息保护与追诉活动二者之间产生了利益衡平的问题,即对于个人信息保护的利益衡量;另一方面,在衡平司法与个人信息保护的同时如何处理刑事司法的特殊性与个人信息保护的问题也是不可避免的。利益的划分并不是一成不变的,而是在国家和社会、被追诉人与被害人之间动态划分的,法律制定者并不是完全倾向于某一固定利益的,而是对于两对利益进行合理限制,最终达到一种动态平衡。

2. 规范刑事在线诉讼的平台建设适用

刑事在线诉讼的出现使得刑事诉讼活动可以由线下物理空间转移至线上网络空间,而作为刑事在线诉讼活动主要载体的电子诉讼系统平台承担着与物理空间中法庭相同的价值功能。② 刑事在线诉讼的每一环节的每一主体都应当在电子诉讼系统平台上完成相关手续和步骤,电子诉讼系统平台是在线诉讼行为或活动得以有效运行的重要基础。由此可以看出,在线诉讼平台对于在线诉讼开展的重要性,《在线诉讼规则》要求人民法院、当事人及其他诉讼参与人等依托电子诉讼平台进行在线诉讼,对于诉讼平台的技术性要求是保持平台中立。

从 2015 年最高人民法院开始筹建互联网法院到两年以后的 2017 年三大互联网法院的成功建设并投入司法适用,此举措推动我国的在线诉讼蓬勃发展,除去法律规则的发展与创新,诉讼平台建设的安全性与可靠性是支撑并使得在线诉讼平稳运行和良好发展的物质基础。在线诉讼平台的建设不同于法律制度和原则的强烈法理属性,其更加注重的是平台安全性。数据通道、软件设计的合理程度、硬件的安全可靠以及设备管理使用者的安全专业性都是不容忽视的问题。对于在线诉讼平台的建设,我国在法律规范层面具有较为原则性的在线诉讼平台安全可靠的基本要求,整体上较为宏观地强调在线诉讼平台的安全性与可靠性;但是

---

① 参见付玉明:《数字足迹的规范属性与刑事治理》,载《中国刑事法杂志》2023 年第 1 期。

② 参见谢登科:《在线诉讼的中国模式与未来发展》,载《中国应用法学》2022 年第 4 期。

受限于各地区社会经济发展的不均衡以及投入与产出的效率，各地法院并未有完全独立建设在线诉讼平台的技术与能力，转而取之的是采取一种向相关科技公司购买技术服务的模式。单从技术角度而言，企业在此具有绝对性的主导地位。基于企业的逐利性以及私人主体性，刑事在线诉讼平台的建设必须重视法院于刑事在线诉讼的地位。

作为刑事在线诉讼平台的主要建设者以及使用者，必须赋予法院对于刑事在线诉讼平台的绝对控制权。法院对于刑事在线诉讼平台的绝对控制一方面体现于选择商业公司建设的权力；另一方面即平台建设完成后数据使用权的绝对控制。首先，法院在选择科技公司建设在线诉讼平台时，应当审慎选择，对于科技公司的技术水平和履行合约能力进行充分的评估与监管，通过授权白名单的方式规定科技公司对于收集存储的个人信息种类、诉讼数据等采用加密安全方式传输与存储，避免出现因平台建设漏洞导致个人信息或者其他诉讼数据泄露的可能性。其次，法院对于个人信息的处理与使用应当具有绝对的控制权。这是因为法院作为国家规定的公权力机关，具有行使审判权的正当性，自然也具有获得和适用本案所有相关信息的权力，此种正当性自然延伸传导至个人信息的使用权，但是应当值得注意的是，法院对于诉讼数据的绝对控制职权也仅限于和案情相关的个人信息，对于与案件无关的个人信息应当及时销毁。

(二)明确刑事在线诉讼的案件适用类型

1. 弱对抗性案件适用为主

通过对刑事在线诉讼的案件适用类型梳理(见表2)，可以发现立法规范关于适用刑事在线诉讼的情形一方面呈现碎片化特征，即该规范文件并非针对刑事案件的适用而出台，且即使是同一案件在不同的规范文件中也有不同的表述，例如，最高人民法院2020年2月14日出台的《关于新冠肺炎疫情防控期间加强和规范在线诉讼工作的通知》(以下简称《疫情期间在线诉讼通知》)中，明确认罪认罚案件可以适用在线诉讼，但是在之后认罪认罚案件却被删除或者呈现出限缩适用认罪认罚案件的情形，将其限定在以认罪认罚为前提的速裁程序案件中；另一方面可以发现刑事在线诉讼所适用的案件多为案件事实清楚、证据确实充分的案件或者在特殊情形下为保障诉讼顺利进行而适用的某些具有临时性特征的案件，案件本身具有弱对抗性的特征。因此客观现状下针对刑事在线诉讼适用过程中因事实查证或程序推进而可能造成的被告人辩护权权益减损，可以尝试从规范刑事在线诉讼案件适用范围的角度加以解决。

表 2 刑事在线诉讼的案件适用类型规定

规范颁布时间	规范名称	条款	可适用在线诉讼的刑事案件类型
2016 年	《最高人民法院关于进一步推进案件繁简分流优化司法资源配置的若干意见》	第 10 条	简易程序案件
2020 年	《疫情期间在线诉讼通知》	第 8 条	简易程序案件,速裁程序案件,认罪认罚从宽案件,妨害疫情防控案件,减刑、假释案件
2021 年	《人民法院在线诉讼规则》	第 3 条	刑事速裁程序案件,减刑、假释案件,以及因其他特殊原因不宜线下审理的刑事案件,刑事附带民事执行案件

《刑事诉讼法》第 15 条规定:"犯罪嫌疑人、被告人自愿如实供述自己的罪行,承认指控的犯罪事实,愿意接受处罚的,可以依法从宽处理。"此条规定将认罪认罚从宽确定至刑事诉讼原则的高度,同时通过实体和程序上的优惠等规定将认罪认罚从宽作为一项具体制度来推进,因此认罪认罚在作为一种诉讼制度的同时又作为一项刑事诉讼原则存在于刑事诉讼中,强调通过控辩双方的对话、协商或妥协来直接影响、塑造甚至决定最终裁判的结果,具有显著的协商性质。① 在此基础上,速裁程序、简易程序在认罪认罚从宽的基础上进一步设置相关适用条件,节约诉讼成本、提升诉讼效率的特征进一步明显,例如在速裁程序中一般不进行法庭调查、法庭辩论。故此本文认为,可以从刑事在线诉讼案件类型上限制适用的方式,尽可能减少现阶段在线诉讼发展不足之处对被告人权利产生的不利影响。基于对公正保障、效率追求以及权力制衡等多重因素的考量,刑事在线诉讼案件适用范围应当主要是弱对抗性的案件,即简易程序案件和速裁程序案件,本文之所以厘定刑事在线诉讼主要适用于此两类案件,理由如下:

简易程序与速裁程序庭审的弱对抗性与刑事在线诉讼的在线审理特征相匹配。2014 年 6 月起全国 18 个地区开展速裁程序的试点工作,这一不同于普通程序,较之简易程序更加高效率的审理程序经过为期 4 年多的试点之后正式纳入《刑事诉讼法》。起步更早的简易程序,发展至今已进入成熟期,无论是其法律地位、运行模式抑或是与认罪认罚从宽制度的法律关系都已清晰。② 简易程序与速

① 参见陈瑞华:《论协商性的程序正义》,载《比较法研究》2021 年第 1 期。

② 参见闫召华:《刑事简易程序四十年:文本、经验、问题及走向》,载《刑事法评论》2021 年第 1 辑。

裁程序的最大功能即是获得了审判效率的提高,实现了司法资源的优化配置。具体而言,此两种程序在控辩双方的关系上都呈现出一种弱对抗性,都呈现出控辩双方通过协商、对话的模式来对最终判决产生直接塑造的局面。这弥补了当前刑事在线诉讼中广受诟病的因脱离传统线下审理,适用线上审理而导致的质证效果不佳、被告人与辩护人交流受限制等导致被告人辩护权减损的境况(见表3)。

表3　2018—2021年年适用刑事在线诉讼的案件数量

单位:件

案件类型	2018年	2019年	2020年	2021年
刑事速裁程序案件	9	115	255	241
刑事简易程序案件	205	514	2124	1196
刑事普通程序案件	43	63	1647	768

数据来源:崔永存:《论刑事远程审判的制度规制》,载《法学研究》2023年第2期。

2. 其他类诉讼案件适用为辅

除适用简易程序和速裁程序这两种弱对抗性类案件,减刑、假释案件的审理也可适用。最高人民法院、最高人民检察院、公安部和司法部2021年12月1日联合发布的《关于加强减刑、假释案件实质化审理的意见》中明确强调对于减刑、假释案件审理的实体条件与程序机制都应经过法庭核实,坚持以审判为中心。

以审判为中心的减刑、假释案件审理要求法官事实认定在法庭、法律适用在法庭。这打破了传统的依靠刑罚执行部门提供的材料来进行审理的以执行为中心的文书中心主义。[①] 不同于普通刑事案件对被告人是否有罪的审理,减刑、假释案件的审理时间段为诉讼终结以后的刑事处罚执行阶段,审理内容从裁判被告人是否有罪转变为服刑罪犯是否具有悔改表现、没有再犯的危险,是否具备减刑、假释的法定情节等。审判维度与审判内容的不同虽提升了庭审质量,但相应地也延长了法庭审理的时间,增加法庭工作时长。回归庭审实质化改革的原点,其目的是解决过去存在的影响司法公正的情形,问题是若司法机关无法建立长效机制对实质化审理进行长久支持和约束,势必会导致庭审虚化的后果。因此庭审实质化蕴含繁简分流的内涵。故而法庭可以适用在审理方式上的创新审理减刑假释案件,一方面契合审判中心主义,另一方面基于减刑、假释案件的材料主要来源于刑罚执行机关所提供的材料,而且审理过程并非诉讼过程中具有对抗性审判,更多

① 参见任金昌:《论以审判为中心的减刑、假释制度改革》,载《中国监狱学刊》2022年第5期。

的是法庭对于事实和法律的正确认定与适用，属于单方面的事实认定式审理。通过在线诉讼，一方面其空间隔离性使得法院、检察院和罪犯通过在线诉讼系统就能实现网络同处一空间的效果，提高庭审效率；另一方面，减刑、假释案件的单方性、无对抗性避免了刑事在线诉讼在普通诉讼案件中可能造成被告人权利减损的情形。

需要注意的是，三类自诉案件应当审慎适用在线诉讼。① 一方面，自诉案件虽然较之普通刑事案件轻微，仅是自诉人与被告人之间矛盾的冲突升级，由于缺乏国家公权力机关对于侦查、起诉的介入，自诉人自己提供的证据与其诉求事实可能难以达到确实充分的标准，故而不宜采取在线诉讼；另一方面，自诉案件中双方的对抗性强，刑事在线诉讼中对抗性强意味着双方难以就案件事实的认定达成统一，具体到具体权利中，被告人的辩护权因在线诉讼的适用难以得到与传统线下诉讼同等质量的保证。故而，自诉案件的审理应当审慎适用在线诉讼方式进行。

（编辑：陈真楠）

① 参见王禄生：《刑事案件在线诉讼制度的实践观察与前景展望》，载《西南民族大学学报（人文社会科学版）》2021 年第 12 期。

值班律师：提供有限服务的辩护律师*

王景龙　陈育龙**

摘　要：为实现刑事辩护全覆盖而设立的值班律师制度，向被追诉人提供初步性、及时性、便捷性的法律服务。随着我国认罪认罚案件与刑事速裁程序适用数量的不断增加，有必要给予其准确的法律定位。为被追诉人利益提供法律服务的本质决定了值班律师的"辩护人"地位，而非"司法机关辅助人"的角色。现行规范性文件未授权值班律师从事出庭辩护服务，仅仅表明值班律师不具有完整的辩护权能，可称为"权利有限的特殊辩护律师"。现行法中"法律帮助"的表述不是否定其辩护人地位的正当理由，因为"辩护"本身就属于"法律帮助"的范畴。无可置疑，在应然地位的基础上要逐渐补充完善其职能，使其"辩护人"的身份实至名归。当前的值班律师制度只是解决了从"无"到"有"的问题，从"有限辩护"到"有效辩护"才是刑事辩护全覆盖的最终目标。

关键词：值班律师；辩护律师；法律地位

我国出台了一系列规范性法律文件，让值班律师制度从"无"到"有"，并伴随刑事案件速裁程序、认罪认罚从宽制度试点工作而逐渐扩大范围。然而，这些文件都仅仅笼统地规定值班律师为特定犯罪嫌疑人、被告人"提供法律帮助"，没有明确其身份定位，致使值班律师在实务中发挥的作用受到了影响。2018 年修订的《刑事诉讼法》和 2021 年的《法律援助法》认可了值班律师制度并扩大适用范围，

---

* 基金项目：陕西省社会科学基金项目"现实审视与理论结构：我国刑事辩护有效性研究"（2020E22）；国家社会科学基金项目"刑事证据补救规则的理论阐释与体系建构"（19XFX005）。

** 王景龙（1975—　），男，汉族，安徽阜阳人，法学博士，西安财经大学副教授，硕士研究生导师；陈育龙（1998—　），男，汉族，四川乐山人，西安财经大学法学院硕士研究生。

但仍未改变该情形。实务界、理论界都对此展开了热烈讨论,仍未形成统一的认识。[①] 本文探讨在中共十八届四中全会“推进以审判为中心的刑事诉讼制度改革”的背景下和推广“刑事辩护全覆盖”的视角下值班律师的法律地位,旨在肯定其特色和亮点的基础上,解决值班律师身份不明、权责不清的问题,扫除阻碍值班律师发挥作用的障碍,将提高办案效率与保障被追诉人合法权益相结合,推动以审判为中心的司法制度改革。

一、我国值班律师制度的亮点和特色

自最高人民法院、最高人民检察院、公安部、司法部 2014 年 8 月 22 日联合印发《关于在部分地区开展刑事案件速裁程序试点工作的办法》(以下简称《速裁程序试点办法》)提出建立值班律师制度,到 2018 年《刑事诉讼法》第 36 条规定人民法院、看守所等场所可以派驻值班律师,为犯罪嫌疑人、被告人提供法律咨询、程序选择建议、申请变更强制措施、对案件处理提出意见等法律帮助;再到司法部 2019 年 1 月 11 日印发《全面深化司法行政改革纲要(2018—2022 年)》,明确其目标要“健全完善法律援助值班律师制度,完善值班律师工作运行机制”,然后牵头起草并制定《法律援助值班律师工作办法》(以下简称《值班律师工作办法》),于 2020 年 8 月 20 日以“两高三部”的名义联合印发实施;[②]值班律师制度在我国迅速发展,引起学界广泛讨论。回顾值班律师制度在我国的发展轨迹和现有状况,它具有以下亮点和特色:

(一)促进刑事辩护全覆盖初步实现

第一,服务案件类型全覆盖。在我国申请法律援助仅限于特定的案件类型,且申请程序繁琐,需要提交的材料复杂,如果犯罪嫌疑人、被告人因为经济困难而申请法律援助,还必须出具经济困难的相关证明。这必然会在有条件委托社会律师和有条件获得法律援助律师的群体之外,形成一个无法获得任何法律服务的群体。[③] 而根据 2018 年修正的《刑事诉讼法》规定,对于值班律师职能的规定并没有

---

① 参见顾永忠、李逍遥:《论我国值班律师的应然定位》,载《湖南科技大学学报(社会科学版)》2017 年第 4 期;姚莉:《认罪认罚程序中值班律师的角色与功能》,载《法商研究》2017 年第 6 期;詹建红:《刑事案件律师辩护何以全覆盖——以值班律师角色定位为中心的思考》,载《法学论坛》2019 年第 4 期;肖沛权:《论我国值班律师的法律定位及其权利保障》,载《浙江工商大学学报》2021 年第 4 期。

② 即最高人民法院、最高人民检察院、司法部、公安部、国家安全部等承担审判、公诉和司法管理的五大国家机关(以下简称“两高三部”)。

③ 姚莉:《认罪认罚程序中值班律师的角色与功能》,载《法商研究》2017 年第 6 期。

限定于特定的案件类型中,也删除了“两高三部”2017年8月8日《关于开展法律援助值班律师工作的意见》(以下简称《值班律师工作意见》)(已失效)中将提供法律咨询、程序选择、申请变更强制措施等法律帮助限定于认罪认罚从宽案件的规定。值班律师制度由此实现了服务案件类型全覆盖的目标。

第二,救济时间全覆盖。辩护律师制度的最基本特征是初步性、及时性和便捷性。首先,在我国刑事诉讼活动中,犯罪嫌疑人可以委托辩护律师的最早时间是被侦查机关第一次讯问或采取强制措施之时。而从犯罪嫌疑人收到通知可委托辩护律师起,至辩护律师到看守所会见委托人为止,这段时间其实是被追诉者获得辩护人帮助的空档期。其次,当前许多基层侦查机关的办案程序不规范,在犯罪嫌疑人、被告人不了解自己诉讼权利的情况下,未及时履行告知义务,甚至剥夺其合法委托律师的权利,这可能导致他们不能及时委托辩护律师。最后,申请法律援助需要对被追诉人基本情况以及家庭经济状况等进行严格的审查,申请程序较为烦琐,时间较长,申请法律援助律师的这一段时间内,其诉讼权益难以得到保障。

按照我国值班律师制度规定,法律援助机构可以在人民法院、人民检察院或看守所派驻值班律师。法院、检察院和看守所为值班律师提供便利条件,如提供工作场所,悬挂工作站统一标牌。首先,这样的规定使值班律师得以“驻扎”在看守所、人民检察院和人民法院,可在案件的“最早一公里”介入,填补了被追诉者获得辩护人帮助的空档期;其次,悬挂工作站标牌,也向当事人明示,可以询问、了解并申请获得值班律师帮助。值班律师可以像“急诊医生”一样为被追诉者提供应急服务。因此,值班律师制度有效弥补了原有辩护律师制度在服务案件类型和介入案件时间空档期上的缺陷,推动了辩护律师全覆盖的实现。

(二)成为认罪认罚从宽制度的配套机制

在我国,实施值班律师制度是保障认罪认罚真实性、自愿性、明智性的一项重要措施。刑事速裁程序没有脱离认罪认罚从宽制度,而是被纳入其框架之内,实务中的相当一部分认罪认罚从宽案件适用刑事速裁程序。根据为期两年的刑事速裁程序试点经验这种流程简化的刑事速裁程序得到推行:从审查起诉到法庭审理,整个刑事诉讼的结案周期大幅度缩短,法庭审理时间被控制在10分钟左右甚至更短,绝大多数刑事案件实现了当庭宣判,法官的人均结案数大幅度上升,刑事速裁案件的上诉率和抗诉率不断降低。伴随着刑事速裁程序的试点,法律援助律师开始在法院、看守所设置值班律师工作站,为嫌疑人、被告人提供法律帮助,保障其合法权益。[①] 我国的值班律师正是为防止法官们可能假借认罪认罚从宽制度不当压缩审判时间，剥夺被告人合法的诉讼权益和实体权益而设计的配套制度。

在犯罪嫌疑人、被告人认罪认罚的案件中，值班律师通过向其提供法律咨询、程序选择建议，并在值班律师在场的情况下签订认罪认罚具结书，对办案过程进行监督，确保其明白认罪认罚的性质和法律后果，确保认罪认罚的自愿性。通过值班律师对案件处理提出建议，实施量刑协商以追求对犯罪嫌疑人、被告人有利的结果，这是我国值班律师制度的一大制度亮点。

（三）体现了立法与实务的良性互动

尽管直到2014年《速裁程序试点办法》公布，值班律师制度才在规范意义上开始构建，但它其实早在2006年就已经试点。当年9月，联合国开发技术署和我国商务部、司法部共同将河南省修武县确定为“法律援助值班律师制度”项目试点地区，率先实现刑事案件值班律师全覆盖。[②] 在以审判为中心的刑事诉讼改革背景下，速裁程序试点与认罪认罚从宽制度的开展为值班律师制度提供了发展契机。[③] 2016年全国人大常委会授权最高人民法院与最高人民检察院在速裁程序试点的14个地区开展认罪认罚从宽制度试点，“两高三部”2016年11月11日联合发布并实施《关于在部分地区开展刑事案件认罪认罚从宽制度试点工作的办法》（以下简称《认罪认罚从宽制度试点办法》），规定了值班律师提供法律咨询、程序选择、申请变更强制措施等法律帮助。然后，“两高三部”2017年8月8日联合发布并实施《值班律师工作意见》（已失效），这是我国首次专门就值班律师工作发布指导性文件。

由于实践中制度运行良好的原因，2018年《刑事诉讼法》认可值班律师制度并扩大适用范围。“两高三部”2020年8月20日公布《值班律师工作办法》，全国人大常委会2021年8月20日通过《法律援助法》，均在总结司法实务中经验和不足的基础上再度扩大适用范围，并对值班律师的其他配套机制予以完善。我国值班律师制度的构建过程，实际上遵循了谨慎稳妥的“试点—立法认可—实践—立法完善”的实施过程，充分体现了立法与实务的良性互动。

---

① 参见王姝：《18市拟试点刑案认罪认罚从宽》，载《新京报》2016年8月30日，A07版。

② 参见祁彪：《激辩值班律师制度系列报道之一：值班律师制度进入快车道》，载《民主与法制》2017年第24期。

③ 参见王迎龙：《值班律师制度研究：实然分析与应然发展》，载《法学杂志》2018年第7期。

二、值班律师法律地位的中外比较

(一)英国值班律师计划——特殊的“事务律师”

追根溯源,英国是值班律师制度的发源地。在英国刑事法律援助体系中,值班律师计划(Duty Solicitor)是其重要组成部分,由警察局值班律师计划和法庭值班律师计划组成。[①] 根据词义,“solicitor”即“事务律师”,[②]是英国的一种提供法律咨询、准备法律文书和材料并在初级法院代理当事人出庭的律师。从值班律师的职能中可以清晰看到事务律师的影子,基本上符合原意。换言之,值班律师实际上是在事务律师制度基础上演变而来,规定其在特定的时间和场所,为当事人提供有限服务的一种责任型事务律师。因为时间、场所的固定,以及轮流排班的工作方式,故被称为“值班律师”。那么事务律师到底有何特点?值班律师如何在事务律师制度基础上演变的?如今英国的值班律师在律师体系中处于什么地位?这三个问题是正确认识英国“值班律师”的法律地位不可回避的。

事务律师最早出现于十五六世纪的英国,在十七八世纪得到快速发展,第二次工业革命以后逐渐发展成熟。前现代时期,事务律师是为控方设计的一种律师职业,随着控辩不平衡问题的凸显以及刑事证据法的不断发展,为保障嫌疑人、被告人的合法权益,在刑事案件中提供律师帮助的大门逐渐向被告打开。事务律师的工作主要集中在审前程序,在整个刑事诉讼活动中扮演着重要角色。其职能包括为当事人提供法律咨询、会见当事人、阅卷、调查取证,寻找并选择证人,为出庭律师准备庭审材料并移交等。发展至今,事务律师甚至可以在初级法院以代理律师身份为当事人出庭辩护。事务律师提供的法律服务是整个辩护工作的一部分,事务律师最早就是以辩护律师的身份出现的。[③]

作为一种特殊的事务律师,英国值班律师职能与我国辩护律师存在一定的职能重叠。在警察局值班律师计划中,值班律师主要是为被逮捕的犯罪嫌疑人或者被传唤到警察局协助调查者提供24小时的免费法律咨询,咨询内容包括实体问题和程序问题。法院值班律师计划的内容主要针对治安法院中的被控诉者,法院

---

① 参见黄斌、李辉东:《英国法律援助制度改革及其借鉴意义——以〈1999年接近正义法〉为中心》,载《诉讼法论丛》2005年第10期。

② 英文释义为:“In Britain, a solicitor is a lawyer who gives legal advice, prepares legal documents and cases, and represents clients in the lower courts of law”。

③ See John H. Langbein, *The prosecutorial Origins of Defence Counsel in the Eighteenth Century*, 58 Cambridge L, 314 (1999).

值班律师既可为其提供法律咨询,又可以代理被控诉者提出保释申请,甚至能够代理被控诉者首次出庭并提出即时有罪抗辩等。① 由此可见,英国现有值班律师在很大程度上具备了事务律师的职能与特点。由于出庭律师和事务律师身份和功能的明确分工,事务律师定位上未具备辩护律师的所有功能;所以,英国的值班律师是一种特殊的事务律师或庭前提供服务的"辩护律师"。

(二)日本值班律师制度——可转化的辩护律师

日本的值班律师制度有三大特点:一次性服务、市场主体特征以及可转化的辩护律师。日本的值班律师制度"缺少法律的明确规定和国家财政经费的支持",②该制度起源于九州岛律师联合会最早设立的值班律师服务计划,具体服务或工作是为初次被逮捕或被羁押的犯罪嫌疑人提供一次免费咨询服务。③ 由于不属于国选律师,没有财政支持,将自己转化成委托律师,成为他们继续为犯罪嫌疑人、被告人服务并收取费用的唯一途径。

相较于我国,日本值班律师职能更少,仅限于提供法律咨询,这是其组织方式所决定的,不可照搬。但其转化为委托律师的做法是值得借鉴的。至于我国的值班律师,如果将其从"法律咨询律师"转化为委托律师,有利于促进值班律师积极履职,增加收入。不过,由于我国值班律师属于法律援助律师范畴,故不能直接转化为委托辩护律师,除非被追诉人主动委托,或者转化为指定辩护律师。《值班律师工作意见》(已失效)规定值班律师"引导和帮助犯罪嫌疑人、刑事被告人及其近亲属申请法律援助,转交申请材料"。对于符合条件的犯罪嫌疑人、被告人,值班律师可以帮助其获得指定辩护律师服务;但是该文件并未明确,值班律师能否向法律援助机构申请,要求指派自己为法律援助律师,为被追诉者提供完整的辩护服务。

(三)我国值班律师制度——不确定的法律地位

毋庸置疑,我国值班律师制度具有明显的功能亮点,但也有法律地位不明确导致的阶段性问题,主要体现在以下两方面:

---

① 参见黄斌、李辉东:《英国法律援助制度改革及其借鉴意义——以〈1999 年接近正义法〉为中心》,载《诉讼法论丛》2005 年第 10 期。

② [日]四宫启:《日本刑事法律援助的过去、现在和将来》,李辞译,载顾永忠主编:《刑事法律援助的中国实践与国际视野》,北京大学出版社 2013 年版,第 545 页。

③ 顾永忠:《追根溯源:再论值班律师的应然定位》,载《法学杂志》2008 年第 9 期。

1. 立法上的态度暧昧

2014 年 8 月的《刑事速裁程序试点办法》将值班律师界定为“法律帮助者”，其职责主要是“提供法律咨询和建议、告知犯罪嫌疑人、被告人适用速裁程序的法律后果，帮助其进行程序选择和量刑协商，依法维护其合法权益”。“两高三部”2016 年 11 月 11 日联合发布并实施的《认罪认罚从宽制度试点办法》沿用了在刑事速裁程序中对值班律师的角色定位，并将其职责限定为法律咨询、程序选择、申请变更强制措施等程序性的法律帮助事项。《值班律师工作意见》(已失效)第 1 条规定，“法律援助机构在人民法院、看守所派驻值班律师，为没有辩护人的犯罪嫌疑人、刑事被告人提供法律帮助”；第 2 条第 2 款规定，“法律援助值班律师不提供出庭辩护服务。符合法律援助条件的犯罪嫌疑人、刑事被告人，可以依申请或通知由法律援助机构为其指派律师提供辩护”。因此，《值班律师工作意见》进一步明确了三大问题：第一，值班律师不是普通的指定辩护律师，因为他们“不提供出庭辩护服务”；第二，值班律师制度是法律援助制度的一部分，为没有聘请辩护人的被追诉者提供法律帮助；第三，其工作职责是解答法律咨询等，但存在宽泛的兜底规定，即“承办法律援助机构交办的其它任务”。

2017 年 10 月 9 日，最高人民法院、司法部联合出台并实施《关于开展刑事案件律师辩护全覆盖试点工作的办法》，它对指定辩护律师、委托辩护律师与值班律师作出明确区分，规定值班律师只能提供法律帮助，①但该文件给人的印象是：值班律师提供的服务应该是辩护活动，因为值班律师本身就是推进刑事案件“律师辩护全覆盖”的一项措施。2018 年 4 月公布的《中华人民共和国刑事诉讼法(修正草案)》(以下简称《草案》)也把值班律师的职责定性为“辩护”职责。《草案》第 4 条规定：“犯罪嫌疑人、被告人没有委托辩护人，法律援助机构没有指派律师为其提供辩护的，由值班律师为犯罪嫌疑人、被告人提供法律咨询，程序选择建议，代理申诉、控告，申请变更强制措施，对案件处理提出意见等辩护。”其中，“等辩护”三个字便明确定位了值班律师的工作性质，即值班律师提供的法律服务就是辩护活动，他们当然具有辩护人的地位，即发挥有限作用的辩护人。但是，《刑

---

① 该办法第 2 条规定：“适用简易程序、速裁程序审理的案件，被告人没有辩护人的，人民法院应当通知法律援助机构派驻的值班律师为其提供法律帮助。在法律援助机构指派的律师或者被告人委托的律师为被告人提供辩护前，被告人及其近亲属可以提出法律帮助请求，人民法院应当通知法律援助机构派驻的值班律师为其提供法律帮助。”第 3 条规定：“人民法院自受理案件之日起三日内，应当告知被告人有权委托辩护人以及获得值班律师法律帮助。”

事诉讼法》修正案正式公布时,尽管扩大了值班律师的服务范围,[①]但语言上又恢复了"法律帮助"的暧昧表述。[②] 该规定再次引发了学界对值班律师法律地位的争论。

2. 学理上的争论不休

由于立法上的态度暧昧导致学理上的争论不休,学界对值班律师的法律定位大致有三种不同观点,即否定论、肯定论和折中论。

否定论者认为,值班律师不是辩护律师,其行使的不是辩护权,而是律师帮助权。否定论者所持根据主要是现行法律法规,具体理由有两点:一是现有规范性文件将值班律师的角色定位为"法律帮助者",因而就不是辩护人或辩护律师的角色。比如,有人认为"律师帮助权与辩护权存在许多交叉,辩护权是指被指控者针对指控进行反驳、辩解以及获得律师帮助的权利。而律师帮助权则是指被追诉者获得律师帮助的权利。辩护权直接为犯罪嫌疑人、被告人辩护,在对象上是对外的;而律师帮助权则是帮助犯罪嫌疑人、被告人实现辩护权,对象上是对内的。[③] 二是把辩护等同于"出庭辩护"。由于现行规范性文件禁止值班律师从事出庭辩护服务,所以就表明或证明值班律师不是辩护律师。[④]

肯定论者认为,值班律师就是辩护人或辩护律师。肯定论者的观点大致也有两类:一是从应然角度分析,值班律师应当具备辩护人的身份。比如,只有承认值班律师是辩护律师,才能实现有效辩护;[⑤]值班律师是落实宪法规定之辩护权的前提,所以应该赋予值班律师辩护的职能;[⑥]值班律师角色定位为辩护人是落实值班律师制度的基础。[⑦] 二是即使在当下法律文件规定的值班律师职责范围内,值班律师也应当是辩护律师或辩护人的法律地位。比如有人指出,值班律师制度在伴

① 第174条规定,犯罪嫌疑人签署认罪认罚具结书,应当有辩护人或者值班律师在场。

② 《刑事诉讼法》第36条规定:"法律援助机构可以在人民法院、看守所等场所派驻值班律师。犯罪嫌疑人、被告人没有委托辩护人,法律援助机构没有指派律师为其提供辩护的,由值班律师为犯罪嫌疑人、被告人提供法律咨询、程序选择建议、申请变更强制措施、对案件处理提出意见等法律帮助。"

③ 参见王瑞剑、冀梦琦:《律师帮助权视野下的值班律师权利探析——以认罪认罚案件为视角》,载《山西省政法管理干部学院学报》2017年第3期。

④ "两高三部"2017年8月8日《关于开展法律援助值班律师工作的意见》(已失效)第2条第2款规定:"法律援助值班律师不提供出庭辩护服务。符合法律援助条件的犯罪嫌疑人、刑事被告人,可以依申请或通知由法律援助机构为其指派律师提供辩护。"

⑤ 闵春雷:《认罪认罚案件中的有效辩护》,载《当代法学》2017年第4期。

⑥ 贾志强:《论"认罪认罚案件"中的有效辩护——以诉讼合意为视角》,载《政法论坛》2018年第2期。

⑦ 谭世贵、赖建平:《"刑事诉讼制度改革背景下值班律师制度的构建"研讨会综述》,载《中国司法》2017年第6期。

随速裁程序及认罪认罚从宽制度试点的过程中,重新拾起已被学界遗弃的"法律帮助"这一概念,并用之于法律文件;而且,无论基于国际公约、发达国家的法律规范还是我国刑事诉讼法的发展历程,"法律帮助"与刑事辩护(律师辩护)均无法截然分开。①

折中论者认为,值班律师基于参与有限的诉讼活动可界定为"准辩护人"。其理由是:将值班律师定位为普通的辩护律师确有难度,但最起码可具备"准辩护人"的地位;并认为这是一种折中方案,即赋予值班律师在不同诉讼阶段不同的身份地位。比如,值班律师在侦查阶段应被赋予"法律帮助者"的身份,不必强调其辩护人的地位和职责,此阶段的主要功能是提供法律咨询等辩护权的内部关系上;在审查起诉和审判阶段,值班律师可以具有"准辩护人"的身份,可以调查取证和查阅案卷,同时可以发挥其制衡控方以及量刑协商等其他诉讼功能。②

从上述观点来看,肯定论者从应然状态分析值班律师的性质;否定论者从现有法律规范方面进行分析;折中论者认为,既要承认又要超越现有法律规范,即在不得不认可现有法律规范有效性的同时,也认可从应然角度分析的价值,觉得正反两种分析都有道理,只能给出折中的解释方案。

三、辩护律师体系下值班律师的"法律地位"

(一)律师分类标准与辩护律师体系的构成

如果清楚律师的分类标准,便可正确认识何为辩护律师;如果了解辩护律师体系的构成,就会明白辩护律师也有多种不同类型,从而认识值班律师的性质和法律地位。

首先,根据现代刑事诉讼的基本职能,刑事诉讼是由控诉、辩护、审判三种基本职能所构成的"三方组合"形态,辩方是指被追诉人及其法律帮助者,行使的是辩护职能。因此,根据职能不同,为控诉方提供服务的律师被称为控方律师(包括为政府提供服务的检察官或公诉人、为自诉人提供服务的控方律师),为被追诉人提供服务的律师被称为辩护律师。尽管对值班律师的职能,我国的立法仍然"三缄其口",不愿明确其辩护的性质。正如"急诊科医生"仍然是医生,其职能仍然是救死扶伤,为病人服务;值班律师仍然行使辩护的职能,不管是提供法律咨询和建

① 参见顾永忠、李逍遥:《论我国值班律师的应然定位》,载《湖南科技大学学报(社会科学版)》2017年第4期。

② 姚莉:《认罪认罚程序中值班律师的角色与功能》,载《法商研究》2017年第6期。

议、代理申诉、控告,申请变更强制措施,还是帮助其进行程序选择和量刑协商,都属于依法维护被追诉人权益的辩护职能。如果值班律师行使的这种职能不是辩护职能,难道是控诉职能不成?因为,按照律师在刑事诉讼中履行的职能,要么是控方律师,要么是辩护律师(或辩方律师)。故,值班律师虽然提供有限的法律帮助服务,但该服务的本质是维护被追诉人的程序性和实体性权益,自然属于辩护律师。

另外,对于值班律师是否属于辩护人,其提供的法律帮助是否属于辩护活动,还可考察我国《刑事诉讼法》及相关法律规范关于辩护人和辩护职能的法律规定。它们主要在《刑事诉讼法》第4章“辩护与代理”之中,其中第37条清楚地界定了辩护人和辩护职能。[①] 而《刑事诉讼法》第36条则具体规定了值班律师的职能和工作方式。[②] 由于值班律师未经委托代理,自然不属于代理行为。试想:如果值班律师的行为不属于辩护性质,为什么将其放在“辩护与代理”一章之中?如此推理的逻辑结果是:值班律师当然是行使辩护职能的辩护律师。

其次,在英联邦国家,辩护律师有两类:一是庭前提供证据调查、法律意见的事务律师(solicitor),二是提供出庭辩护的出庭律师(barrister),他们只是工作方式不同而已,都是为被追诉者提供服务的辩护律师。[③] 同样道理,我国为被追诉人提供庭前服务的值班律师自然是辩护律师,尽管他们并不出庭。值班律师是特殊的辩护律师,其法律帮助权是一种有限的辩护权或者非完整意义的辩护权。因此,我国值班律师的定位应是:为被追诉人提供最低保障功能的辩护律师,即提供最低保障服务的“事务”律师,他们承担着为被告人提供最低限度的服务,扮演着“过渡性或暂时性角色”。

最后,根据我国《刑事诉讼法》规定,我国刑事诉讼中的辩护种类有三种,即自

---

① 《刑事诉讼法》第37条规定:“辩护人的责任是根据事实和法律,提出犯罪嫌疑人、被告人无罪、罪轻或者减轻、免除其刑事责任的材料和意见,维护犯罪嫌疑人、被告人的诉讼权利和其他合法权益。”

② 《刑事诉讼法》第36条规定:“法律援助机构可以在人民法院、看守所等场所派驻值班律师。犯罪嫌疑人、被告人没有委托辩护人,法律援助机构没有指派律师为其提供辩护的,由值班律师为犯罪嫌疑人、被告人提供法律咨询、程序选择建议、申请变更强制措施、对案件处理提出意见等法律帮助。人民法院、人民检察院、看守所应当告知犯罪嫌疑人、被告人有权约见值班律师,并为犯罪嫌疑人、被告人约见值班律师提供便利。”

③ 控方也区分庭前提供证据调查和法律意见的事务律师(solicitor)和出庭控诉的出庭律师(barrister)。

行辩护、委托辩护、指定辩护。[①] 而基于后两者产生的辩护主体,在学理上分别称为委托辩护人和指定辩护人。指定辩护人必须为律师,称为指定辩护律师。委托辩护人的范围较广,其中接受委托的律师被称为委托辩护律师。所以,我国原有的辩护律师体系可称为委托辩护律师与指定辩护律师的二元辩护律师体系。而如今,由于值班律师的加入,我国现有的辩护律师体系已经从“二元体系”转为“三元体系”(见图1)。

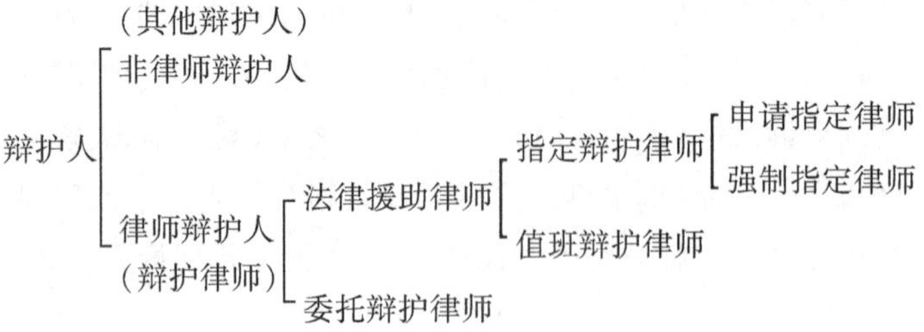

图1　值班律师在我国辩护体系中的坐标

(二)值班律师与原有辩护律师的差别

与委托辩护律师和指定辩护律师相比,值班律师最大的特征是其辩护职能的不完整性。《刑事诉讼法》明确赋予值班律师的辩护职能仅限于为被追诉人提供法律咨询、程序选择建议、申请变更强制措施、对案件处理提出意见等法律帮助。此外“两高三部”通过规范性文件的形式作出一定补充:值班律师可以引导和帮助被追诉人及其近亲属申请法律援助,转交申请材料;犯罪嫌疑人签署认罪认罚具结书时在场;对刑讯逼供、非法取证情形代理申诉、控告;承办法律援助机构交办的其他任务。[②] 显而易见,值班律师提供的主要是程序性的法律帮助与辩护服务,仅在认罪认罚从宽案件中涉及实体辩护。法律援助值班律师不提供出庭辩护服务,这一点类似于英国的事务律师。服务阶段主要集中于侦查阶段与审查起诉阶段,进入审判阶段最多只能作为证人出庭作证。

指定辩护律师在提供法律援助过程中,必须预先查阅案卷,了解受援案件的具体案情和证据,并以此为基础,从受援人利益最大化的角度,为受援人提供全方

① “委托辩护律师”“指定辩护律师”均为学理概念,两者均属辩护人的下属概念。前者指接受犯罪嫌疑人、被告人委托作为辩护人的律师;后者指法律援助机构为犯罪嫌疑人、被告人提供的法律援助律师。

② 最高人民法院、最高人民检察院、公安部、国家安全部、司法部2019年10月11日联合印发的《关于适用认罪认罚从宽制度的指导意见》。

位、全过程的法律援助服务。但是,在值班律师的现有制度下,他们依法只承担有限的辩护职责,而无法提供全面的刑事辩护服务。总之,值班律师与先前的两种辩护律师存在很大差异,不具有完整的律师辩护权。

1. 与委托辩护律师的区别

委托辩护律师是指受刑事案件犯罪嫌疑人、被告人或其近亲属依法委托,为其提供辩护服务的律师。值班律师与其区别主要体现于以下两点:

第一,身份属性不同。符合规定的律师担任委托辩护律师,需要与刑事案件犯罪嫌疑人、被告人及其近亲属通过委托代理合同建立委托关系。他们往往是接受委托后主动介入案件。他们属于市场主体,委托书实为民事合同。而值班律师是由法律援助机构派驻到法院、检察院、看守所等场所,其帮助对象是那些既没有委托辩护人,也没有申请援助律师的被追诉人。可以看到,值班律师介入案件不由个人选择,不需要委托书,而是由法律援助机构直接指派,实际上属于援助律师范畴。因此,值班律师与委托辩护律师的费用收取方式不同,值班律师由财政补贴,对犯罪嫌疑人、被告人而言,成本较低或无成本。而委托辩护律师具有市场化特征,由委托人支付费用,成本相对较高。

第二,提供服务的前提条件不同。根据《刑事诉讼法》第 34 条之规定,犯罪嫌疑人自被侦查机关第一次讯问或者采取强制措施之日起,有权委托辩护人;被告人有权随时委托辩护人。也就是说,委托辩护律师只要依法接受委托,便可以提供服务。相比而言,值班律师提供服务有顺位之差,即只有在被追诉人没有委托辩护人,法律援助机构也没有为其指派辩护律师,才由值班律师为其提供一系列法律帮助。换言之,值班律师提供服务处于第三顺位,首先看是否有委托辩护律师;如果没有委托辩护律师,则看法律援助机构是否为其指派法律援助律师;如果也没有援助律师,才会由值班律师作为第三顺位进行兜底。

2. 与指定辩护律师的区别

值班律师未产生之前,指定辩护律师在法律规范上的称谓是法律援助律师。但值班律师产生之后,"法律援助律师"与"法律援助值班律师"都被冠以"法律援助"之名,说明两者都属于援助律师的范畴。因此,前者为狭义的法律援助律师概念,后者为广义的法律援助律师概念;两者既有区别,也有相同点。

如果对"法律援助"作广义解释,既包含法律规范中"辩护律师"为当事人提供的庭前辩护和出庭辩护等法律服务,也包含"值班律师"为没有委托辩护人的被追诉者提供初步性、基础性的法律帮助。[①] 但是,从狭义上理解,两者并不相同,指定辩护律师(即狭义上的法律援助律师)拥有辩护律师的所有诉讼权利,属于提供全面服务的辩护律师;而法律援助值班律师,虽然为犯罪嫌疑人、被告人提供服务,但其终究只拥有辩护律师的部分职权,至少在现阶段,两者之间有清晰的界限。此外,值班律师与指定辩护律师的服务对象及其获得帮助的程序不同。值班律师的服务对象没有财产状况或案件类型的限制,无须申请,主动介入。指定辩护律师的服务对象类型是特定的和有限的,需依法申请或当事人满足特殊条件。[②]

(三)值班律师可纳入辩护律师体系

如前所述,关于值班律师是否属于辩护律师,肯定论者大都从"需要"和"意义"两方面进行论证,未说明两者具有本质相同的理论依据,或者阐述的说服力不够。换言之,他们都是从"应然"角度进行抽象论证,忽略了对现行规范进行剖析即可将其纳入辩护律师体系。以下从法学理论、司法实务和法律法规的角度,综合分析值班律师是否属于辩护律师,其职能是否属于辩护职能。

1. 价值追求相同

我国值班律师制度起源于 2006 年河南省开展的值班律师试点项目,且早期设立值班律师制度的目的是"面向全体公民提供最基本的法律服务"。但是,近年来"随着值班律师工作的不断深入,河南省司法厅进一步明确了值班律师制度的功能定位,分别对法院法律援助值班律师办公室和看守所法律援助工作站的服务对象作出了新的调整。看守所系统内法律援助工作站的服务对象,由原来的社会大众调整为仅是看守所在押的犯罪嫌疑人、被告人这一特定群体。由此,值班律师可以更加贴近服务对象,方便根据在押人员的需求提供一对一的精准服务"。[③] 后来转变为主要依托于刑事案件速裁程序和认罪认罚从宽制度试点而快速发展。

---

① 参见王迎龙:《值班律师制度研究:实然分析与应然发展》,载《法学杂志》2018 年第 7 期。

② 《刑事诉讼法》对指定辩护律师的服务对象有明确的范围限制,其仅限于"犯罪嫌疑人、被告人因经济困难或者其他原因没有委托辩护人的","犯罪嫌疑人、被告人盲、聋、哑人,或者是尚未完全丧失辨认或者控制自己行为能力的精神病人","犯罪嫌疑人、被告人可能被判处无期徒刑、死刑,没有委托辩护人的"。申请指定辩护律师需要通过法律规定的申请程序,对于经济困难的,还需要有关部门出示经济困难证明。其他符合条件的,也要通过严格的申请、审核。而犯罪嫌疑人、被告人获得值班律师法律帮助不需要复杂的手续,也不用通过繁琐的程序审查。正如有学者将值班律师比喻为"急诊医生",其呈现出及时性、便捷性、高效性的特点。

③ 杜云隆:《刑事诉讼值班律师制度发展研究——基于对河南省的试点调研》,载《洛阳理工学院学报(社会科学版)》2017 年第 6 期。

2018 年《刑事诉讼法》颁布后,案件类型的限制被取消,适用于所有刑事案件。在整个发展过程中,值班律师都依法维护特定的犯罪嫌疑人、刑事被告人权益,推动司法公正的价值追求,这与辩护律师维护当事人的诉讼权益以及其他合法权益,推动公平正义的价值追求是一致的。

2. 实质功能并无差别

根据《刑事诉讼法》《法律援助法》《值班律师工作办法》等法律法规,值班律师与辩护律师均有提供法律咨询、程序选择建议、申请变更强制措施以及向检察机关出具处理建议等权利。虽然值班律师在诉讼职能的范围大小方面,与原有辩护律师尚有差别,但在实质功能的发挥方面几乎无异。

首先,两者都拥有为犯罪嫌疑人、被告人提供程序性帮助的权利。比如申请变更强制措、程序性选择、诉讼活动中提供引导以及对刑讯逼供、非法取证的申诉与控告。其次,两者均具有实体辩护方面的功能。辩护律师的责任是根据事实和法律,提出犯罪嫌疑人、被告人无罪、罪轻或者减轻、免除其刑事责任的材料和意见,维护犯罪嫌疑人、被告人的诉讼权利和其他合法权益。而值班律师同样可以对处理结果提出建议,以期获得最有利于当事人的实体结果。

3. 具有明显的辩护特征

不少学者在解释"法律帮助"一词时,将其与"刑事辩护"相区分,显然这是基于一种非此即彼的文义解释。"……单纯的字面解释很容易引起法律条文之间的矛盾甚至出现荒谬的结论……对法律文字所谓字面含义的解释,就必须放在整个法律文本中,这种法律解释的技艺就被称为文本解释。"①将"法律帮助"结合相关法律可以看出,这里的法律帮助不仅应该包含程序性的帮助和引导,还包括实质上、程序上的辩护。具体内容包括《刑事诉讼法》第 36 条规定的为被追诉人提供法律咨询、程序选择建议、申请变更强制措施、对案件处理提出意见等法律帮助。

首先,提供法律咨询本身是一种实体性辩护。严格意义上讲,这是值班律师的首要义务。大部分犯罪嫌疑人、被告人的法律知识有限,不了解自己是否构成犯罪、构成的罪行轻重、在当前诉讼活动中的境遇如何以及即将面临的一系列诉讼活动。这时候值班律师主动积极的为其提供解释是一种法律帮助活动,其本身就是一种实体性辩护。

其次,程序选择建议实际上是一种初步的程序辩护。此处的"程序选择",既

① 强世功:《文本、结构与立法原意——"人大释法"的法律技艺》,载《中国社会科学》2007 年第 5 期。

包括被追诉者对速裁程序、简易程序或普通程序的选择,也包括对认罪认罚从宽制度的选择。而当事人选择速裁程序会加快审理速度,不再进行法庭调查、法庭辩论,选择了速裁程序就等于选择了认罪认罚从宽制度,[①]放弃了无罪辩护的权利。但并非选择认罪认罚或速裁程序就一定有利于犯罪嫌疑人、被告人。那么在没有委托律师的情况下,值班律师就需要向犯罪嫌疑人、被告人说明选择认罪认罚或者速裁程序的利害关系,并就程序选择提供有利于被追诉人利益的意见。这实际上是一种初步的程序辩护。

最后,对案件处理结果提出意见是典型的实体性辩护。主要体现为对定罪量刑的建议,特别是在认罪认罚从宽制度当中,我国的值班律师与检察机关进行量刑协商;对罪名已定的案件,为被告人争取最低的刑罚,这更是典型的实体性辩护。

(四)应然地位:提供有限服务的辩护人

值班律师是以其工作方式进行分类的结果,他们在固定的地点值班,值班期间可为多人提供法律服务。值班律师职责有限,这与其在一个固定地方值班的工作方式有关,但并不能因此否认值班律师具有辩护权。[②] 因此,在现有辩护律师体系之下值班律师的应然地位是"权利有限的特殊辩护律师"。

首先,尽管值班律师与现有辩护律师体系当中的两种律师仍存在很大差异,并有其独特之处;但是从价值追求、实质功能上看,他们又都发挥着辩护的作用。不仅如此,值班律师还在一定程度上弥补了原有辩护体系的空白,推动了刑事辩护全覆盖。从所发挥的作用来看,他们只是在紧急情况下为嫌疑人、被告人提供有限的法律服务。因此,值班律师仍可纳入辩护律师体系之中,因此可称为"提供有限服务的特殊辩护律师"。

其次,将值班律师直接界定为辩护律师,即原有辩护律师之外出现的第三种辩护律师。值班律师本身就被设置在广义的法律援助律师范畴之内,这样法律援助律师就包括指定辩护律师和法律援助值班律师两种,并列存在(见图1)。因此,辩护律师体系实质上从二元体系变为三元体系并存。

---

① "两高三部"2016年11月11日《关于在部分地区开展刑事案件认罪认罚从宽制度试点工作的办法》规定:犯罪嫌疑人、被告人自愿如实供述自己的罪行,对指控的犯罪事实没有异议,同意量刑建议,签署具结书的,可以依法从宽处理。换言之,认罪认罚从宽制度的对象不限于速裁程序对象。

② 高一飞:《名称之辩:将值班律师改名为值班辩护人的立法建议》,载《四川大学学报(哲学社会科学版)》2019年第4期。

最后,“特殊辩护律师”是相较于普通辩护律师而言的。从值班律师制度设计上可以看出,其最初的功能价值就是在侦查阶段;尽管后来才扩大到认罪认罚从宽案件和速裁程序,但其功能仍表现出初步性、及时性、程序性。因此,值班律师虽然已经拥有并且正继续扩大辩护权能,但其仍不具有完整的辩护权能,只能称作“权利有限的特殊辩护人”。作为一种特殊的法律援助律师,值班律师制度旨在弥补传统法律援助服务的不足,而不是取而代之。

四、刑事辩护全覆盖与辩护理念的转变

如果说人类的刑事诉讼文明史就是一部刑事辩护制度的发展史,那么被追诉人享有辩护权的范围大小便是衡量一个国家刑事诉讼文明程度的标志之一。而被追诉人享有辩护权的范围大小又与该国辩护理念的发展程度密切相关,主要体现在其立法对辩护权的保障水平。“刑事辩护全覆盖”理念的提出,体现了我国刑事辩护制度和刑事诉讼水平的进一步提高。在该理念指导下对“提供法律帮助”概念的认识过程,同样体现了我国辩护理念不断蜕变的过程,这个过程包括以下观念的转变,尽管有些尚未完成,正处于进行之中。

(一)从实体辩护到程序辩护的转变

律师提供“法律帮助”的说法并非首次出现。1996 年《刑事诉讼法》便允许律师在侦查阶段为犯罪嫌疑人提供“法律帮助”(被第一次讯问后或者采取强制措施之日起,可以聘请律师为其提供法律咨询,代理申诉、控告)。当时,人们之所以将律师提供“法律帮助”与提供“辩护”在性质上相区分,一方面因为将律师介入刑事诉讼的时间从审判阶段提前至侦查阶段,在当时已是法治进步的产物;另一方面侦查阶段律师“法律帮助者”的定位确实受当时学界关于“辩护”概念和理念的影响。在那个年代,学界主流观点认为所谓“刑事辩护”就应该是“实体辩护”,即针对犯罪指控进行反驳、辩解,说明被告人无罪、罪轻或者应该减轻、免除刑罚。因此,1996 年《刑事诉讼法》对辩护人的定位便强调实体上的辩护。受此影响,加之侦查阶段缺乏实体辩护的基础,当时没有程序性辩护的理念,便将侦查阶段律师提供的“法律帮助”与刑事辩护(实体辩护)相区别。

至 2012 年时,刑事诉讼法便明确“允许嫌疑人自侦查机关第一次讯问后或者采取强制措施之日起”委托律师担任辩护人。这说明“辩护”的概念和观念在更新,辩护的含义已经覆盖实体辩护与程序辩护两方面的内容,律师在侦查阶段“提供法律帮助”便是刑事辩护活动的一部分,刻意将两者区分是过去的认识局限

所致。

（二）从出庭辩护到全面辩护的转变

一些学者不把值班律师提供的法律帮助理解为“辩护”行为,其中一个重要原因是:值班律师不提供出庭辩护服务,不享有完整意义上的辩护权。其实,这只关涉辩护内容的完整性,而无关值班律师提供“法律帮助”的性质,不能因为不提供出庭辩护服务或不享有完整意义上的辩护权,就否认其提供法律帮助的辩护属性。英国刑事辩护的范围经历了从事务律师到出庭律师的变化,辩护范围从仅限于叛逆罪到一般重罪的扩大,从仅限于“法律辩护”到允许“事实辩护”,同样体现了辩护制度的演变过程:从有限辩护到全面辩护。英国早期的“争吵式”审判禁止被告人聘请律师参加法庭辩护,随后的1696年《叛逆罪审判法》仅允许叛逆罪审判的被告聘请律师出庭辩护,直到18世纪30年代才允许一般重罪中的辩护律师出庭。① 我们国家也不例外,1979年刑事诉讼法明确规定被告人有获得辩护人辩护的权利,但辩护人参与辩护的范围仅限于审判阶段。1996年刑事诉讼法将辩护律师参与刑事诉讼的时间提前到审查起诉阶段,同时允许嫌疑人在侦查阶段聘请律师提供法律帮助,但引起了侦查阶段的“法律服务”是否属于辩护活动的争议。2012年刑事诉讼法以明确的规范性语言消除了该争议,即自侦查机关第一次讯问后或者采取强制措施之日起,允许嫌疑人委托律师担任“辩护人”。

2014年新一轮的司法体制改革进程中,辩护制度发生了两个方面的变化:一是提出“刑事辩护全覆盖”;二是推行法律援助“值班律师”的试点,部分被追诉人可免费获得值班律师的紧急帮助。2018年刑事诉讼法正式确立了以值班律师为补充的刑事辩护覆盖体系,并扩大了值班律师的权利内容和活动范围。但是,律师向被追诉人提供的审前“法律帮助”行为是否属于“辩护行为”的争议,竟然再次出现了。其实,值班律师提供的法律帮助是否完整或者服务内容的多寡,仅涉及律师提供服务的“量的问题”;值班律师提供的法律帮助是否属于“辩护”服务,涉及律师提供服务的“质的问题”;我们不能因提供服务内容的“数量”有限而否定其辩护的“本质”。在今天律师提供的各类辩护服务中,出现了从法庭辩护向审前辩护的理念转变,“刑事辩护全覆盖”“刑事诉讼全流程辩护”②已是不可阻挡的潮流和趋势。

---

① John H. Langbein, *The Origins of Adversary Criminal Trial*, Oxford, 2003.

② 参见陈瑞华:《刑事辩护制度四十年来的回顾与展望》,载《政法论坛》2019年第6期。

(三)从有限辩护到有效辩护的转变

认罪认罚从宽制度和刑事速裁程序催生了我国值班律师制度的出现和发展。① 值班律师制度的建立,有助于保障被追诉人获得及时、最低限度的法律服务,从而实现形式上的“刑事辩护全覆盖”。但是,律师辩护的有效性未能得到充分保障。最初,法律法规未赋予值班律师阅卷权、会见权和调查权,值班律师既不了解侦控机关所拥有的证据材料,又无法实施独立调查,如果要帮助被追诉人进行程序选择、申请变更强制措施、回应量刑建议等,显然存在很大的局限性。随后,尽管《认罪认罚从宽指导意见》和其他规范性文件赋予了值班律师阅卷权,但是该阅卷权是受限制的,即只能“查阅”而不能“摘抄、复制”案卷材料。这种限制显然不利于值班律师全面掌握案件情况,尤其在被追诉人认罪而卷证材料众多的案件中,值班律师仅凭“查阅”卷证材料难以保证其对案件细节记忆的准确性。在此种情况下,值班律师辩护的有效性是无从谈起的,其原因有以下两点:

第一,被追诉人对值班律师缺乏信任。值班律师制度建立之初,被定位于对传统律师辩护和法律援助制度的补充,旨在发挥其“少花钱、多办事”的制度优势。但在实践中,值班律师的职责在认罪认罚案件中异化为见证监督,甚至侧重维护检察机关的利益,发挥了居中见证或监督被追诉人与检察机关认罪认罚协商的作用。换言之,值班律师不是将维护被追诉人的利益为己任,而实际上扮演了司法机关辅助人的角色。不少犯罪嫌疑人、被告人也确实认为,派驻在看守所、检察院和法院的值班律师就是由国家提供“为司法机关说话”的。② 因此,很多被追诉人对值班律师并不信任。第二,值班律师对提供有效辩护缺乏工作积极性。值班律师的补贴费用偏低,而且由于缺乏制度保障,碰上有些地方财政预算比较困难,则可能导致补贴费用也无法足额支付。值班律师过低的待遇,导致其工作积极性普遍不高,加之他们和被追诉人难以建立信任关系,对其没有基本的忠诚义务观念,很难提供有效的法律帮助。

综上,值班律师制度旨在填补被追诉人在被逮捕或被起诉初期,没有律师为其提供法律服务的时间空档,为被追诉人提供临时性、应急性的法律帮助。换言之,值班律师目前只能提供有限的辩护服务。要实现从有限辩护到有效辩护的转

① 参见熊秋红:《审判中心视野下的律师有效辩护》,载《当代法学》2017 年第 6 期;姚莉:《认罪认罚程序中值班律师的角色与功能》,载《法商研究》2017 年第 6 期。

② 参见韩旭:《认罪认罚从宽制度中的值班律师——现状考察、制度局限以及法律帮助全覆盖》,载《政法学刊》2018 年第 2 期。

变,后面要做的事很多,主要包括:一是明确值班律师的“辩护律师”身份定位:他们不是司法机关的辅助人,更不是“控诉律师”的角色;二是允许值班律师特定情况下身份转化,可借鉴福建省福清市的做法,允许值班律师转化为出庭律师;三是加大值班律师勤勉履职的激励力度,构建常态化的值班律师服务质量考核评估制度,将其履职情况与绩效、薪酬直接挂钩。

五、结语

从完善值班律师制度来看,准确而清晰的法律定位便是立法的首要工作。如上所述,应明确值班律师是维护被追诉人合法利益的辩护律师,并赋予其应该享有的基本权利。原因很简单,如果值班律师的活动不具有辩护性质,他们就不具有为被追诉人利益服务的动力,仅应付了事,甚至为追诉活动背书,就不可能获得被追诉人的信任,制度设计的目的也就无法真正实现,刑事辩护全覆盖就徒具形式意义而无实质价值。

诚然,我国现阶段辩护权的行使仍然受到诸多限制,控辩双方仍然不平等,导致审判无法做到完全中立,进而影响刑事诉讼结构的合理形成,自然妨害“以审判中心的制度改革”目标的实现。“少花钱、多办事”的值班律师制度只是权宜之计,只能满足形式意义上的“刑事辩护全覆盖”,无法满足有效辩护的要求。从有限辩护到有效辩护,还有很长的一段路要走。这中间需要不断扩大律师辩护的范围,加强律师辩护权的保障,逐渐实现控辩双方的平等地位。只有实现了控辩平等,才能真正实现审判中立,司法公正才可能成为现实,“以审判中心的司法改革”目标才可能最终达成。

(编辑:陈真楠)

监察机关参与国有企业刑事合规的可能性路径研究

高榕佑*

摘　要：监察合规属于构建合规中国化的特色课题之一，理论和实践关注的重点则停留在“检察主导合规、行政参与合规”方面，新老问题的交织让监察合规的研究投入巨大成本。然而，呈正增长的职务犯罪数量、已然确立的规范条文和法秩序统一的迫切要求皆在逐步证明监察机关参与合规的必然性。理性看待和逐步破解先天存在的三大制度性难题：监察机关定位的理论解释困难、监察与司法程序衔接不畅、监察制度适用宽宥政策有限。运用协商性司法理念，借鉴域外制度的有益经验，明确谦抑性为核心原则，阐明被调查“人”适用从宽的正当性依据。以合规案件范围、合规目标、合规验收标准为主干构建合规参与的实体内容，程序内容则考虑合规管辖、合规启动、合规运行监督等方面，探索监察参与合规的初步方案。

关键词：国有企业；企业合规；法秩序统一；监察合规

企业合规自引入中国以来，在理论界和实务界皆有重大反响，实践中地方试点成果显著，中央相继出台一系列代表性文件；学界围绕合规进行有益探索，从最初借鉴域外经验研究中国式合规的可能性，[①]到建立特色自主的中国方案倡导解

---

* 高榕佑，成都理工大学文法学院 2021 级刑事诉讼法学硕士研究生。本文受 2023 年度成都理工大学校级科技立项一般项目“少捕慎诉慎押政策下企业合规出罪路径研究”（项目编号：CX2023－103）的资助。

① 参见李本灿：《企业犯罪预防中合规计划制度的借鉴》，载《中国法学》2015 年第 5 期；陈瑞华：《企业合规的基本问题》，载《中国法律评论》2020 年第 1 期。

决中国问题,[①]无一不在证明合规作为 21 世纪重大课题之一的地位。然而,大多数现有的成果背后,似乎都忽略了“监察机关”这一最具中国特色的主体在合规领域的作用。要知道,合规作为中国话语的讨论,最早是在监督国有企业规范中出现的,[②]国有企业的大部分工作人员涵盖在《监察法》规制的范围之内。[③] 况且作为不同法律部门所共享的制度,合规必须依靠公、检、法、行、监多个部门的合力,才能实现引导公司成为“良善公民”的目标,[④]合规的讨论没有理由让监察机关停留在隐蔽角落。

诚然,监察机关如何参与、怎样参与合规交织着许多新老问题,比如监察机关与其他国家机关职能如何划分,监察机关参与合规的范围如何界定,新问题如监察法与刑事诉讼法标准衔接的适用问题等,这些从制度建构、法律解释以及法秩序统一层面都亟须回应,实务部门和律师行业也有进一步转向行贿、受贿案件合规专门性探讨的趋势。[⑤] 认罪认罚从宽的制度性融入,给监察领域协商性正义理念的证成提供依据,与企业合规蕴含的理念相契合,这一回应型司法的产物也在某种程度上为监察从宽创造了空间。因此本文旨在探讨监察机关参与刑事合规路径问题,以监察机关参与的必然性为起点,尝试在解决现实困境和制度性难题的基础上,建构可行性方案。同时值得一提的是,本文的研究主要围绕“国有企业”展开,不仅因为《监察法》介入的犯罪类型主要是职务犯罪,二者具有直接关联性;还受到专项合规计划的启发,倡导减少“大而粗”的论述,将问题聚焦于不同案件和企业类型,从而增强合规计划的可执行性,下文将详述之。

---

① 参见陶朗逍:《合规改革背景下企业犯罪行刑平行执法程序构建》,载《法学》2023 年第 2 期;董坤:《论企业合规检察主导的中国路径》,载《政法论坛》2022 年第 1 期。

② 以银监会(已撤销)2006 年 10 月 20 日《商业银行合规风险管理指引》以及证监会 2008 年 7 月 14 日《证券公司合规管理试行规定》(已失效)两个文件的出台为标志。

③ 参见《监察法实施条例》第 40 条规定:“监察法第十五条第三项所称国有企业管理人员,是指国家出资企业中的下列人员:(一)在国有独资、全资公司、企业中履行组织、领导、管理、监督等职责的人员……”

④ 参见邓峰:《公司合规的源流及中国的制度局限》,载《比较法研究》2020 年第 1 期。

⑤ 参见甘肃省嘉峪关市人民检察院嘉检建[2021]4 号检察建议书;陈飞:《国有企业反商业贿赂合规管理》,载微信公众号“豫章律师事务所”2022 年 10 月 26 日,https://mp.weixin.qq.com/s/CLW33EteiyL1LBw5KaQ-5g。

一、主体维度之变:监察机关参与刑事合规的可行性依据

(一)监察改革进程与职务犯罪新形势的呼唤

2021 年中纪委公布的数据显示,[①]检察机关去年受理各级监委移送职务犯罪 20,754 人,已起诉 16,693 人,同比上升 5% 和 8.8%,反腐败工作持续推进并取得重大成果。其中,监察体制改革后亟待解决的监察与司法衔接问题也有重大进展,最高人民检察院和国家监委共同推进受贿、行贿一起查,起诉受贿犯罪 9083 人、行贿犯罪 2689 人,同比上升 21.5% 和 16.6%。围绕本文研究的重点,这些数字主要说明了以下三个方面的问题:第一,监察体制改革走在法治化的轨道上。自《监察法》颁布以来,3—4 年的时间内职务犯罪持续受高压遏制,数字的连年增加证明监察体制改革不是脑门一热进行的,更不是再无音讯的一揽子买卖,"监察"理念已经深入各个国家机关和社会领域,是国家政治活动的重要组成部分。企业合规改革作为一项前瞻性的制度创新设计,体现一个国家多元化社会治理的水平,不仅需要发挥传统法律的功能,也辐射着社会各类主体的积极参与,监察机关自然也就成为推进合规改革的重要力量之一。

第二,检察机关和监察机关相互协调配合的机制更加优化,共同推进受贿类案件的高增长率。这一方面为监察机关参与刑事合规奠定信心,主体间的障碍不断被扫除,二者在目标上存在一致性;另一方面也为其创造了条件,监察机关终结调查程序后,正是检察机关的支持让职务类案件顺利进入公诉,双方才得以完成相应的绩效考核,监察与司法的衔接不仅是程序要求,更是以"资源依赖"为核心的跨部门信任的体现,利用对方的资源能够实现自己的预期目标,[②]因此,在以检察机关为主导的中国式企业合规案件中,[③]检察机关当然更倾向于与监察机关这一熟悉而信任的对象合作。

第三,职务犯罪的数量持续增加,"案多人少"的现实困境可能引发更大的危机,即办案质量下降,无法推进坚定反腐的目标。由于以上公布的数字是以"人"为单位,未将自然人和法人予以区分,我们难以知悉其中自然人和法人犯罪的具

---

① 数据来源于中央纪委国家监委网站公众号。

② 参见陈曦:《中国跨部门合作问题研究》,吉林大学 2015 年博士学位论文,第 63 页。

③ 参见李勇:《检察视角下中国刑事合规之构建》,载《国家检察官学院学报》2020 年第 4 期;石磊、陈振炜:《刑事合规的中国检察面向》,载《山东社会科学》2020 年第 5 期;唐彬彬:《检察机关合规不起诉裁量权限制的三种模式》,载《法制与社会发展》2022 年第 1 期。

体情况;再加上《监察法》第15条排除法人作为调查对象,[①]法人在犯罪过程中如何参与我们不得而知。所以一定存在国有企业因为某位具体负责人员受到牵连而被调查的情况,这既增加了办案难度,难以聚焦案件核心,降低办案效率,又使国有企业形象受损,干扰正常的经营活动。基于此,监察机关有必要剥离法人与特定自然人的捆绑责任,积极促使符合特定条件的国有企业进行合规整改,进一步缓解自身办案资源紧张与“铁案”目标的矛盾,严惩责任人,尽量避免无辜企业受到影响。

(二)现有规范条文的支撑

事实上,在规范层面我们已经可以发现监察机关参与合规的苗头。首先,《监察法实施条例》确立的监察建议制度,[②]它是监察机关行使法定职权且能够产生直接法律效力的建议性处置措施,[③]尽管上述观点的论者重在分析其与一般“建议”的区分,但就本文而言,笔者则认为其与企业合规整改“相对不起诉”模式中的检察建议有较多类似,二者均强调有关国家机关作为监督者和把关者的角色参与到单位的违法治理当中,并承担起督促、引导和帮助涉案单位进行整改的职责,[④]而且持续性地跟进整改情况,这也为被告人和企业责任分离提供了依据。不仅如此,《监察法实施条例》第9条规定了相关单位和企业的配合义务,[⑤]这里包含着双重视角的解读:其一,以企业为视阈,为符合合规出罪条件的企业提供机会,鼓励企业配合监察机关调查有关材料和线索,创造合规整改的空间;其二,为监察机关在合规考察过程中与其他机关相互配合奠定基础,企业合规是一项需要多部门协同的综合性工程,这就为其他部门协助提供依据。

其次,国务院国有资产监督管理委员会2022年8月23日《中央企业合规管

① 《监察法》第15条规定:“监察机关对下列公职人员和有关人员进行监察……”。

② 《监察法实施条例》第36条规定:“监察机关根据监督、调查结果,发现监察对象所在单位在廉政建设、权力制约、监督管理、制度执行以及履行职责等方面存在问题需要整改纠正的,依法提出监察建议。监察机关应当跟踪了解监察建议的采纳情况,指导、督促有关单位限期整改,推动监察建议落实到位。”

③ 参见秦前红、石泽华:《基于监察机关法定职权的监察建议:功能、定位及其法治化》,载《行政法学研究》2019年第2期。

④ 参见李奋飞:《论企业合规检察建议》,载《中国刑事法杂志》2021年第1期。

⑤ 《监察法实施条例》第9条规定:“监察机关开展监察工作,可以依法提请组织人事、公安、国家安全、审计、统计、市场监管、金融监管、财政、税务、自然资源、银行、证券、保险等有关部门、单位予以协助配合。有关部门、单位应当根据监察机关的要求,依法协助采取有关措施、共享相关信息、提供相关资料和专业技术支持,配合开展监察工作。”

理办法》(以下简称《管理办法》)第24条明确将涉案材料移交的对象扩展至相关部门或者“机构”,由于先前国有企业等大型企业明确内设纪检监察部门,此种选择性规定的设置意在为监察机关介入提供空间。九部委2021年6月3日联合发布的《关于建立涉案企业合规第三方监督评估机制的指导意见(试行)》(以下简称《评估机制》)也明确为纪检监察机关办理符合企业合规案件提供指引,①尽管尚未体现具体的适用标准和程序,但无疑为符合试点条件的企业制造了机遇。一些地方也出台了国有企业的合规管理办法,比较有代表性的如《成都市属国有企业合规管理指引》,其中提到纪检监察部门作为防范合规风险的第三道防线,建立和完善移送机制,对于涉嫌违法犯罪的,移交司法机关处理,②一方面提升了纪检监察部门在合规考察机制中的地位,另一方面也有利于其与监察机关进一步衔接和配合。

最后,由于调查程序不属于传统意义上的刑事诉讼程序,监察和司法的衔接便产生了程序缝隙。为解决此问题,中共中央纪律检查委员会、国家监察委员会、最高人民检察院2018年4月16日《国家监察委员会与最高人民检察院办理职务犯罪案件工作衔接办法》(以下简称《衔接办法》),以加强二者工作机制的配合与沟通,同时明确了“检察提前介入”的条件、时间、案件范围等内容,其中若存在检察机关介入后认为可能适用合规整改的案件,此时监察机关如果一味按照调查程序处理,很可能与检察机关的意见冲突,产生不必要的争议,难以实现公诉;即使检察机关退步妥协,最终完成公诉,也可能会因为企业经营受到影响,面临地方政府的责难。因此,在检察机关掀起企业合规试点改革浪潮之时,为工作运行顺畅,监察机关不可能只是作为“旁观者”,从这个意义上看监察机关更像是必然性地被动参与企业合规。

(三)法秩序统一性的要求

2018年《监察法》颁布以前,就已经出现了涉及企业合规领域的文件和规范。即使是颁布之后,适用《监察法》的具体程序和标准也有待进一步确定,在这期间最高人民检察院在2020年就开始了第一批企业合规改革的试点工作,而直到2021年《监察法实施条例》出台才进一步完善《监察法》的配套应用,这其中不免

① 《关于建立涉案企业合规第三方监督评估机制的指导意见(试行)》第19条规定:“纪检监察机关认为涉嫌行贿的企业符合企业合规试点以及第三方机制适用条件,向人民检察院提出建议的,人民检察院可以参照适用本指导意见。”

② 参见《成都市属国有企业合规管理指引》第14条、第29条。

会出现时间差,也就解释了为什么此间的相关规范没有明显设置监察机关的内容,但并不意味着排斥监察机关参与合规的可能性。除了先前的规范和数据支撑,另一个强有力的佐证就是法秩序统一的要求。

所谓"法秩序统一性,就是指目的论上的统一",这种目的的统一性既容纳各个法域自身目的的自主性,也坚持诸目的之间的协同性和统一性,从而使各法域的自主目的最终服务于整体法秩序所追求的统一目的。① 刑事领域合规机制的目的在于事前通过督促和鼓励企业进行业务管理和财务管理,以预防可能出现的各类风险;事中监督企业认罪认罚,完善治理方式,制定有效的合规计划;事后对那些尽到合规监管责任且主动合规整改的企业出罪。作为一种社会治理方式,合规改革既体现了从"自治型"、"压制型"向"回应型"司法的观念转变,②在目的的引导下,减少法律的强制性,增强法律的认知性、能动性和开放性,③减少社会的对抗性因素,最大程度地凝聚社会共识;也有利于贯彻我国宽严相济的刑事政策,保护企业健康有序地发展,增强企业的国际竞争力。

反观《监察法》,其设立之初的目的不仅是预防腐败、惩治犯罪,更多的是对国家公权力行使进行专门性的监督。④ 既然是监督,那就是全程性动态跟随,而不是"就事论事";对于监督过程中涉及的专业问题和技术领域还需要各方主体的共同参与,听取各方意见,并随着监督对象的变化不断调整监督方式,实现全流程监督。这与合规注重"共同治理、多方协调"的目的相契合,尤其在国有企业引导建立合规文化,有利于进一步牢固反腐败的高压态势,体认监察权运行的日常性,从而塑造常态化、日常性的监察文化。⑤ 因此,监察机关和《监察法》及其配套法律规范无疑是参与合规的重要角色,我们有必要也应当将其列入合规考察的共同体当中。

二、制度性难题:监察机关参与国有企业刑事合规的困境

监察机关参与企业刑事合规有特有的本土化制度优势,因为监察体制改革作为国家治理体系和治理能力提升的重要组成部分,必然承担着完整地参与社会治

① 参见王昭武:《法秩序统一性视野下违法判断的相对性》,载《中外法学》2015年第1期。

② 参见[美]诺内特、塞尔兹尼克:《转变中的法律与社会》,张志铭译,中国政法大学出版社1994年版,第60页。

③ 参见詹建红:《论我国刑事司法模式的回应型改造》,载《法学杂志》2020年第4期。

④ 参见陈瑞华:《论国家监察权的性质》,载《比较法研究》2019年第1期。

⑤ 参见李健:《权能定性与文化塑造:深化监察体制改革的双重维度》,载《法学》2019年第12期。

理的重要责任。现有的数据样本支持和规范依据，再加上为避免法律体系产生混乱，维护法秩序统一和安定的需要，监察机关作为新生主体参与合规势在必行。然而在趋势背后，我们不得不面对部分不融洽甚至成为阻碍的因素，他们势必影响着监察机关究竟能够何种程度参与、是否有效参与合规，由此下文将借鉴弗洛伊德"三部人格结构"学说的表达方式，以监察机关为中心视角展开分析。

（一）本我层面：监察机关的定位和功能存在部分问题

1. 政治属性的优位性较强

自监察体制改革以来，全新的政治格局正式形成，"一府两院一委"的结构使我们必须重新审视原有的司法体制分工。从内部看，监察机关与原有的司法机关属性不同，特有的政治定位使其工作中的角色更为强势，在履行监督、调查、处置职责过程中，监察机关将会把讲"政治"放在首位，使得监察权的运行带有鲜明的政治属性，甚至可以认为其本质上是政治机关。[①] 当处理案件需要面对政治性考量时，监察机关的优势地位更加凸显，即使商请检察提前介入，也大多为监察主导、检察配合办案，并且提前介入的方式、时间、条件皆不明确，[②]容易导致"调查牵着公诉走"的困境。此时如果监察机关也参与合规整改，其强势的意见表达很大可能会引发检察部门的畏惧和反感。同时监察机关对公职人员专门性监督也区别于检察机关的法律监督权（一般认为是"对事的监督"），也就是说，对于检察部门的公职人员是否依法依规行使法律监督权，监察机关可以再监督，有论者将各级监察委员会的监察概括为党纪监察、政务监察和刑事监察三个方面，[③]可见监察权的全方位性和实时性。

不仅如此，监察机关的强势地位还体现于统一且集中的领导体制，根据《监察法实施条例》的规定，各级监察委员会在同级党委和上级监察委员会双重领导下工作，下级监委会对上级的决定必须执行，上级监委会也有权调任辖区内的全部监察人员办理事项。这与"检察一体"的内涵有所差异，上级检察官对下级的指令权和管理权主要集中在具有行政属性的事项上，而司法属性的事宜则应贯彻检察官客观义务和检察独立。[④] 由此，监、检系统不同的管理体制使办案人员的灵活度和对上级的依赖度不同，监察人员往往接收来自上级的命令，对同级的检察人员

---

① 参见李奋飞：《"调查—公诉"模式研究》，载《法学杂志》2018 年第 6 期。
② 参见周新：《论检察机关提前介入职务犯罪案件调查活动》，载《法学》2021 年第 9 期。
③ 参见陈瑞华：《论国家监察权的性质》，载《比较法研究》2019 年第 1 期。
④ 参见吴桐、王瑞剑：《"检察一体"源流考》，载《苏州大学学报（法学版）》2022 年第 2 期。

有一定的压制作用,双方互相配合办案很可能演变成监察“命令式”工作。

综上,一旦监察机关介入现在由检察主导的中国式企业合规路径中,其优势地位很可能会影响承担合规整改和考察的责任主体划分,如果在调查阶段有符合适用合规附条件不起诉的行贿、受贿企业,监察部门是否愿意接受检察机关介入并最终验收合规计划实施的效果呢? 如若不然,双方的职责又该如何划分呢?

2. 与传统纪检监察部门的功能难以协调

坚持党的绝对领导是现代企业治理的重要工作,相对于其他性质的企业,国有企业在建立公司治理结构之外还需要解决另一重大问题,即保证党组织在企业生产经营管理中发挥政治核心作用,纪检监察工作就是企业党组织发挥政治核心作用的一个重要方面。① 与监察机关的监督方式不同,纪检监察部门是国有企业的内设机构,尽管在职责行使上具备相对独立性,②但说到底还是发挥公司内部的权力制衡作用,这主要表现在:其一,纪检部门通过在系统内开展依法合规经营和风险管控的教育、监督、检查,落实上级监管单位的要求。③ 他们通常要求其他部门协助工作,对企业可能出现的风险点予以审查。然而,这与作为合规计划的一部分——独立刑事合规部门的工作方式类似,都需要配备专业化的工作人员以确保监督或合规要素的有效运行,纪检监察部门应当吸纳熟悉行业发展规律以及掌握有关法律法规的专职人员,理想状态下应由三部分人员组成:一是专业化的法律合规人员;二是熟悉企业相关业务的管理人员;三是相关的专业技术人员。④ 这就容易引起合规部门和纪检监察部门职责上的交叉和重叠,二者都难以发挥应有的功能,甚至导致独立性丧失。

其二,传统的纪检部门更加重视信息的内向型流入,而非信息共享,具有封闭性的特征。在接到有关违纪违法的线索后,他们倾向于利用自身权威产生的威慑收集信息,并且在工作期间大都不公开有关案件信息,排斥其他部门日常性的联动合作,只是在事发后以“指令”获得帮助。而合规部门则注重信息的及时更新和透明性,从合规人员配备、合规管理、合规识别到合规应对,一整套合规机制公开于企业内部甚至外部第三方,接受来自外部力量的监督和评价。二者对案件不同

---

① 参见张响贤:《论纪委在国有企业公司治理中的三重角色——对中国人寿保险(集团)公司纪检监察工作实践的思考》,载《保险研究》2008 年第 11 期。

② 相对独立性主要是指内设的纪检监察部门是以责任为导向的部门,能够最大程度地防止受到利益诱惑,失去独立性,但又与公司的经营、管理情况密不可分。

③ 参见张响贤:《论纪委在国有企业公司治理中的三重角色——对中国人寿保险(集团)公司纪检监察工作实践的思考》,载《保险研究》2008 年第 11 期。

④ 参见陈瑞华:《企业合规整改中的专项合规计划》,载《政法论坛》2023 年第 1 期。

的处理方式,更像是论者口中“由提升主体权威到构建规则程序的理念更新”的发展历程,[①]监察机关参与合规带来的连锁反应无疑加速了这一变化。

其三,合规整改后的验收是对整体合规计划执行的有效性进行判断,合规计划的效果需要考察不同部门的工作情况,其中就包括对国有企业内设的纪检监察部门工作的考察。就现有的评估主体来看,无论是检察机关自身还是检察机关与行政机关等部门联合抑或是第三方团体组织,都必须面临评估国企纪监部门工作的局面,担任国企纪监部门“一把手”的职务远远高于办案机关人员,甚至有的权力过分集中,给办案带来不小的困扰。就算未来让监察机关参与合规整改,也需要在协调部门领导权和合规整改评估权方面重点发力。

(二)自我层面:监察与检察机关工作衔接不畅

1. 监察和检察机关的合规监管责任划分不明

尽管《衔接办法》的出台厘清了监察和司法工作配合不顺畅的部分问题,但是由于二者奉行不同的价值目标,在合规整改中必然担任不同的角色。不同于传统的“侦查—公诉”模式,“调查—公诉”模式的主要特征是以调查结论为审查对象,因监察立案决定预先公开等因素导致检察机关无法轻易作出不起诉决定。[②]监察机关在调查阶段就倾向于对案件作出“定论”,导致检察机关可能没有适用合规出罪的空间。相比之下,如果在调查阶段赋予监察机关对符合条件的特定企业进行合规考察,让合规整改由其自行开启,就可以避免适用空间不足的困境。但这样做又可能引发两点疑虑:第一,有人可能会质疑为什么在侦查阶段不能适用合规整改,而又在调查阶段赋予监察机关合规整改的权力。笔者认为,主要是由两类主体的不同性质所致,公安机关从广义上看主要是维护社会安全、预防和惩治犯罪的司法机关,而因其行使行政职权的属性,实质应归为行政机关。监察机关则定位于宪法的独立地位,调查权因其权源的生发性使其具有天然的行政属性,但又脱胎于行政权具有相对独立性,权力运行也要遵循客观义务的理念。[③]因此在一定条件内允许监察机关参与合规整改,不会与其自身定位存在解释冲突。第二,若调查阶段便启动合规,监察机关毕竟不是决定公诉的主体,后续仍要“依仗”检察机关的决定。这就涉及合规监管过程中的责任划分问题,监察机关固然可以

① 程衍:《合规改革背景下公权合规在监察监督领域的引入》,载《政法论坛》2022年第6期。
② 参见李奋飞:《“调查—公诉”模式研究》,载《法学杂志》2018年第6期。
③ 参见徐汉明:《国家监察权的属性探究》,载《法学评论》2018年第1期。

依职权"一案到底",但检察机关需要作出不起诉的决定却又不能亲临合规整改过程,很难全盘接受调查结论。

2. 监察与现有的刑事合规重点可能不一致

目前来看,刑事合规适用的案件是开放式的,无论是小微企业还是大型公司,符合条件的皆可以适用合规出罪。但是监察机关能够参与合规的案件范围应当是有限的,正如有论者指出"目前纪委监察机关的工作仍停留在预防和治理国企职务型刑事合规风险的层面,对于更常见的经营性风险所致的刑事犯罪等问题却鲜有'涉足'"。① 对此笔者表示赞同,并且对于未来合规重点的转移和扩展表示担忧,尤其是监察机关一旦介入,政治性功能的发挥无疑是第一性的,关注的焦点自然会集中在职务风险层面。更令人担心的是,如果国有企业内某人涉及职务犯罪,其职务行为和经营行为难以分割,调查时监察机关很可能以职务行为的线索出发,忽略对经营性行为的关注。以此为基础产生的合规整改考察更类似于传统刑罚的目的,用威慑来达到预防的效果,强调对以往过错的弥补,而缺乏前瞻性的监督。

就目前刑事合规的重点而言,有学者以为"'刑事合规性'不仅是一个'噱头',而且具有理性的内核……'刑事合规性'并不是刑法的替代物,而是跨学科认知和系统化推动预防工作的一种新形式",建立完善的刑事合规体系不仅起到对企业规范管理的作用,更是将犯罪预防责任由国家扩大至社会。② 由此可知,刑事合规的重点可以概括为以企业自治的方式,促使企业内部建立长久且有效的合规机制,保证企业安全稳定地开展经营活动,同时落实国家刑法政策,贯彻合作性司法模式。最重要的是,刑事合规是面向未来的价值取向,其重点在于鼓励企业自治,实现犯罪的一般预防,避免经营风险的出现。

(三)超我层面:监察机关适用宽宥政策的有限性

1. 监察程序中认罪认罚从宽门槛较高

2018 年认罪认罚从宽制度正式写进《刑事诉讼法》,同年颁布的《监察法》也以立法的形式肯定了认罪认罚从宽在调查阶段的适用条件。③ 与前者不同的是,

---

① 参见杜方正:《我国国有企业刑事合规制度研究》,东南大学 2020 年博士学位论文,第 5 页。

② 参见孙国祥:《刑事合规的理念、机能和中国的构建》,载《中国刑事法杂志》2019 年第 2 期。

③ 《监察法》第 31 条规定:"涉嫌职务犯罪的被调查人主动认罪认罚,有下列情形之一的,监察机关经领导人员集体研究,并报上一级监察机关批准,可以在移送人民检察院时提出从宽处罚的建议……"

调查阶段认罪认罚不具备独立的从宽处罚地位,有学者将其总结为"认罪认罚+特定情形+集体决定和上级批准"的独特设计,[①]也就是说,被调查人想在监察机关面前实现认罪认罚,门槛非常高,条件也更为苛刻。这主要是因为职务犯罪奉行的是从重从严、坚决打击的理念,高效反腐和司法宽容之间的张力导致监察从宽适用的限缩性。[②]

不仅如此,一旦调查阶段没有适用从宽,后续机关经审查后认为符合认罪认罚从宽的,还要与监察机关协商,甚至征求其同意,这无疑增加了程序的时间成本。除此之外,检察人员在与监察部门沟通的过程中还会遭遇职务错位的情况,同级监察人员无法作出从宽适用的决定,只能期待上级批准。根据"两高"公安部、国家安全部、司法部2019年10月11日《关于适用认罪认罚从宽制度的指导意见》的规定,一般而言,认罪认罚与自首、坦白等从宽情节不作重复评价;而调查阶段却将自首、坦白等特定情形作为从宽的决定性因素,就算不考虑上述"集体决定+批准"这一要素,也说明在监察程序中必须附加条件才能发挥认罪认罚从宽制度原本的功能。从宽方式的单一化也为认罪认罚从宽与企业合规的融合带来隐忧,与刑事诉讼中从宽方式的可选择性程度不同,监察程序中从宽只有"提出从宽建议"一种方式。[③] 就旨在通过"企监协商"实现合规出罪的国有企业而言,几乎没有从宽的余地。这意味着本就庞大冗杂的它们就算耗费巨大的机制运行成本,也难以避免失败的风险。既然认罪认罚从宽制度已然成为我国协商性司法社会的重要形态,就需要容纳更多主体共同适用。

2. 监察机关的廉洁性排斥"协商"因素

协商性司法是一种有别于传统刑事司法的全新司法范式。它是在刑事案件的处理方面,不同程度地给当事人之间的"协商"或者"合意"留有一定空间的案件处理模式。[④] 无论是已经被立法确定的认罪认罚从宽制度抑或是合规试点改革,还是围绕"审判中心主义"改革的配套机制,都包含着上述"协商"因素,甚至有学者提炼出一种以控辩双方的对话、协商和妥协来决定诉讼结局的协商性程序正义,[⑤]可以说协商性司法逐渐取代传统的对抗性司法成为主流。

---

① 参见董坤:《认罪认罚从宽制度在监察与司法中的衔接》,载《内蒙古社会科学》2022年第1期。

② 参见胡之芳、刘敏:《监察调查中的认罪认罚从宽审查制度反思——从〈监察法〉第31条切入》,载《湘潭大学学报(哲学社会科学版)》2021年第3期。

③ 参见孔令勇:《新监察制度与认罪认罚从宽制度的错位及衔接》,载《安徽大学学报(哲学社会科学版)》2020年第44期。

④ 参见魏晓娜:《背叛程序正义:协商性刑事司法研究》,法律出版社2014年版,第13页。

⑤ 参见陈瑞华:《论协商性的程序正义》,载《比较法研究》2021年第1期。

然而,这股浪潮似乎并没有影响到监察领域。由于监察机关办理的案件多为公职人员犯罪,其保护的法益主要包括职务的不可收买性和廉洁性,这种集中型的案件类型容易导致每日与其打交道的监察机关对廉洁性因素更加敏感,同时《监察官法》也把廉洁作为监察人员的重要准则。[①] 协商中的妥协和二元交互式商谈语境似乎都与廉洁性所强调的独立、禁止接触等理念不符,若要此时鼓励监察机关参与合规整改,恐怕会令其难以接受。其实这种担忧并非是协商机制本身所致,而是程序性控制体系不完善引发的可能性风险,这包括协商主体地位不平等、协商程序不公开、协商程序监督方式不完善、协商后救济渠道不畅通等内容。在企业合规过程中表现为合规监管不到位、合规计划缺乏有效性、合规计划不适宜、合规责任程序转化等问题。就前者而言,一些学者在对症下药的同时主张凭借外部力量,如发挥律师的作用和保证被告人的权利来解决问题。[②] 与之类似,未来引入监察机关参与合规,也可以重点关注上述内容,吸收参与性、中立性、对等性、合理性、及时性、终局性等基本构成要素,[③]以协商程序运行的完整性避免自身被误读的可能。

三、破解之道:监察机关参与刑事合规应遵循的原则和理念

诚然,监察机关参与合规会面临很多难题,但趋势已然无法阻挡。最近秦前红教授率先提出监察合规的概念,就是指"监察机关以及国有企业纪检监察部门对企业合规过程的参与"。[④] 这主要是从主体的角度进行构建,但笔者不敢苟同。原因有两点:第一,监察机关和纪检监察部门的定位不同,监察机关是具有独立地位的国家机关,而后者仅是企业的构成部分,只不过起着纪检监察职能,没有独立的外部属性,在合规参与过程中也不可能与行、检部门平等沟通和协调,甚至其与监察机关部分职能的重叠还是后者参与合规的难题之一。

第二,纪检监察部门会与刑事合规部门产生职能冲突。前者是在党组织的领导下对国有企业实行监督,关注重点在职务性风险的场域,对企业的经营行为有所忽视;而合规部门则负责合规体系的整体建设,以保证企业的平稳运行为中心,准确识别和预防风险点,重视职务性风险和经营性风险的平衡。当然如何具体解

---

① 《中华人民共和国监察官法》第4条规定:"监察官应当忠诚坚定、担当尽责、清正廉洁,做严格自律、作风优良、拒腐防变的表率。"

② 参见王迎龙:《协商性刑事司法错误:问题、经验与应对》,载《政法论坛》2020年第5期。

③ 参见陈瑞华:《论协商性的程序正义》,载《比较法研究》2021年第1期。

④ 秦前红、李世豪:《监察合规:企业合规的反腐败之维》,载《华东政法大学学报》2023年第1期。

决二部门的职责冲突是另一个值得研究的课题,本文的重点在于构建监察机关参与合规的可能性路径,笔者概括为一个核心、一个根本、两种视角,下文将详细论述。

(一)核心原则:保持谦抑性

作为刑法的指导性理念之一,谦抑性的精华在于审慎、克制动用刑罚权。尽管学界对此定位不一,但笔者主张谦抑是贯穿刑事司法领域的基本理念和基本精神。[①] 不仅如此,就像有论者指出"但凡对公民行为进行规制或施加义务的法律均需要谦抑,所以谦抑性并非刑法的专利,也就无特征、特质一说。"[②]监察体制改革后,谦抑性原则同样适用于监察领域。谦抑理念主张减少重刑主义等较为激烈的遏制手段,这正与合规所提倡的多元主体分担责任,以缓和的方式实现企业和社会治理的模式相契合。监察机关作为具有强大政治属性的国家监察部门,应当区分不同的案件类型,针对涉及经营性行为犯罪的案件,在严惩责任人员的同时应当给予企业整改悔过的机会,借鉴日本学者将谦抑性内容归纳为"三性"的理解,[③]在合规整改中监察机关应做到以下三点:第一,监察机关参与合规应当在检察机关的协调和组织下进行,当检察机关认为行政、税务等其他部门完全得以配合进行合规整改时,或者当检察机关对国有企业纪检监察部门进行评估后,认为其能够发挥应有的功能,监察机关才发挥最后控制的角色,而不是必然地径行参与。

第二,合理区分经营性行为和职务性行为。对于因行使职务而为企业谋求有关利益的行为,在起诉自然人的同时应当合理审查企业在此期间的参与情况。例如,深圳市出现的一个典型案例,基本案情是一家大型国有施工企业在未经林业主管部门许可的情况下,擅自改变林地用途用作堆放石料,非法占用林地面积共17.601亩,检察机关经评估后适用合规考察。[④] 对于案件中的责任人员是否利用职务改变土地用途我们不得而知,但明确的是这是一种为公司谋取利益的行为。若监察机关在对自然人责任调查时,发现有职务违法犯罪的线索,又涉及以上情况的,应当及时与检察部门沟通,后者认为符合合规整改条件的,应及时配合,避

---

① 参见王明星:《刑法谦抑精神研究》,中国人民公安大学出版社2005年版,第22页。

② 简爱:《一个标签理论的现实化进路:刑法谦抑性的司法适用》,载《法制与社会发展》2017年第3期。

③ 日本学者平野龙一将谦抑性内容总结为补充性、不完整性和宽容性。参见简爱:《一个标签理论的现实化进路:刑法谦抑性的司法适用》,载《法制与社会发展》2017年第3期。

④ 参见《一场特殊的听证会,这宗企业合规案件创下龙岗检察三个"首次"》,载微信公众号"深圳市人民检察院"2022年4月28日,https://mp.weixin.qq.com/s/mPWO4YgMN1taY9z8L97-KA。

免因追究责任人而损害国有企业的正常经营。

第三,监察机关应当确认宽容性的指引地位,这对于追求"铁案"的监察机关而言看似不易,实则不然。因为"铁案"寻求的是一种止于至善的价值目标,昭示着一种永不放弃、不断超越的积极态度,与所蕴含的"证据确凿,不能推翻的定案"意义之间的关系是任意性的,不存在必然的选择。[①] 持续性地遏制腐败更体现在企业合规整改的动态性全过程中,监察机关需要以和善理性的目光实现企业的合规治理。宽宥不意味着放纵,而是在不断变化的实践标准中,寻找公平和正义最恰当的话语解释。只有真正充满慈爱和宽容属性的主体,才能更好地发挥合规应有的功能。

(二)根本理念:被调查"人"适用从宽的正当性

涉及合规中国化的一个重点是单位责任和个人责任分离的正当性问题。理论难题在于刑法中的法人犯罪和自然人犯罪存在捆绑,实行双罚制。一些学者主张从罪责主义的角度将二者分离,单位犯罪主要考虑是否存在"以单位意志"或"以单位名义"的替代责任,[②]也有的学者抛弃二元论思维,构建新组织体责任论等等。[③] 无论是哪种观点,无疑都在说明合规适用中单位责任独立的重要性。在合规试点经验真正落实在立法之前,应当在现有的制度中寻找合适的法律话语予以表达,并浓缩成一个理念体现在合规过程中,笔者认为,就是被调查"人"适用从宽的正当性阐释,这主要有三点理由:其一,对被调查"人"适用从宽符合少捕慎诉慎押政策的精髓。首先,主流观点认为企业合规的出罪路径主要有两种:附条件不起诉和酌定不起诉,意味着合规整改评估完成并验收后,检察部门一般作出不起诉的决定。这与"慎诉"的价值相契合,其衔接点在于:从恢复与预防两个价值维度来审视刑事合规从宽激励的各种情节,进行合规整改,应当认为法益损害恢复行为是责任刑情节,与预防价值相关的情节是预防刑情节。[④] 以报应刑修复和法益恢复型修复换取实体从宽和程序从宽的内容,前者与"慎诉"关联,因为一旦起诉不免遭遇被定罪的风险,笔者侧重从实体从宽的角度去解读。后者以对被告人"慎押"和"少捕"为核心,通过对其适用宽缓化的刑事强制措施,以减少所在单

---

① 参见郑金雄:《"铁案"符号:一种止于至善的法治精神》,载《人民论坛》2020年第9期。

② 参见王良顺:《美国法人犯罪的归责》,载《环球法律评论》2009年第6期。

③ 参见李本灿:《刑事合规立法的实体法方案》,载《政治与法律》2022年第7期。

④ 参见董文蕙:《重罪合规不起诉的理论证成及适用限制——以责任主义为中心的分析》,载《法商研究》2022年第6期。

位因其担任角色的丧失而造成企业形象受损，保证企业正常经营和发展活动，避免经历“作为惩罚的程序”。尽管上述内容并未直接涉及监察领域，但调查结论仍需要经历某种程序转化为司法结果，从这个方面来看，监察和检察机关适用合规必然具有“相似性”，因此在合规整改的过程中，从宽的正当性也相同地覆盖于被调查“人”。

其二，被调查“人”适用从宽符合时代发展的潮流，主要以法国的合规制度改革为镜鉴。2016 年公益协议的引入被认为是法国对法人开放了更加彻底的“诉辩交易”，此举主要是为了遏制腐败，借鉴域外检察官和法人之间的辩诉交易程序，通过非判决性质的协议对企业实施制裁，以期调和、惩治涉事企业并保证企业继续经营。[①] 在以“强制”为主的法国刑事诉讼领域，都因为企业合规产生的巨大吸引力所改变，这不仅因为“从宽”程序和缓和制裁能够减少司法成本，提高司法效率，还有利于解决反腐败犯罪因证据过于隐蔽难以发现的问题，最重要的是寻求对他国合规诉讼域外管辖的制衡。[②] 我国的情况与之类似，监察机关在办理行贿、受贿案件时，经常会遇到仅有被告人口供和证人证言的情况，也就是“一对一”证据，其他证据难以发现或比较隐蔽，这也就导致办案推进较为困难，更别说通过仅有的口供获取单位参与的有关情况及线索，由此导致单位内部滋生腐败的风险。而通过监察机关参与合规整改既可以实现专门机关专事办理，也可以通过构建全流程的合规方案持续推进预防单位腐败的可能。同时，从政治上看，我国监察机关一道参与合规有利于构建统一的反腐败合规体系，加强反腐败的国际合作，从而增强保护国家安全的力量，避免受制于来自国际的、因合规受到的巨额制裁，特别是美国反腐败的“长臂管辖”。一个前车之鉴是湖南建工集团被世界银行调查的案例，他们为与世界银行的合规指引保持一致，其合规政策对“回扣、贿赂及报酬”“欺诈、串通及施加压力”“涉及政府官员的支付行为”进行了准确的定义，确定了合法与非法的界限。[③]

其三，对被调查“人”适用合规考察，使其获取从宽利益的同时，也把监督的功能扩大到传统的监狱围墙之外，随时监视腐败犯罪的发生。基于对酷刑和处决历史的研究，福柯总结道：“寻求一种对罪行的适当惩罚，也就是寻求一种伤害，这种

---

① 参见戎静：《法国刑事合规暂缓起诉制度之缘起、效果及借鉴》，载《比较法研究》2022 年第 3 期。

② 参见戎静：《法国刑事合规暂缓起诉制度之缘起、效果及借鉴》，载《比较法研究》2022 年第 3 期。

③ 参见杨烁明：《企业合规案例（一）》，载华律网，https://lawyers. 66law. cn/s261339e0f389c_i972161. aspx，最后访问日期：2023 年 3 月 4 日。

伤害的观念应能永远剥夺犯罪观念的吸引力"。① 如果说封建社会的酷刑目的在于起到震慑重罪的效果,那么如今在以关注和保障人权为核心的年代,就需要重新寻找替代酷刑和严重自由刑的方案,甚至逐步废除"监狱"的功能,社区矫正和缓刑皆被认为是最佳替代者。对此,贝卡里亚从心理情感的角度作出解读,他将刑罚称为一种"易感触的力量",当死刑足够多地出现时,其仪式感给公众带来的情感冲击就会下降,此时不如剥夺犯罪人的自由可能产生更长久的痛苦和威慑。②在刑罚的目的由预防逐步代替威慑的今天,实现犯罪预防的场域更从"围墙之内"逐步扩至"围墙外乃至社会每一个角落",当然这也是受到了大数据和电子监控体系的加持。这与合规发挥社会治理的目标完全一致——将企业独有的责任转化为社会共同的监督责任,从而使预防腐败犯罪不仅停留在企业自身,更扩散到每个人的数字生活中。"我们把监狱通过工作、通过家庭、通过自责来实现再社会化的功能扩散和传播到整个社会组织中,使被惩罚的个体在建议的形式下接受实实在在的集体的惩罚程序"。③

四、未来定位:监察机关的参与路径

(一)实体视角

1. 合规适用的案件和模式

世界上主要有两种合规出罪的模式,分别为"暂缓起诉协议"(Deferred Prosecution Agreement, DPA)和"不起诉协议"(Non – Prosecution Agreement, NPA),针对监察机关参与合规的案件类型,笔者认为应当选择暂缓起诉的形态,主要理由如下:其一,因为监察机关参与合规的范围限于国有企业内部职务犯罪的案件,案件的特殊属性需要更为谨慎的合规出罪选择,适用"不起诉"模式可能导致合规整改流于"纸面化"。这是因为,首先,监察机关所调查的对象是公职人员,其涉及的大多属于职务犯罪案件,这也与监察机关的管辖权相符合。其次,国有企业与一般的中小微企业不同,国企的中高管都享受对应的职务和待遇,涉及公职层面的审查,其行为不但影响企业的经营性风险,还体现一种职务性风险,后者正是监察机关参与合规应当重点关注的内容。最后,国企内部的管理机制较为庞大和复杂,企

---

① [法]米歇尔·福柯:《规训与惩罚》(第 5 版),刘北成、杨远婴译,生活·读书·新知三联书店 2019 年版,第 111 页。

② 参见[意]切萨雷·贝卡里亚:《论犯罪与刑罚》,黄风译,中国大百科全书出版社 1993 年版,第 43 ~ 51 页。

③ [法]米歇尔·福柯:《监狱的"替代方案"》,柏颖婷、吴樾译,上海三联书店 2021 年版,第 12 ~ 13 页。

业制度的运行都比小型企业更为费时，合规整改和考察需要的周期可能更久。

其二，监察机关参与的合规案件会涉及与检察部门衔接和程序转化的问题，暂缓起诉能够赋予充足的时间和调整的余地。一旦监察机关进入合规过程，就必然要面临监察和司法差异性机制带来的问题。包括但不限于探索“监检”衔接的机制，程序转化时的管辖问题，调查所需时限与提起公诉的时限协调等。适用暂缓起诉模式不仅可以给监察机关调查前置的职务犯罪线索提供时间保证，也能给检察部门的办案压力进行缓冲。

其三，适用暂缓起诉的模式，更加兼顾修复和预防功能。这一条不仅适合监察机关参与的合规案件，也普遍适用于各类合规案件。因为预防功能的发挥需要一定的持续性机制得以保证，若是仅对满足了法益修复内容的企业直接不起诉，可能导致监管不力，更有违持续高压反腐的根本思路。

其四，在认罪认罚从宽与企业合规融合的前提下，应当构建“全流程式”企业从宽体系，避免监察机关垄断从宽决定权，减少其决定从宽的压力，让涉罪企业合规的构建效果与从宽的关联性能够处于各方的监督之下，[①]从而刺激从宽适用的空间。

2. 合规考察期和目标

设置阶梯型的合规考察期，利于监察机关及时掌握合规整改的动态，并进行验收和评估，这既能防止合规整改计划流于形式，又可以防止过分拖延。这一期限参考湖南建工集团和中兴集团的案例，[②]基于国有企业特别是涉及职务犯罪的案件性质，总结一些地方试点经验，[③]笔者认为有必要设定 36—48 个月的考察期限区间，同时在该区间内，每 6 个月由整改企业向监察机关汇报合规计划的执行情况，必要时应当将合规计划的内容设置与时间计划相匹配，在完成大部分合规计划（可以考虑设定在 32 或 44 个月的时间点）后应当会同检察部门、行政监管等专业性质部门进行一次初步的评估，形成“真合规”“真整改”的局面。

“作为一种强化企业社会责任的管理活动，企业建立‘全面合规体系’既要实现‘近期目标’，也要追求‘长期目标’。”[④]针对涉及国有企业职务犯罪的案件，合

① 参见孔令勇：《刑事合规与认罪认罚从宽的融合——企业合规从宽制度研究》，载《中外法学》2022 年第 3 期。

② 参见杨烁明：《企业合规案例（一）》，载华律网，https://lawyers.66law.cn/s261339e0f389c_i972161.aspx，最后访问日期：2023 年 3 月 4 日。

③ 有些检察机关设立了 6 个月至 1 年的考察期，有的检察机关则将考察期设置为 1 年至 2 年。参见陈瑞华：《企业合规不起诉制度研究》，载《中国刑事法杂志》2021 年第 1 期。

④ 陈瑞华：《企业合规整改中的专项合规计划》，载《政法论坛》2023 年第 1 期。

规的近期目标主要是:第一,针对监察机关的调查,预防可能再次出现的同类犯罪;第二,发现企业内部出现的相关机制漏洞,重点调整容易出现职务性风险的部门,加强纪检监察部门和合规部门的联动与协调;第三,企业要建立并实施针对职务犯罪的专门性合规整改计划,建立"吹哨人"制度,加强合规自查、自监。从长远来看,逐步营造敢反腐、愿反腐的企业合规文化,将风清气正的政治生态融入合规文化和合规理念,鼓励国有企业为合规领域投入更多的资源。

3. 合规的验收标准

合规计划的有效性是衡量合规整改效果的首要标准,并根据相称性原则,企业的合规整改工作应与所要达到的合规目标相契合,并与企业的规模、涉罪性质、行业特点、业务范围、合规风险等相适应,同时监察机关也有必要选择那些给企业带来最小负担和代价的管理制度,并将其所投资源和所建制度与企业所要预防的合规风险相适应。[①] 国有企业制定的合规计划应当与自身运行机制繁杂和人员数量众多的特点相匹配,建立较为正规的合规组织,配置较多的合规管理人员,投入较多的合规资源,也就是适用"范式合规"的模式。[②] 再根据企业的业务范围和所涉及的职务类犯罪,采用先设计专项合规计划,再逐步进行全面合规的策略。

对于前者,应当设计一个针对预防职务类犯罪的专项合规计划,这个计划应当包括基础性合规要素和专门性合规要素,[③]就前者而言主要是以公司规章的形式确立合规制度,遵循"最高层承诺和重视"原则,配备合规人员组成合规部门,建立一整套合规的发现、识别、应对机制等,形成书面的专项合规报告交由监察机关,由其委派合规监管人共同审核,监察机关必要时可以邀请其他部门一同参与讨论,审核通过后由监察机关配备专门的人员与合规监管人对合规计划进行持续监督并备份。

而就后者来看,由于国有企业的自身特点,再加上其岗位与政治职务挂钩,应当进一步完善"范式合规"模式下的配套机制。督促企业落实相应的合规承诺,推动合规计划执行的有效性。监察机关一旦批准合规计划生效,就承担起合规整改的监督责任,重点对合规人员及其考核和人事制度、合规部门的独立运行机制、定期开展职务犯罪风险的监测和预防方面的考察,可以按照重要性程度进行赋分制记录,对于企业未按照合规计划执行的,有权力予以督促和警告,并记录在册。监

---

① 参见陈瑞华:《企业合规整改中的相称性原则》,载《比较法研究》2023 年第 1 期。
② 参见陈瑞华:《企业合规整改中的相称性原则》,载《比较法研究》2023 年第 1 期。
③ 参见陈瑞华:《企业合规整改中的专项合规计划》,载《政法论坛》2023 年第 1 期。

察机关还应当主动与检察部门沟通，由后者协助组织第三方评估委员会，按照公平、公正、公开的标准对合规计划结果的有效性进行评估，比如可以就曾经出现的职务犯罪风险点进行抽查，确保同种犯罪不会再次出现；询问企业特定项目的中层负责人，是否熟悉合规流程，是否曾经提出相关合规的意见；审查最高层所作的承诺是否履行，定期发放合规手册、组织合规培训等。通过评估后形成监察建议，提交检察部门并最终作出不起诉的决定。

（二）程序视角

1. 合规管辖

监察机关参与合规，必定会涉及调查程序和审查起诉程序的衔接问题，本质上就是协调监察机关和公诉机关的合规管辖权。从决定适用合规——合规计划设计、执行——合规整改验收，企业往往会经历不同机关的考察，对于国有企业而言，一旦内部人员触及职务犯罪，监察部门的介入使其成为适用合规的“前置机关”。参考行政机关在合规整改中的角色，笔者认为监察机关在合规中的管辖内容需要明确四个方面：其一，监察机关应当在调查阶段以商请介入的方式邀请检察机关共同讨论适用合规，委派合规监管人，指引合规方向，并对合规计划的设计进行审核，落实在卷。

其二，合规整改期间，监察人员负责持续对合规计划的执行情况进行监督，发现合规不到位、不积极等情况时及时报告，不得隐瞒真实情况，也不得对已经批准的计划擅自“加码”，规范监督工作流程，考虑对违背监督规范的人员设置制裁措施。

其三，合规整改完成后，监察部门可以首先邀请第三方评估主体进行初步评价，并与检察机关积极沟通，调整相关内容，最终形成监察合规建议交由检察部门，检察部门一般应当采纳，对于其中明确违法或不符合合规实际情况的，监察机关应当进行调整，若不调整或调整后仍然不当，检察部门可以重新邀请有关主体评估或引导企业修改合规计划。

其四，各级监察部门具有政务违纪违法调查和职务犯罪调查的复合性权力，二者是不同性质的制裁方式。借鉴行检协调的经验，笔者也主张建立一定限度的监检合规互认。[①] 已经通过合规整改适用不起诉的国有企业，监察机关也应当避免因处罚其中的责任人员给企业带来负面影响，包括法律责任、受到相关处罚、造成经济或声誉损失等内容，特别是应当防止企业在国际贸易中的形象受损而影响

① 参见李本灿：《企业合规改革试点中的程序衔接》，载《东方法学》2022 年第 6 期。

正常的经营活动。

2. 合规启动

尽管认罪认罚从宽在调查阶段存在适用门槛较高的难题,但也绝非完全排斥从宽的空间。因此,对于那些认罪认罚且有真诚合规意愿的被调查“人”,在调查阶段就可启动合规,监察机关此时便是启动合规的首要主导者。为了避免错过合规启动的时机,监察机关应当履行告知义务,保障涉案国企的知情权,尊重其程序主体地位,并且监察机关还应当及时与其他部门协作和交流,消除部门间合作可能出现的程序障碍。同时,为了保障申请启动企业合规诉讼程序的规范性、有序性,也为保障涉案企业权利的实现,对于申请启动合规诉讼程序的具体材料应予明确,①及时对涉案企业提供的材料进行审查和告知,采取依职权启动和依申请启动两种启动机制,并设置相应的程序性救济渠道。当然,如果对于一些达不到合规出罪条件的企业,监察机关理应及时识别,避免违规处理。

关于启动合规的条件或者涉案企业需要提交的证明合规意愿的材料至少要包括以下内容:第一,国有企业确实能够证明其认罪认罚,包括提供认罪协议等。第二,评估职务犯罪行为在涉案企业中是否是惯常现象,如果一个企业长期以来存在广泛和普遍的违法行为,犯罪已经成为公司经营的“潜规则”,一般就不能成为刑事合规激励的对象。假如一些企业长期以行贿手段作为敲门砖,合规无法改变其违法偏好,合规的期待可能性就较小。② 监察机关在调查时发现可能存在以上情况,要谨慎启动合规。第三,是否及时止损且修复受损法益。例如,在行贿、受贿案件中,是否及时退赃,交代资金流向或者控制资金流出;在发现有关人员的犯罪行为后,涉案国企的管理部门是否对其予以惩戒,人事部门应当将有关人员的资料等完整及时地提供。第四,监察机关还应当根据所掌握的材料,综合涉案企业职务犯罪的危害程度、企业形象和地位、展开如何用合规更好地规避来自国际政治层面的风险,维护刑事管辖权等内容,科学评估合规启动的条件。

3. 合规运行监督

合规监管人应当履行相应的合规监督责任,这里的监督强调在合规整改运行中的监督,与最终对合规效果的验收和评估不同。尽管在批准合规计划后,监察机关一般会委派第三方评估主体,由其指定合规监管人进行监督,但前二者的关系类似民事代理行为,代理人的行为所产生的后果由委托人承担,所以从根本而

① 参见陈卫东:《刑事合规的程序法建构》,载《中国法律评论》2022 年第 6 期。

② 参见孙国祥:《刑事合规激励对象的理论反思》,载《政法论坛》2022 年第 5 期。

言,监察机关仍然是合规监督评估的责任人。上文详细阐述了监察人员分阶段监督和评估合规计划有效性的内容,在此需要进一步说明的是,合规运行监督需要具备的三大要素:其一,监督要遵循正当程序原则,无论监察机关自身还是其委派的其他主体,都需要在程序正义的理念下监督合规整改的情况。比如《刑事诉讼法》赋予被告人的权利和控权规则,法人同样可以类推适用,权利包括自愿认罪认罚的权利、知情权、申诉控告权、申请回避权等;规则主要有直接证据规则,非法证据排除规则等;程序正义还体现在程序性制裁方面,引入适度的司法审查机制,对于明显违背企业意愿的合规监督行为,审判机关可以决定暂缓民事执行程序或直接撤销指控。①

其二,运用大数据手段实行数字合规监督。实现涉案企业合规数据化监管、数字化治理,数据获取是前提,数据模型建构是重点。通过不断归集、碰撞涉案企业合规建设相关数据,发现深藏其中的监督线索,研判案件背后的行业监管漏洞和社会治理问题。② 创新监察机关的监督手段,结合人工智能和数字系统,建构算法模型,对合规的全流程实时监督和反馈。同时也应当防范算法黑箱、数据倾倒等现象出现,合理规制数据应用,促进合规监督模型构建的规范化,实现合规监督数字和算法的程序正义。

其三,注意与检察部门、行政部门等其他部门的合作式监督,监察机关参与合规的优势在于办案的资源强大,但一些专业性问题需要其他部门的共同协助,特别是进行合规监督时出现的如合规计划内关于账目流水、财税等金融领域的事项,切忌轻易地下定结论。

五、结语

不断推进的合规试点对重塑国家的刑事司法制度具有重要意义,监察体制改革也以其独特的权力设置和政治属性影响着刑事司法领域的变动,二者的融合与衔接是实现中国式现代化司法体系绕不开的话题。笔者依托现实中的职务犯罪数字,寻找有关规范依据,在认清阻碍监察机关参与合规的制度性困境的基础之上,以法秩序统一的要求为指引,从树立核心原则、构建根本理念以及兼顾实体和程序两种视角进行初步探索,同时提出了监察机关参与合规所适用的案件范围、明确合规目标、规范合规标准,以及以大数据为依托建立新型的数字化合规监督

① 参见陶朗逍:《合规改革背景下企业犯罪行刑平行执法程序构建》,载《法学》2023 年第 2 期。
② 高景峰:《涉案企业合规改革的立法完善与监督评估实践创新》,载《政法论坛》2023 年第 1 期。

等内容。受认知和实践水平的限制,笔者仅对监察参与合规的部分问题提出了基础性的意见。随着改革试点的不断深入,未来有必要以不同案件类型和企业规模为划分依据,探索合规的分案处理方式,以职务犯罪案件为起点,继续研究监察合规机制的配套措施。例如,回应监察和司法在合规整改中的衔接问题,合理区分监察机关和国企纪检部门的职能分工,探讨监察合规监管中的责任承担等,也希望仅以本文对以后的研究有所启发。

(编辑:陈真楠)

刑事案件律师辩护全覆盖改革的审视与展望

缪汝鑫*

摘　要：律师辩护全覆盖制度能够解决实践中值班律师流于形式的痼疾，突出辩护律师"量刑结果协商者"及"诉讼程序监督者"的功能角色，维持控辩平衡。但同时，刑事辩护律师全覆盖制度在实践中也面临诸多矛盾，例如，刑事辩护律师数量发展与辩护质量亟须提升之矛盾，控辩平衡的目标与检律协商机制尚未健全之矛盾，深化改革的步伐过快与法律规范的缺位滞后之矛盾，以上矛盾是刑事辩护制度实践中的问题渊薮。为推进刑事案件律师辩护全覆盖工作深入发展，应当探索建立案件及律师层级分类制度、构建援助辩护质量考评监督机制、加强检律之间的量刑磋商，及时出台规范办法弥补法律空白，以深化律师辩护全覆盖改革落于实地。

关键词：律师辩护全覆盖；控辩平衡；公设辩护人模式；案件考评机制

在现代法治国家，被追诉人获得专业律师辩护权是司法文明的重要标志，一个国家的刑事辩护情况对诉讼结构形态的构成、案件事实真相的查明、程序正义的实现以及诉讼效率的提高具有重要影响。党的十八届三中全会以后，司法体制改革正在如火如荼地进行，刑事案件律师辩护全覆盖制度应运而生，时代背景在提供发展机遇的同时也对法律援助提出了更高的期待，律师的有效辩护要求被置于法律援助视野下加以审视。从提高律师辩护率的角度看，刑事案件律师辩护全覆盖制度有效促进了辩护率的增长，但庭审实质化的改革目标要求进一步强化律师辩护作用，从制度发展现状来看与预期目标仍存在一定差距，主要体现在律师辩护功能、辩护质量、辩护热情等方面。因此本文在分析刑事辩护全覆盖实行现

---

* 缪汝鑫，女，汉族，浙江温州人，华东政法大学刑事法学院 2021 级刑事诉讼法硕士研究生。

状的基础上,肯定制度具有的丰富的理论内涵与适用空间,借鉴域外有益经验,为解决制度现存问题、改进制度提供建议,以期发挥其应有的价值功能。

一、制度运行:律师辩护全覆盖之试点现状

(一)浙江省龙港市试点工作分析

2017年10月9日,最高人民法院联合司法部发布《关于开展刑事案件律师辩护全覆盖试点工作的办法》(以下简称《试点办法》),同时在全国8个省份先行试点,浙江省是第一批试点城市之一。在浙江省司法厅、检察院、律师协会统一安排部署下,先行选择了全省10个市县开展"审查起诉阶段律师辩护全覆盖"试点。① 为对刑事案件律师辩护全覆盖制度的实践现状进行研究,笔者选取了浙江省龙港市为样本,对该制度在该市的试点情况进行了调研和分析。②

龙港市刑事案件律师辩护全覆盖试点工作自2021年6月至2022年7月已满一年,通过收集市检察院、市法院的办案数据,笔者对2020年6月至2021年6月(以下简称2021年度)、③2021年6月至2022年6月(以下简称2022年度)两个年度内的刑事案件数量、辩护率等数据进行了统计分析,具体如表1所示:

表1　2021—2022年度刑事案件辩护率统计

年度	刑事案件数(人)	律师辩护数*					
		指定辩护		委托辩护		合计	
		件数(件)	占比(%)	件数(件)	占比(%)	件数(件)	占比(%)
2021	862	25	2.9	109	12.6	134	15.5
2022	1042	552	52.9	132	12.6	684	65.5

* 律师辩护数不包括值班律师帮助案件,只包括指定辩护律师和委托辩护律师案件数量。

2020年6月至2022年6月,龙港市检察院共起诉刑事案件1904件,其中适

① 浙江省试点地区:杭州市、宁波市、嘉兴市、绍兴市、金华市、台州市,以及龙港市、湖州市南浔区、开化县、遂昌县。

② 龙港市地处浙江省南部,是全国首个镇改市以及全国首个不设乡镇、街道的县级行政区域。2019年撤镇设市时,辖73个行政村,30个社区,境内常住人口46.77万人,2021年,龙港市实现地区生产总值340.34亿元,财政总收入30.37亿元。根据浙江省检察院、浙江省司法厅、浙江省律师协会联合下发的《关于积极探索开展审查起诉阶段律师辩护全覆盖工作的意见(试行)》的要求,龙港市检察院在认罪认罚从宽和少捕慎诉慎押的政策背景下,率全省之先,于2021年7月探索推进刑事案件律师辩护全覆盖工作。

③ 2020年1月,龙港市检察院挂牌成立,院内的数据系统自2020年4月起开始使用并统计相关数据。

用普通程序审理的案件共有 311 件,占比 16.3%;适用简易程序审理的案件共有 916 件,占比 57.1%,适用速裁程序审理的案件共有 478 件,占比 25.1%。根据《试点办法》的要求,对检察院审查起诉阶段除危险驾驶罪以外的所有案件,①人民检察院一律通知法律援助机构指派律师为其提供辩护。制度试行一年后,龙港市刑事案件律师辩护情况总体上呈现以下趋势(见表 2):

表 2 2021—2022 年度四类案件统计

年度	刑事案件数(件)	认罪案件数(件)	占比(%)	上诉案件数(件)	上诉率(%)	附民案件数(件)	调解案件数(件)	调解率(%)
2021	862	709	82.2	16	3.3	8	5	62.5
2022	1042	972	93.2	26	2.4	12	10	83.3

一是律师辩护率不断上升(见表 1)。从 2020 年至 2022 年,龙港市刑事案件律师辩护率由 15.5% 逐渐上升至 65.6%,其中指定辩护率从 2.9% 增长至 52.9%,意味着审查起诉阶段和庭审阶段获得律师帮助的被追诉人数量大大增加,有效保障了被告人的合法权益。

二是认罪认罚程序适用率上升。如表 2 中数据显示,在两个年度龙港市检察院办理的刑事案件中,认罪认罚程序的适用率基本上保持在 80% 以上,且后一年度数据较去年同期增长了 11%,侧面印证了刑事案件律师辩护全覆盖制度试行以后,有效强化了经办检察官同法律援助律师的沟通,通过律师的释法说理,更有利于促使犯罪嫌疑人认罪认罚,化解矛盾纠纷,带动了认罪认罚从宽制度深化落实。

三是一审案件上诉率下降(见表 2)。案件的服判息诉率从某种程度上可以反映出案件质量以及制度的优良,在辩护律师的有效参与下,被追诉人心中有了对案件裁判结果的预期,有利于其接受法院的生效裁判,减小上诉的概率,从源头上减轻了法院诉讼压力,节约了司法资源。

四是附带民事案件调解率上升(见表 2)。在刑事诉讼中,"赔偿被害人物质损失并取得被害人或者近亲属的原谅"是重要的量刑情节之一。因此,在龙港市的司法实践中,犯罪嫌疑人及其亲属在律师的帮助下积极与被害人进行协商沟通,努力达成和解协议并签署谅解书。从两个年度审结案件中附带民事诉讼的案件数量和调解数量分析可知,辩护律师介入后,通过运用专业知识以及办案经验

① 因此,表 2 中指定辩护和委托辩护案件数量相加后还存在部分辩护空白,是由危险驾驶罪(不指定法援律师为其辩护)和其他不起诉案件组成。

为当事人明理释法、减轻被害人与被告人之间的冲突与矛盾,有利于社会和谐稳定。

(二)律师辩护全覆盖的构成要素

1. 律师辩护全覆盖的主体:以法援律师为主

法律援助律师作为刑事辩护全覆盖的主体,有效弥补了现行值班律师制度中的不足与缺陷。法律援助律师不同于值班律师,值班律师的主要职能是为犯罪嫌疑人或被告人提供简单的法律帮助服务、参与认罪认罚案件中的具结书签署过程。但在实务中,值班律师制度却存在流于形式、功能异化的问题,在多数认罪认罚案件中,甚至出现值班律师只签字不会见,一早上签署七八份具结书,在一定程度上沦为"见证者""权利配合者",没有发挥实质性作用。再从权力行使的角度看,值班律师并不享有阅卷权、调查取证权、会见权等辩护律师拥有的权利,无法最大限度保护被追诉人的权益。为了保证控告人获得专业律师辩护权,法律援助全覆盖的主体应当是法援律师,值班律师则提供补充应急式法律帮助。

2. 律师辩护全覆盖的形式:以通知辩护为主

刑事法律援助是刑事诉讼体系的重要组成部分,《刑事诉讼法》第 35 条规定,①犯罪嫌疑人、被告人获得法律援助的方式包括自行申请法律援助辩护以及公检法通知辩护两种,前者主要以经济困难为前提,而后者以特定人群或特定案件为条件。刑事辩护全覆盖制度诞生的初衷即是为更多犯罪人提供法律帮助,如果再附加经济困难的条件,那么将会有大批的犯罪嫌疑人被拦在门槛之外,全覆盖的实际效果会大打折扣,违背制度设置的初衷。另外,很多被追诉人囿于法律知识的欠缺,对法律援助制度的了解甚少,司法机关在为其指派法援律师时都有可能存在抵触情绪,如果选择以申请型为主,由于控告人的申请积极性低,那么获得法律援助的被追诉人数量仍将处于低位,难以实现辩护全覆盖的目标。

3. 律师辩护全覆盖的客体:以非轻罪案件被告人为主

刑事案件律师辩护全覆盖的客体是通知辩护的对象,即律师帮助辩护的对象

---

① 《刑事诉讼法》第 35 条规定:"犯罪嫌疑人、被告人因经济困难或者其他原因没有委托辩护人的,本人及其近亲属可以向法律援助机构提出申请。对符合法律援助条件的,法律援助机构应当指派律师为其提供辩护。犯罪嫌疑人、被告人是盲、聋、哑人,或者是尚未完全丧失辨认或者控制自己行为能力的精神病人,没有委托辩护人的,人民法院、人民检察院和公安机关应当通知法律援助机构指派律师为其提供辩护。犯罪嫌疑人、被告人可能被判处无期徒刑、死刑,没有委托辩护人的,人民法院、人民检察院和公安机关应当通知法律援助机构指派律师为其提供辩护。"

范围。从应然角度出发，在资源充足的前提下，所有刑事案件的被告人都应有辩护律师为其提供辩护服务，但从实然角度来看，目前受制于律师资源有限以及案件数量繁多的背景，刑事案件律师辩护全覆盖尚不具备案件全覆盖的现实可行性。“两高”、公安部、司法部2022年10月12日出台《关于进一步深化刑事案件律师辩护全覆盖试点工作的意见》（以下简称《全覆盖试点工作意见》）中重新确定了通知辩护范围，规定“犯罪嫌疑人没有委托辩护人，且具有可能判处三年以上有期徒刑、本人或其共同犯罪嫌疑人拒不认罪、案情重大复杂、可能造成重大社会影响情形之一的，人民检察院应当通知法律援助机构指派律师为其提供辩护。”3年以下有期徒刑的案件在实务中多被归类为轻罪案件，因此划分标准也可表述为，将非轻罪案件全部纳入刑事律师辩护全覆盖范围。而根据实践，大多数地区以认罪认罚案件和非认罪认罚案件作为划分标准，在非认罪认罚案件中实行律师辩护全覆盖，但笔者认为该划分标准有待商榷。认罪认罚案件多适用简易程序和速裁程序，但简易程序审理的案件可判处的刑期，数罪并罚后最高可以达到20年，对于可能判处如此严重刑罚的案件，仅仅由值班律师提供法律帮助是不够的，也应为其提供法律援助辩护。[①] 因此，笔者认为以非轻罪案件作为划分标准更为科学，而无论其是否认罪、是否适用简易程序。

4. 律师辩护全覆盖的阶段：以起诉审判阶段为主

2022年10月最新公布的《全覆盖试点工作意见》要求各省市司法厅在巩固审判阶段律师辩护全覆盖试点工作成效的基础上，逐步把全覆盖延伸到审查起诉阶段，该做法值得肯定。对于被告人来说，审前程序的公正性是审判公正的基础，因为实践中到了审判阶段，被告人的定罪量刑几乎业已定型，法院对于检察院的量刑建议基本“照单全收”，少有改变，控方占据先天优势，辩护律师在该阶段的辩护重点多放在量刑轻重方面，难以改变有罪事实。而审查起诉阶段连接了侦查阶段和审判阶段，辩护律师的调查取证权、阅卷权、发表意见权是对侦查阶段所获取证据的合法性和全面性的再检验，是还原案件客观真相的重要途径，且在这个过程中，还关乎着犯罪嫌疑人的人身自由是否会受到限制、是否决定逮捕、是否起诉、是否做认罪认罚，此时辩护律师的有效辩护可以最大限度保障犯罪嫌疑人、被告人的基本人权，甚至对犯罪嫌疑人在审判阶段的定罪量刑起到了峰回路转的关键作用，因此不难看出审查起诉阶段对犯罪嫌疑人的影响之重。现阶段浙江省人民检察院在全省范围内推行审查起诉阶段律师辩护全覆盖制度，当此阶段目标实

① 参见陈光中、张益南：《推进刑事辩护法律援助全覆盖问题之探讨》，载《法学杂志》2018年第3期。

现后,可再将律师辩护全覆盖制度进一步延伸至侦查阶段。

二、理论分析:律师辩护全覆盖之制度基础

(一)律师辩护全覆盖的理论内涵

1. 控辩平衡理论

公诉和辩护是刑事诉讼程序中的重要组成部分,呈对立统一的关系,但公诉机关的背后是强大的国家公权力作为支撑,而与之相对的被追诉人则天然处于弱势地位,因此必须通过平衡控辩双方力量来避免可能出现的司法不公,而辩护权是刑事诉讼中最重要的权利,加强辩护权则成了平衡控辩力量的必然要求。由于被追诉人在自行辩护时存在先天性不足,发挥的作用有限,因此刑事诉讼法规定了律师辩护,借助律师的专业知识和辩护技巧,被追诉人的辩护权得到了实质的保障。但据统计,我国刑事辩护率长期保持在20%—30%,[①]这意味着有将近80%的犯罪嫌疑人在诉讼程序中没有得到辩护律师的帮助,犯罪嫌疑人的基本人权保障存在缺位。而开展律师辩护全覆盖工作,让每位嫌疑人都有辩护律师,可以补强嫌疑人在控辩关系中相对弱势的地位,有利于控辩双方平等对抗,促进司法公正。国家通过"宏观调控"的方式,给予更多被追诉人获得法律帮助的机会,辩护律师通过行使阅卷权、会见权、调查取证权,在掌握案件信息和案件证据的前提下,合理预测可能判处的刑期与罪名,把控量刑建议的适当性,为平等协商创造空间,最大程度地维护被追诉人的利益。在庭审阶段,辩护律师可以通过法庭辩论,强化辩护职能作用,平衡控辩关系,实现公正审判。

2. 权利监督理论

法治是具备正义、限权特色的社会治理的规范性维度,"我国法治治理的发展趋势是以保护公民权利作为国家善法之治的归结点,包括辩护律师在内的社会组织不仅监控国家人道主义道德的生成与再生产,而且限制国家权力的治理技术,包括刑事程序权力制约技术。"[②]实践中司法机关不时存在滥用实体权利和程序权利的事实,如侦查机关以非法方法获取被告人的口供、侦查机关故意为辩护律师行使会见权、阅卷权制造障碍,又如检察机关未按照法律规定指派法援律师、检察机关作出错捕决定等,而律师的参与不仅能够校正司法人员违法行为,向犯罪嫌疑人、被告人释明其享有的诉讼权利,还能对公权力形成监督和制约,限制公权力

---

① 参见顾永忠:《刑事诉讼律师辩护全覆盖的挑战及实现路径初探》,载《中国司法》2017年第7期。

② 朱德宏:《辩护律师有效辩护的评价及其实现》,载《时代法学》2022年第1期。

的恣意行使,在潜移默化中规范司法人员的行为。

3. 司法正义理论

我国的法律援助制度旨在实现社会公平正义,其价值主要体现在:一是配合刑事诉讼机制改革实现司法程序正义,二是能够提升被告人辩护质量实现司法实质正义。“获得律师帮助是建立在自然正义基础上的一种自由”,①而我国正在推行的律师辩护全覆盖制度改革,旨在保障适用普通程序的被告人在诉讼程序中的辩护权,从而实现刑事司法程序正义的制度追求。我国《刑事诉讼法》规定了法律援助制度,当案件当事人存在经济困难或案件有特定情况时,被追诉人即可以获得法律援助。实践中符合法律援助条件的案件量数量较少,获得法律援助的被追诉人占比并不高,意味着大部分被追诉人都是依靠自身微弱的力量对抗公诉机关,这无疑与法律面前人人平等的原则相悖,更不符合司法实质正义的要求。开展律师辩护全覆盖工作,律师在刑事诉讼中所提出的辩护意见被侦查部门、审查起诉部门、审判部门接受并采纳,起到积极辩护效果,使得犯罪嫌疑人、被告人的合法权利受到实质保护,从而实现刑事司法实质正义的制度追求。

(二)律师辩护全覆盖的正当基础

1. 犯罪人权利保护要求

在民事法律援助案件中,辩护律师基于保护当事人的目的,在诉讼中帮助其维护合法权利、追究侵权责任、弥补损失;与民事案件不同,刑事案件由公诉机关、被告人、法院三方组成,刑事法律援助具有了超越单纯保护被追诉人的初级价值,实现公平审判和司法正义更是题中应有之义。刑事诉讼涉及公民的生命和自由两项基本人权,刑事被告人的权利保障是国家人权保障的重要组成部分,也可以说是最重要的部分。多数案件中的犯罪嫌疑人、被告人文化水平不高,不具备专业的法律知识,法援律师在阅卷后应先对犯罪嫌疑人是否构成犯罪进行判断,对于依法不构成犯罪的或者依法不应当追究刑事责任的,律师应当及时告知司法机关。如龙港市检察院在办理陈某某故意伤害案中,陈某某的法援辩护律师就提出陈某某的行为应认定为正当防卫行为,不应追究其刑事责任,经办检察官在审查案件后也对律师意见表达了认可,后经过沟通,公安机关也主动撤回了案件。另外,律师能为被告人释法说理,避免被告人在被胁迫、被欺骗、被诱惑的情况下选

① [瑞士]萨拉·J.萨默斯:《公正审判——欧洲刑事诉讼传统与欧洲人权法院》,朱奎彬、谢进杰译,中国政法大学出版社2012年版,第97页。

择认罪认罚,在法律范围内力求争取最大限度的从宽,维护犯罪嫌疑人、被告人的合法权益。犯罪人人权保障制度是国家法治文明和法治水平的试金石,完善刑事法律援助制度,体现了国家在惩罚犯罪时同样重视保护公民的基本权利。

2. 二元性义务主体特征

《法律援助条例》第 3 条规定,“法律援助是政府的责任”,《律师法》第 42 条规定,“律师、律师事务所应当按照国家规定履行法律援助义务”,据此,我们似乎可以得出我国刑事法律援助主体具有三元性的特征,是政府责任、国家责任,也是律师责任,但实质上,笔者认为法律援助的责任主体只包括了国家和律师。值得注意的是,政府责任并不等于国家责任,国家责任比政府责任宽泛许多,包括立法、司法、行政等多方面的责任,而政府作为国家管理职能的具体执行者,重点强调执法责任。与国家相比,政府作为法律援助的责任主体具有很大的局限性,因为法律援助事业不单涉及政府下的法律援助机构,而且是一项牵动各方机构的系统工程。纵观世界各国法律援助的发展,刑事法律援助从申请到指定,国家责任越来越凸显,因此将法律援助定位为国家责任,更有利于法律援助机构的正常运转、法律援助监管的加强、经费保障不足问题的解决。最后,社会责任是律师社会角色的必然要求,根据我国《律师法》第 42 条、第 50 条规定,律师如果不履行相应义务将承担相应的法律责任。“对于一个国家稳定和信誉最重要的制度莫过于刑事司法制度,一个国家的刑事司法制度又依赖于辩护律师能否真正履行好刑事辩护的职责。”[①]律师职责的双重性决定了其在提供专业知识获取报酬的同时,还有社会公益服务的责任。

3. 庭审实质化改革需求

实行律师辩护全覆盖顺应当下刑事司法制度改革需要,目前我国司法体制改革的主要内容是以审判为中心和认罪认罚从宽制度,以审判为中心要求庭审实质化,在审判中心主义的推动下,实行律师辩护全覆盖制度也成为庭审实质化进程中重要的标志性评价要素。“以审判为中心实质上是充分保障刑事辩护的制度”,[②]一定意义上,我国庭审实质化改革的真正目的就是从制度到实践确立结构完整、相互协调、功能一致的对抗制程序,以最大限度实现审判公正。理论界和实务界都希望通过实行律师辩护全覆盖,完善犯罪嫌疑人、被告人的人权保障水平,

① 冀祥德:《提高我国刑事辩护质量的另一条路径——再论刑事辩护准入制度的建立》,载《法学杂志》2008 年第 4 期。

② 顾永忠:《以审判为中心背景下的刑事辩护突出问题研究》,载《中国法学》2016 年第 2 期。

维持控辩平衡,实现律师的有效辩护。

三、制度运行:律师辩护全覆盖之实践考察

(一)刑事法律援助运行模式的域外之鉴

域外法治国家对法律援助制度建设十分重视,总体上呈现出多元化、多样化的特点。随着犯罪案件数量的激增、人权保障意识逐渐成熟,基于有效辩护理念和控制司法成本的双重要求下,美国出现了三种法律援助模式,分别是公设辩护人模式(public defender)、指定辩护人模式(assigned counsel)、合同代理模式(contract counsel),①第一种模式是由国家直接提供法律服务,后两种模式是国家购买律师的法律服务;英国有法律援助合同制度和值班律师计划,后者包括警察局值班计划和治安法庭值班计划;再如我国台湾地区,同时存在公设辩护人制度、"法律扶助基金会"律师扶助与义务辩护律师的三元并存格局,②本部分将重点介绍公设辩护人和合同律师模式。

1. 公设辩护人模式

公设辩护人模式是美国刑事法律援助制度的中流砥柱,目前已广泛应用于多国法律援助实践。公设辩护人模式是由国家(主要指公设辩护律师管理机构、国家法律服务委员会等机构)招募律师,设立专门的公设辩护人办公室,给经济困难的和在诉讼中没有辩护人的被追诉人提供免费的法律服务,其薪金由政府发放,是国家兑现刑事法律援助的一种重要方式。公设辩护人等同于公职律师,也可以被视为政府公务人员,而公设辩护人系统则类似于政府机关,其内部有着完整的组织模式和健全的运行规则,例如,稳定的薪酬发放系统、合理的升迁渠道、长期的法律职业培训等。该制度最早诞生于美国,1963 年吉迪恩案(Gideon)后,美国确立了为贫困的刑事重罪案件被告人提供免费法律辩护制度,导致一时间法律援助案件数量激增,原有的法律援助制度难以承担,由此,美国各州纷纷设立了公设辩护人办公室缓解法律援助案件压力,被追诉人在满足经济条件标准和案件性质标准(必须是轻罪以上的案件)后即能获得公设辩护人的帮助;而英国则是在 1998 年在苏格兰爱丁堡设立了第一个公设辩护人办公室,被追诉人如果存在经济困难且无辩护律师时,将由国家为其指定法援律师辩护。

---

① 参见吴羽:《论刑事法律援助全覆盖》,载《中南民族大学学报(人文社会科学版)》2021 年第 8 期。

② 参见王迎龙:《论刑事法律援助的中国模式——刑事辩护"全覆盖"之实现径路》,载《中国刑事法杂志》2018 年第 2 期。

相比于其他法律援助模式,实行公设辩护人模式有助于控制司法成本。随着刑事案件数量逐年攀升,法律援助案件数量也越来越多,使得国家财政面临极大的压力,而公设辩护人模式在政府预算范围内,采用固定的薪水聘用固定数量的公设辩护人,在一定程度上能降低法律援助成本。另外,公设辩护人模式有利于克服部分地区律师资源匮乏、私人律师数量不足的困境,即使在律师数量稀缺的地方,国家通过招聘全职的公设辩护人,将其派驻到指定地区固定担任法律援助案件的辩护人,保证贫困者也能获得律师帮助。

2. 合同辩护人模式

合同律师是指政府以竞争投标或协商的方式,与某一个律师事务所签订"一揽子"合同,以打包收费替代计件收费,而后该律所在指定时间内将为指定的司法区域内的犯罪嫌疑人、被告人提供法律帮助。合同制模式的典型代表国家是英国,在英国,最主要的运作模式是由法律援助服务委员会(Legal Services Commission)通过竞标的形式选定律师事务所,且要求与政府签订合同的律所必须符合相应的资质,即只有达到"专家质量标准"的律所才有资格与英国政府签订法律援助合同。"法律援助合同中包含合同期限、案件负荷量、支付费用、服务质量、监督和评估等重要条款,而服务质量的评估又具体包括文件资料审查、档案审查、工作技能要求、特定评价标准等内容。"①此外,在签订合同后,法律援助服务委员会有权监督中标律所的履约行为,主要采取同行审查的方式,即由委员会聘请专业的审查人员,根据制定的标准,随机抽查案例进行评估,如果评价结果为不合格,并经过复查确认后,委员会有权单方面解除合同,以此保证法律援助服务质量。

相比于公设辩护人模式,合同辩护人的市场化色彩更为明显,引入市场竞争机制其制度优势主要体现在:第一,合同律师在代理法律援助案件获得的薪酬接近市场价格,具有经济吸引力,能够更好激励优秀律师从事法律援助事业;第二,通过三重保障,即严格的准入机制、履约时的监督机制、考核后合理退出机制,能够很好地规范律师行为,保证辩护质量。

公设辩护人模式与合同律师模式分别是公职律师和私人律师的典型代表,二者既有相似之处,也有相对之处。首先,二者都可以促进刑事法律援助服务的专业化,提高刑事法律援助质量,但前者受雇于国家,领取国家发放的薪金,专门从事刑事方面的法律援助服务,而后者受市场支配,可以吸引有经验的律师专职从事刑事法律援助。反观国内,我国传统法律援助模式包括通知型和申请型两种模

① 吴宏耀、余鹏文:《构建多元化的法律援助服务提供模式》,载《中国司法》2020年第6期。

式，前者的范围仅限于四种法定情形，范围局限，而后者则以当事人“经济困难”为前提条件，标准严格，以至于我国刑事辩护率和法律援助率仍居于低位，未达到新时代发展要求，存在辩护形式化、监管不力、辩护质量低等问题。

针对上述问题，我国法律援助模式可以借鉴国外刑事法律援助模式，因地制宜，构建多元并存的法律援助模式。例如，我们可以在经济发达地区、人口密度大、刑事案件数量多的地区试行合同律师模式，有条件的甚至可以设立专门从事刑事法律援助的律师事务所，最大程度优化司法资源配置。因为发达地区的律师市场发展较为成熟，已经形成竞争有序的法律服务市场，实行合同律师模式一方面可以发挥市场配置资源的基础性功能，吸引优秀的律师办理法律援助案件，律师也可以获得与市场价相近的报酬；另一方面法律援助机构可以从服务提供者的角色转变为合同监督者，对合同律师办案过程进行监督，促进法援服务质效的提升。而在人口密度小、刑事案件数量少的地区，由于律师数量有限、缺乏法律援助市场化的基础，可以试行公设辩护人模式，由政府统一设置相应岗位，稳定、高效提供法援服务，给予贫困被告人获得法律援助的机会。

（二）律师辩护层级结构的中国模式

1. 律师辩护全覆盖三层级结构

推行律师辩护全覆盖是我国司法体制改革的重大举措，根据前文介绍，我国刑事案件中的律师角色可以分为委托辩护律师、法律援助律师和值班律师，由此形成了三层级的律师辩护结构。在这之中，处于第一层级的必然是委托辩护律师，委托律师是犯罪嫌疑人、被告人的基本权利，应优先于法律援助辩护律师和值班律师的辩护服务；对于没有委托辩护律师的犯罪嫌疑人，司法机关应当为其指派法律援助律师为其提供辩护，此为第二层级辩护覆盖。最后，处于第三层级的是值班律师，主要适用于委托辩护律师、值班律师未提供辩护前的空档期，临时填充认罪认罚案件、刑讯逼供和非法取证申诉等案件中的“应急式”法律帮助服务，起到层级过渡和填补辩护空白的作用。但笔者并非提倡将值班律师“辩护人化”，仅是出于值班律师与辩护律师都是为保护被追诉人合法权利的相同职能考虑，才将值班律师提供辩护前的法律帮助作为律师辩护体系的辅助组成。在该过程中，应积极发挥委托辩护律师、法律援助辩护律师和值班律师“三驾马车”作用，最终形成以委托辩护律师、法律援助辩护律师为主，以值班律师为补充的律师辩护体系，拓宽挖掘法律援助律师帮助范围全覆盖的“广度”和“深度”。

2. 值班律师与法援辩护律师角色定位

《试点办法》中规定了适用简易程序、速裁程序审理的案件,被告人没有委托辩护人的,人民法院应当通知法律援助机构派驻的值班律师为其提供法律帮助。那么值班律师和律师辩护全覆盖制度下的法律援助律师之间的界限如何确定?值班律师在律师辩护全覆盖制度下是否还有存在必要性?

针对第一个问题,值班律师与法律援助律师在功能定位和权利行使上存在明显差异:(1)介入时间:值班律师主要在审前阶段发挥作用,实践中值班律师办公室大多设立在羁押场所、检察机关办案区、法院大厅,值班律师制度设立的初衷是为了落实认罪认罚从宽制度,保障犯罪嫌疑人、被告人认罪认罚的自愿性与真实性,主要是在侦查阶段、审查起诉阶段为犯罪嫌疑人提供法律咨询、程序选择服务,而辩护律师不仅在审前阶段发挥作用,在庭审中也起到了重要的辩护职能;(2)角色差异:值班律师不具有辩护人的身份,无法出庭辩护,只能为犯罪嫌疑人、被告人提供基本的法律帮助,而法律援助律师具有辩护人的身份,具有独立辩护权;(3)职权差异:因身份不同,值班律师主要提供法律咨询、程序选择、量刑建议等服务,尚不具有阅卷权、调查取证权、出庭辩护权,而辩护律师的职责与委托律师相同,具体以刑事诉讼法规定的权利内容为准。

在律师辩护全覆盖工作背景下,值班律师主要适用于轻微的认罪认罚刑事案件,坚持将"提供辩护前的法律帮助"作为值班律师的基本功能。但在三种情形下,值班律师需要同辩护律师衔接:第一,认罪认罚案件中犯罪嫌疑人、被告人反悔、否认实施犯罪的;第二,犯罪嫌疑人、被告人可能被判处3年以上有期徒刑的案件;第三,值班律师在办案过程中发现犯罪嫌疑人、被告人符合申请法律援助辩护律师条件的,应当帮助其申请法律援助律师。

针对问题二,有观点主张将值班律师"辩护人化",或主张废除值班律师,这实质上是未深刻领会值班律师制度的立法本意和中国司法实践现状。欲实现律师辩护全覆盖,根据前文提出的我国律师辩护全覆盖三层级结构,应确保辩护律师和值班律师的功能在各自的职责范围内充分发挥。值班律师重在"补充功能",弥补辩护前空白,提供应急式法律服务,如果此时提倡取消值班律师制度,将会大大增加法律援助辩护律师的压力,毕竟实践中认罪认罚的轻罪案件接近占刑事案件总数的七八成,按照我国近年律师发展的规划,法援律师数量在短期内还无法消化如此多的刑事案件,值班律师制度在目前阶段还有其存在的必要性。

四、实践检视：律师辩护全覆盖之现存问题

2017年提出“推送实现刑事辩护全覆盖”的诉讼改革主张后，最高人民法院与司法部2017年10月9日联合发布《关于开展刑事案件律师辩护全覆盖试点工作的办法》，紧接着在全国多个省份进行试点，试点至今短短5年取得了显著成效，推动了刑事辩护率从有限走向普遍，但不可否认，在实现刑事案件律师辩护全覆盖的发展道路上还面临着很多障碍，主要体现在法律援助质量亟待提高、辩护质量监管体系尚未健全、辩护律师职能发挥仍待进一步激发等方面，其中比较突出的问题如下：

（一）质量矛盾：法律援助有效性不足

推动刑事辩护全覆盖，不仅要保“量”，更要保“质”，即在提高刑事案件律师辩护率的同时，确保律师在刑事辩护中发挥积极作用。从实践来看，数量攀升与质量提升并非同比增长，甚至有反比趋势，缺乏法律援助人才、援助质量不高、法律援助有效性不足是现行制度中普遍存在的问题，随着法律援助案件数量的增多，事多人少的矛盾日益凸显。在法律行业的资本市场里，法律援助的公益性与律师职业的营利性天然存在一定的价值冲突，由于法律援助案件带有公益色彩，报酬低，对于市场中注重效益和高回报的资深律师来说没有很大的吸引力，因此，资深律师愿意接手法律援助案件的比率很低，而这些法律援助案件就成为了初入职场的年轻律师学习实践技能和辩护技能的快速渠道。对于年轻律师来说，相关诉讼实践经验缺乏，业务内容不熟悉，辩护能力和沟通能力有待提高，因此在案件中达不到充分的有效辩护作用。另外，律师在代理刑事诉讼援助案件时，辩护质量主要是依靠办案律师的自律性，部分律师在担任辩护人时责任心不强，积极性不高，曾有法律援助律师坦言道，在代理刑事法律援助案件时，律师的辩护意见大多简单且类似，更有甚者会在相同类型的案件中反复利用同一份模板，这样的辩护态度必然导致辩护流于形式，辩护功能大打折扣。[①] 而申请法律援助辩护的案件中包括了被告人可能判处无期徒刑或死刑的情况，缺乏高质量辩护人才也不利于保障犯罪嫌疑人、被告人的辩护权。在某些案件中，还出现了法律援助律师私下与犯罪嫌疑人沟通，告知被告人或其家属委托辩护比指定辩护更能保障被追诉

① 参见黄东东：《法律援助案件质量：问题、制约及其应对——以C市的调研为基础》，载《法商研究》2015年第4期。

人权益,利用家属对律师的信任,诱导犯罪嫌疑人另外付费委托其成为辩护人,此类行为严重违背了律师从业纪律和道德操守,造成了负面影响。

(二)机制滞后:案件考评机制流于形式

在推进刑事案件律师辩护全覆盖的过程中,监管评价体系发挥着举足轻重的作用,委托主体也是辩护质量监管评价的主体。通知辩护和委托辩护最大的区别在于委托主体不同,前者由政府指派,受政府监管和评价,完成监管部门要求的书面材料和达到政府基本行政要求是法援律师的主要目标;后者是当事人付费,辩护质量高低决定了薪酬,因此,委托律师会想尽办法提高当事人对案件的满意度,尽心尽力为案件服务。

目前,我国对于法律援助的监管仍停留于对辩护律师的指导和监督上,尚未建立完善的监管体系是刑事案件律师辩护全覆盖的一个严重制度缺陷,也是法律援助质量偏低的主要原因。现行辩护质量把控主要体现于在审判前对于法援律师的选择上,而缺乏对审判结束的辩护质量评价。即使在某些情况下进行了事后的评价,也只是通过庭审笔录材料进行判断,往往只能看到表面工作却忽略了案件真实情况。监管的滞后造成法援律师在诉讼中行为的敷衍性,与自行委托辩护律师的案件相比,部分法援律师在代理法援案件时容易出现套用辩护意见模板、阅卷笔录不规范、不仔细阅卷、会见次数少,极少主动调查取证、庭审准备不充足等问题,而监管主体因为缺乏一套完善的监管体系无法起到实质的监管作用。辩护律师大多将更多精力投入完成监管部门需要的书面材料等表面文章,实属本末倒置的做法。其次,现行评价体系的主体忽略了最重要的角色——案件当事人,从政府管理者的角度评价辩护质量实际上忽视了犯罪嫌疑人、被告人对辩护结果的评价。针对法律援助案件的援助质量评价,实践中司法局拥有着最终评价权,这很大程度上造成了律师服务对象的偏差,如果辩护结果最终由司法局进行评价,政府的管理办法和评价方式占据主导地位,那么满足司法局的要求便成了辩护律师的首要目标,律师在提供法律服务时更多把工作当成是行政指标,而不把主要精力放在照顾犯罪嫌疑人、被告人的真实感受上,与当事人的联系沟通很少,不利于保证辩护质量。从制度的未来发展道路来看,目前辩护评价监管体系过于简单粗暴,单纯依靠政府管理一切并不合理,在未来发展道路上需要更多主体参与进来。

（三）运行不畅：律师角色异化，检律沟通较弱

1. 律师角色异化

辩护律师作为犯罪嫌疑人的利益代表，应当帮助其行使权利，充分维护被追诉者的合法权益，但实践中辩护律师却沦为认罪认罚制度的见证者、控诉协商的说客，[①]逐渐脱离被追诉者，呈现出倾向于追诉方的态势。造成此种现象的原因是：一方面，辩护律师在面对强大的国家机器前对自身职责认识不足，碍于维护司法圈内人情关系以及考虑职业的长远发展，更乐意配合司法机关的工作而忽略被代理人的意愿，未将维护犯罪嫌疑人的权益奉为圭臬；另一方面，实践环境和观点理念无形中影响了辩护律师在辩护过程中的工作态度，实践中并未给辩护律师留有太多辩护空间，只需见证、监督整个协商过程即可，避免司法机关与辩护律师意见相左的情况的发生，导致了制度实践中律师角色定位错误的情况。

2. 量刑标准模糊

在龙港市举办的检律座谈会上，部分律师提出在对案件量刑结果的预测方面，律师预估的量刑结果与检察机关提出的量刑建议存在较大偏差。一方面，是因为律师与检察官沟通较少，检察官工作繁重，两者多数都以电话沟通的形式，沟通效率低；另一方面，律师表示公开文件中的量刑细则较为模糊，检察官在作出量刑建议时依据标准多为内部下发的指导性文件，该类文件中对某些罪名的量刑标准甚至精确到了天数，但律师对此无从知晓，以致于在对结果判断上意见相差明显。因此，律师们呼吁尽快建立公开便捷的沟通渠道，加强检律联系，进一步完善量刑建议的磋商程序。

3. 权利行使不畅

从“质”上提升刑事辩护全覆盖的关键是要保障辩护律师的权利。如果辩护律师的相关权利没有真正得到保障，全覆盖就很容易沦为一种形式。[②] 实践中，辩护律师行使阅卷权、会见权、提出意见权时不同程度地存在阻碍。首先，会见难是长期存在于刑事司法实践中的弊病，部分地区虽然采取了视频会见的方式，但往往对会见时间进行较为严格的限制，[③]例如，北京市公安局海淀分局明确规定，值

① 参见詹建红：《刑事案件律师辩护何以全覆盖——以值班律师角色定位为中心的思考》，载《法学论坛》2019 年第 4 期。

② 参见胡铭：《刑事辩护全覆盖与值班律师制度的定位及其完善——兼论刑事辩护全覆盖融入监察体制改革》，载《法治研究》2020 年第 3 期。

③ 参见《北京市公安局海淀分局办理速裁案件程序规定》第 16 条。

班律师与犯罪嫌疑人进行法律帮助视频会见一般不得超过5分钟。其次,司法机关在一些情况下没有正确对待和合理采纳律师辩护意见,仍未彻底贯彻尊重辩护律师意见的理念。最后,如何便利辩护律师行使阅卷权、调查取证权,为辩护律师有效行使权利提供必要帮助也是亟待解决的命题。

(四)法律缺位:宣传不力,公众信任度低

实践中,因大部分犯罪嫌疑人文化程度不高,司法机关在例行告知当事人所享有的权利义务时,被追诉人对于"律师"在诉讼中所起的作用不清,多数情况下会选择放弃律师帮助辩护的权利。甚至当司法机关为其指派律师时,认为援助律师是与司法机关同条"战线"的人,不会真正从保护当事人合法权益的角度出发,有抵触情绪,由此拒绝检察院为其指定辩护,要求自行委托辩护。还有些当事人认为法律援助律师是免费的,不花钱的律师肯定不会尽心尽力为当事人服务,这种心理也会影响当事人对法律援助律师的态度和配合度。究其本源,主要是公众对刑事案件律师辩护全覆盖制度不够了解,接受度低,对援助律师的身份不够信任,公检法机关在普通民众的意识里仍是"强权机关"的代表,加之冤假错案的发生,控辩双方在权利上的不平衡感导致公众对律师辩护全覆盖的认知度和认同感都较低。这些因素都会影响刑事辩护法律援助的未来发展。社会公众的刻板观念并非一朝一夕就能转变,公检法司律等单位应通过互联网平台、社区宣传、公众号、纸媒等渠道加强法律宣传,让公众更多了解刑事案件律师辩护全覆盖制度的有关规定,以积极正确的态度维护自身权益。

五、律师辩护全覆盖完善和发展的进路分析

从以上分析中可以看出,开展律师辩护全覆盖制度具有可遇不可求的政策支持及社会发展的机遇,在值班律师制度流于形式、刑事辩护率偏低的问题亟待解决的情况下,发挥其制度优势在司法实践中是较为理性的选择。同时,改革尚未完成,在深化改革过程中也要清晰地认识到刑事辩护质量仍有待提高以及我国实践中检律沟通较弱的现状,更要重视其可能引发的关于质量考评监督机制的争议。为促进制度在我国的全面铺开以及解决在司法实践中产生的问题,建议从制度完善、体系构建、观念转变、出台规定等方面予以完善。

(一)探索建立案件及律师层级分类制度

针对司法实践中新手律师拿疑难复杂案件"练手"、法援律师名单固化等影响

辩护质量的问题,可以探索建立案件分类、辩护律师分级制度。首先,案件分类制度是指将刑事案件划分为三类:可能判处3年以下有期徒刑的轻微刑事案件、3年以上10年以下有期徒刑的一般刑事案件、10年以上可能判处无期、死刑的严重刑事案件。其次,在划分了案件轻重程度以后,再对刑事辩护律师进行等级划分。在律师分级制度中,法律援助机构需要先根据相关标准对律师事务所提供的律师名单进行筛选,严格把控法律援助律师的准入门槛,再根据简单复杂的案件匹配不同执业年限的律师,虽然执业年限并不能完全反映出律师的执业能力,但在实践中该划分标准是最容易量化的指标,容易操作,对此,我们可以参考上海模式的试点模式:①对于轻微刑事案件,可以指派3年以下执业经验的法援律师;对于一般刑事案件,可以指派3年以上5年以下的法援律师;对于严重刑事案件,应当指派具有5年以上执业经验的律师,同时要求律师的专业特长为刑事领域或有同类型案件的辩护经验。将案件和律师进行分级分类管理后,由年轻的律师负责简单的案件,有利于年轻律师快速上手案件办理,加快年轻律师的成长;较为疑难复杂的案件由经验丰富的“老”律师负责,保证案件辩护质量。该方法不仅能提高法律援助辩护质量,并且还能增强律师执业的社会责任感、成就感、荣誉感。②

(二)构建援助辩护质量考评监督机制

有效的辩护质量考评监督机制是保障辩护质量的核心,为了加强对律师办理刑事案件的规范,我国相继出台了《律师办理刑事案件规范》《全国刑事法律援助服务规范》,对刑事法律援助的基本要求作出了规定,而从各地区的实践工作来看,普遍存在一些共性问题,例如标准过于笼统,评价主体不全面、监督机制存在滞后性,为了解决实践中出现的矛盾,应从以下方面加以改进:

一是对现行法律援助案件评估标准进一步完善和细化,制定科学、具体、可操作性强的刑事法律援助案件评估标准。现行考评机制主要根据法援律师提交的书面材料进行评价,缺乏科学具体的考评标准。例如,上海市普陀区法援案件专家质量评估表中关于“代理词/辩护词”评估的标准为“引用的证据、法律清楚准确,无明显失误、遗漏”,但何为“明显失误、遗漏”却未加以细化。传统评估方法粗糙笼统、过于原则化,无法起到实质的监督作用。为了进一步落实刑事辩护律师

---

① 参见詹建红:《刑事案件律师辩护何以全覆盖——以值班律师角色定位为中心的思考》,载《法学论坛》2019年第4期。

② 参见刘彩云、李守云、俞敏超:《刑事案件律师辩护全覆盖的实现路径》,载《哈尔滨学院学报》2021年第10期。

全覆盖制度,应当在借鉴已有经验的基础上,对法律援助的评估标准和考评内容进一步具体化,增强考评监督机制的可操作性。另外,一些地区的评估内容中将判决结果和办案补贴直接挂钩,但由于判决结果的不可控性太强,笔者认为应当将评估内容的重点放在法援律师的辩护过程,而非辩护结果上,可以将辩护结果作为补贴奖励机制,在原来办案补贴的基础上给予额外奖励以此激励辩护律师的积极履职。二是将受援人纳入考评机制的主体,被追诉人是刑事案件的责任承担者,实践中常存的"程式化"援助行为,使得法援案件的"刑事辩护"沦为"形式辩护",在这之中,被追诉人是最大的利益受害者,其合法权益没有得到完全保护,因此,被追诉人的意见和感受是辩护评价内容的重要部分,将被追诉人的意见纳入考评体系,引导法援律师树立以被追诉人合法权益保障为中心的意识,确保案件过程的高质量服务。三是利用大数据信息管理系统,把案件的评级考核贯穿于案件办理的全过程,当事人、同行律师、法律援助机构、司法机关可以在办理案件的全过程中进行监督,发现问题实时反映,法援律师本身也应当对案件的进展以及具体情况进行定期汇报。同时,可以参考杭州市"五位一体"案件质量监管系统的案件评价经验,杭州智能法律援助质量控制系统会自动形成一个客观、全面的案件综合"成绩单",并及时送达到每位办案律师,让办案律师及时掌握自己所办案件的等次和存在的问题。[①] 尽管各地区的实践基础条件各不相同,但可以借鉴案件质量评估的基本方式和思路,有针对性地加以变通,利用大数据的互联互通,完善案情跟踪和反馈机制,及时在系统内更新案件进度,利用大数据平台逐步开展案件质量评估,也可以做到工作留痕。

(三)加强量刑磋商构建新型检律关系

"量刑协商是我国认罪认罚制度中的核心环节,而量刑建议是量刑协商过程的关键性结果"。[②] 量刑建议是认罪认罚案件中检察官的法定职责,检察机关的量刑建议一般分为两种:普通案件中的量刑建议和认罪认罚从宽制度中的量刑建议。与一般的刑事案件中起"参考作用"的量刑建议不同,认罪认罚案件中的量刑建议具有明确性、"准终局性","准终局性"体现在《刑事诉讼法》第 201 条规定"对于认罪认罚案件,人民法院依法作出判决时,一般应当采纳人民检察院指控的

---

① 参见《杭州市 2020 年上半年法律援助案件质量评估报告》,载中华人民共和国司法部网,http://www.moj.gov.cn/pub/sfbgw/jgsz/jgszzsdw/zsdwflyzzx/flyzzxzcxx/zcxxfyzl/202007/t20200721_188976.html,最后访问日期:2022 年 12 月 23 日。

② 胡铭:《认罪认罚案件中的量刑协商和量刑建议》,载《当代法学》2022 年第 2 期。

罪名和量刑建议”,“一般应当”意味着除非法定例外情况,法院应充分尊重检察机关提出的量刑建议。多数认罪认罚案件在审前阶段的定罪量刑基本确定,因此控辩协商机制就显得尤为重要。律师作为知法懂法的辩方,应帮助犯罪嫌疑人维护其正当合法权益,但现有的值班律师制度无法发挥立法预期的价值功能,律师积极性低,普遍缺乏协商的主动性,形成了“检说律听”的办案模式。同时由于检律交互性弱,在签署认罪认罚具结书前缺少沟通,导致律师与检察官对案件量刑结果的预估呈现较大偏差,在检察院提出的量刑建议高于律师与犯罪嫌疑人沟通的量刑预期时,犯罪嫌疑人出现心理落差,不利于认罪认罚从宽制度工作的推进。

对此,实务中,应当加强检律之间的量刑磋商,秉持检律平等协商的精神,构建检律双方协作共赢的新型格局。辩护律师应当认真阅卷、积极提出辩护意见。检察官应充分听取犯罪嫌疑人和辩护律师的合理意见,尊重量刑协商的结果,保障辩护律师的参与感,同时定期开展小型座谈会对目前阶段的检律互动成果做总结;别外,针对实务律师对量刑标准的疑惑,辩护人应当做好类案检索工作,将检索范围缩小至所执业地区内已判决的案件,以其为基础进行研究;检察院应遵循类案同判的指导精神,按照本地区实行的《量刑建议》,以表格化的形式公布量刑细则,尽可能精确到月、天,根据量刑建议载明起刑点、基准刑、调节刑等各项因素,在条件成熟时可以公布精细化的《认罪认罚从宽量刑指南》,实现量刑建议的公开、透明。现阶段,检察人员可先将非保密性的量刑建议文件在公开渠道公布,以供律师参考,便于律师更好地与当事人沟通,推动认罪认罚从宽制度和律师辩护全覆盖制度的具体落实。

(四)出台法律援助工作规范指导办法

完善刑事辩护全覆盖的配套措施不能缺少制度顶层设计,为了保证法律援助案件的办案质量,我国目前关于刑事案件法律援助的规定有《中华人民共和国刑事诉讼法》《中华人民共和国律师法》《法律援助条例》等,涵盖了受理、审查、承办等环节,确定了服务承诺制、首问责任制、限时办结制、援务公开制,规范办案流程,以促进法律援助案件顺利开展。[①] 但各地发展不一,有些地区甚至未针对法律援助工作制定专门的规范指导办法,对于《刑事诉讼法律援助工作实施办法》,笔者的大致构思如下:以保障辩护权的立法指导理念为主旨,分为四章,第一章总则,明确刑事法律援助工作的目标、对象、范围、条件、依据等内容;第二章规定公

① 参见娄秋琴:《实现刑事案件律师辩护全覆盖目标之路径》,载《云南社会科学》2020 年第 3 期。

检法司律五部门的职责;第三章规定办理刑事法律援助案件的流程与细则,包括权利告知、申请流程、承办内容、特殊案件如未成年人案件办理特别规定等;第四章规定奖惩机制、律师准入机制、补贴标准和案件考核监督机制及其他事项,在制定办法时可以镜鉴上海市青浦区制定的《青浦区法律援助律师管理办法》、贵州省下发的《贵州省刑事诉讼法律援助工作实施办法》等其他已出台实行的有关文件,结合本地情况,有针对性地细化、补充公、检、法、司、律五部门在审查起诉阶段的职责分工,完善各部门工作协调、信息互通机制,建立健全符合实践的刑事法律援助工作体系,做好刑事法律援助规范与其他法律规范的衔接,全面优化刑事法律援助保障措施。

最后,加强法援律师的职业培训,促进律师办案行为规范化。对此,各地区法律援助中心应当制定法援律师的初期培训计划,可以邀请实务专家作专题培训,通过生动鲜活的真实案例结合理论知识,对办案的流程、细则、考评体制进行讲解,使之更好地为当事人服务。同时要求法援律师定期参加培训,将培训重点放在纠正实践中存在的不规范行为,加强对律师执业行为的约束,做到实时更新培训内容,结合最新的法律法规,适应刑事案件辩护的现实办案需求。针对实践中出现的一些不合规行为,主管单位也应当尽快出台办法、细则。

六、结语

完善律师辩护全覆盖制度是法治文明、司法公正的重要标志,是保障程序正义,促进社会稳定的有效手段。当前律师辩护全覆盖工作已迈上新台阶,本文结合龙港市实际调研情况进行撰写,不乏有以偏概全的论述,但局部的经验教训也可以为下一步全国工作的铺开提供参考,针对实践中存在的问题,应在原工作基础上,以理性的态度对待改革,辩证地寻找改革的路径,坚持推进刑事案件律师辩护全覆盖工作,有效维护当事人诉讼权益,充分发挥检察职能作用,提升认罪认罚质效。

(编辑:陈真楠)

刑事辩护全覆盖的困境研判与革新路径

陈在上　孙晨思*

摘　要:以审判为中心的诉讼制度的改革和深化离不开平等武装的控辩对抗与协商机制,因此,改变我国刑事辩护率低和形式化的状况已刻不容缓。2017年最高法与司法部牵头并逐步践行的律师辩护全覆盖仅指向审判阶段,且"全覆盖"远非"有效覆盖",2022年最高法、最高检、公安部与司法部等联合发文将刑事辩护全覆盖向审查起诉阶段延展,但辩护能否实质有效仍不容乐观。究其原因,我国现阶段的刑事辩护制度仍存在辩护质量参差不齐、法律援助机制不健全、值班律师制度缺陷等诸多方面的问题。鉴于此,亟须从完善法律援助制度、健全值班律师制度、确立讯问前律师选择权制度、建立刑事辩护准入制度以及健全刚性且理性的控辩协商机制等方面着力,以期我国的刑事辩护制度向更好的方向发展。

关键词:刑事辩护全覆盖;法律援助;值班律师;困境;革新

从横向层面来说,刑事辩护全覆盖确保每一位犯罪嫌疑人、被告人都有辩护律师;从纵向层面来说,律师参与辩护贯穿于侦查、起诉、审判的全过程。我国刑事辩护率普遍不高,尤其在审前程序中更低,辩护质量也参差不齐,这显然与我国推进以审判为中心的诉讼制度改革目标相背离。

2017年最高人民法院与司法部牵头践行的辩护全覆盖主要聚焦在审判阶段,且"全覆盖"远非"有效覆盖",2022年最高法、最高检、公安部与司法部等联合发文将刑事辩护全覆盖向审查起诉阶段延展,但辩护能否实质有效仍不容乐观。鉴于此,亟待分析我国刑事辩护全覆盖的当下困境,并提出切实可行的完善路径,以

* 陈在上,男,河南财经政法大学刑事司法学院副院长、教授、硕士生导师;孙晨思,女,河南财经政法大学刑事司法学院硕士研究生。

通过刑事辩护制度的完善实现司法改革的目标。

一、刑事辩护全覆盖存在的价值透视

(一)减少冤假错案的发生

依法治国、建设一个完美的法治中国都离不开刑事辩护律师的参与,刑事辩护律师在防范司法冤假错案上也是一股不可或缺的力量。近年来我国陆续发现的冤假错案中,律师被限制参与到诉讼过程中和辩护意见不能被采纳成为造成冤假错案的重要原因。鉴于侦查部门及公诉部门均是国家机关,行使权力的主体是专业的侦查人员和检察人员,犯罪嫌疑人、被告人一方没有公权力的背景,没有能力对抗国家机关专业的工作人员。侦查阶段是案件证据收集的重要阶段,也是被追诉人被刑讯逼供或者变相刑讯逼供的多发阶段。“造成冤假错案的原因往往都是侦查阶段不合法或不规范的取证行为而引发的。”①例如,在赵作海案件中,如果律师在讯问时就介入,此案存在的众多疑点都会被一一查明,警方也会在律师的监督下合法讯问,那么赵作海冤案的悲剧发生概率将会减少。在侦查阶段,侦查机关的任务是主导侦查,辩护律师在此阶段可以介入,以此来保障当事人享受到合法的权益,但在这个阶段中由于侦查机关和辩护人双方地位极不平等,主导权往往掌握在侦查机关手里,辩护律师的辩护权利不能充分发挥,因此会出现侦查违法情形。同时在此阶段,鉴于辩护律师无在场权,“侦查员在选择讯问时间、讯问次数和讯问方法方面就会变得无所顾忌,侦查员对嫌疑人实施暴力、威胁、引诱、欺骗等非法手段的情况就会变得非常普遍,嫌疑人作出违心供述乃至虚假供述的情况就无法避免,甚至因为受到屈打成招而酿成冤假错案的情况,也会屡禁不止。”②

从最高人民检察院发布的于英生申诉案、陈满申诉案等指导性案例中,“也不难了解侦查实践中刑讯逼供、威胁、引诱或者指名问供等非法取证行为对犯罪嫌疑人身心健康的侵害及其在冤假案件形成中起到的作用。”③因此律师及时地参与诉讼变得尤为重要。侦查人员和公诉人员往往受其工作职责的限制,立场具有偏颇性,律师则是受当事人的委托,站在当事人的视角维护当事人的合法权益。控辩双方各有立场,站在自己的角度,这样恰恰可以形成相应的制约,保障中立的法

① 周玉华:《刑事辩护全覆盖制度应然状态及其实现途径》,载《中国刑事法杂志》2021 年第 6 期。
② 陈瑞华:《刑事辩护制度四十年来的回顾与展望》,载《政法论坛》2019 年第 6 期。
③ 左卫民、周长军:《刑事诉讼的理念》,北京大学出版社 2022 年版,第 56 页。

官能够公平公正地处理案件,能够兼听则明。

尽管囿于科技手段、侦查人员素质等原因,刑事错案难以完全杜绝,但若允许律师提前介入,则可以与侦破案件的侦查机关、提起公诉的检察机关形成一种对冲模式,这种对冲相对而言可以减少错案的风险。辩护律师是及时预防、杜绝冤假错案发生的不可或缺的一股力量。律师作为专业的法律从业人员,对案件的认识具有独特的见解和丰富的经验。律师、检察官、法官都属于“法律职业共同体”,都将维护司法公正和营造一个良好的司法环境作为共同的目标。“但检察官、法官还肩负着惩罚、打击犯罪的使命,受到司法体制和机制的制约,这些会影响到他们客观、理性地看待案件事实和审查、运用证据定案。辩护律师则不同,他们是天然的、法定的犯罪嫌疑人和被告人合法权益的维护者。”①此外,辩护律师的介入更符合刑事诉讼构造和无罪推定原则的要求,有利于法治进步和社会稳定,部分错案是司法无法回避的成本。美国有位学者也曾讲过“如果在审判前的程序中就允许辩护律师参加,那么就会降低调查机构对被指控人实施调查行为所产生的压抑。”

(二)保障被追诉人的权利

我国《刑事诉讼法》的目的不仅是惩罚犯罪,还要保障被害人、犯罪嫌疑人、被告人的合法权利。随着法治化进程的不断推进,我国坚定不移地走中国特色社会主义发展道路,高度重视和保护人权,推进人权事业全面发展。

如果国家和个人之间存在需要解决的争议,那么我们解决争议的方式就是制定一种对国家和个人都公平的程序。律师担任辩护人能够最大限度地保障被追诉人的合法权益。首先,律师属于专业人员,经过完备系统的学习以及实践经验的积累,对证据的审查、辩护意见的提出、法庭辩护策略的选择以及怎样站在当事人的角度保障其利益最大化,把握得比较准。其次,犯罪嫌疑人、被告人面对的是公权力,与控方的地位极不平等,这种悬殊的地位差距从一开始就会导致犯罪嫌疑人、被告人产生恐惧心理,律师审前阶段的介入则给予了他们很大的安全感。每个人都有安全需求,安全需求包括生命安全以及法律安全,不给予普通人法律安全感,就不利于社会的稳定与发展。如果一个国家连社会的安全和稳定发展都无法保障,那么保障人权又从何谈起呢?在日本的刑事诉讼法中,律师要为维护犯罪嫌疑人和被告人的正当利益而不懈地进行最佳的辩护活动。辩护人是维护

① 顾永忠:《律师辩护是防范、纠正冤假错案的重要保障——以缪新华一家五口错案的发生与纠正为切入点》,载《中国律师》2017年第11期。

被告人正当利益的,所以不允许其违背被告人主张无罪的意思而进行有罪辩论,辩护人提出对被告人应适用死刑之类的意见诚然也是违法的。在德国的刑事诉讼法中,辩护人属于刑事司法制度中独立的机构,独一忠实于被告人的利益。域外国家被追诉人和辩护人是坐在一起的,在我国司法制度中,职权主义色彩更为浓重,这种观念、制度的改变不是一蹴而就的,但是为了更好地保障被追诉人的权利,应当增强律师在辩护中的作用。刑事辩护律师存在的价值在于"兼听则明",如果缺少了刑事辩护律师的发声,那么公安司法机关在办理案件时将会是"偏听则暗",司法冤错的后果则是无法避免的。笔者认为,律师辩护全覆盖对整个刑事诉讼的发展是必不可少的。

(三)制衡公权力的膨胀和异化

近代西方伟大的法学家孟德斯鸠曾讲过:"绝对的权力导致绝对的腐败。"①权力制约本是社会主义政治制度的应有之义。习近平总书记在第十八届中央纪律检察委员会第二次全体会议上强调,"要加强对权力运行的制约和监督,把权力关进制度的笼子里。"②让律师行使辩护权利不仅是为了保障犯罪嫌疑人、被告人权利的实现,同时也是为了维系整个刑事诉讼的构造。我国《刑事诉讼法》的基本原则之一是公、检、法三机关分工负责、互相配合、互相制约。"我国的公、检、法三机关在刑事诉讼中存在'配合有余、制约不足'的问题,从而形成了一种'流水作业式'的纵向构造。"③这种诉讼构造的最大弊端在于审前阶段,司法权无法有效制约侦查机关的强制性侦查。

权力对于刑事诉讼来说,是开展正常工作所必要的元素之一,通过国家介入的方式解决刑事冲突,并成为主导力量,其优越性和必要性都是显而易见的。一方面,国家拥有包括军队、警察、法庭和监狱等在内的强制力机关,有强大的犯罪追究和惩罚机构,再配备精明强干的国家专门追究人员,依靠各种先进科学的追究手段和追究策略,可以有效地侦查追诉和惩罚犯罪;另一方面,国家还拥有庞大的财政收入和雄厚的经济实力,因此可以不必为人力、物力、财力的投入而"斤斤计较"。

---

① [法]孟德斯鸠:《论法的精神》(上卷),张雁深译,商务印书馆1961年版,第154页。

② 《习近平强调有腐必反有贪必肃 把权力关进笼子里》,载中国新闻网,https://www.chinanews.com/gn/2013/01-22/4510583.shtml? utm_source=bshare&utm_campaign=bshare&utm_medium=sinaminiblog,最后访问日期:2023年10月16日。

③ 詹建红:《刑事案件律师辩护全覆盖的实现模式》,载《中国刑事法杂志》2022年第4期。

"经验事实也表明,在国家的巨大优势面前,任何犯了罪的个人或集团都不得不甘拜下风,无法有效抵抗。"①可是国家公权力就可以像一匹脱了缰绳的野马一样肆意妄为吗？并不,虽然国家权力作为主导力量介入刑事诉讼,但其介入的权力还是要受到一定限制,这是我们在刑事诉讼领域中确立的一项最基本的理念。此外,司法机关和被追诉人本身就处于权力不对等的地位,这是历史原因,短时期内不可能一下子改变这种现状,律师辩护权全覆盖能够对侦查权、起诉权,包括审判权进行一定的制衡,保障权力不膨胀、不异化,权力需要制约,否则必然过度膨胀,个人如此,机构也是如此。

如果说刑法打击的是犯罪,刑事诉讼法更多的是一部限制公权力的法律,任何权力均需要制衡,就像汽车要有制动装置,没有制动装置的汽车可能会提升效率,降低成本,但是丧失了安全性,最终必然导致灾难性的后果。据统计,我国人民法院每年作出无罪终审判决的比例接近 2 万份,这个比例在我们大家看来会认为过低了,但实际这还是在有刑事辩护律师制度的情况下所产生的,若没有刑事辩护律师制度,无罪判决率可能还要远远低于这个比例,辩护律师制度本身就是对公权力的制约。当它存在的时候,大家可能看不到它起什么作用,但这种制度一旦不存在,公权力膨胀异化,就会侵犯到个人权益。

二、我国刑事辩护全覆盖的困境研判

经过不断地探索和实践,我国刑事辩护全覆盖已经走过了"寒冬",并且即将迎来春暖花开的"春天"。但是仍存有一些阻碍刑事辩护全覆盖发展的问题。

(一)辩护律师介入不及时

随着 2017 年和 2022 年刑事辩护全覆盖试点工作的推行,律师辩护全覆盖在审判阶段取得了显著成效,但笔者认为,侦查阶段的律师介入才是最重要的,律师辩护全覆盖应为真正意义上的刑事诉讼全过程的覆盖。早在 1996 年刑事诉讼改革之时,主张律师提前介入审前阶段的呼声就不断,且经过刑事诉讼 40 年的实践,被追诉人在侦查阶段有可能最需要律师辩护。多数犯罪嫌疑人在被拘留或逮捕以后,犯罪嫌疑人在侦查阶段作出的有罪供述直接成了定案的证据。2012 年《刑事诉讼法》修改使得会见难、阅卷难的问题基本上得到了解决,但 2018 年之后会见难的问题又卷土重来,这对于我国刑事诉讼的发展来说无疑呈一种倒退趋

---

① 左卫民、周长军:《刑事诉讼的理念》,北京大学出版社 2022 年版,第 9 页。

势。且关于贪污贿赂犯罪案件在侦查阶段不允许律师介入,都极大地削弱了律师的权利,律师不能及时全面地掌握诉讼进程,导致控辩双方诉讼信息的不对称,从而直接影响到犯罪嫌疑人的权利行使。多数冤假错案的发生,也是因为律师介入不及时而导致的,不仅被追诉人被迫入狱甚至被判死刑,国家的司法资源也遭到了极度的浪费。“因此,辩护律师在审前阶段对于犯罪嫌疑人而言属于‘必需品’而非‘奢侈品’”。[①]

(二)刑事辩护质量参差不齐

“刑事诉讼的历史,就是辩护权不断扩大的历史。”[②]我国刑事辩护制度除了保证更多的被追诉人获得律师帮助外,更加注重被追诉人获得律师帮助的有效性。[③] 虽然我国律师辩护制度发展十分迅速,但在实践中,刑事辩护率甚至还有所下降,与此形成鲜明对比的是法律从业人员的日渐增长。冀祥德教授对中国刑事辩护质量的调查显示,中国刑事辩护质量差或很差的样本数量达到满意样本数量的4倍,更有近30%的律师认为我国刑事辩护质量差。尤其值得注意的是,60%以上的被追诉人对律师辩护质量持一般或者很差的态度。[④] 刑事案件辩护质量的优劣不仅影响着对被追诉人合法权益的维护程度,还会影响防范冤假错案机制的实施效度,甚至关系到“以审判为中心”刑事诉讼制度改革措施是否能够真正落实到底。截止到2022年底,全国执业律师共有65.16万,较2017年底的36.5万人增长了约1.8倍,[⑤]但是仍然解决不了我国案多人少的现状。

我国刑事辩护质量参差不齐有以下原因:一是仍有观点认为刑事辩护律师是为有钱的坏人说话的,诸如“你们以后当了律师,打官司就是替人颠倒黑白的”这样的话语仍不鲜见。律师的职业自豪感就是这样被一步步磨灭,甚至遇到一些极端的被害人及其家属,他们认为律师是收了犯罪嫌疑人的“好处”才帮他们谋利益的,就会造成律师遭受被害人及其家属报复的局面,律师的人身健康受到威胁的情况也是屡见不鲜。二是律师资源分布不均衡,多数律师资源集中在经济发达地区,直接影响到欠发达地区的犯罪嫌疑人获得平等的律师帮助的权利。三是随着

---

① 孙长永主编:《中国刑事诉讼法制四十年:回顾、反思与展望》,中国政法大学出版社2021年版,第84页。

② [日]田口守一:《刑事诉讼法》,刘迪、张凌、穆津译,法律出版社2000年版,第89页。

③ 参见左卫民:《有效辩护还是有效果辩护?》,载《法学评论》2019年第1期。

④ 参见冀祥德:《刑事辩护准入制度与有效辩护及普通辩护》,载《清华法学》2012年第4期。

⑤ 数据来源于中华人民共和国司法部网,http://www.moj.gov.cn/pub/sfbgw/zwxxgk/fdzdgknr/fdzdgknrtjxx/,最后访问日期:2023年10月19日。

我国司法制度的变革，监察体制改革、认罪认罚制度的实施，我国的司法模式已在传统的“对抗式”诉讼中出现了一些“协商性”司法的因素，这会在一定程度上影响律师辩护作用的发挥。且在认罪认罚的案件中，还可能被办案机关认为是认罪认罚不彻底。律师的辩护空间几乎被压榨殆尽，律师辩护的必要性降低，律师的积极性也随之消灭，就会有更多的人放弃做刑辩律师。

（三）法律援助机制不健全

律师辩护“全覆盖”不等于“有效覆盖”。在审判阶段，有律师提供辩护并不代表律师提供了有效辩护。多数情况下，法律援助律师被限制阅卷和会见，甚至在开庭前才可以与被追诉人进行简短的交流。“老生常谈的被告人系初犯、偶犯、认罪态度良好等层次的辩护意见等现象屡见不鲜，甚至还出现部分辩护律师把案件交由自己的助理单独出庭辩护等司法怪象。”[①]被追诉人虽然获得了法律援助律师的辩护，实现了审判阶段的辩护全覆盖，但仅为形式辩护，实则发挥不了很大作用。同时，法律援助制度设计的不合理性同样会导致无效辩护。法律援助机构指派律师为被追诉人提供帮助，并提出一些不切实际的要求，使得律师案件数量增加，只能走马观花浏览案件，快速处理案件而未考虑案件的质量问题。法律辩护质量提升不上去，我们迈向有效辩护的步伐就会受到一定的阻碍。对于申请律师帮助的当事人来说，律师如若不能为其提供行之有效的实质性帮助，就等同于根本没有辩护律师的当事人。

此外，法律援助经费保障不足。资金问题也是法律援助在刑事辩护全覆盖过程中的关键部分。十几年来，国家财政对法律援助方面的经费投入一直呈上升趋势，2005 年我国法律援助经费仅为 28, 052 万元，到 2014 年已经增长到了 170, 661 万元，[②]几乎是 10 年前的 6 倍，且至今为止每一年法律援助经费都保持着稳步递增的态势。但是从法律援助资金占财政收入的比重来看，我国 2018 年法律援助经费为 265, 107.08 万元，却仅占当年财政收入的 0.0144%。[③] 法律援助作为实现刑事辩护全覆盖的主力军，在过去的 10 年间发展较快，经费也是逐渐在增长。法律援助的经费是依照政府财政拨款的，但是随着案件的逐年递增，我国的财政支

① 余为青、杨天生：《刑事案件律师辩护全覆盖实施中的问题及其对策》，载《阜阳师范学院学报（社会科学版）》2019 年第 5 期。

② 参见王迎龙：《论刑事法律援助的中国模式——刑事辩护“全覆盖”之实现径路》，载《中国刑事法杂志》2018 年第 2 期。

③ 参见李雪莲、夏慧、吴宏耀：《法律援助经费保障制度研究报告》，载《中国司法》2019 年第 10 期。

持也出现了供不应求的现象。

近年来,我国不同类型的案件在法律援助中的占比也出现了严重失衡。刑事案件在法律援助中的占比有明显下降。反之,其他种类案件不断增多,绝大部分的法律援助经费被分批发放在不同种类的案件中,真正用于刑事法律援助的资金只是杯水粒粟,所以法律援助费用的问题也成为阻碍律师辩护全覆盖发展之路的绊脚石之一。

(四)值班律师见证人化

值班律师的角色在刑事辩护中的定位不同于辩护人,值班律师的功能过于形式化。值班律师多以见证人的身份参与协商程序中,主要任务是在场见证协商结果的达成并在认罪认罚具结书上签字,主要目的是保障犯罪嫌疑人各项诉讼权利不受侵犯。[①] 值班律师制度起源于英国,在我国起步较晚且属于"舶来品",因此在适应我国国情时,难免会存在"水土不服"的现象。在西方国家,值班律师的出现是为了解决"最后一公里"当事人没有律师的问题。[②] 对于西方国家的司法而言,值班律师制度的诞生是如虎添翼。

现阶段,我国值班律师制度的辅助性定位和辩护律师的实质性定位还是存在较大差距,虽然值班律师制度存在的出发点就是为了保障刑事被追诉人的基本诉讼权,也就是赋予其拥有律师辩护的权利。但2018年《刑事诉讼法》修改后这一局面并未进一步好转,反而使得值班律师的会见权又变得模糊起来,我国《刑事诉讼法》第36条第2款规定:"人民法院、人民检察院、看守所应当告知犯罪嫌疑人、被告人有权约见值班律师,并为犯罪嫌疑人、被告人约见值班律师提供便利。"但却没有赋予值班律师可以主动约见被追诉人的对等权利,值班律师在实际推行中形同虚设,职能被异化为只是在场见证被追诉人签署认罪认罚具结书,发挥作用不大,无法实现实质性的法律帮助。

(五)控辩协商机制缺失

控辩协商机制是应对新型犯罪案件的有效举措,但由于在刑事诉讼程序中,控辩双方先天的诉讼地位失衡,控方的公诉职能和控辩协商的机制之间存在固有

① 参见贾志强:《论"认罪认罚案件"中的有效辩护——以诉讼合意为视角》,载《政法论坛》2018年第2期。

② 参见顾永忠:《刑辩律师全覆盖与值班律师制度的定位》,载《人民检察》2018年第11期。

的职能排斥和矛盾。[①] 审前阶段律师辩护地位的缺失导致犯罪嫌疑人的权利得不到充足的保障，进而会在一定程度上影响其协商的自愿性，鉴于辩护律师地位的失衡，很多情况下律师只是提供了见证的义务，未履行实质的协商行为，即“有协商之名，无协商之实”的情况大有存在。程序制度设计的不合理，也会导致协商“形同虚设”。控辩诉讼地位平等的机制在设置上存在诸多的缺陷，辩方的诉讼权利受到制约，被告人通过正当程序接受公正审判的理念难以真正实现。[②]

我国法律并未明文规定协商过程的规范化以及具体操作的指引，也会影响协商过程无法顺利运行。很多情况下，协商的意见往往是走个过场，案件处理建议由控方提出，犯罪嫌疑人只需同意即可。在此阶段由于辩护人的缺失，大多数被追诉人缺乏法律知识，无法作出有效辩护，控辩力量将会形成明显的悬殊对比。甚至还会因为缺乏有效的监督，导致司法不公、权力滥用的腐败现象盛行。为了有效解决这些问题，可以将控辩对抗机制与辩护制度相结合，从审前阶段就着手解决律师参与缺失问题。

三、我国刑事辩护全覆盖的革新路径

（一）确立讯问前律师选择权制度

我国《刑事诉讼法》第 34 条第 1 款规定，犯罪嫌疑人自被侦查机关第一次讯问或者采取强制措施之日起，有权委托辩护人。对于一些半夜被逮捕的犯罪嫌疑人，侦查机关通常会采取连夜讯问的方式，被追诉人得不到充足的休息时间，会做出一些不利于自己的口供，甚至会作出有罪供述，那么即使犯罪嫌疑人在律师介入之后再翻供，也不影响其之前供述的证据效力。因此，可以增加被追诉人在被逮捕后、讯问前选择先去找律师寻求帮助、再接受侦查机关讯问的权利。另外，绝大多数的被追诉人不具备法律知识，因此在被讯问时可能会钻入侦查人员准备好的套路中，从而产生一些诱供的证据。因此，在讯问阶段也可增加律师在场权利，被追诉人可以要求申请律师在场时才接受讯问，这是被追诉人对自己合法权益的一种维护方式，同样律师在场也可一定程度对侦查机关形成制约，避免非法讯问行为以及刑讯逼供行为的发生，营造一种公平合法的司法环境。但如果律师在场做出一些严重妨碍侦查人员讯问的行为，侦查人员也可强制将律师驱逐出去。当

---

① 参见李奋飞：《量刑协商的检察主导评析》，载《苏州大学学报（哲学社会科学版）》2020 年第 3 期。

② 参见陶维东：《控辩失衡与制度缺陷——兼评现行刑事诉讼制度下辩护律师作用发挥的障碍》，载《社会科学研究》2005 年第 2 期。

前我国法律并未明文规定侦查讯问时律师在场权,那么我国律师辩护在审前阶段的全覆盖就会受到一定程度的限制,所以亟须确立律师在场权的立法规定,才能更好地践行刑事诉讼法保障人权的理念,以及改善我国司法机关和侦查机关的工作模式,保证司法工作的正常开展。

(二)建立刑事辩护准入制度

刑事辩护准入制度在一些域外国家的刑事诉讼法中都有相关的规定,并相继建立了刑事辩护准入制度,取得了一些成效。刑事辩护准入制度就是为犯罪嫌疑人精准地提供帮助、保障权利,有效对抗国家专门机关的控诉。因此,结合我国司法制度的现状,建立刑事辩护准入制度刻不容缓。在构建我国的刑事辩护准入制度结构时,一定要合理并且公正。主要有以下几个方面:一是在办理刑事案件时,对辩护人设立一定的门槛,规定非律师行业的人员不得作为刑事案件的辩护人,这样不仅可以减少刑事案件律师辩护资源的流失,还可以从很大程度上提高辩护律师的辩护质量。二是将辩护律师分级化,例如,有的行业对从业者按初级、中级、高级划分。那么辩护律师也可按执业年限划分:1—5 年为初级律师,5—10 年为中级律师;10 年以上为高级律师,按照案件的复杂程度由不同等级律师进行代理。这样划分的意义在于,一方面保障了新人律师有案源,另一方面高级律师代理重大、疑难案件,基于自身资历高、经验丰富的优越性更有利于提高辩护质量。三是营造一个良性的执业环境。刑事辩护行业需要一个良好的执业环境,刑事辩护准入的目的就是为提高我国的辩护质量而打造出一支高质量的律师辩护队伍,因此让律师清醒地认识到其在法治建设中的地位,加强律师环境的内部建设,从而提高律师的道德水准和办案能力。

(三)完善法律援助制度

“刑事辩护全覆盖要以成熟的法律援助制度的发展为依托。我国法律援助制度起步晚,底子薄,制约了刑事辩护全覆盖的发展。”①因此我们需要提出具有针对性的措施,以此来完善法律援助制度。即加大对法律援助资金的投入,在应然层面建立以高校研究生法律援助团体为核心内容的刑事辩护全覆盖实现路径。

中央财政拨款是法律援助经费的主要来源,但是考虑到我国现阶段的处境,在短时间内大幅度增加中央财政拨款的期望是难以实现的,还会损害社会的整体

① 周玉华:《刑事辩护全覆盖制度应然状态及其实现途径》,载《中国刑事法杂志》2021 年第 6 期。

福利。在美国，通过与政府合作的慈善团体的无私努力，法律援助经费建设取得了真正了不起的成果。在这种方式的影响下，我们可以通过"鼓励法律援助组合和律师事务所通过募捐等社会筹资形式筹措法律援助经费，还可以通过设立基金、发布国债、创设保险等各种经济手段，引入社会资本投入以弥补法律援助经费的不足。"①制定一种为法律援助调拨资金的财政机制，"例如，将一定比例的国家刑事司法预算拨给与有效提供法律援助需要相称的法律援助服务，利用通过扣押或罚款而从犯罪活动中追回的资金来负担为受害人提供法律援助的费用。"②

同时还要加强法律援助队伍的建设，加强对法律援助工作者法律知识和管理知识水平的培训，可以尝试建立以研究生为团体的高校法律援助中心。研究生阶段基本上已经完成了法律专业的学习，多数同学取得了法律职业资格证书以后，缺乏实践锻炼以及对法律实务工作的了解。此举一方面可以缓解无人代理法律援助案件的尴尬境地，另一方面为平时只有理论学习的法学专业学生提供了实践机会，一举两得，因此将法律援助中心向高校转型指日可待。

（四）健全值班律师制度

值班律师与辩护律师在职能定位上存在本质区别。值班律师只是在初期提供法律帮助而非真正意义上的辩护，值班律师替代辩护律师提高刑事法律援助覆盖率的错误观念应该被破除。③ 把值班律师制度引入刑事诉讼的全过程，而不是成为替代品，应该是值班律师制度未来发展的方向。值班律师享有完整的阅卷权是"实质性参与"的基本要求。尽管值班律师的身份定位并非辩护律师，提供的是"法律帮助"而不是"辩护"，但这并不能成为限制其阅卷权限的理由。

仅限"查阅"，而不可"摘抄""复制"，这不仅违背了《中华人民共和国法律援助法》第 37 条的原意，还违背了控辩平等的程序公正底线要求。④ 我国被追诉人不享有阅卷权，如果为被追诉人提供帮助的值班律师也不享有阅卷的权利，那么被追诉人辩护权行使的实际效果将会被进一步削弱，更不利于整个辩护的过程。当前我国立法对值班律师的权利规定较为笼统，要准确定位值班律师的职责和功能，考虑值班律师的实际情况，明确法律咨询、辩护委托、指定辩护等不同职责，如法律咨询，是指针对特殊情况，向被告人提供具体案件可适用法律的建议，或根据

---

① 詹建红：《刑事案件律师辩护全覆盖的实现模式》，载《中国刑事法杂志》2022 年第 4 期。

② 樊崇义：《我国法律援助立法重点和难点问题研究》，载《中国法律评论》2019 年第 3 期。

③ 参见刘思宏：《刑事辩护全覆盖新探：误区与进路》，载《四川大学法律评论》2018 年第 1 期。

④ 参见贾志强：《回归法律规范：刑事值班律师制度适用问题再反思》，载《法学研究》2022 年第 1 期。

相关措施给予有效建议;法律帮助是指在拘留过程中帮助被告人进行合理的辩护,选择合理的措施。为提高值班律师的服务水平,建议明确法律咨询和法律帮助的工作范围,提出具体的咨询和帮助流程,将值班律师定位为法律帮助中的辩护人,以满足值班律师在不同场合适用的职能要求。

(五)健全刚性且理性的控辩协商机制

审判与辩护是刑事诉讼过程中最重要的两个环节,也是刑事诉讼程序得以正常运行的基础。在美国,为了提高诉讼效率,会采用辩诉交易制度。美国联邦最高法院在1970年的布雷迪诉美国案(Brady v. The United States)中明确承认辩诉交易的合法性。加之,随着我国刑事案件的逐年激增,传统形式下的“对抗式”刑事诉讼模式难以满足司法实践中对于效率价值的追求。“协商性司法是刑事诉讼的新范式。”①因此,要实现辩护权全覆盖,首先要解决好辩护制度和控辩对抗机制的问题。目前,我国在推进辩护制度改革的过程中,已经对辩护律师全面有效参与刑事审判进行了初步探索实践。

由于在刑事诉讼程序中,控辩双方先天的诉讼地位失衡。一方面,“控方的公诉职能和控辩协商的机制之间存在固有的职能排斥和矛盾”,②因此首先就要加强辩方的诉讼地位,真正解决律师会见难的问题,而不是“纸上谈兵”。另一方面,体现在法官对辩护律师监督约束不足。可以将控辩对抗机制与辩护制度相结合,从审前阶段就着手解决律师参与缺失问题。律师作为辩护人参与协商程序中,可以起到提升被追诉人协商能力的重要作用。

刑事诉讼法的实施是一个循序渐进、不断完善的过程,在这个过程中,我们不仅要关注到法律程序本身,更要关注到法律程序以外的其他相关程序。从当前司法实践来看,审判阶段控辩双方对抗激烈、法官对辩护人的监督约束不足等问题依然存在。因此,需要将辩护制度和控辩双方的对抗机制相结合,从审前开始就要确保辩护律师全面有效参与诉讼当中来。只有这样才能在保证辩护权全面有效行使的同时最大限度地避免冤假错案发生。

四、结语

毋庸讳言,当下认罪认罚从宽制度适用呈现扩张趋势,以审判为中心的诉讼

---

① 魏晓娜:《背叛程序正义:协商性刑事司法研究》,法律出版社2014年版,第13页。

② 李奋飞:《量刑协商的检察主导评析》,载《苏州大学学报(哲学社会科学版)》2020年第3期。

制度改革几近处于停滞状态,除了功利性的司法偏向之外,被追诉人因缺少高质量的律师辩护服务而难以适应当下对抗色彩浓重的刑事司法现实也是重要原因之一。

认罪认罚从宽制度在提高诉讼效率的同时,也使得一些案件由于一些办案人员过度追求适用比率,而忽视了承办案件的质量,甚至存在被追诉人被迫认罪认罚以换取取保候审或适用缓刑判决的现象,被追诉人缺少高质量的刑事辩护而放弃无罪或罪轻辩护也是其中原因之一。

通过建构理性的多元化诉讼机制,既保障被追诉人认罪认罚的自愿性和真实性,又防止一些无辜的被追诉人经过"口供中心主义"的"洗礼"而自证有罪。而构建完善的刑事辩护全覆盖制度,能确保每一位被追诉人选择的自由,也就能在更大程度上彰显制度建设的刚性与理性。

(编辑:陈真楠)

院校荐稿

推荐人语

庭审实质化改革是推进以审判为中心刑事诉讼制度改革的关键。实践证明，庭审实质化改革效果不彰，究其根源在于，显性的庭审机制改革遭遇到隐性的庭审证明模式之抵抗。本文通过对印证证明模式的解读，揭示了印证证明模式的内涵和特征，指出了印证模式证明方法的卷宗化、证明标准的印证化、证明过程的形式化，剖析了印证证明模式与庭审实质化改革之间的外在冲突与内在背离，提出以庭审实质化为价值取向、改造印证证明模式痼疾的长远路径与近期方案，以期消解影响庭审实质化改革实效之抵牾。

刘计划　中国人民大学法学院教授、博士生导师

论庭审实质化对印证证明模式的改造

韩延智*

摘　要：庭审实质化改革是实现刑事审判公正的关键举措。庭审实质化改革成效不彰的症结之一在于，显性的庭审实质化改革遭遇隐性的印证证明模式的抵触。印证证明具有双重内涵，一是作为证明方法的印证证明，其符合司法认知规律，是庭审事实查明的证明方法。二是作为证明模式的印证证明，是侦查中心主义诉讼构造下的产物，是庭审实质化的制约因素。印证证明模式的特征呈现为，一是证明方法唯一化，二是证明标准印证化，三是证明过程形式化。印证证明模式与庭审实质化改革的背反，既有表象上的悖论，也有实质性的冲突，其根源在于，一是认知能力的互不匹配，二是案卷笔录的惯性依赖。为顺应庭审实质化改革的实质推进，可以采取“两步走”对印证证明模式进行改造，一是近期方案，对印证证明模式加以修正适用；二是长期方案，对印证证明模式进行体系化改造。

关键词：庭审实质化；印证证明模式；改造建议

* 韩延智，中国人民大学法学院硕士研究生。

一、引言

诉讼的基础在于发现真实,在应然状态下,程序机制与司法证明呈现良性的互动格局,二者遵循同一规律、秉持同一价值,发挥同一功能。程序机制为司法证明提供外在程序保障,司法证明为程序机制提供内在逻辑支持。二者相辅相成,共同作用于事实真相的查明。

一直以来,我国刑事诉讼呈现出侦查中心主义的特点,真正决定被告人命运的不是审判而是侦查。[①] 在侦查中心主义的诉讼格局下,案卷笔录成为法庭审理的对象,审判程序"形同虚设",沦为对案卷笔录的审查和确认程序。[②] "架空"的程序机制催生出"畸形"的证明模式,即印证证明。由于这种事实认定模式契合了侦查中心主义下非直接、非言词的审理需求,成了中国司法实践中的"潜规则"。在印证证明模式的影响下,法庭审理形式化的倾向更加严重,程序机制无法发挥其本应具有的效用。

近年来,随着冤假错案的频频爆出,侦查中心主义以及庭审虚化的流毒得以显露。为了切实革除侦查中心主义的弊害,扭转庭审虚置化的现状,充分发挥程序机制在认定案件事实中的关键作用,2014 年党的十八届四中全会通过《中共中央关于全面推进依法治国若干重大问题的决定》,提出要"推进以审判为中心的诉讼制度改革""保证庭审在查明事实、认定证据、保护诉权、公正裁判中发挥决定性作用"。

推进以审判为中心的诉讼制度改革是当今中国司法领域的重要变革,而庭审实质化改革是以审判为中心的诉讼制度改革的落脚点。[③] 虽然庭审实质化改革希冀通过系列程序机制的变革扭转庭审虚置化的现状,真正发挥庭审在认定案件事实中的把关作用。但是,即使在中央与地方的不断努力下,庭审实质化改革也未取得预期的效果,庭审虚置化现象并未从根本上得以改善。[④]

---

① 参见孙长永:《侦查程序与人权——比较法考察》,中国方正出版社 2007 年版,第 5 页。

② 参见陈瑞华:《案卷笔录中心主义——对中国刑事审判方式的重新考察》,载《法学研究》2006 年第 4 期。

③ 参见汪海燕:《论刑事庭审实质化》,载《中国社会科学》2015 年第 2 期。

④ 参见左卫民:《地方法院庭审实质化改革实证研究》,载《中国社会科学》2018 年第 6 期。相关实证研究参见李文军:《庭审实质化改革的成效与路径分析——基于实证考察的分析》,载《比较法研究》2019 年第 5 期。

究其原因，并非规范性文件的缺位抑或地方司法机关执行不利，[①]而是由于作为程序机制变革侧面的庭审实质化改革与作为司法证明侧面的印证证明互不兼容。生成并异化于侦查中心主义下的印证证明与庭审实质化改革的价值、目标大相径庭，致使印证证明与庭审实质化改革之间存在悖论，对改革产生一定的抑制效果。因此，有必要对中国本土证明模式进行深入认识，澄清不同语境下印证证明的基本内涵，明确阻碍庭审实质化改革的“元凶”。对印证证明的特征进行清晰的阐释，重新厘清司法证明与程序机制之间的二元互动关系，并在此基础上提出建议，以期庭审实质化改革能够取得成效，真正使法庭审理成为被告人权利的保障机制。

二、解读印证证明模式：庭审实质化改革的制约因素

“橘生淮南则为橘，生于淮北则为枳。”法律概念在不同语境下具有不同的内涵。[②] 印证证明作为中国司法实践的惯习，[③]在我国具有两种不同的内涵：从方法论上讲，印证证明是一种证明方法；从模式论上讲，印证证明是贯穿证明全过程、以印证为核心的动态系统。

近十年来，理论界围绕印证证明进行了诸多探讨，但是普遍存在的问题是证明方法与证明模式的概念混同，[④]导致在进行深入分析时产生立论错位，无法形成有效的对话机制，[⑤]进而错把作为证明方法的印证证明作为庭审实质化的制约因素。通过对证明方法以及证明模式概念的澄清、归因的解释以及效用的分析，可以发现作为证明方法的印证证明具有合理性，符合人类的一般认知规律，并非庭

---

① 为推进庭审实质化改革，最高人民法院、最高人民检察院、公安部、国家安全部、司法部2016年7月20日《关于推进以审判为中心的刑事诉讼制度改革的意见》（以下简称《意见》）。最高人民法院2017年11月27日《人民法院办理刑事案件庭前会议规程（试行）》《人民法院办理刑事案件排除非法证据规程（试行）》《人民法院办理刑事案件第一审普通程序法庭调查规程（试行）》。成都市中级人民法院制定并颁布《成都市中级人民法院刑事诉讼人证出庭作证操作规范（试行）》等12个规范性文件。

② 参见刘继峰：《反不正当竞争法中“一定影响”的语义澄清与意义验证》，载《中国法学》2020年第4期。

③ 参见周洪波：《刑事庭审实质化视野中的印证证明》，载《当代法学》2018年第4期。

④ 其中代表性的表述是将证明模式称之为证明方法模式，或者以证明模式（方法）的形式对两组概念进行含混表示。参见周洪波：《中国刑事印证理论批判》，载《法学研究》2015年第6期；蔡元培：《论印证与心证之融合——印证模式的漏洞及其弥补》，载《法律科学（西北政法大学学报）》2016年第3期。

⑤ 由于证明方法与证明模式概念的混乱，导致学者们在为印证证明辩护或批判时，讨论的并非同一对象。例如，有学者从证明方法的角度为印证证明辩护，参见薛爱昌：《为作为证明方法的“印证”辩护》，载《法学研究》2018年第6期；有学者从证明模式的角度对印证证明进行批判，参见刘继峰：《反不正当竞争法中“一定影响”的语义澄清与意义验证》，载《中国法学》2020年第4期。

审实质化改革中的制约因素。而作为证明模式的印证证明则是侦查中心主义下所诞生的“畸形产物”,是庭审实质化改革中的制约因素。

(一)印证证明的内涵

1. 作为证明方法的印证证明

作为证明方法的印证证明并非近年来理论界创新的产物,早在新中国成立后,印证证明便作为一种审查证据的方法零散地出现在各类证据的采信及事实认定过程中。① 作为与比较法、甄别法、辨认法等证明方法同类的印证证明,②其本质是裁判者在不确定条件下处理证据信息的一种必要方法和经验法则,目的在于当裁判者对单个证据的真实性无从把握时,可以通过证据之间的相互比对,来达到实践上的确定性。③

作为证明方法的印证证明,其产生的原因有三:第一,认知的有限性。当人们无法直接判断命题真实性时,往往需要借助命题之间的相互关系来进行间接判断。第二,可理解性。证据只是过去事实的碎片,人类无法通过单个证据对过去事实进行完整的认识。只有当证据之间相互印证,形成完整的证据链条,才能够明白证据所呈现的案件事实。第三,经济性。即使证据之间相互印证,也不能得出判断一定正确的结论。但是作为一种推理形式,印证证明符合经济和实用的考量。④

事实上,作为证明方法的印证证明,并非中国司法实践的独创。从域外视角进行考察,英美法系在刑事司法发展的过程中,同样出现了与印证证明原理一致的证据分析方法,即补强证据规则。以英国为例,早在1740年前,补强便作为一种证据分析方法出现在英国的司法实践。在20世纪初期,补强这一分析方法复杂化并以成文法的形式表现出来。20世纪中期所制定的《性犯罪法》规定,在4种情况下的性侵犯,不能够仅依据未经补强的证人证言进行定罪。⑤ 对于补强证

---

① 参见孔令勇:《刑事印证规范解读:从证明方法到证明规则》,载《环球法律评论》2020年第6期。

② 在证据学教科书中,一般将印证法、比较法、甄别法等统归于证据的审查判断方法。参见陈一云、王新清主编:《证据学》,中国人民大学出版社2007年版,第161页。

③ 参见薛爱昌:《为作为证明方法的“印证”辩护》,载《法学研究》2018年第6期。

④ 参见周洪波:《刑事庭审实质化视野中的印证证明》,载《当代法学》2018年第4期。

⑤ 1956年英国《性犯罪法》规定,被控以威胁、恐吓等手段与女性进行非法性交,或者利用药物达成性交之目的,或者强制妇女卖淫,或与21周岁以下女性进行非法性交之被告,不能仅仅根据未经补强之证人证言定罪。

据规则，英国学者认为其有利于防范想象的犯罪或未曾发生犯罪的风险。[①] 由此可见，作为证明方法的印证证明是保障证据证明力的有效手段，反映了人们认知事物的一般规律，[②]具有其合理性，并非庭审实质化的制约因素。

2. 作为证明模式的印证证明

虽然一般认为我国刑事诉讼证明模式为印证证明模式，但是对于印证证明模式这一概念，学界缺乏深入的讨论。时至今日，具有代表性的说法如下：证明模式的提出者龙宗智认为，证明模式是指实现诉讼证明的基本方式；[③]向燕认为，印证证明模式既可用于泛指观念形态上的印证要求，又常用于指称司法实务中的刚性印证规定，是我国刑事诉讼法中事实认定的最为重要的证据法原则；[④]汪海燕认为，证明模式是一个国家证据制度的标示，应当体现一个国家证明制度的基本特征；[⑤]周洪波认为，证明模式是对完全证明方法特征的概括；[⑥]何家弘认为，司法证明模式是在司法活动中审判人员对证据制度进行审查评断并进行认定案件事实的方法、方式、规则的总称。[⑦]

除了上述学者在论述中对印证证明模式有明确的定义外，还有学者认为印证应为证明方法而非证明模式。例如，谢澍借助“原子主义”与“整体主义”的分析框架，认为我国司法证明模式应当为“亚整体主义证明模式”。[⑧] 杨波认为印证并非证明模式，而是一种裁判方式。[⑨] 纵博认为印证模式仅为学术界对实践中普遍运用的印证方法贴上的理论标签。[⑩] 王星译认为印证是一种证据分析与审查判断方法，并对印证是“证明模式”的命题进行了批判。[⑪] 上述学者虽然均否认印证证

---

① 参见李训虎：《变迁中的英美补强规则》，载《环球法律评论》2017 年第 5 期。

② 参见李建明：《刑事证据相互印证的合理性与合理限度》，载《法学研究》2005 年第 6 期。

③ 参见龙宗智：《印证与自由心证——我国刑事诉讼证明模式》，载《法学研究》2004 年第 2 期。

④ 参见向燕：《“印证”证明与事实认定——以印证规则与程序机制的互动结构为视角》，载《政法论坛》2017 年第 6 期。

⑤ 参见汪海燕：《印证：经验法则、证据规则与证明模式》，载《当代法学》2018 年第 4 期。

⑥ 参见周洪波：《刑事实质化视野中的印证证明》，载《当代法学》2018 年第 4 期。

⑦ 参见何家弘：《司法证明模式的学理重述——兼评“印证证明模式”》，载《清华法学》2021 年第 5 期。

⑧ 参见谢澍：《反思印证：“亚整体主义”证明模式之理论研判》，载《华东政法大学学报》2019 年第 3 期。

⑨ 参见杨波：《审判中心主义下印证证明模式之反思》，载《法律科学（西北政法大学学报）》2017 年第 3 期。

⑩ 参见纵博：《印证方法的不足及其弥补：以多元证据分析方法体系为方向》，载《法学家》2020 年第 6 期。

⑪ 参见王星译：《“印证理论”的表象与实质——以事实认定为视角》，载《环球法律评论》2018 年第 5 期。

明模式,认为印证应为证明方法而非证明模式,但是缺乏对印证证明模式本体的确切定义。此外,还有诸学者对印证证明模式的特征、成因、弊害等方面进行分析,但是均没有正面回应何为印证证明模式。①

通过梳理学界有关印证证明模式的讨论可以发现如下问题:第一,理论界缺乏对印证证明模式本体的讨论。虽然印证证明一直是理论界的热点问题,但是对印证证明模式的内涵并不明晰。第二,就现有讨论,理论界对印证证明模式未形成统一认识。学者们或者将印证证明模式等同于印证证明方法;或者对印证证明模式进行模糊定义;或者在论述时回避印证证明模式的定义问题。如前所述,对印证证明模式概念讨论的欠缺导致我国理论界对印证证明进行讨论时,发生立论的错位,无法形成有效的对话机制,进而无法勾勒出印证证明的整体轮廓。在庭审实质化改革视域下,证明方法与证明模式的含混适用,导致印证证明内涵的混乱,进而误把印证证明方法当作庭审实质化的制约因素。"名不正则言不顺",有必要对印证证明模式的本体概念进行正面的解答与回应。

笔者认为,作为证明模式的印证证明是指以印证为核心,与程序机制具有作用力,贯穿取证、举证等证明全过程的动态系统(见图1)。

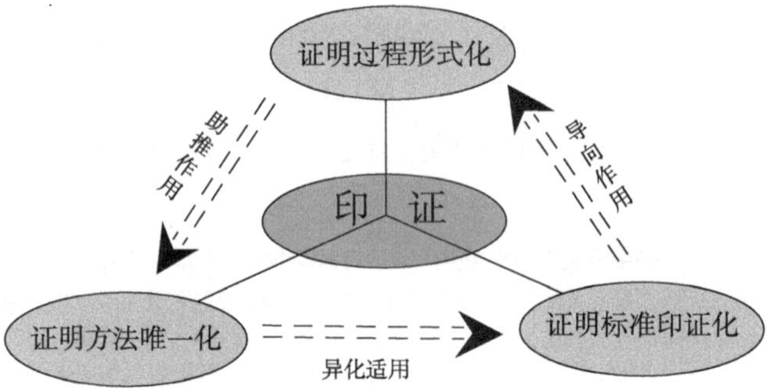

图1　印证证明模式

① 参见左卫民:《"印证"证明模式反思与重塑:基于中国刑事错案的反思》,载《中国法学》2016年第1期;王守安、韩成军:《审判中心主义视野下我国刑事证明模式的重塑》,载《政法论丛》2016年第5期;栗峥:《印证的证明原理与理论塑造》,载《中国法学》2019年第1期。

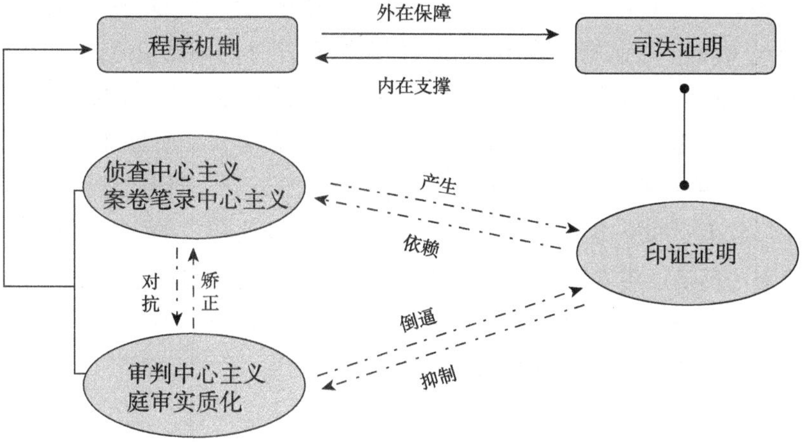

图2 二元互动关系

第一,证明方法不同于证明模式,作为证明方法的印证证明与作为证明模式的印证证明是两组不同的概念,用方法定义模式是错误的。方法,是一种行为法则,具有普遍性色彩。模式相较于方法有两点重要区别:首先,内涵丰富。方法是点,模式是面;方法具有具象性,模式具有抽象性。如果仅仅将印证证明定性为证明方法,势必会导致对印证证明认识的简单化,其与诉讼构造之间的相互关系无法得到清晰的阐释。其次,地方性色彩强烈。方法不仅适用于中国,同样适用于其他国家。如果仅仅从方法论维度进行印证证明的考察,无法有力地解释中国司法证明的运作过程,无法彻底地辨析中西方证明的差异,更无法做到“取他人之长,补自己之短”。如果从“模式论”维度进行印证证明的考察,则能够完整地呈现中西方司法证明的差异点,更能够将印证证明纳入诉讼程序整体框架之下进行考量。在政治学中,“中国模式”已然成为国内外学界的共识。之所以不将“中国模式”称为“中国方法”,其主要原因便在于“模式”更能够解释中国的价值、立场、判断,将中国发展的本质、实践表征等诸多特征纳入整体分析框架与西方进行全面对比。①

第二,印证证明模式是侦查中心主义诉讼格局下程序机制架空的“畸形产物”,是作为印证证明方法异化后所产生的连锁反应,与刑事诉讼程序之间具有作

① 参见宋吉玲:《中国特色社会主义的内在规定性及其把握——基于“中国模式”之争的再思考》,载《探索》2013 年第 3 期。

用力。刑事司法证明与刑事诉讼模式之间存在作用关系。[①] 以间接审理方式为导火索,架空的程序机制致使裁判者无法接触丰富、多样的证据信息,多元化的证据分析方法“难伸拳脚”,契合间接审理需求的印证证明方法“一家独大”。以证明方法唯一化为起点,证明标准印证化为终点,证据方法与证明标准的界限更加模糊,加剧了证明过程的形式化(取证主观化、举证形式化、质证虚置化),对刑事诉讼程序形成不利的反作用。这一系列动态过程是证明模式的完整展现。印证证明方法无法反映证明方法异化的后续推导以及证明机制与程序机制之间的动态关系,因为方法具有静态性,无涉程序,它既非特定程序机制的产物,[②]在一般情况下,也不会对程序机制产生影响。[③]

(二)印证证明模式的特征

作为证明模式的印证证明肇始于架空的审判机制,发端于异化的证明方法,定型于动态的互动格局,独立并反作用于诉讼的程序机制(见图2)。证明方法唯一化、证明标准印证化、证明过程形式化是印证证明模式的标识。这些特征对庭审实质化改革的不同侧面产生阻碍作用,在探讨印证证明与庭审实质化的关系前,需要具体地加以阐释。

1. 证明方法唯一化

从形成原因上看,案卷笔录中心主义下的架空程序机制是导致证明方法唯一化的成因。所谓案卷笔录中心主义,是指在侦查中心主义的诉讼格局下,证人出庭率低,裁判者无法通过直接言词审理的方式,在庭上对证据进行审查和判断。换言之,裁判者在案卷笔录中心主义下作出裁判的依据并非庭审的内容,而是书面的案卷笔录。[④]

案卷笔录中心主义审判方式带来的困境是:程序机制架空,法官无法接触到

---

① 参见谢澍:《反思印证:“亚整体主义”证明模式之理论研判》,载《华东政法大学学报》2019年第3期。

② 有学者通过比较法的研究认为,无论英美法系,还是大陆法系,在印证方法上的运用,与中国相比只有程度与量的区别,并无质的区别。参见龙宗智:《比较法视野中的印证证明》,载《比较法研究》2020年第6期。

③ 有学者认为作为认知规律的印证模式具有合理性与普适性,作为法律规范的印证规则与程序机制具有能动关系。笔者认为该观点没有正确区分印证模式与印证方法,错把印证方法当作印证模式,忽视印证方法异化后的连锁反应,因此错误地认为是印证规则与程序机制具有能动关系。事实上,作为法律规则的印证证明只是印证方法的另一种表现形式,本身并不会与程序机制发生勾连。参见向燕:《“印证”证明与事实认定——以印证规则与程序机制的互动结构为视角》,载《政法论坛》2017年第6期。

④ 参见叶青:《以审判为中心的诉讼制度改革之若干思考》,载《法学》2015年第7期。

动态、多样、丰富的证据。动态证据与静态证据是证据划分的一个角度。动态证据是指仅在特定场景中呈现出来,难以固定的即时性证据,例如证人在作证时的神情、语气等。而静态证据是指可以保留或者固定下来的证据,例如证人的书面证言。①

在这种间接、书面审理的方式下,裁判者所能够接触的只有静态证据,在法庭上证人所表现出来的神情、语言连贯程度等均无法在书面中呈现,对证据的审查判断只能通过书面材料进行。这无疑给证据的审查判断带来困难,同样也使得经验法则、情理推理等其他证据分析方法在欠缺证据信息量的情况下难以适用。"法官不能拒绝裁判。"在裁判的压力下,机械比对书面证言的符合性来进行证据的审查判断似乎成了法官的唯一进路。

2. 证明标准印证化

从运作机制来看,证明标准印证化是印证证明方法异化适用的结果,是证明方法取代证明过程的表征,是证明方法与证明结果界限模糊的标识。证明标准是依据法律规定认定案件事实所要达到的程度或标准。② 一般认为,证明标准是证明活动的终点,当证明足以达到证明标准时,即可对案件事实进行认定,进而作出相应裁判。

根据《刑事诉讼法》第 200 条之规定,我国刑事诉讼证明标准为"犯罪事实清楚,证据确实、充分"。第 55 条规定的"排除合理怀疑"是对证明标准中"证据确实充分"的补充性说明。在正常的证明机制下,案件事实的认定应当经历三个层次化步骤:第一,证据能力的审查;第二,证明力的评价;第三,对证据的综合评价。③ 只有依次完成这三个步骤,裁判者认为已符合我国法律关于刑事诉讼证明标准的规定,方可认定案件事实。

证明标准印证化所带来的问题是:将证明过程中的一环等同于案件事实认定的全部,造成证明手段与证明目的的趋同,使印证取代并成为事实上的证明标准,增加了错案的风险。

3. 证明过程形式化

从互动关系上看,证明方法的唯一化、证明标准的印证化加剧了证明过程的形式化,即取证的主观化、举证的形式化、质证的虚置化,对刑事诉讼程序产生反

---

① 参见张鸿巍、于天姿:《论"猥亵儿童罪"认定中儿童言词证据适用困境及出路》,载《中国青年社会科学》2021 年第 3 期。

② 参见陈光中主编:《刑事诉讼法》,北京大学出版社、高等教育出版社 2021 年版,第 185、190 页。

③ 参见夏伟忠:《事实认定的进程分析》,载《法律适用》2010 年第 10 期。

作用。

证明标准对刑事诉讼程序具有导向作用,因为证明标准本质是一种定罪标准,[①]而刑事诉讼是为了解决犯罪嫌疑人、被告人是否具有刑事责任展开的活动。从诉讼程序的维度进行考察,证明标准不仅仅是证明的终点,同时也是事实认定完结的标志。通过证明活动,对于达到《刑事诉讼法》第200条规定的证明标准的,裁判者应当依法作出有罪裁判;对于达不到证明标准的,则应当作出无罪裁判。在正常的证明机制下,证明标准对于刑事诉讼程序充当最后一道防线。但是由于证明方法的唯一化、证明标准的印证化,作为终端的证明标准对刑事诉讼程序产生了不利的反作用。

具体来讲:第一,侦查取证的主观化。我国《刑事诉讼法》第115条赋予了侦查机关客观取证义务。[②] 客观取证义务,是要求侦查人员应当充分关注犯罪嫌疑人的利益,对于有罪证据与无罪证据一视同仁,均予以收集。[③] 在印证证明模式下,侦查机关为了迎合法院的证明标准,在收集证据时更加重视直接证据与客观证据的印证,刻意回避无罪证据的收集。甚至有的案件中,侦查机关为了达到印证的定罪标准进而违法取证。正如有学者所言:"印证"证明模式下证据具有高度偏向性,证据在搜集过程中便已形成有罪证明体系。[④] 第二,检察举证的形式化。举证形式化是检察机关违反客观义务的表现。我国《检察官法》第5条规定了检察机关的客观义务。[⑤] 根据诉讼原理,检察官并非传统意义上的一方当事人,除了不能放纵犯罪亦不能造成冤情,除了惩恶除暴还应保护无辜,不能也不应该将追诉犯罪人作为检察官的唯一任务。[⑥] 在印证证明模式的影响下,公诉方只选择性地宣读能够相互符合的案卷笔录。例如,尽管证人提供过多份自相矛盾的证言,但是公诉方只选择性地宣读有其他证据印证的案卷笔录。第三,控辩质证的虚置化。由于侦查取证的主观化、检察举证的形式化,事实的框架早已架构,辩护的范围已被规限,辩方难以从有罪的证据体系中寻找突破口,从而提出有实质效果的

---

① 参见罗国良:《我国刑事诉讼中的证明标准是定罪标准》,载《法律适用》2010年第9期。

② 《刑事诉讼法》第115条规定:"公安机关对已经立案的刑事案件,应当进行侦查,收集、调取犯罪嫌疑人有罪或者无罪、罪轻或者罪重的证据材料。"

③ 参见万毅:《侦查程序模式与律师权利配置》,载《学术研究》2005年第6期。

④ 参见左卫民:《"印证"证明模式反思与重塑:基于中国刑事错案的分析》,载《中国法学》2016年第1期。

⑤ 《检察官法》第5条规定:"检察官履行职责,应当以事实为根据,以法律为准绳,秉持客观公正的立场。"

⑥ 参见韩旭:《检察官客观义务的立法确立——对检察官法第五条的理解和适用》,载《人民检察》2019年第15期。

辩护意见。

三、印证证明模式与庭审实质化改革的背反——从悖论表象到冲突实质

刑事诉讼的核心在于事实认定,认定事实的基础是证据。运用证据认定事实的活动是司法证明,而为司法证明提供外在保障的是程序机制。二者相辅相成,互为表里。应然状态下,司法证明与程序机制逻辑一致,价值同一。但是在中国,庭审实质化改革与作为证明模式的印证证明之间由于程序的错配、立论的错位,存在三大悖论:证明方法一元化与证明方法多元化之间的悖论、证明标准印证化与证明标准主观化之间的悖论以及证明体系闭合性与证明体系开放性之间的悖论。悖论的存在影响着庭审实质化改革的实效,并作用于程序机制的变革。深入剖析二者悖论产生的根源,可以分为两个方面:一是认知能力不相匹配,法官无力心证;二是案卷笔录惯性依赖,法官怠于心证。

(一)悖论的表象

1. 证明方法一元化与证明方法多元化存在悖论

从庭审实质化的具体改革措施来看,证据信息增量是改革的价值取向。① 其中证人出庭作证制度的推行,能够帮助裁判者在更多方面获得更为多样的证据信息。第一,证人出庭作证意味着动态证据的增加。宋代《折狱龟鉴》提出:“察奸人之匿情而作伪者,或听其声而知之,或视其色而知之,或结其辞而知之,或讯其事而知之。”②庭审实质化改革推行证人出庭作证制度,正是要让证人直面裁判者,让裁判者能够亲身的观察、切实的感受到证人在作证时的情态、肢体动作、语言连贯程度等动态要素,从而综合形成对证人证言的判断。第二,证人出庭作证意味着矛盾信息的增多。在证人出庭作证的情况下,即使只针对一个事情,由于个体差异的影响,不同的证人也会提供不同的证据信息,有时证据信息之间甚至会互相冲突,截然迥异。③ 动态信息、矛盾信息的增多要求裁判者必须通过多元化的证据分析方法进行信息的处理,④而在印证证明模式下,唯一的证明方法即为书面材料之间的机械比对。这样的机械比对适配于间接审理方式,但是在面对动态证据、

① 参见元轶:《庭审实质化压力下的制度异化及裁判者认知偏差》,载《政法论坛》2019 年第 4 期。

② 参见陈麟巍:《情态证据刍论》,载《中国刑事法杂志》2009 年第 1 期。

③ 参见左卫民:《“印证”证明模式反思与重塑:基于中国刑事错案的分析》,载《中国法学》2016 年第 1 期。

④ 参见纵博:《庭审实质化视野下的证据分析方法多元论》,载《政治与法律》2020 年第 10 期。

矛盾信息时一筹莫展,单一的印证证明方法难以满足庭审实质化改革下证据信息增量的需求。在我国法律普遍要求证人出庭需经法官同意的情况下,[①]证明方法唯一化,法官无力处理复杂的证据信息,进而缺乏推进证人出庭作证的动力。实证研究表明,庭审实质化改革以来关键证人出庭比率未有显著改善,证人出庭价值有限。[②]

2. 证明标准印证化与证明标准主观化存在悖论

我国证明标准为法官的心证预留了空间。传统观点认为,我国《刑事诉讼法》所规定的"犯罪事实清楚,证据确实、充分"是一个主客观相结合的标准。其中案件事实清楚,是指认定事实的司法人员对定罪有关的事实和情节已经查清楚或认识清楚,这是从主观状态上讲的。[③] 也就是说,我国证明标准同样承认裁判者在事实认定过程中的主观因素。在庭审实质化改革的过程中,对裁判者的主观心证更加重视,主要体现在两个方面:第一,对于心证的程度要求提高。首先,对于直接证据真实性、证明力的判断,最高人民法院 2021 年 1 月 26 日《关于适用〈中华人民共和国刑事诉讼法〉的解释》(以下简称《刑事诉讼法司法解释》)第 139 条明确要求要依靠裁判者的综合判断。[④] 其次,对于运用间接证据进行事实认定时,《刑事诉讼法司法解释》第 140 条要求运用间接证据推理时应符合逻辑和经验。[⑤] 第二,推行当庭宣判制度,对于心证形成地点作出了明确的要求。《意见》第 14 条要求,完善当庭宣判制度,确保裁判结果形成在法庭。[⑥] 对心证重视程度的提高表明,心证亦是庭审实质化改革过程中的重要追求。但在印证证明模式下证明标准

---

① 最高人民法院 2017 年 11 月 27 日《人民法院办理刑事案件第一审普通程序法庭调查规程(试行)》第 13 条规定:"控辩双方对证人证言、被害人陈述有异议,申请证人、被害人出庭,人民法院经审查认为证人证言、被害人陈述对案件定罪量刑有重大影响的,应当通知证人、被害人出庭。"根据此款规定,申请证人出庭的前提是人民法院同意。

② 参见左卫民:《地方法院庭审实质化改革实证研究》,载《中国社会科学》2018 年第 6 期。

③ 陈光中主编:《刑事诉讼法》(第 7 版),北京大学出版社 2021 年版,第 191 页。

④ 《刑事诉讼法司法解释》第 139 条规定:"对证据的真实性,应当综合全案证据进行审查。对证据的证明力,应当根据具体情况,从证据与案件事实的关联程度、证据之间的联系等方面进行审查判断。"

⑤ 《刑事诉讼法司法解释》第 140 条规定:"没有直接证据,但间接证据同时符合下列条件的,可以认定被告人有罪:(一)证据已经查证属实;(二)证据之间相互印证,不存在无法排除的矛盾和无法解释的疑问;(三)全案证据形成完整的证据链;(四)根据证据认定案件事实足以排除合理怀疑,结论具有唯一性;(五)运用证据进行的推理符合逻辑和经验。"

⑥ 《意见》第 14 条规定:"完善当庭宣判制度,确保裁判结果形成在法庭。适用速裁程序审理的案件,除附带民事诉讼的案件以外,一律当庭宣判;适用简易程序审理的案件一般应当当庭宣判;适用普通程序审理的案件逐步提高当庭宣判率。规范定期宣判制度。"

印证化意味着法官在进行事实认定的过程中不需要注入任何心证的因素。

在印证证明模式下法官的工作只是将在案的证据进行相互比对，比对完成即认定达到证明标准。这让证明标准为法官预留的心证空间以及庭审实质化改革中对心证的价值追求"竹篮打水——一场空"。实证研究表明，当庭宣判制度并未发挥其原本的效能，裁判者仍是以庭下的阅卷进行事实认定。①

3. 证明体系闭合性与证明体系开放性存在悖论

控辩对抗是庭审实质化改革中的重要议题，亦是庭审实质化的题中应有之义。② 为了保障控辩双方相互对抗，庭审实质化改革作出了如下举措：第一，规范层面上，《意见》第11、12、13条对法庭调查程序、法庭辩论程序提出具体要求，强调法官应当依法保障被告人及其辩护人的辩论权，充分听取控辩双方意见。③ 最高人民法院2017年11月27日《人民法院办理刑事案件第一审普通程序法庭调查规程（试行）》［以下简称《法庭调查规程（试行）》］第四部分对举证、质证程序作出细化规范，为控辩双方相互对抗提供规范依据。第二，实践层面上，为了提升控辩双方的对抗性，部分地区在推进庭审实质化的过程中进行了深入的探索。例如，成都市为了打造控辩审对抗的诉讼格局"双管齐下"，一方面出台具体指导意见，将刑事庭审实质化示证方式等列入实训内容，纳入考核指标；另一方面为了充分提升律师在刑事庭审中所发挥的效用，加强律师职业权利保障协调和教育培训。④ 这一系列改革举措值得肯定，但是在印证证明模式下侦查取证的主观化、检察举证的形式化导致证明体系的闭合性、有罪证据的偏向性。而控辩有效对抗的前提是证明体系的开放性，否则辩护律师只能在有罪的证明体系中寻找"突破口"，这无疑增加了辩护的难度。事实上，辩护参与度在一定程度上有所改观，但是辩护效果并未取得明显的改善。⑤

① 参见孙皓：《关于刑事当庭宣判的逆向反思》，载《当代法学》2020年第2期。

② 参见田圣庭：《以审判为中心视野下的控辩对抗》，载《学习与实践》2018年第2期。

③ 《意见》第13条规定："完善法庭辩论规则，确保控辩意见发表在法庭。法庭辩论应当围绕定罪、量刑分别进行，对被告人认罪的案件，主要围绕量刑进行。法庭应当充分听取控辩双方意见，依法保障被告人及其辩护人的辩论辩护权。"

④ 参见《刑事庭审实质化改革试点显成效 全省率先示范 成都做实庭审》，载网易网，http://www.163.com/news/article/BU38BDOI00014SEH.html，最后访问日期：2023年8月10日。

⑤ 参见李文军：《庭审实质化改革的成效与路径分析——基于实证考察的分析》，载《比较法研究》2019年第5期。

(二)冲突的实质

1. 认知能力互不匹配,法官无力心证

在印证证明模式的运作机制下,法官认知能力固化,甚至在一定程度上出现倒退。具体体现为:规避矛盾信息,忽视违法信息。例如,在张氏叔侄案中,辩护人提出"被害人王某阴道拭子未检出精斑""被害人指甲内检出除两被告人之外的男性DNA"。根据经验法则,强奸罪作为侵害性权利的重罪,被害人王某的尸体上至少应当留下被告人犯罪的痕迹,但是本案中被害人的身上并没有被告遗留的任何痕迹。对此,一审法官解释:"张某、张某平在原供述中称张某没有射精的描述可以印证""手指因相对开放,不排除因身前与他人接触而在手指甲中留下DNA的可能性"。① 一审法院对于矛盾信息作出的解释,且不论法律职业者,连具有一般理性之人都难以信服。再说违法信息,一审中张某、张某平当庭翻供,称前有罪供述系非法取得(事实上张某、张某平的口供也确实存在诸多矛盾之处)。② 但是对于具有违法取证嫌疑的口供,一审法官的回应是:"二人关押不同监狱,供述细节基本相同;多次审讯笔录中,存在部分细节不完全印证之处亦符合常理。"这种回应的逻辑怪圈在于,因为印证就排除了非法取证的可能,而不印证又符合常理。

由此可见,在印证证明模式下,唯一的证明方法、客观的评断标准、闭合的证明体系诱导法官规避矛盾信息,忽视违法信息。在长期的运作机制下,法官对于复杂信息的认知,能力欠缺,经验匮乏,造成认识能力处于较低水平。在庭审实质化的过程中,诸如动态证据信息、矛盾信息等丰富的证据信息会涌入庭审,这就要求法官必须具备分析复杂证据信息的能力,具有与庭审实质化改革相匹配的认知水平,这显然是中国法官所不具备的。③

2. 案卷笔录惯性依赖,法官怠于心证

在印证证明的运行机制下,法官对于案卷笔录形成依赖,并怠于形成心证。这种惯性最为明显的例证,便是庭审实质化改革的过程中对于案卷笔录的容忍使

---

① 参见浙江省杭州市人民法院刑事判决书,(2004)杭刑初字第36号。

② 例如,作案现场的车辆行驶停放情况不明;卡车掉头与强奸行为的先后顺序说法不同;抛尸行为的叙述不一致等。参见谢澍:《认真对待证据裁判:以张辉、张高平案为样本的分析》,载《东方法学》2013年第3期。

③ 某种意义上,证明方法唯一化也是认知能力处于较低水平的体现。

用。[①] 从概念的分类来看,案卷笔录中心主义与庭审实质化改革是一组相对概念,侦查中心主义与审判中心主义是一组相对概念。审判中心主义是对侦查中心主义的矫正,而庭审实质化改革是对案卷笔录中心主义的纠偏。[②] 虽然庭审实质化改革力求改变法官书面审查案件的模式,以实现"四个在法庭"。[③] 但是从法律规范来看,庭审实质化改革对于案卷笔录的态度较为"暧昧"。

《法庭调查规程(试行)》一方面在第 25 条、第 34 条对案卷笔录的适用条件与范围进行了严格的限制;[④]一方面在第 3 条、第 48 条继续容忍案卷笔录的使用,[⑤] 规定法官应当在庭前阅卷以及只有庭前证言真实性无法确定时案卷笔录才不能作为定案根据。从庭审实质化改革的目的进行推论,改革理应对案卷笔录进行废除,但是从规范性文件的规定来看,庭审实质化仍然为案卷笔录的适用"开了一道口子"。从印证证明角度进行考察,之所以立法者对案卷笔录的态度摇摆不定,其原因在于,产生于案卷笔录中心主义的印证证明在运作过程中,又加深了裁判者对于案卷笔录的依赖,形成了一种司法惯性,即裁判依靠案卷印证。甚至在实践中产生了提前阅卷,了解案情,为了追求法庭审理的演示效果而庭前寻求案卷印证的司法案例。[⑥]

虽然改革期冀通过程序机制的变革倒逼法官在进行裁判时加入心证的因素,但是由于司法惯性的使然,案卷笔录的容忍使用,仍然使法官怠于当庭形成心证,而寻求庭下的机械印证。

---

① 参见褚福民:《案卷笔录与庭审实质化改革》,载《法学论坛》2020 年第 4 期。

② 参见叶青:《以审判为中心的诉讼制度改革之若干问题思考》,载《法学》2015 年第 7 期。

③ "四个在法庭"是指"诉讼证据质证在法庭、案件事实查明在法庭、诉辩意见发表在法庭、裁判理由形成在法庭"。

④ 《法庭调查规程(试行)》第 25 条规定:"证人出庭作证的,其庭前证言一般不再出示、宣读,但下列情形除外:(一)证人出庭作证时遗忘或者遗漏庭前证言的关键内容,需要向证人作出必要提示的;(二)证人的当庭证言与庭前证言存在矛盾,需要证人作出合理解释的。为核实证据来源、证据真实性等问题,或者帮助证人回忆,经审判长准许,控辩双方可以在询问证人时向其出示物证、书证等证据。"第 34 条规定:"控辩双方对证人证言、被害人陈述、鉴定意见无异议,有关人员不需要出庭的,或者有关人员因客观原因无法出庭且无法通过视频等方式作证的,可以出示、宣读庭前收集的书面证据材料或者作证过程录音录像。"

⑤ 《法庭调查规程(试行)》第 3 条规定:"承办法官应当在开庭前阅卷,确定法庭审理方案,并向合议庭通报开庭准备情况。"第 48 条规定:"证人没有出庭作证,其庭前证言真实性无法确认的,不得作为定案的根据。"

⑥ 参见孙皓:《关于刑事当庭宣判的逆向反思》,载《当代法学》2020 年第 2 期。

四、庭审实质化下改造印证证明模式的建议——从近期方案到长远路径

关键证人出庭率低,出庭价值有限;当庭宣判制度异化,定期宣判盛行;控辩对抗效果不彰,辩护难有实效。印证证明与庭审实质化改革之间存在的悖论影响着改革的各个侧面,抑制着改革的有效推进。庭审实质化改革应当双管齐下,不仅要关注程序机制的变革,同时要推进印证证明的改造。“骐骥千里,非一日之功”。鉴于印证证明在中国刑事司法实践中的深刻影响力,对印证证明的改造不宜一蹴而就,而应循序渐进,以“两步走”的方式完成对印证证明的改造。近期来讲,应对证明方法进行优化适用,为改革注入活力;远期而言,应对证明模式进行系统变革,为改革扫清障碍。

(一)近期方案:证明方法的优化适用

印证证明在中国刑事司法实践中已然留下深刻烙印,①短期内难以从根本上改变这一局面。一种可行的方案是以裁判文书作为抓手,通过规范说理机制,发挥引导功能,促进证明方法优化适用,为庭审实质化改革注入活力。受制于印证证明的影响,我国刑事判决书的常见表达为:“本案有如下证据:证据 1、证据 2、证据 3……证据之间相互印证,形成证据锁链,足以证实本案事实。”②这种裁判文书的说理方式与案卷笔录中心主义的审判方式一脉相承,并未反映法庭审理情况,对庭审实质化改革起着消极作用。伴随相关规范性文件的颁布,裁判文书说理机制得以构建,③为证明方法的优化适用提供了契机。

首先,裁判文书说理机制规范说理次序,限定证明方法的作用范围。最高人民法院 2018 年 6 月 1 日《关于加强和规范裁判文书释法说理的指导意见》(以下简称《指导意见》)第 3 条规定,证据评判、事实认定、法律适用是裁判文书说理的先后次序。④ 印证证明作为一种证据分析方法,其作用的范围仅限定于裁判文书中的证据评判层面,不得以证据评判直接取代事实认定。

---

① 参见李勇:《坚守印证证明模式》,载《检察日报》2015 年 7 月 9 日,第 3 版。

② 四川省成都市新津区人民法院刑事判决书,(2020)川 0132 刑初 135 号。相关论文参见朱锡平:《融合心证:对证据印证证明模式的反思》,载《法律适用》2015 年第 2 期。

③ 最高人民法院 2018 年 6 月 1 日《关于加强和规范裁判文书释法说理的指导意见》(以下简称《指导意见》),对裁判文书的说理机制进行了具体规定,提供了规范基础。

④ 参见赵朝琴、邵新:《裁判文书说理制度体系的构建与完善——法发〔2018〕10 号引发的思考》,载《法律适用》2018 年第 21 期。

其次,裁判文书说理机制强调庭审情况,重视争议焦点的论证说理。[①] 裁判文书的内容应当反映法庭情况。即法官在进行裁判时不能仅以书面的案卷笔录作为裁判依据,而必须以法庭审理的情况作为裁判依据。裁判文书中不仅仅应当包含书面案卷笔录中所具有的静态证据信息,更应当包含书面案卷笔录中所不具有、法庭审理中即时呈现的动态证据信息。

最后,裁判文书说理机制要求反映推理过程,运用逻辑推理与经验法则。[②] 作为一种重要的证据分析方法,裁判者可以运用印证来进行证据分析,并反映在裁判文书之中。但是,裁判文书中不得仅以印证二字掩盖所有的推理过程,对于何种证据相互印证、印证能否反映、怎么反映证据事实,裁判文书中均应写明。此外,在运用印证分析证据的同时,还应当运用逻辑推理与经验法则判断印证是否正确,并在裁判文书中予以表明。

(二)长远路径:证明模式的体系变革

1. 首要前提:案卷接力的熔断机制

"欲流之远者,必浚其泉源"。对于印证证明的改造,首要前提便是根除其生存土壤,构建案卷接力的熔断机制。侦查卷宗的接力适用是我国司法实践的顽疾,体现为立法层面的曲折反复。从制度沿革的历史进行考察,案卷移送制度历经三次变迁:从 1979 年的全案移送制度,到 1996 年的主要证据复印件移送制度,再到 2012 年全案移送制度的恢复。[③] 在经历一圈"兜兜转转"之后,案卷移送制度终究还是"复归原点"。制度层面的摇摆不定揭示案卷笔录问题的复杂性。一方面,立法者期望通过改革案卷移送制度使审理者摆脱卷宗笔录的桎梏,"强化开庭审理,充分发挥庭审作用";[④]另一方面,1996 年主要证据复印件制度的失败以及带来的诸如"辩护律师阅卷难"等系列"多米诺骨牌"效应,[⑤]又不禁令人担忧:改革案卷移送制度,是否会对司法实践带来未曾设想的负面作用?

---

① 《指导意见》第 6 条规定:"裁判文书应当结合庭审举证、质证、法庭辩论以及法庭调查核实证据等情况,重点针对裁判认定的事实或者事实争点进行释法说理。"

② 《指导意见》第 4 条规定:"裁判文书中对证据的认定,应当结合诉讼各方举证质证以及法庭调查核实证据等情况,根据证据规则,运用逻辑推理和经验法则。"

③ 参见刘译矾:《论对公诉方案卷笔录的法律限制——审判中心主义改革视野下的考察》,载《政法论坛》2017 年第 6 期。

④ 参见陈瑞华:《案卷移送制度的演变与反思》,载《政法论坛》2012 年第 5 期。

⑤ 参见韩红兴:《起诉状主义下庭前程序若干问题研究》,载《社会科学》2011 年第 5 期。

正是在这种两难困局之下,本轮庭审实质化改革的过程中,立法者没有激进的废除案卷笔录的裁判适用,而是采取一种保守的态度,对案卷笔录继续"容忍使用"。正如前文所论,案卷笔录是印证证明的主要成因,为印证证明的发展提供了肥沃的"生存土壤"。从印证证明的生成逻辑来看,阻断案卷笔录的传递和接力是必须且必要的,而通过案卷移送制度的改革将审前阶段的卷宗笔录彻底阻隔在审判程序之外,无疑是最优之选。但是横亘在立法者面前的是昔日改革失利的前车之鉴以及贸然改革的覆辙之忧。"势随世转,法随时移"。通过对 1996 年案卷移送制度改革失利原因的深入剖析,不难发现,时过境迁,彼时改革的桎梏今日得以消弭。阻断审前卷宗畅通无阻的进入审判程序并成为庭审证明的核心,废除全案移送制度,推行起诉状一本主义的改革时机趋于成熟。在庭审实质化改革的实践中,未来实行起诉状一本主义改造印证证明模式,未尝不是一种可行的破局之道。

引发 1996 年"复印件主义"改革失败的主要原因有:第一,改革的"考茨基主义"。具体体现在 1998 年六部委规定对于庭后移送案卷制度的恢复以及主要证据复印件的范围认定上。第二,配套制度的供给不足。案卷移送制度的改革需要多机制耦合运行,相互作用。[①] 但是 1996 年刑事诉讼法修改"只见树木不见森林",只将目光聚焦于案卷移送问题之上,忽视诸如辩护律师的证据知悉权、审理法官的庭审指挥义务等配套制度的保障,致使出现"辩护律师阅卷难"、职权主义养成机制下锻造出的法官与当事人主义诉讼机制的不适配等问题。第三,辩护水平整体不高、法官司法能力不强。这使得控辩对抗脉络不明,法官也难以从控辩对抗之中形成对案件事实的整体认知。

时至今日,随着庭前会议制度的落实、辩护律师水平的提高、法官司法能力的提升,困扰案卷移送制度变革的阻碍因素已经逐一化解。具体表现为:第一,庭前会议制度的确立和完善,有助于庭审审理的实质开展。庭前会议制度所具有的争点整理功能、证据展示功能,能够最大程度保证庭审有序、实质推进,[②]从而避免庭审法官因对证据和事实的不了解,陷入组织无序、应对无能、庭审无效的被动局面,保障了法官对于法庭进程的控制力。第二,辩护律师水平的提高以及法官职

---

① 参见陈卫东、韩红兴:《慎防起诉状一本主义下的陷阱——以日本法为例的考察》,载《河北法学》2009 年第 9 期。

② 最高人民法院 2017 年 11 月 27 日《人民法院办理刑事案件庭前会议规程(试行)》第 1 条规定:"庭前会议中,人民法院可以依法处理可能导致庭审中断的程序性事项,组织控辩双方展示证据,归纳控辩双方争议焦点,开展附带民事调解,但不处理定罪量刑等实体性问题。"

业素质的提升，能够最大限度地保障控辩对抗言之有物，脉络明晰，有助于法官通过控辩双方于庭上的有序证明、有效辩论形成对案件事实的整体认知。

从印证证明改造的视角出发，推行起诉状一本主义是证明模式体系变革的治本之策。时下，推行起诉状一本主义已然具备基本条件，在未来改革的过程中还应辅之以证据开示制度的落实，切实保障辩护律师的证据知悉权；庭前会议制度的深入推进，确保法官在不进行庭前阅卷的情况下有序、有效的主导庭审审理的实质开展，实现主审法官对庭审审理的控制力。此外，为彻底阻断审前卷宗笔录对庭审法官的实质影响，应推行主审法庭和庭前会议主持法官相分离的制度。唯如此，方能不落主要证据复印件制度改革的窠臼之中。

2. 基本条件：认知能力的培养提升

司法权的本质是判断，判断的基础是认知。印证证明下裁判者认知能力的固化与认知训练的欠缺，导致其无法满足庭审实质化改革的审理需求；证明方法一元化无法处理庭审实质化改革过程中所涌入的更为丰富的证据信息类型，导致其在法庭审理中无力心证。造成这一现象的重要原因有二：一是裁判者自身素质问题。二是法学职业教育问题。“证据法学”在中国大部分高校中都是选修课，并不属于法学核心课程。在有限的课程时间内，教师不会教授学生分析证据的方法，带领学生运用证明方法亲自去分析案件。[①] 应当认为证明理论的边缘化也是导致我国司法实践中证明方法唯一化的一个因素。

对此，可以考虑通过法学教育和职业培训入手培育裁判者的认知力。具体来讲：首先，就学科教育而言。将证据法学列为法学的核心课程，传授西方的证据法理论与相关证据分析方法，例如故事方法与论证方法等。在课堂上教师需带领学生运用证据分析方法，分析案例，解决问题，使理论与实际相互结合。[②] 其次，完善对法官证据分析能力的培训体系。着重培养法官分析复杂问题、解决复杂问题的能力，将法官庭审中对于矛盾证据信息、动态证据信息、违法证据信息的处理能力纳入考核指标，与法官任职、晋升等评估机制挂钩，倒逼法官学习有关证据法学的相关理论，提升分析证据的实践能力。

3. 根本保障：配套程序的统筹推进

第一，侦查取证的客观化。对于印证证明运作机制下所导致的侦查取证主观

---

① 参见谢澍：《刑事司法证明模式：样态、逻辑与转型》，载《中国刑事法杂志》2013 年第 11 期。

② 参见元轶：《裁判者认知力问题研究》，载《理论探索》2021 年第 3 期。

化问题,可以考虑如下做法促使侦查机关恪守客观取证义务,防止其成为有罪证据生产的"发动机":首先,出台专门的规范性文件,申明侦查机关客观取证义务,明确违法取证实体性后果。要求侦查人员在取证时应当同时收集有罪证据与无罪证据。对于违法取证,根据其恶劣程度,形成层次化制裁体系。其次,将证据收集情况与侦查人员的业务情况挂钩。业务情况的评判标准应当包含两个方面:对有罪证据的收集情况以及对无罪证据的收集情况。最后,逐步建立侦查机关讯问犯罪嫌疑人时律师在场制度,构建证据收集正当性的"他控机制",允许律师发挥在证据收集尤其是人证调查时的应有作用。①

第二,检察举证的实质化。对于检察机关在印证证明运作机制下所产生的检察举证形式化问题,可以采取如下措施:其一,禁止实践中存在的不合理的宣读方式。② 加强对于定罪量刑的有关证据的重点举证,推行一举一证。其二,基于检察机关的客观义务,应当在举证时,首先对证据材料中不利于控诉的证据予以说明。这样彰显了检察机关的客观公正,又能在诉讼对抗中先发制人,也有利于合议庭全面了解案情。③

第三,控辩质证的有效化。对于印证证明下,辩护难有实效的问题应采取如下措施:加强法官的裁判说理。法官在裁判时,应当充分保障控辩双方对质的权利,更加重视对双方存在异议的证据的论证说理。尤其是辩方提出与辩护意见相关的证据,无论是否采信都应当详细地说明理由。法官在庭审中还应当发挥一定的能动作用,通过释明权的形式,对辩护方尽到适当的照顾义务,来弥补控辩双方之间失衡的力量,从而促进刑事庭审的功能。④

五、结语

公平正义是镌刻在法治社会上的一座丰碑,司法是社会公平正义的守护人。司法不仅要实现公平正义,而且必须以看得见的方式加以实现。长期以来,中国刑事司法有"重实体、轻程序"的痼疾,导致在诉讼结构上"重侦查、轻审判",在审判模式上"重卷宗、轻言词"。为让人民群众在每个司法案件中感受到公平正义,

① 参见左卫民:《"印证"证明模式反思与重塑:基于中国刑事错案的反思》,载《中国法学》2016 年第 1 期。

② 例如,摘要式宣读、合并概括式宣读、选择式宣读。相关论文参见陈瑞华:《案卷笔录中心主义——对中国刑事审判方式的重新考察》,载《法学研究》2006 年第 4 期。

③ 参见龙宗智:《庭审实质化的路径与方法》,载《法学研究》2015 年第 5 期。

④ 参见李奋飞:《论刑事庭审实质化的制约要素》,载《法学论坛》2020 年第 4 期。

党的十八届四中全会提出,全面推进以审判为中心的刑事诉讼制度改革,着力解决侦查中心化、审判形式化,强化审判中心化、庭审实质化。历经8年有余庭审实质化改革,评估成效、检讨问题,不难发现预期目标与实际成效相去甚远。

回顾反思、溯本正源,究其原因,实践中的潜规则消耗了明文上的制度功效。庭审实质化,须以庭审直接言词化、去书面卷宗化,辩论口头化、去侦查笔录化,为改革之首要。然侦查中心主义长期主导下的中国刑事司法,以侦查口供笔录为核心的印证证明模式,异化为中国刑事司法证明模式长期居于主导地位的潜规则。印证证明模式作为暗流,无形中抵消着庭审实质化轰轰烈烈的改革大潮,消解庭审实质化改革功效于无形。

欲弘扬庭审实质化改革之功效,必改良和剔除印证证明模式之暗流。澄清概念、明晰内涵,是研究、分析和解决问题之关键。印证证明作为刑事司法的潜规则,并未形成统一的理论和共识的概念。印证证明具有作用相反、功能相悖之双重解释与含义。一是作为证明方法之印证证明。作为证明方法之印证证明,符合人类的一般认识规律,具有一定的合理性,并非庭审实质化的制约因素,应加以改造和完善,以促进庭审实质化功效之发挥;二是作为证明模式之印证证明。作为证明模式之印证证明,是以侦查口供笔录为核心的卷宗主义庭审证明的抽象概括,是侦查中心主义下诉讼格局的"畸形产物",是抵消与消解庭审实质化改革成效之根本,必须加以剔除与纠正。

深入剖析印证证明模式之特征,方能进一步揭示其与庭审实质化之逆悖。印证证明模式的显著特征呈现出,一是证明方法唯一化,二是证明标准印证化,三是证明过程形式化。印证证明模式此三方面之特征,与庭审实质化之表征悖论显著,价值追求迥异。价值追求的悖论抑制庭审实质化改革的有序推行,导致证人出庭率低、出庭价值有限,当庭宣判制度异化、定期宣判盛行,控辩对抗效果不彰、辩护难有实效。造成上述问题的深层根源在于,一是认知能力的互不匹配,二是案卷笔录的惯性依赖。

察其表、探其本、究其因,方能对症下药、因症施策,改良和剔除印证证明模式,既要尊重司法实践之现状,又要考量证明模式生成之逻辑。为释放庭审实质化改革之活力,宜采取"两步走"的改革路径,对印证证明模式加以改良和剔除。第一步,近期方案,改良印证证明模式。基于稳中求进、循序渐进之改良主义,应对证明方法进行优化适用,使其逐步顺应庭审实质化改革之价值目标;第二步,远期目标,剔除印证证明模式,推行起诉状主义,阻断审前程序与审判程序分工与接力。为此,应当全面系统改革刑事诉讼构造,贯彻直接言词原则,确立传闻证据规则,完善公诉审查与庭前准备程序,构建证据开示制度,将刑事诉讼程序的“二次革命”进行到底。

(编辑:武小琳)

推荐人语

互联网信息技术应用的赋能与普及，使网络诽谤等“按键伤人”行为成为侵害公民人格权益和正常网络秩序的重大治理风险。“自诉转公诉”作为司法机关针对网络暴力问题所采取的应对方案，其在理论和规范上的正当性基础需要进行整体性检视。本文从指导性案例的办案要旨和相关规范性文件切入，对上述问题进行了思考。本文并未囿于“自诉转公诉”的传统理论话语，而是在反思其法律基础和概括能力的基础上，提出了“公诉独占”模式的分析概念，阐述了后者的生成基础和建构逻辑，揭示了其减损被害人权利的制度缺憾，并将法律父爱主义的双重面孔和实务界对“告诉才处理”的长期误解作为重要的理论归因。本文尝试构建一种“公诉协助”的网络诽谤刑事追诉模式，并提出审慎限制被害人程序权利的价值立场和参照“告诉乃论”制度对“告诉才处理”予以重新解释的理论倡导，具有一定的启发意义，对于正在酝酿和推进的网络暴力司法治理体系建设，具有明显的现实意义和积极的理论价值。

郭　烁　中国政法大学诉讼法学研究院教授、博士生导师

“公诉独占”模式：网络诽谤刑事追诉程序的实践反思与路径优化

吴子越*

摘　要：将刑事自诉程序转换为公诉程序是当前治理网络诽谤犯罪案件的基本思路。脱胎于既有制度话语的“自诉转公诉”机制无法准确概括司法实践的运行样态，应寻找新的分析概念。由于实体规范对诽谤犯罪“公诉—自诉”界限的区分力度不足，在互联网平台聚合性和即时性的共同作用下，网络诽谤犯罪的案件类型在整体上呈现“公诉化”的状态。基于此，公安司法机关立足自身机构职责，依托现有规范体系对刑事自诉程序予以阻却，是回应“有效维护公民人格权益和正常网络秩序”

* 吴子越，中国政法大学司法文明协同创新中心博士研究生。

实践需求的重要举措,从而在实践中形成了一种“公诉独占”的追诉模式。遗憾的是,“公诉独占模式”并未对被害人的诉讼权利保障投入足够的注意力,使其面临着权利克减的程序风险,这归因于公安司法机关对法律父爱主义的过度运用和对“告诉才处理案件”的长期误读。通过在公诉介入的事前、事后、事中三个阶段分别对被害人的“知情权与意见表达权”“上诉救济权”“处分保障权”着重予以保护,可以对被害人权利保障困境进行有效纾解。然而,意图从根本上推进网络诽谤刑事追诉的高质量发展,则必须参照“告诉乃论”的制度意涵,对“告诉才处理”进行重新解释,并构建一种“公诉协助”的追诉模式。

关键词:“公诉独占”模式;网络诽谤;“自诉转公诉”;法律父爱主义;告诉乃论

一、引言

在互联网聚合化的作用下,存在于物理隔离空间和熟人社会中的诽谤犯罪逐步由私人问题转变为公共问题,个体恶意的聚拢强化了群体极化效应,[①]使网络暴力对受害人以及社会秩序的侵害程度大幅跃升。因此,最高人民法院 2021 年 1 月 26 日《关于适用〈中华人民共和国刑事诉讼法〉的解释》(以下简称《高法解释》)第 1 条第 1 项,将“严重危害社会秩序和国家利益”的诽谤犯罪剥离出自诉案件的范畴,意图通过公诉程序增强诽谤案件的打击力度,而在司法实践中,检察机关对相关案件的办理却长期保持消极态度。

通过 2020 年的“杭州取快递造谣案”(以下简称“杭州案”),[②]检察机关针对网络诽谤案件给出了“自诉转公诉”的司法治理方案,引起了理论界的广泛讨论。[③] 为夯实公民权益和网络秩序维护的制度基础,2023 年 9 月 20 日,最高人民法院、最高人民检察院以及公安部共同颁布了《关于依法惩治网络暴力违法犯罪

① 群体极化是指,“团体成员一开始即有某些偏向,在商议后,人们朝偏向的方向继续移动,最后形成极端的观点”。参见[美]凯斯·桑斯坦:《网络共和国:网络社会中的民主问题》,黄维明译,上海人民出版社 2003 年版,第 47 页。

② 郎某、何某诽谤案,最高人民检察院指导案例 137 号(2022)。

③ 部分成果参见樊崇义:《自诉转公诉,须坚持刑事诉讼四原理》,载《检察日报》2021 年 7 月 13 日,第 3 版;时延安:《“自诉转公诉”的法理分析》,载《中国刑事法杂志》2021 年第 1 期;邓思清:《论自诉转公诉的规范构造》,载《西南政法大学学报》2021 年第 4 期;王一超:《论检察机关干预告诉才处理案件的程序选择——基于对“自诉转公诉”讨论的延伸思考》,载《清华法学》2022 年第 6 期;聂友伦:《论刑事诉讼中的诉讼担当》,载《法学》2023 年第 3 期。

的指导意见》(以下简称《三机关意见》),其中第13条通过部分承袭指导性案例的意涵,成为所谓"自诉转公诉"机制的规范依据。《三机关意见》充分认识到了网络暴力的社会危害性以及被害人所面临的立案难、取证难等程序困境,通过公安司法机关介入案件推动程序转换的方式,为被害人及时提供有效的法律救济,具有明显的进步性。

但笔者认为,个案的良好效果不足以证成"自诉转公诉"的正当性,对后者的论证还有赖于制度层面的整体观察和分析。以此为视角,可以发现,网络诽谤案件的特殊之处在于,要在追诉刑事犯罪的社会公共利益考量和尊重被害人诉讼权利的冲突之间把握平衡点,这也是此类犯罪在程序适用上极为复杂的根本原因。

有鉴于此,首先,本文基于"杭州案"的办案要旨和《三机关意见》的规范内容,对网络诽谤案件刑事追诉的运转流程予以梳理和总结,并对颇有市场的"自诉转公诉"的模式表达予以反思,认为其无法准确概括网络诽谤案件刑事追诉程序的实践样态;其次,提出"公诉独占模式"的分析概念,并认为网络诽谤犯罪案件的整体"公诉化"趋势是其生成基础,同时公安司法机关立足于自身的机构职责和法律规范提供的制度工具,通过回应"有效惩治网络诽谤犯罪"的实践需求,建构出配套的程序机制;再次,指出"公诉独占模式"存在克减被害人诉讼权利的制度缺憾,并认为法律父爱主义"保护权益和限制自由"的双重面向和法律实务界对"告诉才处理案件"的长期误读是其理论根源;最后,针对当前的被害人权利保障困境,提出"审慎限权"的纾解思路,并通过对"告诉才处理"的重新解释,认为应当将"公诉协助模式"作为网络诽谤刑事追诉的基本模式。

二、网络诽谤案件刑事追诉的运转流程和概念匡正

如加拿大学者罗奇(Kent Roach)所言,"模型化可以通过简化细节和突出共同主题来有效地帮助我们应对刑事诉讼的复杂性"。[①] 对系统或过程原型中关键特征的抽象与概括,为我们观察网络诽谤案件刑事追诉制度运行的实际状况提供了可供评价的话语体系和研究框架。基于此,下文首先将根据"杭州案"所确立的办案要旨和《三机关意见》第13条的规范内容,对网络诽谤案件刑事追诉的运转流程予以描述,再而对"自诉转公诉"这一解释话语予以辨析和澄清,为提出新的学理概念奠定基础。

---

① Kent Roach, *Four Models of the Criminal Process*, 89 J. Crim. L. & Criminology 671(1998 - 1999).

(一)网络诽谤案件刑事追诉的运转流程

对制度运行的实际状况进行整体性梳理和把握是进行模式化提炼的前提。根据公开的新闻报道,“杭州案”的办理进程如下:

(1)2020 年 10 月 26 日,被害人向人民法院提起刑事自诉,12 月 14 日,法院立案受理;(2)鉴于案件情势发生变化,12 月 22 日,人民检察院建议公安机关立案侦查此案,12 月 25 日,公安机关正式对案件立案侦查;(3)12 月 26 日,被害人向法院撤回刑事自诉。

对此,检察机关认为,对被害人已经提起自诉的属于“严重危害社会秩序”的网络诽谤犯罪案件,应当适用公诉程序进而建议公安机关立案侦查。对于法院未受理的案件,应当征求自诉人的意见,由其撤回起诉;对于法院已受理的案件,除劝说自诉人撤回起诉以外,还可以建议人民法院对自诉案件裁定终止审理。①

《三机关意见》第 13 条实际上确立了与“杭州案”大体相似但又有所区别的案件办理流程。该条规定,如若公安机关已经立案,“被害人同时向法院提起自诉的,人民法院应当说服自诉人撤回自诉或者裁定不予受理;已经受理的,应当裁定终止审理,原自诉人可以作为被害人参与诉讼”。据此,我们可以归纳出两点不同,一是对于未受理的刑事自诉案件,相比于“杭州案”所确立的“劝说自诉人撤回起诉”的单一路径,《三机关意见》还新增了裁定不予受理的案件阻隔方式;二是对于已受理的案件,《三机关意见》则只给出了“裁定终止审理”的方案,而取消了“劝说自诉人撤回起诉”的规定。

综上,我们可以对网络诽谤案件刑事追诉程序转换的逻辑予以总结(见图 1)。首先,对于自诉人已经提起刑事自诉的网络诽谤案件,公安司法机关可以根据《中华人民共和国刑法》(以下简称《刑法》)第 246 条第 2 款的规定,启动对“严重危害社会秩序和国家利益”诽谤犯罪的公诉程序;其次,对于法院未受理的自诉案件,司法机关可以通过“说服自诉人撤回自诉”或“裁定不予受理”的方式实现程序转换;最后,对于法院已经受理的自诉案件,可以通过对自诉案件“裁定终止审理”的方式予以转换。

---

① 参见《第三十四批指导案例》,载中华人民共和国最高人民检察院网,https://www.spp.gov.cn/spp/jczdal/202202/t20220221_545125.shtml,最后访问日期:2023 年 7 月 1 日。

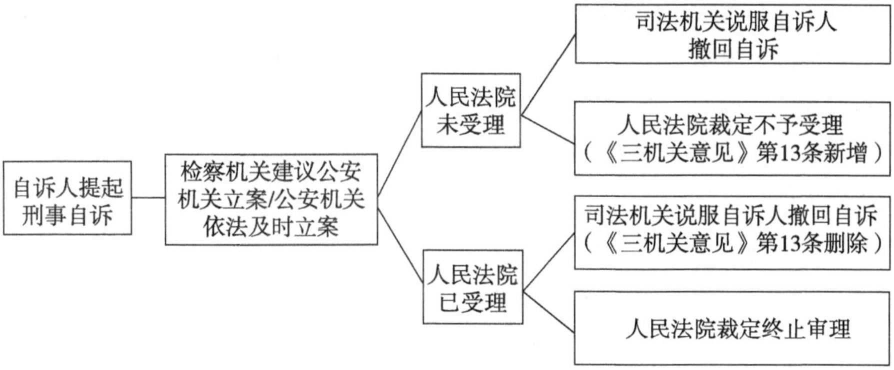

图 1　网络诽谤犯罪案件程序转换流程

(二)“自诉转公诉”的概念匡正

自“杭州案”起,理论界与实务界大多以“自诉转公诉”的表述对网络诽谤犯罪案件的程序转换机制予以概括,此种描述关注到了司法机关在刑事自诉提起后介入犯罪追诉,从而实现程序性质转变的过程,具有一定的合理性。但仍有两个问题亟待回应。

1.“自诉转公诉”的法律基础何在?

相较于“公诉转自诉”,①《刑事诉讼法》并未直接创设“自诉转公诉”的程序转换机制。理论界一般对《刑法》第 98 条和第 246 条第 2 款能否作为其规范基础予以讨论。

《刑法》第 98 条规定,“本法所称告诉才处理,是指被害人告诉才处理。如果被害人因受到强制、威吓无法告诉的,人民检察院和被害人的近亲属也可以告诉”,意即,检察机关代为告诉能否推动案件由自诉程序转为公诉程序?赞成的观点认为,“‘检察机关也可以告诉’指的是检察机关可以启动追诉程序,而公诉程序是我国检察机关开启追诉程序的唯一方式,这就意味着,如若被害人无法自诉,检察机关的代为告诉将会推动案件由自诉转为公诉”。② 笔者对此并不赞同。纵观域外法律规范体系,检察机关推动“自诉转公诉”的利益基础大体分为两类。一类以维护社会公共秩序为考量,如《德国刑事诉讼法》第 376 条规定,“本法第 374 条(自诉案件)所称犯罪,仅于存在公共利益时,才由检察官提起公诉”,意即,有追诉

① 《刑事诉讼法》第 210 条第 3 项。

② 参见邓思清:《论自诉转公诉的规范构造》,载《西南政法大学学报》2021 年第 4 期。

之特别公共利益存在,是公诉程序的一项诉讼要件,如若此要件不存在,则会成为自诉转公诉的程序障碍。① 另一类则以弥补被害人提起自诉的能力为考量,如《俄罗斯联邦刑事诉讼法典》第20条第4款以及第21条第1款、第3款规定,"在被害人或其法定代理人不告诉的情况下,而犯罪行为是对处于依赖从属地位或由于其他原因不能自主行使其权利的人实施的,则侦查机关领导人、侦查人员以及调查人员经检察长同意可以以国家的名义对自诉案件以及'自诉—公诉'案件进行刑事追究,而不论被害人作何意思表示"。② 在"杭州案"中,司法机关认为"郎某、何某的行为不仅侵害被害人的人格权,且经网络迅速传播,已经严重扰乱网络社会公共秩序",③因而对社会公共秩序的维护是相关程序转换所遵循的基本逻辑。反观"检察机关也可以告诉"所遵循的则是"弥补被害人提起自诉能力"的逻辑,其意在"通过检察机关代为提起诉讼,保障自诉人的诉讼权利而非公共利益,所以此时案件仍属于自诉性质,不存在自诉转公诉的问题",④因而《刑法》第98条不能作为我国"自诉转公诉"的规范依据。

除此之外,《刑法》第246条第2款也被理论界作为备选规范予以考察,该条规定,"前款罪(指侮辱罪、诽谤罪),告诉的才处理,但严重危害社会秩序和国家利益的除外",因此,《高法解释》第1条第1项将此类案件排除出自诉案件的范围,将其按公诉程序进行追诉。据此,《刑法》第246条第2款似乎可以作为"自诉转公诉"的规范基础而存在。但仍存在两个问题。其一,刑法作为"规定犯罪及其法律后果的法律规范",⑤其意在表明何种犯罪行为应当受何种刑罚。也就是说,《刑法》第246条第2款旨在将本应作为自诉案件处理的诽谤罪,在符合特定的情形下按公诉案件进行处理,但对自诉程序"如何转为"公诉程序付之阙如,即该条对"自诉转公诉"的规范支撑力度是不够的;其二,该条仅涉及侮辱、诽谤犯罪案件的"转公诉"问题,并未涵盖所有类型的自诉案件。《刑事诉讼法》第210条规定了自诉案件的三种类型,即"告诉才处理的案件"、"人民检察院没有提起公诉,被害人有证据证明的轻微刑事案件"以及"公诉转自诉的案件",而侮辱、诽谤犯罪案件仅仅属于第一类自诉案件的部分情形,因此,无法将《刑法》第246条第2款作为

① 参见林钰雄、王士帆、连孟琦:《德国刑事诉讼法注释书》,台北,新学林出版股份有限公司2023年版,第824页。

② 参见《俄罗斯联邦刑事诉讼法典》,黄道秀译,中国民主法制出版社2020年版,第13~14页。

③ 参见《第三十四批指导案例》,载中华人民共和国最高人民检察院网,https://www.spp.gov.cn/spp/jczdal/202202/t20220221_545125.shtml,最后访问日期:2023年7月1日。

④ 参见张建伟:《涉嫌诽谤案自诉转公诉的法眼观察》,载《检察日报》2020年12月28日,第3版。

⑤ 参见张明楷:《刑法学:上册》(第6版),法律出版社2021年版,第17页。

整个"自诉转公诉"制度的规范基础。

综上,"自诉转公诉"难以从现行基本法律体系中找到充足的规范基础,其制度正当性何在有赖于进一步的挖掘和解释。

2. "自诉转公诉"的概括表述是否准确?

因其薄弱的规范基础,"自诉转公诉"的表述很大程度上来源于对"公诉转自诉"的制度参照和语词再造,这意味着,要判断"自诉转公诉"的概括是否准确则需要先考察"公诉转自诉"的话语结构。

《高法解释》第1条第3项,将"公诉转自诉案件"定义为"被害人有证据证明对被告人侵犯自己人身、财产权利的行为应当依法追究刑事责任,且有证据证明曾经提出控告,而公安机关或者人民检察院不予追究被告人刑事责任的案件"。换句话说,在"公诉转自诉"的语词结构中,刑事自诉是作为公诉的补充和制约机制而存在的,承担着权益维护和权利救济的功能。就权益维护的功能而言,"公诉转自诉"的确立意味着"是否对犯罪嫌疑人进行刑事追责,不再仅仅取决于公安司法机关的决定,被害人通过兜底行使提起刑事自诉的权利,仍有机会制裁犯罪分子,保障自己的合法权益"。[①] 就权利救济的功能而言,"公诉转自诉"的确立有利于依托对公诉权的制约,"实现对公诉机关不起诉决定这一合法侵犯的救济"。[②] 作为"宪法之测震仪",发现实质真实与尊重保障人权的冲突和调和是刑事诉讼法亘古不变的逻辑主线,所以,司法机关若完全立足于控制犯罪的价值考量,而对所有案件均予以立案侦查或提起公诉,则显然不具有正当性。正如格里菲斯(John Griffiths)在批判刑事诉讼竞技模式时所说的那样,"竞技模式的刑罚放逐意图会为'作为社会特殊群体'的罪犯施加社会隔离措施,并以此为终点,对放逐后的问题漠不关心"。[③] 那么,诸如对未成年嫌疑人适用附条件不起诉的特殊制度则因体现出区别于犯罪控制的"教育感化"以及"关爱诊疗"的价值,从而具有正当性。然而,这种不起诉制度却与被害人渴望惩治罪犯的期待相违背。为保障被害人能够依法行使追诉犯罪的权利,《刑事诉讼法》第180条、第282条设置了"不服附条件不起诉决定的被害人,可以通过申诉或者向人民法院起诉的方式维护自身权益"的救济程序。

---

① 李建明:《权利保障:现代刑事诉讼法制的追求——兼论我国新刑事诉讼法对公民权利保障的强化》,载《江苏社会科学》1997年第1期。

② 赵旭光、侯冀燕:《论公诉转自诉制度的功能与实效》,载《兰州学刊》2005年第4期。

③ See John Griffiths, *Ideology in Criminal Procedure or A Third "Model" of the Criminal Process*, 79 Yale Law Journal 359(1970).

至此,我们可以对"公诉转自诉"的功能定位做一总结。首先,刑事自诉权的启动建立在公安司法机关对犯罪行为"放弃或怠于"追究刑事责任的基础上,因而具有"兜底性"的特点;其次,这种"兜底性"应当有利于被害人维护其因犯罪而受损的实体权益;最后,这种"兜底性"还承载着保障和激活被害人诉权行使的制度功能。

在权利对等原则的语境下,我们同样可以从上述三个方面理解应然层面的"自诉转公诉"。首先,公诉权的启动应建立在被害人对犯罪行为"无力"追究刑事责任的基础上,是刑事自诉制度的兜底保障机制;其次,"自诉转公诉"应有利于被害人维护受损的实体权益;最后,"自诉转公诉"不能损害被害人启动犯罪追诉程序的天然权利。也就是说,"自诉转公诉是指对于被害人享有自诉权的案件,由于某种原因致使自诉没有启动或启动后无法继续推进时,公安司法机关在特定条件下接管诉讼或提起公诉,以使案件按照公诉程序进行处理的一种诉讼制度"。①

当研究视线回归"杭州案"以及《三机关意见》第13条,我们发现,首先,网络诽谤犯罪案件中的程序转换是以"案情的严重程度",而非以"被害人追诉能力的强弱"为标准,这会导致一些事实清楚、被害人取证能力较强以及追诉难度较低的网络诽谤案件,可能因严重危害社会秩序,也需要转换为公诉程序,这明显有违"兜底保障机制"的功能定位;其次,转换为公诉程序后,公安司法机关可以依托多元的取证手段,"及时查明行为主体,收集相关侮辱、诽谤信息传播扩散情况及所造成影响的证据材料",②从而有效追诉犯罪,维护被害人的实体权益;最后,程序的转换不以刑事自诉人的同意为前提,也未能在被害人对适用公诉程序的决定有异议时,为其设置有效的权利救济机制,存在损害被害人犯罪追诉程序启动权的隐忧。

综上,虽然自诉程序向公诉程序的转换有助于提升追诉犯罪的能力,对于满足被害人惩治罪犯的诉求大有裨益,但这种转换不以被害人缺乏追诉能力为前提,也不关注刑事追诉人的意思表示,因而具有显著的"主动性和强制性",与"自诉转公诉"应有之"兜底性与保障性"的制度功能和价值定位相左。可见,"国家追诉机关的介入,本质上并非'自诉程序转化为公诉程序',而是原来的自诉案件'升格为'公诉案件"。③ 据此,笔者认为,以"自诉转公诉"的话语表达对现行网络

---

① 兰跃军:《自诉转公诉问题思考》,载《中国刑事法杂志》2008年第6期。

② 《三机关意见》第11条。

③ 吴宏耀:《告诉才处理犯罪的追诉制度:历史回顾与理论反思》,载《中国刑事法杂志》2021年第1期。

诽谤犯罪案件追诉程序予以概括并不准确，需要提出新的学理分析概念。

三、“公诉独占模式”的生成基础与建构逻辑

通过对现有规范文件和司法实践的梳理，我们发现，对网络诽谤犯罪的惩治实际上已经形成了一种“公诉独占”的追诉模式。在这种模式下，绝大多数的相关案件都通过公诉程序进行办理，刑事自诉权的行使空间在很大程度上受到挤压。下文首先对“公诉独占模式”的生成基础予以分析，揭示在实体规范表述抽象和互联网平台聚合性与即时性的共同作用下，网络诽谤犯罪呈现出案件类型“公诉化”的态势。其次对这种追诉模式的建构逻辑，从制度供给、机构职责和实践需求三个方面予以分析，初步刻画“公诉独占模式”的制度轮廓。

（一）生成基础：网络诽谤犯罪案件类型的“公诉化”

1. 实体规范表述抽象的延续

长期以来，《刑法》第 246 条第 2 款以“严重危害社会秩序和国家利益”为标准，对“公诉类诽谤案件”和“自诉类诽谤案件”予以区分。由于此概念的相对抽象性，2013 年 9 月 6 日，最高人民法院和最高人民检察院共同出台的《关于办理利用信息网络实施诽谤等刑事案件适用法律若干问题的解释》（以下简称《网络诽谤法律解释》）第 3 条，就以正向列举的方式，对何为“严重危害社会秩序和国家利益”从 7 个方面进行了稍显粗疏的界定。[①] 但随着网络虚拟空间和物理现实空间交互程度的提升，诽谤犯罪除侵犯被害人的人格权以外，其在社会心理层面对社会公众安全感的挫伤，从而可能引发“寒蝉效应”的危害性逐渐得到决策者的关注。[②③] 但遗憾的是，严重影响社会公众安全感并不属于《网络诽谤法律解释》第 3 条所规定的任何一种情形。对此，检察机关在“杭州案”的办案主旨中，将“严重影响社会公众安全感”归入“其他严重危害社会秩序和国家利益的情形”中，[④]则实

---

① 7 种类型分别为“引发群体性事件的”；“引发公共秩序混乱的”；“引发民族、宗教冲突的”；“诽谤多人，造成恶劣社会影响的”；“损害国家形象，严重危害国家利益的”；“造成恶劣国际影响的”；“其他严重危害社会秩序和国家利益的情形”。

② “寒蝉效应”指的是“人们因为害怕言论遭到国家的刑罚或对无力承受预期耗损的担忧而不敢发表意见，如同蝉在寒冷天气中噤声一般，最后必将导致人民放弃行使言论自由的正当权利，使得公共事务无人关心”。参见卡斯·R. 桑斯坦：《谣言》，张楠迪扬译，中信出版社 2010 年版，第 5 页。

③ 《三机关意见》第 1 条指出，“网络暴力行为……致使网络空间戾气横行，严重影响社会公众安全感”。

④ 参见《第三十四批指导案例》，载中华人民共和国最高人民检察院网，https://www.spp.gov.cn/spp/jczdal/202202/t20220221_545125.shtml，最后访问日期：2023 年 7 月 1 日。

属权宜之计。

《三机关意见》的出台在一定程度上纾解了此种困境。其在第12条第1款中对是否严重危害社会秩序的判断维度进行了规定,即“应当综合侵害对象、动机目的、行为方式、信息传播范围以及危害后果等因素进行判定”。而后,在第12条第2款中,《三机关意见》通过对网络侮辱、诽谤的行为类型进行描述,①对“严重危害社会秩序和国家利益”的概念外延进行了初步的具体化。但笔者认为,由于存在“影响恶劣的、影响公众安全感的、造成恶劣社会影响的”等裁量性表述,《三机关意见》第12条实质上仍属于带有指引功能的授权性规范,即其本意在于,授权公安司法机关就个案展现出的具体情形,对案件是否“严重危害社会秩序”予以判断,因而未能摆脱诽谤犯罪案件“公诉—自诉”界限模糊的固有窠臼。正因如此,在司法实践中,网络诽谤犯罪案件最终适用何种程序进行追诉,很大程度上取决于公权力机关的追诉意愿。

2. 网络社交平台赋能的催化

除此之外,网络社交平台的聚合性和即时性也使诽谤犯罪行为的影响方式出现了新的变化。据统计,截至2022年12月,我国网民规模达到10.67亿,互联网普及率达到75.6%,②而截至2022年5月,抖音、微博、快手等主流社交媒体平台的月活跃用户数量已经超过或接近6亿人,微信平台的月活跃用户数量更是超过12亿人。③ 如此庞大的网络用户基数,至少会为造谣诽谤行为带来如下变化:

一是网络造谣诽谤影响的覆盖面极大。传统社会中的诽谤犯罪大多发生在处于物理隔离状态的熟人社会中,其恶劣影响也仅仅是在少数群体中传播,而网络社交平台的人口聚合功能使诽谤这一私人问题成为获取整个社会注意力的公共话题。二是网络造谣诽谤影响的传播速度极快。互联网具有信息即时传输和长时间储存的特点,这就导致行为人难以对自身诽谤行为所造成的影响施以有效控制,因而即使一些“半开玩笑”的发帖和“秒删”也可能被其他用户通过各种方

① 《三机关意见》第12条第2款规定,实施侮辱、诽谤行为造成被害人精神失常、自杀等严重后果,影响恶劣的;随意以普通公众为侵害对象,相关信息在网络上大量传播,引发大量低俗、恶意评论,严重破坏网络秩序,影响公众安全感的;侮辱、诽谤多人,造成恶劣社会影响的;多次散布诽谤、侮辱信息,或者组织、指使人员大量散布诽谤、侮辱信息,造成恶劣社会影响的;其他严重危害社会秩序的情形,应当认定为“严重危害社会秩序”。

② 数据来源参见中商产业研究院:《中国互联网市场前景及投资机会研究报告》,载中商情报网,https://www.askci.com/news/chanye/20230306/0856402678064193065460082.shtml,最后访问日期:2023年7月3日。

③ 数据来源参见微播易、胖鲸:《2022主流社交媒体平台趋势洞察报告》,载网易网,https://www.163.com/dy/article/HBP30I4V05526SET.html,最后访问日期:2023年7月7日。

式进行保存,引发二次传播的风险。

据此,我们发现,互联网平台的特性与功能显著地放大了网络诽谤犯罪的恶劣影响,使之极易达到"严重危害社会秩序"的程度。在诽谤犯罪案件的"公诉—自诉"界分机制如此脆弱的背景下,公安司法机关将绝大多数甚至全部网络诽谤案件认定为"严重危害社会秩序和国家利益"的公诉案件,从而使网络诽谤犯罪案件呈现出"公诉化"的态势,是可以预见的。

(二)建构基础:固有功能上的实践延展

1. 固有功能:阻止自诉的规范供给

考察"公诉独占模式"制度供给的意义在于,在现有框架内为"公安司法机关获得诉讼程序主导权的诸多方式"寻求法律规范上的正当性。笔者发现,现有制度框架实际上为公安司法机关"占有"诉讼主导权提供了三种方案,一是说服自诉人撤回自诉;二是裁定不予受理;三是裁定案件终止审理。

(1)说服自诉人撤回自诉

提起刑事自诉是被害人固有的诉讼权利,自诉人在判决宣告前的任何时间点撤回自诉也属于处分诉权的行为,因而具有天然的理论正当性,这点也为《刑事诉讼法》第212条第1款所吸收,同时根据《高法解释》第320条第2款第1项的规定,人民法院经审查,认为案件不属于本解释第一条规定的情形的(自诉案件),应当说服自诉人撤回起诉。当网络诽谤犯罪案件已经严重危害社会秩序时,该案就不再属于自诉案件,因而可以依据上述条文说服自诉人撤回自诉。

但值得注意的是,通过对"杭州案"办案要旨和《三机关意见》第13条规范内容的梳理,我们发现,"说服自诉人撤回自诉"其实经历了由"检察机关征求意见"到"人民法院进行说服"的主体变更过程。其原因有二,一是检察机关在大多数情况下并不参与自诉案件,例如《德国刑事诉讼法》第377条第1款规定,"自诉程序,检察官无义务参与"。[①] 因而,由检察机关征求自诉人的意见既缺乏法律依据,也与诉讼便利性原则相背离。二是提起刑事自诉作为被害人追究犯罪人刑事责任、维护自身合法权益的核心手段,其撤回相当于被害人的自我限权,"为防止自诉人由于被告人及相关人员强迫、威吓而撤回自诉,人民法院对自诉人提出的撤回自诉之请求,不应当仅仅是消极允许,而应当积极审查,以确保自诉人撤回自诉

① 参见林钰雄、王士帆、连孟琦:《德国刑事诉讼法注释书》,台北,新学林出版股份有限公司2023年版,第824页。

的自愿性”。[①] 据此,《高法解释》第 329 条第 2 款规定,人民法院经审查,认为撤回自诉确属自愿的,应当准许。所以由人民法院承担说服责任可以在判断案件是否符合起诉条件时,一并对撤回自诉的自愿性予以审查,符合诉讼经济的考量。

(2)裁定不予受理

对刑事自诉案件裁定不予受理是《三机关意见》第 13 条新增的公诉启动方式,其在审判程序中承担着两种功能。一是对不符合起诉条件的案件进行筛除。根据《高法解释》第 186 条之规定,“被害人或其法定代理人、近亲属提起附带民事诉讼的……符合刑事诉讼法第一百零一条以及本解释有关规定的,应当受理;不符合的,裁定不予受理”,而其中所谓“本解释有关规定”则指的是《高法解释》第 182 条对“附带民事诉讼起诉条件”的规定,即通过裁定不予受理,人民法院将不符合起诉条件的案件阻隔在审判程序之外。二是对不立案决定的“强制执行”。根据《高法解释》第 320 条第 2 款的规定,“具有下列情形之一的,应当说服自诉人撤回起诉;自诉人不撤回起诉的,裁定不予受理”。[②] 可见,当人民法院对涉及网络诽谤犯罪的自诉案件决定不立案,且无法劝说自诉人撤回起诉时,通过裁定不予受理的方式,可以对不立案的决定予以“强制执行”,因而也可被视为“说服撤回起诉制度”的保障机制。

(3)裁定终止审理

对案件裁定终止审理在刑事诉讼程序上会产生两类法律效果。第一类效果是对被告人免予追究刑事责任。根据《刑事诉讼法》第 16 条的规定,“有下列情形之一的,不追究刑事责任,已经追究的……或者终止审理……”,“本条实际明确规定了,在刑事诉讼过程中遇有上述情形,应当终止诉讼程序,而依法不追究被告人的刑事责任”。[③] 据此,有学者认为,法院裁定终止审理不能作为程序转换的方式,其认为“终止审理裁定乃一种程序上的出罪机制,发挥着与无罪判决类似的功能。自诉转公诉只是追诉方式发生了变化,并非前诉已经对刑事责任作出了认定”。[④] 笔者认为,上述研究对裁定终止审理制度存在两个误解,其一是对被告人免予追究刑事责任并不会产生类似无罪判决的法律效果,仅仅是一种免责机制。根据

---

① 喻海松:《刑事诉讼法修改与司法适用疑难解析》,北京大学出版社 2021 年版,第 257 页。

② 相似的条文还可参见最高人民法院 2021 年 6 月 16 日《人民法院在线诉讼规则》第 9 条第 3 项之规定,“不符合起诉条件或者起诉材料经补正仍不符合要求,原告坚持起诉的,依法裁定不予受理或者不予立案。”

③ 王爱立主编:《中华人民共和国刑事诉讼法释义》,法律出版社 2018 年版,第 31 ~ 33 页。

④ 王一超:《论检察机关干预告诉才处理案件的程序选择——基于对“自诉转公诉”讨论的延伸思考》,载《清华法学》2022 年第 6 期。

《刑事诉讼法》第 297 条第 1 款的规定,"被告人死亡的,人民法院应当裁定终止审理,但有证据证明被告人无罪,人民法院经缺席审理确认无罪的,应当依法作出判决"。可见,法院裁定终止审理并不导致被告人处于无罪状态,如有证据证明确实无罪的,还应依法进行无罪宣判。其二则是没有关注到裁定终止审理还会产生其他的法律效果。

第二类效果是对案件欠缺诉讼要件之确认。诉讼要件指的是"使整个诉讼能够合法进行并为实体判决所须具备之前提要件",[①]如果这些诉讼要件有所缺憾,便无法作出实体判决,"只能按照欠缺种类分别谕知免诉、不受理或管辖权错误判决",[②]"而且,在每一诉讼阶段,侦查机关、检察机关和人民法院都应依职权审查诉讼要件的齐备状况,不齐备者,就难以向下一阶段推进"。[③] 裁定终止审理正是这种对欠缺诉讼要件之案件的阻隔机制。例如,《刑事诉讼法》第 301 条第 1 款规定,"在审理过程中,在逃的犯罪嫌疑人、被告人自动投案或者被抓获的,人民法院应当终止审理",本条为犯罪嫌疑人、被告人逃匿、死亡案件违法所得没收程序的规定。"犯罪嫌疑人、被告人逃匿,在通缉一年后不能到案"是上述程序区别于缺席案件的涉案财物追缴程序的核心标准,也是关键的诉讼要件。犯罪嫌疑人、被告人的自动投案和被抓获使这一诉讼程序所须的诉讼要件消失,因而法院裁定终止审理,对刑事诉讼程序予以终结。

《三机关意见》第 13 条所规定的"已经受理的,应当裁定终止审理"完全符合第二类法律效果的内涵。当网络诽谤犯罪案件严重危害社会秩序时,其就不再属于告诉才处理的案件,也即,其作为自诉案件的诉讼要件欠缺了,因而不能再以自诉程序对该案进行审理,应当由公安司法机关以公诉程序对案件予以追诉。

2. 机构职责:检察机关的法律监督

《宪法》第 134 条规定,"中华人民共和国人民检察院是国家的法律监督机关"。根据《三机关意见》的有关内容和检察机关在"杭州案"中所确立的办案要旨,检察机关在网络诽谤犯罪案件程序转换中可以采用两种方式进行法律监督。

一是进行刑事立案监督。2021 年 10 月 31 日,最高人民检察院和公安部印发的《关于健全完善侦查监督与协作配合机制的意见》(以下简称《侦监协作意见》)第 3 条第 1 项指出,人民检察院要依法开展立案监督工作,及时发现和纠正应当

---

① 林钰雄:《刑事诉讼法》(上册),台北,新学林出版股份有限公司 2022 年版,第 253 页。

② 林钰雄:《刑事诉讼法》(上册),台北,新学林出版股份有限公司 2022 年版,第 255 页。

③ 邓子滨:《刑事诉讼原理》,北京大学出版社 2023 年版,第 288 页。

立案而不立案的违法情形。可见,刑事立案监督所针对的是公安机关违法的不立案决定。因此,《三机关意见》第14条规定,“对于网络侮辱、诽谤以及适用侵犯公民个人信息罪等其他罪名处理的网络暴力案件,人民检察院认为公安机关应当立案侦查而不立案侦查的,可以要求其说明理由,理由不成立的,应当通知公安机关立案”。公安机关仍不予立案的,检察机关则可以根据《人民检察院刑事诉讼规则》(以下简称《高检规则》)第564条第2款,对公安机关发出纠正违法通知书。

二是建议公安机关立案侦查。如若公安机关的不立案决定并非违法行为,则刑事立案监督就缺乏适用的空间。根据“杭州案”的相关报道,该案起初并未在网络上大面积传播,因而公安机关仅对行为人处以行政拘留,但随着案件情势发生重大变化,检察机关认为行为人的造谣诽谤行为已经严重扰乱网络社会秩序,“应当适用公诉程序,遂履行法律监督职责,建议公安机关立案侦查”。[①] 然而,这种“建议”的法律性质为何?笔者认为,有两条可供讨论的解释路径。其一,此种“建议”属于检察建议的范畴。根据《高检规则》第551条第1款的规定,人民检察院实行法律监督,发现违法情形的,依法提出检察建议。检察建议是检察机关维护司法公正、保护国家利益和社会公共利益、维护个人和组织合法权益的重要履职方式,[②]将其作为“建议公安机关立案侦查”的法律依据具有较强的解释力,但问题在于,其属于何种类型的检察建议?根据最高人民检察院2019年2月26日《人民检察院检察建议工作规定》第5条之规定,检察建议包含“再审检察建议”“纠正违法检察建议”“公益诉讼检察建议”“社会治理检察建议”“其他检察建议”5种类型。据此,“建议公安机关立案侦查”应属于“其他检察建议”。其二,此种“建议”属于侦检两机关的沟通协调机制。根据《侦监协作意见》第3条第2项的规定,办理社会关注度高、敏感性强的刑事案件时,人民检察院、公安机关应当落实刑事案件应急处置协调机制要求,共同做好依法办理的工作。可见,面对公安机关并不违法的不立案决定,人民检察院可以通过“建议”的方式引导公安机关启动立案侦查程序。需要注意的是,这种建议作为一种柔性的工作交流方式,“只是希望建立起检警双方的工作沟通,并不对检警关系进行颠覆性变革”。[③]

---

① 《第三十四批指导案例》,载中华人民共和国最高人民检察院网,https://www.spp.gov.cn/spp/jczdal/202202/t20220221_545125.shtml,最后访问日期:2023年7月1日。

② 参见高景峰、吴孟栓、米蓓:《〈人民检察院检察建议工作规定〉理解与适用》,载《人民检察》2019年第8期。

③ 崔凯、彭魏倬加:《检察机关“审前主导”的客观阻碍和实施进路》,载《湖南社会科学》2016年第5期。

3. 实践回应:被害人行权能力提升

公诉程序的“入场”还体现出对被害人自诉权行使困难的一种司法回应。长期以来,我国刑事自诉案件数量基本可以忽略不计,“国家统计局的数据显示,2017 年到 2019 年,刑事自诉案件占刑事案件总数的比例分别为 1.14%、1.10% 以及 0.79%,呈现逐年下降的态势”。① 其原因在于,相较于公诉程序,刑事自诉程序的启动门槛更高。根据《刑事诉讼法》第 109 条的规定,“公安机关或人民检察院发现犯罪事实或犯罪嫌疑人,应当按照管辖范围,立案侦查”,而根据《高法解释》第 316 条第 4 项的规定,除须符合自诉案件类型、属于本院管辖以及有被害人告诉的以外,自诉案件的受理,还须满足“有明确的被告人、具体的诉讼请求和证明被告人犯罪事实的证据”。可见,相较于“有犯罪事实”即可启动立案侦查的公诉程序,刑事自诉案件受理所须的构成要件更多,给被害人维护自身合法权益设置了阻力。在网络诽谤犯罪案件的语境中,这种阻力无疑会呈指数级提升。

大数据的广泛应用作为人类历史上一次重大的科学技术革命,“在范式转换的基础上实现了对世界观的改变”,②使触网类案件与传统刑事案件的界限日益模糊。在法律 3.0 时代,政府对实践发展的回应体现出“既关注规则的修改,也关注技术方案的核心特征”。③ 在此背景下,刑事司法的运行样态出现了诸多新特点,最典型的莫过于,电子证据大量涌入刑事诉讼程序,逐渐成为“证据之王”。对此,一个逐步形成的共识是,“相比于传统证据,电子证据具有虚拟空间性或数字空间性,其处在由 0 和 1 数字信号量构成的无形空间中”。④ 显而易见的是,被害人由于取证能力有限,所收集的证据难以达到证明犯罪的标准,即使达到证明标准,其也难以承受高昂的诉讼成本和繁琐的诉讼程序。

有鉴于此,通过启动公诉程序,由公安司法机关进行立案侦查,代替被害人进行取证和举证,可以有效提升被害人的行权能力、维护其合法权益。

(三)小结

在网络平台聚合性、即时性的催化作用下,诽谤犯罪的“公诉—自诉”界限模

① 庄永廉、樊崇义、苗生明等:《自诉与公诉的转换衔接及理论基础》,载《人民检察》2021 年第 13 期。

② [美]托马斯·库恩:《科学革命的结构》(第 4 版),金吾伦、胡新和译,北京大学出版社 2012 年版,第 94 ~ 113 页。

③ [英]罗杰·布朗斯沃德:《法律 3.0:规则、规制和技术》,毛海栋译,北京大学出版社 2023 年版,第 2 页。

④ 刘品新:《电子证据法》,中国人民大学出版社 2021 年版,第 5 页。

糊问题进一步凸显,使绝大多数网络诽谤犯罪案件极易达到危害社会秩序和国家利益的程度,从而推动网络诽谤犯罪案件整体呈现“公诉化”的态势,为“公诉独占模式”的生成奠定实体基础。在程序方面,有赖于刑事诉讼规范体系的制度供给,公安司法机关可以通过“说服自诉人撤回自诉”“裁定不予受理”以及“裁定终止审理”三种方式阻止自诉程序的推进。同时,作为法律监督机关的人民检察院可以通过刑事立案监督和“建议”的方式引导公安机关启动公诉程序。最后,对被害人合法权益维护的助力和社会责任的担当履职,使公诉程序的介入获得了“人权保障”话语体系的正当性证成。

除前述之外,《三机关意见》第13条还以“应当”一词,对“公安机关立案”“人民法院说服自诉人撤回起诉、裁定不予受理以及裁定终止审理”予以限制,替代了“可以”的表述,从而抹除了“杭州案”办案要旨中表现出的裁量性色彩,使公诉程序的介入带有明显的强制性。综上,笔者认为,对网络诽谤犯罪案件的惩治实际上已经形成了一种“公诉独占”的追诉模式。

四、“公诉独占模式”的制度缺憾与理论归因

带有鲜明权力面向的“公诉独占模式”,能使公权力完整地介入网络诽谤犯罪案件的追诉场域,有效化解自诉人立案难、取证难、举证难的诉讼困境,显著增强追诉方惩治犯罪的能力。但遗憾的是,“公诉独占模式”并未对自诉人的权利保障和权益诉求给予必要的关照,实际上造成了被害人的权利减损,而潜隐于法律父爱主义背后的权利限制倾向,以及长期以来对“告诉才处理犯罪”内涵的误解或为其理论根源。

(一)制度缺憾:规范真空下的被害人权利减损

在我国实行“公诉为主、自诉为辅;公诉优先、自诉补充”起诉制度的背景下,[①]作为“纯正自诉案件”的告诉才处理犯罪,因其“核心价值是充分尊重个人法益主体的意志自由”,[②]而承担着平衡国家追诉权与个人追诉权的重要功能。如此,公诉权在告诉才处理犯罪中的介入应坚守两个立场:一是不干预被害人的程序选择权,二是公诉权的入场应有助于实现对犯罪的最佳处理。但由于粗疏的制度表达,被害人的权利保障机制在“公诉独占模式”下处于规范真空的状态,其也

① 参见吴宏耀:《刑事自诉制度研究》,载《政法论坛》2000年第3期。
② 李立景:《亲告罪要论》,中国人民公安大学出版社2003年版,第194~195页。

沦为网络诽谤犯罪案件追诉程序中的"边缘人"。具体而言,其主要表现在程序选择权和参与处分权上的减损。

1. 程序选择权的剥夺

程序选择权指的是,刑事诉讼的程序主体有权独立根据自己的认识和判断,决定启动或变更某种程序的权利,主要表现为主体有权选择纠纷解决的方式。对刑事案件适用何种程序予以追诉将极大影响被害人的诉讼地位,如此,法律规范理应对自诉人程序选择权的行使予以更为充分的关注。但实际上,这种程序选择权很大程度上处于被剥夺的境况中,下文将从"知情权与意见表达权"以及"公诉介入后的救济权"两个方面进行分析。

一是自诉人对公诉权介入的知情权和意见表达权。根据诉讼竞合理论,当一个案件同时存在两个诉讼时,应当终结或者中止其中一个诉讼,由另外一个诉讼处理案件或者先行处理。① "公诉独占模式"排斥了自诉程序的适用,从而将原本作为类民事诉讼主体的刑事自诉人,变更为具有"附随性"的被害人,使其所享有的诉讼权利被克减。同时,根据《高法解释》第 320 条第 2 款第 6 项的规定,除因证据不足而撤诉的以外,自诉人撤诉后,就同一事实又告诉的,人民法院应当说服其撤回自诉或裁定不予受理,而公诉权的入场并不属于证据不足的情形,自诉人撤回起诉的行为则无疑会为自己再次行使自诉权设置程序障碍。因此,公权力在介入诽谤犯罪案件的追诉时,必须要保障自诉人对追诉进程的知情权和公权力介入的意见表达权。但就《三机关意见》第 13 条的内容表述而言,其很大程度上忽视了对上述权利的保障。该条指出,一旦网络诽谤犯罪达到严重危害社会秩序的程度,人民法院就"应当"说服自诉人撤回自诉或裁定不予受理,已经受理的,则"应当"裁定终止审理。"应当"作为限定词的广泛存在,表明公权力介入的强制性和以案件侵害程度为标准的单一性。可见,"公诉独占模式"的启动并不以自诉人的同意为前提条件,因而无意保障其知情权和意见表达权。

二是自诉人在公诉程序启动后的救济权。"无救济则无权利",自诉人对公权力介入的救济手段是保障其自诉权行使的关键方式。前述已经提及,公安司法机关可以通过"说服自诉人撤回自诉""裁定不予受理"以及"裁定终止审理"三种方式获取诉讼程序的主导权,因此有必要为自诉人设置相应的救济权利。《三机关意见》第 13 条对此并未予以关注,这与《高法解释》对自诉人通过上诉实现权利救济的明确规定形成鲜明对比。有学者就认为,"被害人对人民法院终止审理的裁

① 参见时延安:《"自诉转公诉"的法理分析》,载《中国刑事法杂志》2021 年第 1 期。

定不能提起上诉,允许被害人上诉不符合自诉程序已经终止的事实,使一个案件同时存在两个诉讼程序",①这显然与《高法解释》的规定完全背离。对于自诉人撤回自诉而言,《高法解释》第321条规定,自诉人撤回起诉后,又提出新的足以证明被告人有罪的证据,再次提起自诉的,人民法院应当受理。对于裁定不予受理而言,《高法解释》第322条第1款规定,自诉人对不予受理裁定不服的,可以提起上诉。对于裁定终止审理而言,《高法解释》第378条第1款规定,"地方各级法院……应当告知……自诉人及法定代理人不服……终止审理等裁定的,有权在法定期限内以书面或口头形式……提出上诉"。可见,《三机关意见》第13条与《高法解释》的权利救济配置程度还有相当的差距。

2. 程序处分权的弱化

处分原则作为大陆法系国家民事诉讼中的一项基本原则,意指"当事人是否起诉或终结诉讼,何时或何种内容、范围(法院对当事人没有提出请求事项不能裁判)、对何人起诉,原则上由当事人自由决定,国家不能干预"。② "公诉独占模式"使自诉人的诉讼地位跌落至被害人的位置,其程序处分权很大程度上遭到削弱,具体表现在网络诽谤犯罪案件中的被害人是否能进行刑事和解处于悬而未决的状态。

有学者指出,"自诉机制是一种'财产机制'而非'禁止交易规则',可以留给双方回旋和解的余地"。③ 适用公诉程序后,被害人还能与被告人达成和解吗?《三机关意见》未能给予明确的答案。但根据《刑事诉讼法》第288条第1款第1项的规定,因民间纠纷引起,涉嫌刑法分则第四章、第五章规定的犯罪案件,可能处三年有期徒刑以下刑罚的,被害人自愿和解的,双方当事人可以和解,同时根据《三机关意见》第2条,网络诽谤行为,以诽谤罪定罪处罚。诽谤罪作为侵犯公民人身权利、民主权利的犯罪属于刑法分则第四章所规定的内容,且符合三年有期徒刑以下刑罚的规定,因而应当适用刑事和解程序。

(二)理论归因

1. 保护权益与限制自由:法律父爱主义的双重面孔

"父爱主义"(Paternalism)也被习惯称为"家长主义",④其作为西方法律思潮

① 邓思清:《论自诉转公诉的规范构造》,载《西南政法大学学报》2021年第4期。

② 张卫平:《民事诉讼处分原则重述》,载《现代法学》2001年第6期。

③ 车浩:《诽谤罪的法益构造与诉讼机制》,载《中国刑事法杂志》2021年第1期。

④ 张文显:《二十世纪西方法哲学思潮研究》,法律出版社1996年版,第549页。

中重要的"舶来品",虽未在我国正式确立起合法地位,但已经在立法、执法、司法等领域中得到隐晦地认可和运用。一般来说,父爱主义可以被分为软(soft)父爱主义和硬(hard)父爱主义两种类型。对于前者,其尊重行为人任何"真实的决定"(基于充分的信息以及健全的心智所作的决定),而主张对"冲动、受欺骗以及不成熟的决定"进行干预和限制。① 后者则是指,管理人(一般是政府)基于提高当事人福祉的善意动机对其自由和权利予以限制,而对后者的主观意愿置若罔闻。② 据此。有学者将法律父爱主义的核心特征归纳为,"为了保护行为人的利益而干预行为人的行为"或"国家为了保护个人的未来利益而违背当下选择,限制其当下的自由"。③④ 由此,法律父爱主义的行为特征可以被归纳出来,即政府为增进公民的福祉(包括保护他们免受损失),而不同程度地采取限制其自由或权利的干预措施,这种措施同时也会产生提升公共利益的效果。⑤ 虽然对该特征的归纳并不统一,⑥但"依托限制行为人自由的方式,实现保护其利益的目的"应是各不同观点的最大公约数。

那么,这种对权利和自由的限制有何正当性呢?一是通过提升当事人的行为能力,达致社会功效的最大化。父爱主义的兴起代表着法学界对"理性经济人假设"的批判与重新认识。广泛存在于社会中的不平等现象和信息不对称使一部分人陷入贫穷、愚昧和困顿,国家利用法律对此类群体的权利行使或决策予以限制,能够有效弥补当事人的能力缺陷,也可以保护其不受他人带来的侵害,"从而提升当事人的功效,进而在总体上提高整个社会的功效"。⑦ 二是推定的当事人同意。John Stuart Mill 对此曾讲过一个流传甚广的故事,一个公职人员深知某座桥梁是危桥,其发现有人试图上桥但来不及警示,此时他可以一把抓住他,将他拖回来。⑧

---

① 参见孙笑侠、郭春镇:《美国的法律家长主义理论与实践》,载《法律科学(西北政法学院学报)》2005 年第 6 期。

② See Thaddeus Mason Pope, *Counting the Dragon's Teeth and Claws: The Definition of Hard Paternalism*, 20 Ga. St. U. L. Rev. 659, 659(2004).

③ 黄文艺:《作为一种法律干预模式的家长主义》,载《法学研究》2010 年第 5 期。

④ 邓卓行:《刑法直接家长主义的理论澄清与实践转向》,载《环球法律评论》2022 年第 6 期。

⑤ 参见孙笑侠、郭春镇:《法律父爱主义在中国的适用》,载《中国社会科学》2006 年第 1 期。

⑥ 例如,黄文艺认为,为保护社会利益、公共利益而进行的法律干预行为,属于"非家长主义法律干预"的话语范畴。参见黄文艺:《作为一种法律干预模式的家长主义》,载《法学研究》2010 年第 5 期。Thaddeus Mason Pope 则将这种对其他人有利的法律干预称为"非纯粹的家长主义"。See Thaddeus Mason Pope, *Counting the Dragon's Teeth and Claws: The Definition of Hard Paternalism*, 20 Ga. St. U. L. Rev. 659, 701(2004).

⑦ 郭春镇:《论法律父爱主义的正当性》,载《浙江社会科学》2013 年第 6 期。

⑧ 参见[英]约翰·穆勒:《论自由》,孟凡礼译,上海三联书店 2019 年版,第 112 页。

一位明智的人当然深知登上一座危桥极有可能对自己的生命健康造成威胁,因而不会上桥。此时,那位公职人员就有充足的限权理由(为保护行人的生命安全而限制其上桥的自由)推定当事人会同意自己的干预。

“公诉独占模式”对被害人诉权的克减和限制深受法律父爱主义的影响。一方面,对网络诽谤犯罪案件以公诉程序予以追诉,可以拓宽追诉方的取证渠道并提升成功追诉犯罪的概率,从而有效维护被害人的合法权益和社会秩序与国家利益,提升社会的整体功效。另一方面,公权力机关有充分的理由推定被害人会同意适用公诉程序。一是相较于被害人,公安司法机关在案件侦破能力上具有明显优势已经成为全社会的基本认知;二是公安司法机关作为“人民政府”的组成部分,“为人民服务”以及“有事找政府”的政治话语和朴素观念已经深入人心,使被害人一般具有较强的职权信赖感。

2. 沉湎于错误之中:“告诉才处理”的理解偏差

在我国,对“告诉才处理”的理解长期陷入误区。有权威学者认为,“告诉才处理的刑事案件共有 4 种;所谓‘告诉’,其实意指‘起诉’,并不包含控告;因此,告诉才处理的案件,只能自诉而不能公诉”。① 言下之意在于,“被害人告诉的才处理”等同于被害人向人民法院提起自诉,并且排除了其向公安机关、检察机关寻求犯罪追诉的可能,此观点得到了现行法律规范的认可和吸收,②成为我国刑事诉讼法学理论中的“真理”。

其实,将“告诉”等同于“自诉”,而将特定犯罪的追诉权排他性地赋予被害人,是强化被害人权利保障的中国方案。对该方案的形成逻辑分析如下:其一,自诉可以保障被害人的隐私利益。以暴力干涉婚姻自由罪为例,如若由公诉机关径直予以追诉,则被害人及家庭成员的隐私、名誉等均会受到案件曝光带来的负面影响,因而此类犯罪的追诉应当充分建立在被害人的主观意愿上。其二,由被害人提起自诉符合诉讼经济原则。何种罪应当被纳入“告诉才处理”的范畴呢?有学者通过经济分析的方法,认为自诉可以降低社会运行的总成本,因而“法益损害轻微之罪以及政府干预严重影响隐私之罪均应纳入此范畴”。③ 其意在,由公诉机关对“告诉才处理”的案件进行追诉无异于“大炮打蚊子”,徒增诉讼成本而不符合诉讼经济原则。其三,“告诉才处理”的案件与公共利益无直接关系。诽谤罪、

---

① 陈光中主编:《刑事诉讼法实施问题研究》,中国法制出版社 2000 年版,第 18 页。

② 根据 2020 年《公安机关办理刑事案件程序规定》第 176 条第 1 款的规定,“经审查,对告诉才处理的案件,公安机关应当告知当事人向人民法院起诉。”

③ 朱敬一:《由经济学的观点看告诉乃论与公诉之取舍》,载《经济论文丛刊》1986 年第 14 辑。

侮辱罪等告诉才处理的犯罪,其所侵犯的属个人法益,如被害人无意愿进行追究,则诉讼程序不能被启动。[①] 但由于忽略了"自诉人的诉讼能力"这一关键因素,被害人在司法实践中时常处于手足无措的境地,使上述所欲实现的目标,几近落空。

首先,全部由被害人提起自诉有违诉讼经济原则。[②] 由于自诉程序要求被害人在起诉前必须明确认识犯罪性质、能够获取到足够、确实的证据材料,这与其欠缺诉讼能力的现实境况存在明显落差,所以自诉人往往无法达到有罪判决所需的证明标准,因而承担追诉失败的风险。有研究通过对 2014—2016 年间,全国 1377 份一审"告诉才处理"案件的裁判文书进行分析,得出了有罪判决率仅为 12.51% 的统计结论。[③] 面对如此高的败诉率,自诉人往往心生怨恨,从而启动诸如上访等权利救济渠道,增加了社会治理的成本。其次,在网络诽谤的场域中,被害人的诉讼能力将更加捉襟见肘,这就使公诉机关不得不频繁适用《刑法》第 264 条第 2 款的规定,以启动公诉程序,从而使对告诉才处理案件追诉的自诉独占主义名存实亡。最后,这种常态化的诉讼程序转换,引发犯罪追诉权利的归属主体和行权主体的分离,使得公权力机关如何保障自诉人的诉讼权利成为重要的实践难题,对被害人知情权、意见表达权、救济权以及处分权的保障无疑给司法机关带来了沉重的负担。有鉴于此,将"告诉才处理"等同于被害人向法院提起自诉,不仅在实践运行中无法达到预设的制度效果,还会由于频繁的程序转换而陷入诉权保障的理论困境,这种制度误解已经到了必须要纠正的时候。

五、"公诉独占模式"的路径优化:迈向"公诉协助模式"

"公诉独占模式"是公安司法机关面对网络诽谤案件"公诉—自诉"界限模糊一种无奈的程序回应,对上述案件追诉程序的整体锻造,仍有赖于刑事实体法对"严重危害社会秩序"的重新诠释。但这并不意味着刑事程序法对此无能为力。笔者认为,针对当前公诉独占模式下,被害人权利保障的困境,主张公安司法机关应当审慎限制被害人的诉讼权利,施行温和的法律父爱主义;但在未来,则要对"告诉才处理"进行重新解释,使之回归"告诉乃论"的正确内涵,并提倡构建一种"公诉协助"的网络诽谤犯罪案件追诉模式。

---

① 参见蔡墩铭:《刑事诉讼法论》,台北,五南图书出版股份有限公司 1993 年版,第 297 页。

② 参见王一超:《论"告诉才处理"案件的追诉形式》,载《环球法律评论》2014 年第 4 期。

③ 参见谢德明、王红:《"告诉才处理"案件"告诉"模式实证研究——基于 1377 份一审裁判文书实证分析》,载搜狐网,https://www.sohu.com/a/440904420_120058306,最后访问日期:2023 年 7 月 16 日。

(一)审慎限权:走向温和的法律父爱主义

如前所述,法律父爱主义呈现出保护权益与限制自由的双重面孔,而公权力作为具有明显扩张性的权力类型,会使父爱主义在实践容易陷入“以保护权益为名,过度限制公民自由”的异化困境。由此,笔者立足于当前网络诽谤犯罪案件追诉中被害人权利保障的困境,提出公安司法机关对被害人诉讼权利的限制应当保持审慎,同时提倡一种温和的法律父爱主义践行方式。此处的温和是指,“在可能的限度内,以最温和的方式限制个人自由与自治”,而审慎是指,“在限制权利和自由时应对各种价值进行审慎的衡量,这种衡量不仅需要在实质意义上进行,也要经受程序性规则的限制”。① 未来有必要对网络诽谤刑事追诉的公诉介入在程序设计上进行如下优化:

1. 公诉程序介入前的“告知与征求意见”

这可以分为两种情况:一是在有被害人提起自诉的情况下,公安司法机关应当将案情进展和其危害程度向自诉人详细地进行介绍,并征求其对适用公诉程序进行犯罪追诉的意见;二是在被害人死亡或丧失诉讼能力的情况下,公安司法机关应当将案情告知其法定代理人、近亲属,并询问后者的诉讼意愿,如若法定代理人或近亲属不愿意提起自诉或接续诉讼的,公安司法机关应当适用公诉程序予以介入。通过在公诉介入前对被害人的知情权与意见表达权予以实质保障,从而使“推定的当事人同意”转换为“纯正的事前同意”,增强法律干预的正当性基础。

2. 公诉程序介入后的“救济机制”

在自诉受阻的情形下,法律应当赋予被害人提出异议的权利,这也符合《高法解释》的基本精神。具体来说,人民法院经审查,认为被害人提起的刑事自诉所涉及的犯罪类型属于公诉案件时,应当裁定不予受理,自诉人对裁定不服的,可以提出上诉。除此之外,人民法院在自诉受理后,发现公安机关已经启动立案程序的,应当说服自诉人撤回自诉或裁定终止审理,并告知自诉人相关的上诉权利。

3. 公诉程序适用中的“处分保障”

由于《刑事诉讼法》第101条第1款和《高法解释》第175条第2款,将刑事附带民事诉讼的赔偿范围限定在物质损失的范围内,这是明显落后于犯罪发展和演化的进程。因为相较于物质损失,网络诽谤犯罪案件对被害人精神和心理的摧残和侵犯更为显著,对精神损害赔偿的诉求也更为明显。但当公诉程序介入后,当

---

① 郭春镇:《论法律父爱主义的正当性》,载《浙江社会科学》2013年第6期。

事人只能通过附带民事诉讼程序来解决经济赔偿的问题，这显然无法满足被害人最重要的赔偿诉求。刑事和解间接为保障被害人的“精神损害赔偿求偿权”提供了帮助。

刑事和解的兴起与探索是建立在一种利益兼得基础上的制度调整，其符合加害方和被害人利益诉求的共同点。[①] 通过刑事和解，犯罪嫌疑人和被告人有机会不再被追究刑事责任或仅承担轻微的刑事责任，因而有更多的动力去筹措资金来满足被害人的经济赔偿需求，真诚地向被害人认罪悔罪、赔礼道歉，修复受损的社会关系。因此法律规范必须明确，当公诉程序介入后，被害人可以与犯罪嫌疑人、被告人进行刑事和解，这也是被害人程序处分权的体现。

（二）公诉协助：回归“告诉乃论”的基本内涵

“通过何种方式进行起诉，都应该服务于刑事诉讼目的的实现，追求惩罚犯罪与保障人权之间的平衡”，[②]赋予“告诉才处理”何种内涵也应遵循此种逻辑。对此，我国台湾地区所确立的“告诉乃论”制度可资借鉴，下文具体分析：

1.告诉乃论的理念回归：“告诉才处理”的重新解读

在重新解读“告诉才处理”之前，我们有必要对“告诉乃论”的概念含义、功能性质与程序效力进行完整、清晰的界定。

对于其概念含义而言，与将告诉才处理之“告诉”解读为自诉不同，我国台湾地区告诉乃论之“告诉”具有迥异的内涵。有学者指出，“告诉（Strafantrag），系指犯罪之被害人或其他告诉权人，向侦查机关申告犯罪事实并为请求追诉之意思表示”，[③]即被害人或其他有权告诉的人向侦查机关通过书状或口头告知犯罪事实并请求诉诸刑事审判的行为，相当于中国大陆地区所说的“控告”。与此相反，没有告诉权的人（第三人）向侦查机关告知犯罪事实的行为则属于“告发”，这与中国大陆的“检举揭发”类似。除此之外，告诉乃论制度还有宽泛的适用场域。我国台湾地区“刑事诉讼法”第232条规定，“犯罪之被害人，得为告诉”，但并未将犯罪类型予以明确划分，一般认为，在“告诉乃论之罪”与“非告诉乃论之罪”中均可“告诉”。[④]

对于其功能性质而言，“告诉”一是可以作为“侦查开端之事由”。根据其“刑

① 参见陈瑞华：《刑事诉讼的中国模式》（第3版），法律出版社2018年版，第41～42页。

② 熊秋红：《论公诉与自诉的关系》，载《中国刑事法杂志》2021年第1期。

③ 林钰雄：《刑事诉讼法》（下册），台北，新学林出版股份有限公司2022年版，第110页。

④ 参见郑逸哲：《“非告诉乃论之罪”的“撤回告诉”》，载《月旦法学教室》2012年第113期。

事诉讼法"第228条第1项规定,"检察官因告诉、告发、自首或其他情事知有犯罪嫌疑者,应即开始侦查",即无论所申告之犯罪是属于"告诉乃论之罪"还是"非告诉乃论之罪",均可以引动侦查。但不同的是,如果告诉之事实为"告诉乃论之罪",那么"告诉"还应当是"刑事诉讼的要件",也被称为刑事追诉条件,①这点也为大陆法系通说所承认。② 这就意味着,当欠缺"告诉"时,就会产生诉讼障碍(也叫"消极的诉讼要件"),"案件在侦查时,告诉乃论之罪欠缺告诉,检察官不得提起公诉;其未经告诉者,应以行政签结,经提出告诉后又撤回告诉者,应为不起诉处分。在审判中,发现告诉乃论之罪未经告诉或告诉撤回者,法院应谕知不受理判决"。③

对于其程序效力而言,由于非告诉乃论之罪中的告诉仅为侦查开端之事由,因而"关于告诉的效力,主要是有关告诉乃论罪的告诉问题"。④ 其一,告诉乃论所启动的是公诉程序。我国台湾地区划分公诉与自诉的方法是,判断诉讼系属是由何人提起,如果是检察机关提起则是公诉程序,如由被害人提起则属于自诉案件。因此是否适用自诉程序与其是否属于告诉乃论之案件并无关系,这与大陆地区将程序种类与案件类型相挂钩大相径庭。其二,则是"告诉"与"自诉"之间的关系。我国台湾地区"刑事诉讼法"第322条和第324条规定,"告诉或请求乃论之罪,已不得为告诉或请求者,不得再行自诉;同一案件经提起自诉者,不得再行告诉",这表明,虽然对自己所受侵害之犯罪行为,被害人提起自诉或告诉均为天然的诉讼权利,但"二者应此消彼长,不得同时行使"。⑤ 具体而言,(1)如果被害人已经向法院提起自诉,由于其具有行使告诉权之效力,故二者不得同时行使;(2)如果被害人提起自诉,又于一审辩论终结前撤回自诉,如前述的理由,同样不得再行告诉之权;(3)如果被害人已经行使告诉权,但又撤回告诉或被害人死亡等致使诉讼要件消失的情形,则不能再提起自诉;(4)在告诉乃论之罪的语境中,当被害人提出告诉从而启动公诉程序后,被害人还能否提起自诉?我国台湾地区

① 参见王一超:《论国家教唆之下被教唆人的诉讼救济——以刑事诉讼条件理论为视角》,载《中国刑事法杂志》2014年第3期。

② 参见[日]田口守一:《刑事诉讼法》(第7版),张凌、于秀峰译,中国政法大学出版社2019年版,第244页。

③ 刘秉钧:《告诉乃论的"告"与不告不理的"告"观念的辨明》,载《月旦法学教室》2010年第97期。

④ [日]土本武司:《日本刑事诉讼法要义》,董璠舆、宋英辉译,台北,五南图书出版股份有限公司1997年版,第107页。

⑤ 林俊益:《程序正义与诉讼经济》,台北,元照出版公司2000年版,第5页。

"刑事诉讼法"第323条第3款就指出,检察官于侦查期间,发现同一案件已有自诉时,不得再行侦查,而应将全案移送该自诉法院,"这表明,在告诉乃论之罪中并未采行公诉优先原则,虽然已经告诉,检察官也已经开始侦查,但仍可以提起自诉"。①

综上,我们可以对"告诉才处理"进行重新解释。其一,"告诉"不等于自诉,相反还会启动公诉程序。其二,此类犯罪主要以被害人的人身权益为侵害对象,又往往存在"隐情",因而是否追诉要尊重当事人的主观意愿。其三,被害人的"告诉"作为"侦查开端之事由"以及"诉讼要件",是启动公诉程序追诉的前提条件,如若被害人撤回告诉以及没有告诉,公安司法机关的诉讼进程也因出现程序障碍事由而难以为继,从而必须做出撤销案件、不起诉或者终止审理的决定。其四,"告诉"不排斥"自诉"。如若被害人未向侦查机关告诉,则必须启用自诉这一最后的手段惩治犯罪;如若被害人已经向侦查机关告诉犯罪,则前者也可以在侦查终结之前提起自诉,侦查机关应当将所收集的证据材料移送受理自诉的人民法院。

2. 迈向"公诉协助模式"

"公诉协助模式"不留恋于国家诉权与个人诉权何者为本源、何者为派生的争论,而是将二者置于一种良好的互动关系中,是公诉权与自诉权合理分配理论的制度映射,因而其主张兼容刑事起诉方式的多元样态。② "公诉协助模式"以最大限度地保护被害人合法权益为逻辑起点,以尊重当事人的自主选择为行动样态,同时发挥公安司法机关在取证上的技术优势以及程序上的诉讼经验,尝试构建出新的网络诽谤犯罪追诉模式。具体论述如下:

(1)一个起点:追诉能力的自我评估

当被害人意图维护自身受犯罪侵犯的权益时,其首先应当对自身的追诉能力予以评估。此处的追诉能力应采最广泛意义上的理解,包括:一是获取证据的能力,即狭义上的追诉能力。根据相关研究的实证分析,在1377份涉及告诉才处理案件的裁判文书中,有76.8%是裁定书,③这意味着大部分案件的推进终止于开庭审理之前。根据《刑事诉讼法》第211条第1款第1项的规定,犯罪事实清楚,有足够证据的案件,应当开庭审理。这就意味着大多数"告诉才处理"的案件因为事实不清、证据不足而没能进入实质审理阶段。二是本人的追诉意愿,告诉才处

① 刘邦绣:《告诉乃论罪之告诉与刑事诉讼法上告诉、自诉之探讨》,载《全国律师》2001年第9期。

② 参见熊秋红:《论公诉与自诉的关系》,载《中国刑事法杂志》2021年第1期。

③ 参见谢德明、王红:《"告诉才处理"案件"告诉"模式实证研究——基于1377份一审裁判文书实证分析》,载搜狐网,https://www.sohu.com/a/440904420_120058306,最后访问日期:2023年7月16日。

理的案件大多情况下直接涉及当事人的隐私,对相关犯罪予以追诉会导致相关隐私信息面临曝光的风险,对家庭伦理和个人名誉造成负面影响。三是诉讼成本是否超过本人的承受范围。以诉讼方式维护权益程序繁杂、耗时费力,其高昂的诉讼成本也是需要着重考虑的问题。

(2)两条路径:"自诉"抑或"告诉"

一是自诉。如被害人经过评估,认为自己已经掌握充分的证据,并且有意愿对犯罪予以追诉时,可以采取向人民法院提起自诉的方式维护自身合法权益。但漫长的诉讼过程充满着变数,如果刑事自诉受理后,自诉人死亡或丧失诉讼能力的,诉讼程序将如何处理?既有研究提出了两种解决方案。一种是贯彻《高法解释》第317条允许被害人的法定代理人以及近亲属代为告诉的精神,由法院通知已经死亡或丧失诉讼能力被害人的法定代理人和近亲属参加诉讼,相关人员不参加诉讼的,人民法院裁定案件按撤诉处理。① 另一种是参考我国台湾地区"自诉承受+自诉担当"的应对模式,先由特定主体(法定代理人、直系血亲或配偶)在一定期限内承受诉讼,无特定主体或特定主体逾期不承受的,由法院通知检察官担当诉讼。② 笔者赞同第二种方案,即检察机关应该作为诉讼担当人协助自诉,这是"公诉协助模式"的题中应有之义。

"诉讼担当"作为民事诉讼法上的重要制度与学理概念,其指"第三人代替诉讼标的的权利义务主体享有或与之共同享有某诉讼标的的当事人适格,而且,该第三人所承受之判决效力及于该权利义务主体"。③ 此举意在"寻求纠纷的有效、迅速解决及充分保护当事人的合法权益"。④ 随着部门法之间的借鉴与融合,诉讼担当制度也进入了刑事诉讼法领域。例如,《德国刑事诉讼法》第377条就规定了检察官可以在判决确定前之案件任何阶段,以明确声明担当诉讼,但这种担当诉讼会导致"自诉人退出诉讼,并以附加诉讼人的身份参加诉讼"的程序后果,⑤与公诉协助模式并不兼容。相比之下,我国台湾地区"刑事诉讼法"第319条第1项以及第322条则是将担当自诉认为是"检察官担当自诉人在自诉程序上实施诉讼行为,程序并不因担当行为而转变为公诉,仍保留自诉程序的性质。检察

---

① 参见喻海松:《刑事诉讼法修改与司法适用疑难解析》,北京大学出版社2021年版,第261页。

② 参见成小爱:《论特殊情形自诉案件诉讼程序的困境与弥合路径》,载《山东警察学院学报》2020年第2期。

③ [日]新堂幸司:《新民事诉讼法》,林剑锋译,法律出版社2008年版,第208页。

④ 李峣:《论诉讼担当的制度缘由》,载《法学杂志》2016年第3期。

⑤ 林钰雄、王士帆、连孟琦:《德国刑事诉讼法注释书》,台北,新学林出版股份有限公司2023年版,第824~825页。

官也并不因而取得当事人之地位”,[①]具有明显的协助性。其规定,自诉人于辩论终结前,丧失行为能力或死亡者,得由法定代理人、直系血亲或配偶为可以提起自诉之人,并于 1 个月内声请法院承受诉讼;如无承受诉讼之人或逾期不为承受者,法院应分别情形,径行判决或通知检察官担当诉讼。由于仍保持自诉程序的底色,检察官的行动则不能超越自诉人的行权范围,意即,检察官不能使用强制性侦查措施获取证据。最后,由于仅承担协助的职能,当自诉人恢复诉讼能力后,检察机关即可退出诉讼。

二是告诉。如若被害人经过评估,认为自己缺乏足够证据追诉犯罪,则可以启动告诉制度,向公安机关陈述所遭受的犯罪事实,请求予以追诉,由此启动了公诉程序。但问题在于,被害人可以在公安机关的侦查过程中,向人民法院提起刑事自诉吗?笔者认为,答案应当是肯定的。首先,此时提起刑事自诉不违反“禁止双重危险原则”。《公民权利和政治权利国际公约》第 14 条(7)将该原则定义为“任何人已依一国的法律及刑事程序最后定罪或者宣告无罪者,不得就同一罪名再予以审判或惩罚”,即一旦司法机关放弃对犯罪嫌疑人的追诉(如检察机关作出不起诉决定)或者经法定程序已经形成了具有法律效力的终局性裁判,就不得再行启动不利于被告人的诉讼程序。可见,被害人于侦查过程中提起刑事自诉,不属于在放弃追诉或已经形成实质裁判的语境下开启新的诉讼程序,因而不违背“禁止双重危险原则”,法院应当受理。其次,保留被害人的自诉权还有一层“监督司法工作”的意味。《宪法》第 27 条第 2 款规定,“一切国家机关和国家工作人员必须依靠人民的支持……接受人民的监督……”。被害人如若认为公安机关怠于行使追诉犯罪的权力,那么就可以通过提起刑事自诉予以监督,维护自身合法权益。最后,当被害人提起的自诉被人民法院正式受理后,公安机关应当将已经获取的证据材料移送给受理自诉的人民法院,从而履行对被害人的诉讼协助职责。

(编辑:武小琳)

---

① 林钰雄:《刑事诉讼法》(下册),台北,新学林出版股份有限公司 2022 年版,第 243 页。

推荐人语

人工智能在提升司法效率、维护司法公正的同时，存在法律和技术融合的难题。本文以当前人工智能辅助司法应用的实效为基础，探析了人工智能司法辅助性的底层逻辑，梳理了人工智能辅助司法裁判的应用困境与应对策略，为巩固人工智能的司法辅助地位、提升人工智能在司法领域的应用水平和协同能力提供新思路。

田力男　中国人民公安大学法学院副教授、博士生导师

智慧司法背景下人工智能司法辅助性定位探析

师小晗*

摘　要：深化智慧法院建设的浪潮下，人工智能在我国司法领域发挥着司法信息化、司法智能化的应用实效，但目前，人工智能在司法应用中只能处于辅助地位。探析人工智能司法辅助性的背后逻辑，在于尊重人的主体地位、人工智能依托的功利主义破坏平等保护原则、人工智能无法调节法律体系内部矛盾等深层次原因。人工智能辅助司法裁判应用中存在算法与法律的融合难题。针对人工智能自身演绎法则具有不可解释性的难题，应让法官承担起算法决策解释的义务。针对司法信息准入与流出管理缺失问题，应框定技术权力的边界，规范信息准入标准。针对人工智能偏差责任主体不明等问题，应完善监管责任体系，从设计层面上规避侵权和道德风险等潜在问题，落实对其所有者、操作者或制造商的监管责任，全面准确落实司法责任制，建立权责统一、权责明晰、权力制约的司法权运行机制。继续确认和巩固人工智能司法的辅助地位，使数字时代的公平正义以百姓"看得见"的方式实现。

关键词：智慧司法；人工智能；司法辅助性；算法

* 师小晗，中国人民公安大学2022级法律（法学）研究生。

引 言

随着大数据与人工智能等先进信息技术进入司法领域，人民法院信息化建设稳步推进，人民法院信息化 4.0 版总体框架基本建成。[①]《最高人民法院工作报告》在 2023 年工作建议中提到：“深化智慧法院建设，完善中国特色互联网司法模式，努力创造更高水平的数字正义”。智慧法院建设是当前司法改革的重要一环，服务于去地方化和去行政化的司法改革目标，不仅具有实践意义，而且还有深刻的学术反思价值。[②] 面对如今“案多人少”的司法困境，司法人工智能借助强大的算法、计算能力和标准化、流程化、重复化的特点，可以在短时间内完成证据审查、案卷制作、要素裁判文书生成等工作，实现对案件裁量的统一指引，在减少司法任意性、提升司法效率有显著的效果。

然而，当前司法人工智能在实际应用中的深度和广度都相当有限。从深度上看，当前的司法人工智能在实践中还仅限于辅助人的决策，只适合充当法官的助手，更适合处理技术性、辅助性的工作，提高工作效率。从广度上看，司法人工智能在成熟的通用技术（如人脸识别、语音转换）以及技术要求不是特别高的领域应用比较成功，但还存在应用性不足、具体性不足、实效性不足等问题。[③] 最高人民法院 2022 年 12 月 8 日《关于规范和加强人工智能司法应用的意见》中指出，“人工智能辅助结果仅可作为审判工作或审判监督管理的参考，确保司法裁判始终由审判人员作出，裁判职权始终由审判组织行使，司法责任最终由裁判者承担。”在此精神指导下，应从人工智能司法应用的定位与理论逻辑入手，对人工智能司法辅助地位的原理、应用和局限进行体系化考察，并在此基础上探析人工智能司法应用的中国模式。

一、人工智能司法应用实效

《最高人民法院工作报告》中提到，“明确人工智能只能辅助、不能代替法官裁判。”因此，人工智能在司法中主要发挥着智能裁判辅助、法律文书辅助生成和审查等辅助办案，司法活动笔录生成、被执行人财产电子查控、卷宗档案电子归档等

---

① 参见陈国平、田禾：《中国法院信息化发展报告 No. 7（2023）》，中国社会科学院法学研究所、社会科学文献出版社 2023 年版，第 1 ~ 2 页。

② 参见郑戈：《在法律与科技之间——智慧法院与未来司法》，载《中国社会科学评价》2021 年第 1 期。

③ Zichun Xu, *Human Judges in the Era of Artificial Intelligence: Challenges and Opportunities*, *Applied Artificial Intelligence*, Applied Artificial Intelligence, Vol. 36:1, p. 1032 (2022).

辅助事务性工作,支持案件裁判偏离度预警、廉洁司法风险防控等辅助司法管理的作用。新加坡国立大学法学院西蒙・切斯特曼(Simon Chesterman)教授曾在论文中提到,中国在法庭上使用人工智能系统的技术走在了前列。① 纵观近几年全国智慧司法实践,可以看到各地区智能裁判系统辅助系统发挥着信息化应用、智能应用等愈加重要的实效。

(一)司法信息化应用

广义的司法信息化范围与我国独特的司法体系语境紧密相关,包括公、检、法三机关以及司法行政机关的信息化。狭义的司法信息化仅指法院信息化,是指将信息技术应用于法院案件审理、政务办公、公共服务等场景中的信息获取、传输、存储以及处理,从而促进审判体系和审判能力现代化的过程。② 如今,信息化应用的发展体现出多元、高效的特点。

技术的应用对当前的司法制度建设有了深刻的影响。聚焦我国目前的智慧司法实践,北京睿法官系统在相似案例推送、自动生成审理提纲及笔录模板、结案环节自动生成裁判文书的全流程的数据服务上有了比较成熟的应用;③江西以"收转发 e 中心"为枢纽的"e 系列"应用体系建设突破了现有诉讼材料管理模式,实现诉讼材料的统一接收、统一扫描、统一云柜转交和电子送达、邮政集约送达等信息化管理;"陕西法院新案件管理 3.0 系统"内设审判管理系统、执行管理系统、司法统计软件系统和质效评估系统,可实现案件信息同步录入、案件办理网上审批、案件节点智能控制、统计数据自动生成,能够按照最高人民法院要求及时更新全部法律文书模板,与最高人民法院"总对总"查控系统和网络司法拍卖系统完成对接。信息技术在司法领域的应用成功实现了辅助性事务从审判工作中完全剥离,优化了资源配置,有效减轻审判人员负担,以信息化手段实现审判流程的再造,进一步增强了司法公信力。

---

① Simon Chesterman, *All Rise for the Honourable Robot Judge? Using Artificial Intelligence to Regulate AI*, NUS Law Working Paper, Vol. 19, p. 1(2022).

② 参见刘奕群、吴玥悦:《信息化与智能化:司法语境下的辨析》,载《中国应用法学》2021 年第 2 期。

③ 参见《2018 全国政法智能化建设智慧法院十大创新案例(一)北京市高级人民法院——"睿法官"系统》,载法安网,https://www.faanw.com/zhihuifayuan/58.html,最后访问日期:2023 年 5 月 10 日。

（二）司法智能化应用

司法智能技术以人或更抽象的理性的智能为研究对象，其目的是把可用信息转换为知识，并在知识指导下以智能的方式达成目标。与信息化应用不同，司法智能化应用能够在一定程度上“理解”语义、图片等外界输入等内容和逻辑关系，具有一定的学习和推理能力，在无人干预的情况下通过反馈不断优化行为来实现总体目标。智能化的发展呈现出使机器趋于“智慧”的特点。

例如，美国司法及相关部门广泛应用的 COMPAS 风险评估系统，是利用数据与算法预测和预防犯罪的人工智能系统典型。该系统通过将嫌疑人涉及的犯罪、人际关系/生活方式、个性/态度、家庭和社会排斥等指标进行加权，以输出条形图等信息描绘被告未来犯罪的风险。在 State v. Loomis 一案中，威斯康星州初审法院因犯罪行为判处被告 6 年徒刑，相应的刑期部分由“算法风险评估”决定。①

在司法与人工智能的深度结合的趋势下，企业作为掌握数据资源和技术优势的主体，也是法律研究走向智能化、自动化的主要推动者。

2023 年 4 月，阿里云 AI 法官助理软著权获批。AI 助理法官通过数据学习获得了“审理”加“判决”的思维训练，构建出从“诉请 + 证据 9 + 庭审辩论”映射到“事实→裁判”的“仿生”思路，它的服务链路始于立案、终于归档，庭审只是其中一环。在阿里 AI 的全流程辅助下，AI 助理法官开口主持庭审，自动分析认定证据、归纳争议焦点、生成裁判文书，对金融借款和民间借贷两类案件已经实现“即诉即办、即审即判”。② 浙江省高级人民法院、浙江大学和阿里巴巴集团共同开发了全流程智能审判系统（FITS）在金融借贷和私人借贷案件中发挥了重要作用，它将法院的审判程序移至网络平台，以高度信息化的方式支持司法审判，并协助法官作出司法判决。具体而言，智能审判系统执行了法律文本（起诉书、借贷合同、法庭辩论记录等）关键案件信息提取；从法庭辩论笔录中归纳争议焦点；核实证据的真实性、合法性和关联性；检索相似案例并预测案件事实；生成裁判文书等司法任务。③ 可见，私营部门和公共部门之间的密切合作推进了智慧司法的信息化和

---

① See Stanley Greenstein, *Preserving the Rule of Law in the Era of Artificial Intelligence (AI)*, Artificial Intelligence and Law, Vol. 30:3, p. 305(2022).

② 参见《阿里 AI 协助法官 30 分钟完成互联网庭审》，载环球网，https://baijiahao.baidu.com/s?id=1659665750287805205&wfr=spider&for=pc，最后访问日期：2023 年 5 月 13 日。

③ See Bin Wei, Kun Kuang, Changlong Sun, et al., *A Full-process Intelligent Trial System for Smart Court*, Frontiers of Information Technology & Electronic Engineering, Vol. 23:2, p. 187(2022).

数字化进程。

二、人工智能辅助司法裁判的应用困境

(一)人工智能的不可解释性

1. 法律理解的难题

法律文本固有理解及解释的难题,现阶段的人工智能并不能实现真正的语境分析。

纵观当今人工智能的应用,大致可以分为感知、认知和主动思维三个阶段。感知包括了图像识别与语音识别等数据收集技术,认知则能够对感知收集的数据进行深度学习并形成简单判断。然而,若要达到较为精准地实现对行业知识性问题的理解便需要经验常识的积累。法律的形式化运动并没有避免法律的解释和理解问题,反而,由于法律实践作为关涉正义追求和利益分配的实践理性,不可避免地引起人们在法律文本上的理解分歧。自然语言具有多义性、主观性、递归性和创新性等特点,既让人类语言具备强大的生命力和表达力,同时也呈现出复杂易变的图景。在法律文本中,语言的歧义比较常见。如“王某因盗窃两次被拘留”,在这个句子中,“两次”既可以作动词“盗窃”的补语,又可以作动词“拘留”的状语,需结合上下文语境才能准确理解;又如“对当事人所实施的打击报复行为”这一短句,既可以理解为“当事人”是“对”的宾语,也可以理解为“打击报复行为”是“对”的宾语,故,“当事人”既可以理解为“实施打击报复行为”的受害者,也可以理解为实施者,这是人工智能所无法准确辨析的。除了法律语言歧义,人工智能亦无法理解因果关系、侵权责任,更无法判断何为“情势变更”“犯罪故意”。

另外,人工智能欠缺对语言和情感的理解和处理能力。人工智能产品不具备人类特有对思想感情、价值观念和道德意识以及情势判断的能力。习近平总书记指出,“要把道德要求贯彻到法治建设中”,“形成有利于培育和践行社会主义核心价值观的良好法治环境”。然而,人工智能难以理解人性、理性、正义、自由、平等、秩序等概念的内涵。无法将眼光从历史转向现实,将平等、诚信、友善等社会主义核心价值观融入法律关系的调整中,从实现法律的社会目的和效果的角度对法律规范进行理解与解释。此外,人工智能裁决规则是基于过往案例形成的,这与英美法系法官的裁决规则形成基础较为相似,但其得出裁决建议的内部流程又不同于英美法系法官根据判例作出裁决的思维过程,缺少了裁决者的经验理性。

规范行为和解决争端本身就是一项充满争议的事业,很大程度上依赖于法官的自由心证,对法条的理解依赖于过往的经验,更不必说由于发展现有的情况有

了新的变化。因此,在法解释学的意义上,人工智能无法替代法律适用者的主观能动性。

2. 自身演绎法则的不可解释性

归纳式人工智能具有独立性,使人难以确认结论推理的过程以及所遵循的规则,从而无法保证结果的准确性、科学性,也即算法黑箱。

从本质来看,人工智能领域的解释是指人工智能的可理解性或透明性,亦即人工智能的"演绎法则"能够被人所认识、领悟。① 人工智能的演绎规则是数学和统计学的规则,而非自然语言的形式和逻辑,通过输入足够的数据建立人类语言和机器语言之间的概率性关联,从而形成符合规律和逻辑的算法模型。符号主义路径是人工智能研究中最早出现的,其来自逻辑学和哲学,通过用符号表示知识,同时利用规则进行逻辑推理。因此,传统的人工智能大多依赖于自上而下的演绎推理,它所作的决定从逻辑上遵循预设的规则,其行动是可预测和可解释的。该程序的运行要求设定人考虑到所有适用的场合并预设好规则,并提供和打包它应用这些规则的数据。若发生了预设以外的情形,则会因不确定性和复杂性导致输出结果的偏离。随着计算机硬件能力的增强和人工智能编程的进步,联结主义人工智能逐渐进入大众的视野。它具有深度神经网络的统计分析功能,当我们为其提供目标,它便可以自下而上分析大量数据,根据过去的经验提供一个关于结果的预测。正如米蕾尤·希尔德布兰特所说,它代表了"从理性到统计,从论证到模拟"的转变。② 司法实践中,人工智能的可解释性问题主要集中于对来源数据、目标任务、决策的算法模型以及法官认知四个方面。③ 对于归纳式人工智能而言,数据的质量决定了输出结果的准确性和可靠性。如若对输入数据的质和量上不确定严格的标准和说明,则易引发对决策结果的可理解性难题。

除了技术本身的问题,法律作为一种平衡冲突利益的机制,在某些程度上也会削弱技术的透明性。例如,《通用数据保护条例》(General Data Protection Regulation,GDPR)致力于平衡人工智能方面的知识产权和隐私权。其前言部分的"Recitals"条款第 63 条明确了数据主体了解关于处理个人数据的目的、处理个人数据的时间段、个人数据的接受者、个人数据自动化处理的逻辑,以及在可能的情

① 参见翁晓斌、饶淑慧:《人工智能司法决策的可解释性及其路径研究》,载《学习论坛》2022 年第 5 期。

② See Mireille Hildebrandt, *Law as Computation in the Era of Artificial Legal Intelligence: Speaking Law to the Power of Statistics*, University of Toronto Law Journal, Vol. 68:1, p. 29(2018).

③ 参见周媛、张晓君:《人工智能司法的可解释性困境及其纾解》,载《财经法学》2023 年第 2 期。

况下直接访问其个人数据的权利。但是,该权利不应对软件的商业秘密或知识产权,尤其是版权产生不利影响。因此,有人认为知识产权可能会有助于创造技术黑箱。① 为了重塑人工智能的司法信任,应赋予技术研究开发者相应的算法公开和算法解释义务,使算法在适当程度上能够被主体或终端用户所理解。

(二)司法信息准入与流出管理缺失

司法信息管理方面的挑战主要来自两个方面。一方面,人工智能面临的数据质量参差不齐,缺乏数据收集、准入的标准规范及专门的数据管理机构;另一方面,人工智能在获取数据的过程中可能涉及隐私信息,例如用户的个人身份信息等,亟待建立严格的数据保护机制。

1. 司法数据库不完善

算法模型的准确度很大程度上取决于供其学习的数据规模,数据越充分、质量越高,模型表现越佳。申言之,只有让机器在足够充分的数据中学习,人工智能司法的算法模型才可能获得相当的效度与信度。无论是传统司法还是数字司法时代,案件信息的质与量将很大程度上影响法官的决断。人工智能是一个关系型的运算机制,而不是独立的决策者,其通过输入的当事人及案件的有关数据进行分析,并从法庭上相关人员的发言和裁决中学习。而公平正义的司法理念要求法官应以客观性为指导,平等对待各方,不应带着对法律和当事人的偏见对待具体案件。因此,高质量的数据输入是司法结果公正的大前提。目前,在内部数据方面,我国有些地方法院司法大数据平台能够汇聚全省法院审判执行、司法人事、司法政务等各类数据;在外部数据方面,有些法院加快推动政法数据一体化建设,实现与公安机关、检察院之间的数据互联互通。但是,各级法院在推动司法大数据建设过程中,深刻体会到各自为政导致数据流通不畅、司法数据库的建设可能并未达到充分性的要求。如数据样本集中于若干特定年份以及特定省份,若缺失样本与数据库中某类样本具有高度似然性,且两者在性质判断上存在差异,机器学习的输出结果则很可能背离现实。② 这对于类案推送系统功能的发挥同样起到了阻碍作用。因此,建立统一、全面的全国司法大数据平台是政策所需。

---

① See Stanley Greenstein, *Preserving the Rule of Law in the Era of Artificial Intelligence* (*AI*), Artificial Intelligence and Law, Vol. 30:3, p. 310(2022).

② 参见聂友伦:《人工智能司法的三重矛盾》,载《浙江工商大学学报》2022 年第 2 期。

2. 个人数据面临数据安全风险

在人工智能技术兴起后,我国先后出台了网络安全法、数据安全法、个人信息保护法、《数据出境安全评估办法》《互联网信息服务深度合成管理规定》《生成式人工智能服务管理办法(征求意见稿)》《个人信息出境标准合同办法》等法律规范,从多方面对人工智能应用数据加以规制。在生成式人工智能司法应用过程中,与公民自身具有紧密关系的个人数据面临着数据泄露等安全风险。

对于个人数据的获取、加工与利用涉及对公民的人格尊严的保护,在个人权利体系中,个人数据可以直接被移植到人工智能的计算过程中,而得出的最终结论则可能从各个方面影响公民的数字权利保护。在刑事司法领域,为保证犯罪治理的效果,在刑事立案之前,侦查机关便运用犯罪预测工具对个人数据进行收集使用,而在收集过程中常常不加区分地收集使用数据。此外,在打破司法数据库壁垒的同时增加了数据泄露的风险,对提供、接触相关司法数据的机关和人员未明确规范相关的安全控制措施。在数据传输过程中,技术的稳定性也是关键一环。不同地区司法系统由不同的技术公司开发,技术标准的不统一也带来了不兼容、不匹配等故障可能。下一步,应确保维护数据安全的各环节密切配合、各单位形成合力,数据处理全过程可知、可管、可控,构建从预防到控制的数据安全协同保障。

(三)人工智能偏差责任承担不明

在新技术潮流的冲击下,主权国家必须能够保障司法过程的稳定和持续推进。在大力支持人工智能辅助司法生成决策之时,如何判定技术参与并影响裁判结果的程度,如何实现对技术使用过程的监管、确定因人工智能偏差影响案件实质审理的责任主体,这是立法者和司法者亟须回答的问题。

人工智能系统的一些特点使它们难以通过传统流程进行监管,因此,监管的目标不是人工智能系统本身,而是那些拥有、操作和制造这些系统的人。[①] 2023年4月11日,国家互联网信息办公室公布《生成式人工智能服务管理办法(征求意见稿)》(以下简称《意见稿》),拟进一步强化相关主体责任,内容涉及数据安全、个人信息保护、算法设计、内容合规等多个方面。《意见稿》第5条拟规定人工智能产品提供者承担内容生产者的责任,这是对企业提出了新的要求,要求它们

① See Simon Chesterman, *All Rise for the Honourable Robot Judge? Using Artificial Intelligence to Regulate AI*, NUS Law Working Paper, Vol. 19, p. 15(2022).

承担起技术开发应用可能造成的社会风险,对具体数据信息的真实性、算法使用的适当性等整个生成内容的过程尽到相应的注意义务。而对于产品的使用者而言,因技术的固有局限性导致算法系统决策的准确率无法保证的情况下,一味让当事人承担误差后果,而无人承担误差责任是显失公平的。虽不能苛责司法者判决案件百分百的正确率,但从人工智能引入司法的目的出发,司法者在可及的范围内,依照实体和程序的要求筛选和采纳恰当的、无风险的人工智能建议和决策是每一个司法者应尽的责任。

三、人工智能司法辅助地位的正当性

(一)尊重人的主体地位

人工智能尚未有能力作出自主判断,因此,只有在人类中心主义的框定下人工智能的司法适用才有讨论价值。机器本身难以衡量司法公正,无法理解语言的深层含义,亦无法兼顾人类的伦理规则。从另一个层面来说,坚持人的主体地位,在于尊重人之为人的道德与价值观。朗·富勒(Lon Fuller)提出了"法律的内在道德",包括法律规则及其应用的可预测性、可理解性、一致性和稳定性。法官必须在选择、定义和权衡间进行价值判断。[①] 尽管人工智能训练样本的数量惊人,它们似乎掌握着比人类法官更充分的经验。但人工智能无法作出司法或道德考虑,虽然表面上人工智能系统可能会通过忽略性别、种族等因素提高客观性,但可能会从已有的数据训练中学习和放大偏见。在有些情况下,对案件的道德考量有时会成为决定案件走向的关键。目前,人工智能在获得自我意识前都无法实现利益衡量、价值判断、法律解释等目标,其应用必须受到人类规则的约束。司法不是简单的是非曲直的判断,法官的理性思维、推理,以及在专业领域的经验直觉都是无可替代的。

此外,有研究表明,人类有过度信任自动决策系统的倾向。由于法官的水平参差不齐,无法保证法官都可以适当、客观、为了保证判决的一致性和稳妥性,参考性地使用人工智能系统,乃至于盲目地采纳人工智能的建议,可能会因忽略个案的特殊性而无法给出恰当的裁判。在一定程度上,也存在无法保证司法独立性、无法准确地追究司法责任等问题。未来人工智能在人工智能司法决策中会承担更为重要的职责,但司法智能决策的人机协同不在于工作承担量之大小,而在

---

① See Joshua P. Davis, *Robojudges: If Machines Could Make Judicial Decisions, Should They?*, Journal of Emerging Issues in Litigation, Vol. 2:2, p. 82(2022).

于价值的引领和方向的引导。[①] 在政府、学术机构、行业组织等多方面的力量共同推动下，将继续加强人工智能司法的伦理规范和法律规范，保证人工智能技术的合法合理应用。

（二）功利主义的局限性

现有的司法系统所使用的人工智能工具有时只有依托功利主义的路径才是准确的。以边沁为代表的功利主义主张以行为后果为标准去评判一个行为的正确性，不以动机和过程，而是以结果为导向，也即目的总是证明手段是正当的。在这种情况下，公平和正义很可能为效益让步。人工智能风险评估工具被输入客观的数据，并通过算法产生结果，是一种严谨的数学表达和基于数据的决策，为了追求效益，这种决策排除了各种不确定性，从过往判决的整体规律考虑个案，从对大多行为模式预测个人层面的行为。约翰·罗尔斯在《正义论》（1971）中对纯功利主义进行了"现代批判"，认为功利主义"没有认真对待人与人之间的区别"。社会生活中，人们的关系错综复杂，对行为的评价是综合的、多方面的，运用人工智能工具的弊端在于无法照顾在算法上受到歧视和偏见的"少数群体"的利益。在国外的应用中，从累积的逮捕、定罪和缓刑违反记录的数据中发现的模式提供了在个体水平上预测一个人遵守保释条款、再犯或实施暴力行为的可能性。如若被告是黑人，或被算法挑选出来有犯罪倾向的人，那么算法会得出被告的再犯风险会很高，从而导致审判前的还押候审，或在判决时被监禁更长时间。[②] 此外，这存在对输入数据的相同环境标准要求，如果数据来自特殊管制时期，则对个人的偏见将会进一步加深。此外，从现有的结果可以分析，此类智能决策的成功率浮动在 70%，亦达不到现阶段司法对法官结案裁判正确率的要求。

基于我国以人为本的立法理念，人工智能工具不应成为平等保护原则的"技术排除"，因为它们还无法实现真正的公平。人类的决策可能不精确，但至少在个人层面上符合公正的标准，且如果决策违反实体和程序的要求时，能够落实个人的责任。因此，人工智能作为司法工具辅助的定位更符合公平正义的需要。

（三）法律内在的不合逻辑之处

法律体系的完备性和一致性是人们向往却又无法企及的目标，K. Engisch 将

① 参见周媛、张晓君：《人工智能司法的可解释性困境及其纾解》，载《财经法学》2023 年第 2 期。

② See Katherine B. Forrest, *When Machines Can Be Judge, Jury, and Executioner Justice in the Age of Artificial Intelligence*, Singapore: World Scientific Publishing Company, 2021, p. 1 – 8.

法律体系内部矛盾概括为五类:(1)制定法术语不统一,这属于技术性矛盾;(2)法律规范的矛盾;(3)法律价值的矛盾;(4)法律的目的与手段之间的矛盾;(5)法律原则的矛盾。① 法律的内在矛盾是人工智能所不能理解的,这就决定了人工智能无法主动地适用法律、解释法律,无法代替一个受过正统法学教育的法官进行决策。

法律规则通常用自然语言表达,计算机可能难以解析。很多语言天生就有歧义,同样的词语在不同的语境下代表着不同的含义,一个法条在适用前可能需要结合立法背景、立法目的、法律原则或其他部门法才能较为准确地把握,更不必说前述法律规范冲突等复杂情形,这是语言的开放性所无法避免的。此外,并非所有的定律可以简化为逻辑表示,如侵权法律关系中因果关系的认定、法律责任的分配等,不是机器所能理解的简单的映射关系,“善意”“显失公平”等法律术语也很难用机器语言来定义。② 制定法存在的缺陷和漏洞只有在法官运用过程中才能弥补,人工智能只能在法官的引导下发挥工具性作用。

四、人工智能司法辅助地位的实现

(一)定位及价值

人工智能只能处于辅助的地位,这是回应智慧司法中人与技术应该如何分工等问题时唯一的答案。推动在法庭诉讼中使用人工智能,是为了限制某些情感和认知偏见等人为因素以利于更加公正高效的判决。这意味着人类决策与人工智能的结合,可以帮助避免司法裁决中的认知理性缺陷,这有利于统一司法标准,减少解释条款的主观性。但是,依靠不透明的系统就量刑等问题提出建议是对司法职能的放弃,其中最主要的便是合法性问题。法学界担忧人工智能会加深自动化偏见,即人类的能动性可能会减弱,而进一步导致对机器的依赖。因此,未来既不完全属于人类,也不完全属于人工智能,而是属于人与人工智能之间的协作。决策者需要明晰的是算法决策采纳的标准和边界,以及决策者权责的合理配置。

(二)框定技术权力的边界

为继续确认和巩固人工智能司法的辅助地位,应对当前人工智能所带来的风险挑战,本文旨在提供以下思路。

---

① 参见孔红:《法律矛盾的逻辑分析》,载《新视野》2009年第2期。

② See Simon Chesterman, *All Rise for the Honourable Robot Judge? Using Artificial Intelligence to Regulate AI*, NUS Law Working Paper, Vol. 19, p. 8 – 9(2022).

1. 增强法官算法的解释义务

为保障当事人在智慧司法下的合法权益，法官应当承担起算法解释的义务。

从现有法律规范体系来看，行政及司法领域为保障知情权和参与权、对抗算法权力“黑箱”作出了许多努力。如行政正当程序告知制度、阅览制度及异议制度，司法的裁判说理制度、裁判文书网上公开，以信息披露、风险预警及责任分担为核心内容的市场合规与监管机制等法定义务，均致力于实现双方信息的对称性。[①] 欧盟《通用数据保护条例》（GDPR）第15条数据访问权规定：“数据主体应当有权从管理者处确认关于该主体的个人数据是否正在被处理，以及有权在该种情况下访问个人数据和以下信息：……（h）自动化决策，包括第22条第1款和第4款提到的概要，以及涉及的至少在前述情况下有意义的逻辑方面的信息，和这种处理行为对数据主体而言的意义和预想的后果。”第22条第3款规定：“数据控制者应当实施适当的措施保护数据主体的权利、自由和正当化利益，至少获得对控制者部分的人为干预权，表达他/她的观点和争夺决定权。”法官是否属于“数据控制者”在此先不论，但参照其立法精神，法官应当承担起算法决策解释的义务，并非对技术原理的简单阐释，而是让当事人能够从法律的层面上了解个人信息及案情被算法处理后带来的结果和影响，并向权利义务受到影响的当事人提供适当的保障措施，包括向数据主体提供具体信息、维护当事人质疑等权利，为当事人开通算法“黑箱”的救济途径，进一步提升数字时代的司法公信力。

2. 规范信息准入标准

智慧司法仍然要坚持“信息准入制度”，这不仅是出于程序正义的考虑，也是实体正义的要求。[②]

（1）构建全面、通畅的司法信息平台

信息技术的发展为司法数据库的整合创造了条件，亦要借助信息技术的优势实现跨区域、跨部门的司法数据库的建设。最高人民法院创立了中国司法大数据服务网作为中国司法数据服务平台，同时为法院、公众、律师提供了类案智能检索与推送等服务，旨在拓展和管理司法大数据资源，推进司法大数据与国家数据资源的融合运用。然而，完善的司法数据库不仅需要最高人民法院作为信息化顶层设计者的统筹作用，亦需要各地方法院及司法工作者的配合与反馈。最高人民法院需要统一司法案件的分类、分级标准，要求各地法院定期上报符合标准的典型

① 参见周媛、张晓君：《人工智能司法的可解释性困境及其纾解》，载《财经法学》2023年第2期。

② 参见张凌寒：《智慧司法中技术依赖的隐忧及应对》，载《法制与社会发展》2022年第4期。

案例,对于数据库较为缺少的案件类型着重提醒,减少数据样本的缺失。地方司法机关应有权限和义务定期访问司法数据平台,充分发挥主观能动性,为数据库的时效性、精准性建设提出意见。

此外,类案检索系统作为司法人工智能最主要的功能之一,应规范其数据输入标准。最高人民法院于2020年7月15日发布《关于统一法律适用加强类案检索的指导意见(试行)》(以下简称《指导意见》),对于类案强制检索的条件、平台、范围、方法等进行了说明,如何运用人工智能辅助"类案类判"成为智慧司法建设的重点问题。许多学者认为,案件相似性的特征为案件基本事实、法律关系、争议焦点、争议的法律问题均具有相似性,①为保障数据库的质量和案件推送效果,类案检索的输入条件应按照此标准设置,并根据检索案件的匹配度、审级、年份、地域等优先次序推送,充分发挥系统高效精简的协助作用。规范的检索标准应当经过人工智能技术和法学理论的双重检验,虽然短时间打破学科壁垒有较大困难,但对类案检索的初步条件深度细化是当前可以实现并亟待解决的问题。

(2)强化个人数据安全保护

《人民法院在线运行规则》第36条规定"各级人民法院应当指导、监督智慧法院信息系统建设、运行和管理中的个人信息保护工作",保证数据的收集依照法律、行政法规规定的权限、程序进行。因此,在人工智能对公民信息数据进行再加工时,需要专业人员把控数据收集边界规避违规风险、限制算法对个人信息处理的深度保护公民隐私、审查人工智能可能产生的虚假信息并限制传播。② 例如,根据数据与主体权益的关联程度,对数据进行分级保护,对敏感数据采取更加严格的保护措施和监管;在案件办理允许的情况下,可以就司法机关收集使用数据的情况向数据主体进行告知,以保障其法定阅卷权。司法机关亦应履行数据处理前的数据安全审查和评估职责,尤其是对相关数据提供、公开处理之前,评估对数据主体合法权益带来的风险,以及当发生司法数据被破坏、泄露或非法使用等安全事故时,司法机关应当在第一时间履行报告和应急处置两方面职责。③ 此外,还应明确技术研发者的数据安全保障职责,数据接触者、处理者的保密义务等责任。总之,人工智能处理数据具有恣意性,现阶段应在司法权的监管下发挥其辅助作

① 参见王利明:《我国案例指导制度若干问题研究》,载《法学》2012年第1期。

② 参见刘艳红:《生成式人工智能的三大安全风险及法律规制——以ChatGPT为例》,载《东方法学》2023年第4期。

③ 参见郑曦:《强化司法领域数据安全保护》,载中华人民共和国最高人民检察院官网,https://www.spp.gov.cn/spp/llyj/202302/t20230207_600174.shtml,最后访问日期:2023年6月26日。

用,确保技术的应用不会破坏个人数据的内在利益平衡。

3. 完善监管责任体系

科技是通往公平正义法治理想的工具,为使其发挥应有的价值,应当从两个维度实现对技术的监管。

(1)设计监管

将公正的标准尽善尽美地内嵌入司法人工智能是天然的使命要求,法规目标可以内置于软件本身,从设计层面上规避侵权和道德风险等潜在问题。可编程设备和系统提供了将监管标准直接纳入其代码的可能性,如对累犯风险的预测尽量减少偏见和歧视,训练算法的训练集尽可能全面准确,其中又涉及了设计选择、数据收集与评估、假设的制定、偏差检查等诸多要素。但是,对该类系统所能做的限制是有限的。使用人工智能导致的不平等可能是算法或统计程序的结果,也可能是用作统计或机器学习模型训练输入的数据的结果。若排除一些可能被归类为不平等性的指标,如忽略性别变量,可能在实质上为女性带来更高的风险。有学者提出通过收集个人信息的额外数据来衡量可能的偏见,如添加有关个人的种族或社会背景等信息,并分析风险评估模型或软件的应用是否会对某些社会群体产生不同的结果。但是,无论数据多么丰富、模型多么先进,都不能解决根本的潜在问题,统计学或复杂的深度学习和神经网络都无法突破绝对公平性的局限。2023年6月,欧洲议会通过了《人工智能法案》(AI Act)草案,期待对高风险的人工智能系统进行人工监督,即在系统使用的过程中由人监管,具体职责涵盖能够及时发现和解决异常、功能障碍,能够正确解释人工智能系统的输出,能够用决定不使用人工智能系统或干预系统的运行等。① 在现阶段,至少能够实现人工把控数据的来源、确定人工智能决策的标准及可采性,及时对结果进行反馈和优化等目标。

(2)应用监管

在人工智能系统植入的固有制度化典型歧视的分析方法会带来社会政治风险的情况下,建立明确的规则确保人工智能决策过程的透明性和可归责性十分必要。落实对人工智能所有者、操作者或制造商的监管责任,提高司法人工智能的透明度。目前,人工智能系统的开发设计和更新维护主体——技术人员和科技公司与真正的司法环境有所脱离,且无法承担司法责任,只能追究司法系统外的民事责任。有学者指出,开发单位及其技术人员负有算法运行原理的说明义务。开

---

① See Gijs van Dijck, *Predicting Recidivism Risk Meets AI Act*, *European Journal on Criminal Policy and Research*, European Journal on Criminal Policy and Research, Vol. 28:3, p. 413 - 420(2022).

发人员应以专利的申请标准为参考,及时对算法中涉及的数据、目的等有关内容予以详细地说明展示,确保算法的可行性、合法性和合理性。[①] 微软公司曾呼吁建立一种共享的监管机制,这一机制由联合政府部门、科技行业代表、非政府的学术机构的研究者以及代表最大部分服务消费者的公共利益团体共同组建,用以监管机器人技术以及自动化系统发展带来的道德和法律影响。[②] 参照此思路,可以建立司法人工智能委员会,吸收法律职业者、算法专家、心理学家、哲学家及社会人才,负责预先审查算法、解释算法运行原理、监管算法运行等,及时把控监督技术的应用,提升算法透明度,实现技术与法律的衔接,最终满足人类对于司法领域人工智能理解和监管的需求。

4. 全面准确落实司法责任制

完善司法责任制,是建立权责统一、权责明晰、权力制约的司法权运行机制的关键,也是深化司法体制改革的核心。智能裁判辅助并没有消解法官责任,技术中立亦不应成为责任规避的理由。国外实务界认为人工智能的错误来自制造者和销售商的合理义务的缺失,属于产品侵权责任,适用过错责任原则。而对于在司法过程中技术应用的责任,应把握司法为民的根本宗旨,把维护公平正义、维护群众权益作为一切工作的出发点和落脚点,是故,第一,应把保护公共利益作为人工智能司法工作失误责任承担的首要原则,对使用人工智能的司法工作者适用过错推定原则。而优先担责的原因,在于人工智能在司法中处于辅助地位,法官具有一般识别人工智能法律错误的能力,并负有审查、监督和抉择的义务,对于不精准的决策或不合理的统计结果及时矫正。第二,明确司法失误与技术误差的界限,从制度上规范法官操作技术的标准、范围,对案件的处理全过程留痕,及时审查系统错误并反馈给本单位及相应技术人员,明晰法官责任,贯彻司法问责制,实现效率与公平的动态平衡。

五、结语

大数据时代,司法人工智能的改革是大势所趋。人工智能为司法工作提供全方位智能辅助支持,显著减轻法官事务性工作负担、有效保障廉洁司法、提高司法管理水平、创新服务社会治理。但这并不意味着当前的研究和应用就完全科学有

---

① 参见彭泰杰:《人工智能在司法裁判中的应用困境及应对措施》,河南大学 2021 年硕士学位论文,第 26 页。

② 参见腾讯研究院:《人工智能各国战略解读:英国人工智能的未来监管措施与目标概述》,载《电信网技术》2017 年第 2 期。

效。目前,司法人工智能在知识结构、应用场景、潜在能力等方面还存在缺陷,这决定了它只能是法官的助手。技术嵌入司法系统必须有明确的权力边界,以避免技术依赖的产生。继续确认和巩固人工智能司法的辅助地位,立足互联网时代实际,建立健全“信息准入制度”,加强法官的解释说理义务,完善监管责任体系,全面准确落实司法责任制,推动智慧法院、移动微法院智能化信息化水平不断升级,着力构建中国特色互联网司法模式,创造更高水平的数字正义。

(编辑:武小琳)

推荐人语

刑事诉讼中二审不开庭问题是一个老问题，随着近期一些热点案件的出现，导致这一问题再次引发理论界与实务界的关注。本文立足于晚近刑事二审收案数、开庭率、处理结果与改判率等官方数据，对刑事二审不开庭进行了重新反思，深入分析了二审不开庭的弊端与成因，并提出了有针对性的疏解思路，为这一问题的持续研究注入了新的动力。

孔令勇　安徽大学法学院副教授、博士生导师

刑事二审不开庭审理的反思与修正

张美玉*

摘　要：在我国续审制度下，刑事二审案件原则上应当组成合议庭开庭审理。但实践中二审案件开庭率低，不开庭审理已然成为常态，与刑事二审“以开庭为原则，不开庭为例外”的审理理念相悖并异化为以案卷笔录为中心的书面间接审理。这不仅违反了审判公开原则，剥夺了当事人的诉讼权利，还导致二审纠错和救济功能无法发生效用。为扭转这一趋势，二审法院应严格把握不开庭审理的条件，做好双向释明工作，同时加强对不开庭审理案件的监督。

关键词：刑事二审；不开庭审理；开庭审理；审理方式

在我国两审终审制的审级框架下，刑事二审不仅是被告人获得救济的最后一道程序，也是确定判决法律效力的终审程序。① 然而二审能否发挥其纠错和救济的功能，取决于二审程序的整体设计和实际运行。其中，审理方式作为刑事二审程序的重要内容，不仅对当事人的权利和最终的判决结果起着至关重要的作用，

---

* 张美玉，女，安徽黄山人，安徽大学诉讼法学2022级硕士研究生。

① 参见汪建成：《刑事审判程序的重大变革及其展开》，载《法学家》2012年第3期。

也体现出了我国刑事司法理念的发展方向。[①] 我国《刑事诉讼法》第 234 条规定："第二审人民法院对于下列案件，应当组成合议庭，开庭审理：（一）被告人、自诉人及其法定代理人对第一审认定的事实、证据提出异议，可能影响定罪量刑的上诉案件；（二）被告人被判处死刑的上诉案件；（三）人民检察院抗诉的案件；（四）其他应当开庭审理的案件。第二审人民法院决定不开庭审理的，应当讯问被告人，听取其他当事人、辩护人、诉讼代理人的意见。"这便是我国刑事诉讼二审开庭审理的相关规定，看似简单明了，却在实践中引发了一系列值得关注与研究的问题。

一、为什么要研究刑事二审不开庭审理

（一）审判公开原则

18 世纪杰出的意大利法学家贝卡里亚就在其著作《论犯罪与刑罚》中写到"审判应当公开，犯罪的证据应当公开，以便使或许是社会唯一制约手段的舆论能够约束强力和欲望。"[②]我国宪法和刑事诉讼法也早已明文规定了审判公开原则，即人民法院审理案件，除法律规定的特别情况外，一律公开进行。审判公开原则的意义就在于社会对审判活动进行民主监督，从而保障审判的平等性与公正性。[③]首先，开庭审理能够实现审判公开原则和直接言词原则，从而最大限度地发现案件真实；其次，开庭审理能够保障当事人的诉讼权利，增强当事人对案件结果的可接受度；最后，鉴于我国二审程序属于续审制，与一审是一体化的审判程序，应当参照一审的审理程序进行，其中法庭调查和辩论也是不可或缺的一部分。[④] 因此，开庭审理应当是我国刑事二审案件的基本审理方式。

（二）公正与效率的价值目标

在法的诸多价值形态中，公正与效率一直被认为是司法制度设计与运作的基本价值目标。[⑤] 从刑诉法的角度出发其首要且最高的价值目标是公正。正如美国

---

① 参见郭天武、卢诗谣：《我国刑事二审审理方式的异化与回归》，载《华南师范大学学报（社会科学版）》2020 年第 2 期。

② 参见［意］切萨雷·贝卡里亚：《论犯罪与刑罚》，黄风译，中国大百科全书出版社 1993 年版，第 2 页。

③ 参见程味秋、周士敏：《论审判公开》，载《中国法学》1998 年第 3 期。

④ 参见段文波：《民事二审不开庭审理的反思与修正》，载《中国法学》2021 年第 6 期。

⑤ 参见姚莉：《司法效率：理论分析与制度构建》，载《法商研究》2006 年第 3 期。

学者罗尔斯所言:“正义是社会制度的首要价值……某些法律和制度,不管它们如何有效率和有条理,只要它们不正义,就必须加以改造或者废除。”[①]效率则指的是尽可能以最少的国家资源投入产出最大的法律效果。刑事二审案件的审理方式直接关系到公正与效率的实现。

从应然的角度来看,程序越复杂越能保障司法公正,但不可避免地会消耗更多的诉讼成本;程序简单更注重诉讼效率,力求减少资源的投入,但不可避免地会限制和剥夺当事人的部分诉讼权利。[②] 因此,二审案件的审理方式是在公正与效率的权衡下进行选择的。具体而言,开庭审理是诉讼参与人在法官的主持之下进行举证、质证、辩论的活动,全程以庭审为中心,贯彻直接言词原则,实体上更有利于查明案情,更能够体现出公正价值。不开庭审理则无须进行举证、质证、辩论等程序,法官仅根据一审的案卷笔录以及当事人的上诉理由进行裁决,程序上更加简单、灵活,从而更加强调效率价值。但是,公正并不是完全建立在复杂程序之上,简化的程序也并非必然会牺牲公正;复杂程序并不总是带来公正的结果,同样简易程序也并非一定会导致不公正的出现。[③] 因此,在公正与效率的视角下,应当公正优先兼顾效率,但在例外情况下,追求效率的不开庭审理也有其可行性。一方面,从我国的现状来看,不开庭审理符合多元化的纠纷解决机制,能够达到一定的解决纠纷和案件分流的效果;另一方面,不开庭审理是对当事人部分诉讼权利的剥夺,追求效率价值,因此对其适用需要更加严格的规定和限制。

然而,实践中,二审法院往往以开庭审理为例外,不开庭审理为原则,二审案件不开庭审理的做法屡见不鲜。除死刑的上诉、抗诉案件外,二审法官在决定是否开庭审理时拥有极大的自由裁量权,即使对于“事实之争”的案件理应开庭审理的,在实践中也可不开庭审理,甚至改判的案件也可不开庭审理。此时,不开庭审理弱化了二审纠错和救济的功能,违反了审判公开原则和直接言词原则,侵害了当事人的诉讼权利,使当事人的程序保障付之阙如。本文拟从检视不开庭审理的现状入手,研判造成不开庭审理成因及弊端,继而探求落实开庭审理的实施路径。

---

① [美]约翰·罗尔斯:《正义论》,何怀宏等译,中国社会科学出版社 1988 年版,第 86 页。

② 参见杨贞祥、柴瑞娟:《民事二审不开庭审理适用范围探讨——兼评〈民事诉讼法〉第一百六十九条》,载《广西政法管理干部学院学报》2020 年第 5 期。

③ 参见傅郁林:《繁简分流与程序保障》,载《法学研究》2003 年第 1 期。

二、刑事二审不开庭审理的现状检视

(一)相关立法特点

对我国刑事二审的相关法律规定进行梳理,可以归纳出我国现行关于不开庭审理的规定具有如下特点。

1. 肇端事实清楚

1979 年《刑事诉讼法》中并没有对刑事二审程序作出具体规定,仅以“参照第一审程序”作为二审程序的指引。① 根据 1996 年《刑事诉讼法》第 187 条第一次明确了开庭与不开庭两种审理方式的法定地位,②体现出二审案件以开庭审理为原则,不开庭审理为例外的审理理念,此时二审不开庭审理的判断标准为“事实清楚”。此外最高人民法院 1998 年 9 月 2 日颁布的《关于执行〈中华人民共和国刑事诉讼法〉若干问题的解释》(已失效)明确对于上诉案件经过阅卷、讯问、听取意见后,二审认定的事实、证据与一审认定一致的,可以不开庭审理,从而进一步细化不开庭审理案件的范围。2012 年刑诉法及相关司法解释对二审审理方式的规定作出了修改,明确了应当开庭审理的 4 种情形,限缩了不开庭审理的范围,强化了“以开庭审理为原则,不开庭审理为例外”的审理理念。后来,最高人民法院 2021 年 1 月 26 日《关于适用〈中华人民共和国刑事诉讼法〉的解释》(以下简称《刑诉法司法解释》)第 394 条的规定进一步限缩了不开庭审理的范围,将不开庭审理的范围限于“发回重审”。③

2. 反对书面审理

我国《刑事诉讼法》禁止书面审理,主要采用开庭审理和调查讯问式两种审理方式。1996 年刑诉法规定不开庭审理的条件是“事实清楚”,而判定事实是否清楚的方式是经过阅卷,讯问被告人,听取当事人、辩护人、诉讼代理人的意见,采用阶段式的决定程序,从本质上否认了纯粹的书面审理方式,2012 年刑诉法将讯问和听取意见的环节置于决定不开庭审理之后,在作出不开庭审理的决定之后再进

---

① 参见顾永忠:《刑事上诉程序研究》,中国人民公安大学出版社 2003 年版,第 167 页。

② 1996 年《刑事诉讼法》第 187 条规定:“第二审人民法院对上诉案件,应当组成合议庭,开庭审理。合议庭经过阅卷,讯问被告人、听取其他当事人、辩护人、诉讼代理人的意见,对事实清楚的,可以不开庭审理。”

③ 2021 年《刑诉法司法解释》第 394 条规定:“对上诉、抗诉案件,第二审人民法院经审查,认为原判事实不清、证据不足,或者具有刑事诉讼法第二百三十八条规定的违反法定诉讼程序情形,需要发回重新审判的,可以不开庭审理。”

行调查讯问,也是在一定程度上否认了完全的书面审理方式。[①] 因此,我们可以看出无论是刑诉法的历史沿革还是现行规定,刑事二审对于书面审理都是持否定的态度。

3. 立足发回重审

1996年《刑事诉讼法》体现了二审案件以开庭审理为原则,不开庭审理为例外的审理理念,对于不开庭审理的判断标准在于"事实清楚"。2012年刑诉法中规定了4类二审应当开庭审理的情形,限缩了不开庭审理的范围。2021年刑诉法司法解释将不开庭审理的条件进一步进行了限缩,变成了对于事实不清、证据不足或者违反法定程序需要直接发回重审的案件,即"发回重审"的案件。因此,在立法中对于二审案件是否开庭的判断标准有且只有"发回重审"这一个条件,但在实践中却演变成除了刑诉法规定的应当开庭的四种情形外,其他情形下的案件是否开庭审理完全可以由法官决定。

从上述立法沿革上可以发现,我国立法上对于二审刑事案件已然确立了"开庭审理为原则,不开庭审理为例外"的审理理念,反对纯粹的书面审理,不开庭审理的条件有且只有"发回重审"。在实践中,对于上诉案件不开庭审理主要源于"事实清楚"的规定,并以1996年《刑事诉讼法》的规定为模型,一直延续至今,并成为实践中不开庭审理的实质性基础。

(二)司法实践

尽管开庭审理是上诉案件的原则,但是根据我国的实际情况,为提高诉讼效率,缩短诉讼时间,也可在符合条件的情况下即"发回重审"时不开庭审理。但在实践中,二审刑事案件不开庭审理在运作上存在诸多问题,并有异化趋向。当前实务界普遍认为,不开庭审理如此普遍主要源于刑诉法对于上诉不开庭案件规定不够明确,使得法官在决定二审案件的审理方式上具有过大的自由裁量权,从而导致大多数二审法院在盲目地追求诉讼效率时往往会选择不开庭审理。

实践中对于二审案件不开庭审理的决定程序如下:首先,合议庭阅卷调查。二审法院接到上诉状后组成合议庭,并指定一名案件的主审法官。主审法官对案件进行全面审查之后将案卷材料交由其他合议庭成员审阅,由合议庭共同作出不开庭审理的决定。其次,提审讯问被告人。决定不开庭审理之后,根据案件的审理时限确定提审被告人,讯问其上诉理由及是否有新的证据。再次,听取其他当

---

① 参见刘玫、耿振善:《审判方式视角下刑事二审程序的制度功能——兼评新〈刑事诉讼法〉第223条》,载《上海大学学报(社会科学版)》2013年第3期。

事人、辩护人、诉讼代理人的意见。最后,合议庭最终评议。二审法官经过对上诉理由和案件全面审查作出不开庭审理决定后,再由当事人、辩护人等参与不开庭程序中,此时诉讼参与人已经难以影响合议庭的决定了。因此,这种调查讯问式的审理方式,弱化了直接言词原则,使案卷笔录为中心的“调查讯问式程序”成了实质上的二审裁判程序,在当事人没有提出新的事实与证据的情形下更为甚之。①

二审法官对于案件决定不开庭审理的问题上,拥有极大的自由裁量权。实践中,在绝大多数情况下第二审法院都以被告人、辩护人没有提出新的事实和证据为由对一审法院所采信的证据和认定的事实给予了确认,换言之,二审法院在不开庭审理案件上奉行的是一种特殊的“推定法则”。② 无论诉讼参与人是对案件在事实认定上还是法律适用上存在异议,只要不是被判处死刑的上诉、抗诉案件,通常二审案件都可以采用不开庭审理的方式。笔者拟通过对《中国法律年鉴》公布的 2011—2020 年的数据(因部分数据的统计项目不同,为便于统计,笔者对部分年份的数据作了取舍),来对刑事二审开庭情况进行分析。

1. 刑事二审开庭率低

图 1 是 2011—2020 年人民法院刑事一审、二审的收案数整理绘制的柱状图。从图中我们可以看出,在 2011 年到 2020 年间,我国刑事一审、二审的案件数都在呈逐年增长的趋势。刑事一审、二审的案件每年都在持续高位增长,但我国二审的开庭率仍然保持着较低的水平。在 2011—2018 年,我国二审开庭率的比例大约在 15%(见图 2)。

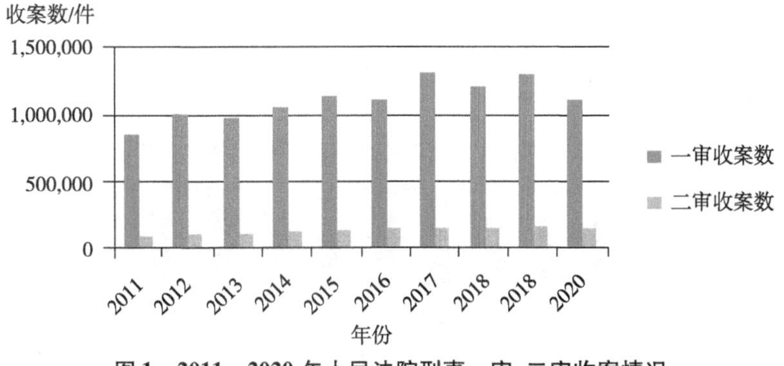

图 1 2011—2020 年人民法院刑事一审、二审收案情况

数据来源:《中国法律年鉴》,2012—2021 年。

① 参见段文波:《民事二审不开庭审理的反思与修正》,载《中国法学》2021 年第 6 期。

② 参见陈瑞华:《侦查案卷裁判主义——对中国刑事第二审程序的重新考察》,载《政法论坛》2007 年第 5 期。

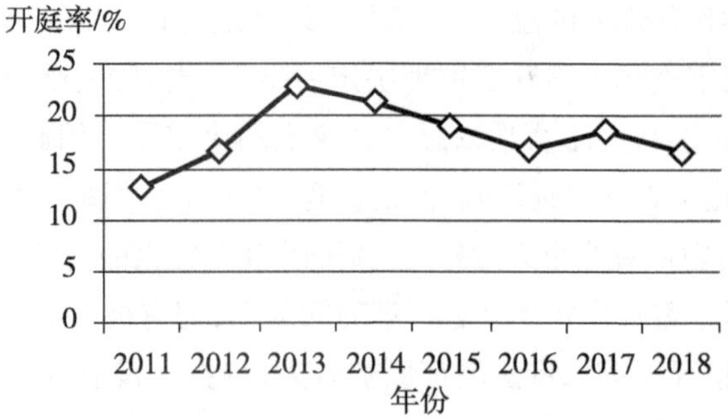

图 2　2011—2020 年人民法院刑事二审开庭率变化曲线

数据来源:《中国法律年鉴》,2012—2021 年。

2. 二审改判率低

根据全国法院刑事二审的处理结果,如果将撤诉、调解、其他的案件归入"维持原判"一类,将发回重审的案件归入"改判"一类,平均每年约有 80% 的案件维持原判,约 20% 的案件发生改判(详见图 3、图 4)。由此可以看出,对于绝大多数的上诉、抗诉案件,法院的处理方式都是维持原判,二审的改判率低。换句话说,80% 的当事人并不能通过二审获得有效的救济。因此,二审案件不开庭审理已然成了惯例。二审法官通过不开庭审理方式即对案件进行实质性的审查,并先入为主得出预判结论的情形下决定是否开庭审理,使得二审法院几乎完全以案卷笔录为基础进行事实裁判,使得开庭审理失去了实质性的意义。① 两阶段式的程序构造使得大多数二审案件在不开庭审理的情况下只是一种"法律实施的仪式"。②

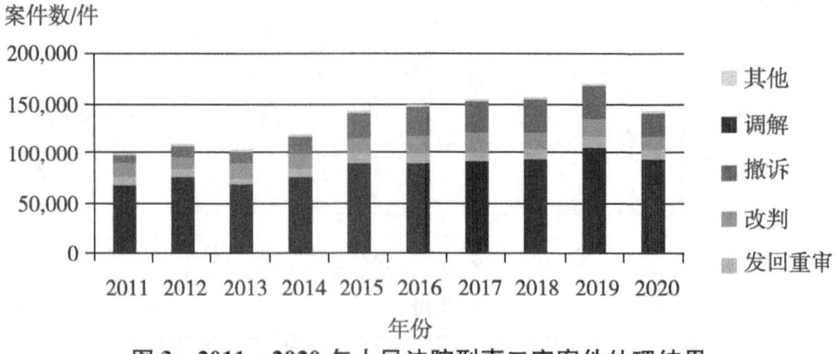

图 3　2011—2020 年人民法院刑事二审案件处理结果

数据来源:《中国法律年鉴》,2012—2021 年。

① 参见段文波:《民事二审不开庭审理的反思与修正》,载《中国法学》2021 年第 6 期。

② 参见陈瑞华:《侦查案卷裁判主义——对中国刑事第二审程序的重新考察》,载《政法论坛》2007 年第 5 期。

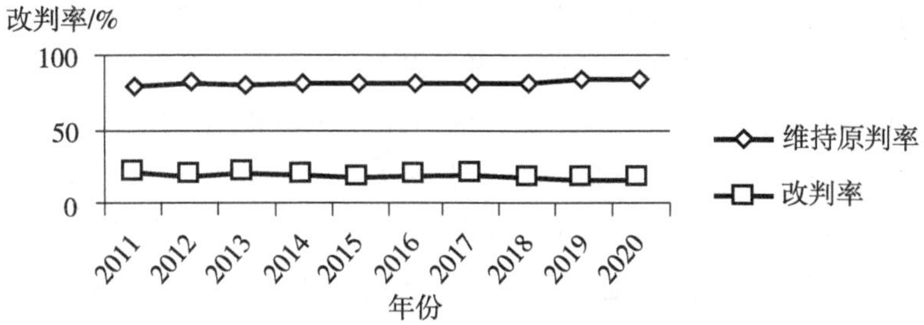

图 4　2011—2020 年人民法院刑事二审案件改判率变化

数据来源:《中国法律年鉴》,2012—2021 年。

三、刑事二审不开庭审理的弊端与成因

从上文的分析中可知,我国刑事二审案件不开庭审理的现象极为泛化。在这种情况下,虚置的合议制度,背离的审判公开原则,先入为主的先审后判,缺失的当事人权利,使得刑事二审的纠错和救济功能难以发挥。造成二审不开庭审理的原因在于二审功能与审级定位的失当,审理方式与审理范围的错位,立法规范与司法实践的南辕北辙以及案件数量与司法资源的失衡。

(一)二审不开庭审理的弊端

1. 合议庭形同虚设

根据我国刑诉法的规定,二审法院对于上诉案件应当组成合议庭进行审理,其立法本意旨在确保不开庭审理的决定由合议庭共同作出。尽管如此,在实践中,通常是由主审法官先阅卷审查并作出不开庭审理的决定,之后再通知合议庭成员,而并非由合议庭成员共同作出,甚至可能只由主审法官阅卷,讯问被告人,听取当事人、辩护人等意见,其他合议庭成员仅在参与案件合议时听取主审法官的报告之后同意主审法官作出的不开庭审理的决定。这种做法可能会导致合议庭的决定被主审法官的个人意见所取代,加剧二审案件独任化的倾向。此外,主审法官的汇报可能会遗漏重要的信息,导致合议庭决定的偏差。

2. 背离了审判公开原则

刑事二审案件不开庭审理违反了宪法和刑诉法规定的审判公开原则。我国《宪法》第 125 条和《刑事诉讼法》第 11 条规定了审判公开原则。①② 然而,实践中

---

① 《宪法》第 130 条规定:"人民法院审理案件,除法律规定的特别情况外,一律公开进行。"

② 《刑事诉讼法》第 11 条规定:"人民法院审判案件,除本法另有规定的以外,一律公开进行。"

不开庭审理或选择性开庭的审理方式都与审判公开原则背道而驰,严重违反了宪法与法律的相关规定。同时这种不公开审理的方式,将民众排除在外,不给予民众参与司法的机会,不利于民众对案件的审理进行监督,压缩了司法民主化的空间,极易引起质疑与猜测。因此,二审案件普遍不开庭审理一直受到广大学者的诟病:二审合议庭单方面秘密的从事调查活动,将社会公众完全排除于审判过程,控辩双方无法在同时到场下进行调查和讯问,合议庭的审理很可能会流于形式,严重的甚至会出现"暗箱操作"。①

3. 弱化了二审纠错的功能

刑事二审案件以不开庭的方式审理,虽然也能通过阅卷和调查讯问等了解案情、查明事实,但这种单方、间接的审理方式使得控辩双方无法在中立的法官面前阐明自己的观点,法庭上的平等对抗更无从谈起,②从而弱化二审对于事实的认定,影响了其纠错和救济的功能。二审法官应当独立自行形成心证来认定案件事实,不应当以一审法院的判断为基础,只有这样,二审法院才能根据认定的事实适用法律,从而作出独立、正确的判决,避免受一审法院判决的影响。具体而言,二审法院对于上诉案件的判决应当基于一审认定的事实和诉讼笔录,而不包括一审的判决理由以及是否与其一审判决相符。如果上诉法院先阅读了一审判决理由,那么在判断上诉人上诉理由是否有说服力时,可能会不加批判地继续沿着一审判决理由所展示的思考路径前行,而无论其错误抑或正确。③ 但在实践中,未经二审开庭审理的案件,过分依赖于一审的卷宗笔录和判决理由,特别是在当事人没有提出新的事实和证据的情况下,二审难以发挥出其应有的纠错和补救功能。

4. 陷入了未审先判的窠臼

开庭审理是判决的前提和基础,是司法裁判合法有效及程序正义的基础。④二审法官对案件的裁决不是通过开庭审理的方式作出,而是靠庭后阅卷加上调查讯问活动作出,⑤实际上背离了程序正义,有"先入为主,未审先判"之虞。实践中,如果上诉理由不具有说服力,就可由合议庭甚至是主审法官独断作出不开庭审理的决定,且该决定是在一审判决的"事实清楚"的基础之上,是在讯问被告人,

① 参见王超:《虚置的程序——对刑事二审功能的实践分析》,载《中外法学》2007年第4期。

② 参见王君炜:《刑事二审审理方式的改革与完善》,载《中国社会科学院研究生院学报》2013年第1期。

③ 参见段文波:《民事二审不开庭审理的反思与修正》,载《中国法学》2021年第6期。

④ 参见杨名跨、童之伟:《刑事上诉案不开庭审理之宪法学检讨》,载《湖北社会科学》2022年第1期。

⑤ 参见陈瑞华:《近年来刑事司法改革的回顾与反思》,载《国家检察官学院学报》2008年第1期。

听取当事人、辩护人等意见之前作出的，故存在预判之虞。二审法院仅凭一审认定的案件事实和证据来判断当事人的上诉理由是否具有说服力，即通过阅卷的形式就可得出上诉理由不成立，完全剥夺了当事人、证人等陈述的机会。

5. 剥夺了当事人的辩护权

所谓上诉权，其实就是获得辩护的权利。我国《刑事诉讼法》第 14 条规定应当保障当事人的辩护权，①然而不开庭审理却与该规定相背离。上诉法院在试图对一审的判决进行变更时，应当听取当事人充分的陈述意见，给予控辩双方辩论的机会，使得双方了解到矛盾争议焦点，从而更易解决控辩双方的纠纷，即使不开庭审理，法院也应当对不开庭审理的原因进行释明，增强当事人的可接受度。但在实践中，法院经过阅卷审查作出不开庭审理的决定后，在询问当事人和听取意见的阶段都有不同程度的限制，流于形式，从而无法给予当事人权利的保障，当然地剥夺了当事人获得辩护的权利，导致二审的"裁判权"对当事人的"诉权"缺乏应有的尊重，甚至二审法院缺乏对不开庭审理的原因进行一定的释明，使当事人对二审法院不予开庭的决定难以接受，提高了案件再审率，影响了司法的权威性。

（二）二审不开庭审理的成因

1. 二审功能与审级关系定位失当

根据《人民法院组织法》的规定，上诉人民法院的主要任务是对下级人民法院审理的案件实行审判监督，因此，上诉法院审理案件的方式应当有别于一审法院。② 相较于一审法院需要对案件进行全面的实体审理不同，二审法院是根据一审法院的案卷材料以及当事人提出的上诉理由对案件进行审理，审查原审人民法院的判决是否存在错误，从而发挥其监督、纠错、救济的功能。我国实行两审终审制，二审是续审制，两者并不是补充关系，对于一审的规定应当同样适用于二审。上诉案件是否开庭审理的标准不应为是否"事实清楚"，但在实践中，只要"事实清楚"就不开庭审理。退一步说，即使二审事实清楚，也应当参照一审程序开庭审理案件，而不是选择不开庭审理，因为就二审而言，其开庭审理本身就具有意义。然而实践中，二审法院通常遵循"事实清楚"的标准来划分是否开庭审理，其本身就是错误的。

---

① 《刑事诉讼法》第 14 条规定："人民法院、人民检察院和公安机关应当保障犯罪嫌疑人、被告人和其他诉讼参与人依法享有的辩护权和其他诉讼权利。"

② 参见段文波：《民事二审不开庭审理的反思与修正》，载《中国法学》2021 年第 6 期。

2. 审理方式与审理范围的错位

根据《刑事诉讼法》第 233 条规定,上诉法院对于案件适用全面审查原则,不受上诉或者抗诉范围的限制。然而,理论界有不少学者对于二审适用全面审查原则存在质疑,但笔者认为全面审查原则是对被告人辩护权的保障与强化。同时,全面审查原则更能够体现公正优先的价值目标。相比之下,不开庭审理虽然能够提高司法效率,但不可避免地会损害司法公正,影响司法权威。在实践中,不开庭审理的案件无法获得充分有效的审查,因此不开庭的审理方式与全面审查的审理范围存在无法吻合的空白。

3. 立法规范与司法实践的南辕北辙

对于二审案件不开庭审理的规定在立法和司法上存在较大的争议。在立法上 1996 年刑诉法就规定了以开庭审理为原则,不开庭审理为例外的审理理念,不开庭审理的判断标准是“事实清楚”,而判定事实是否清楚是经过阅卷、讯问被告人以及听取其他当事人、辩护人、诉讼代理人的意见后得出的;2018 年刑诉法中只规定应当开庭审理的 4 种情形以及二审法院决定不开庭审理的,应当讯问被告人,听取其他当事人、辩护人、诉讼代理人的意见,这显然为二审不开庭审理的其他案件预留了空间,但这并不意味着二审法官有权自行决定哪些案件可以不开庭审理。① 据此,司法解释中规定对于上诉案件经过第二审人民法院,认为原判事实不清、证据不足,或者按照法律规定需要直接发回重审的,可以不开庭审理,从而对不开庭审理的案件进行了规制。从上述规定可知,二审案件仍需要遵循开庭审理为原则,不开庭审理为例外的审理理念,只有在直接发回重审的条件下可由法官决定不开庭审理,对于其他上诉案件法官无权决定不开庭审理。然而,在司法实践中,不仅仅是发回重审的案件不开庭审理,大多数案件不开庭审理的判断依据都是 1996 年刑诉法规定的“事实清楚”。一言以蔽之,“事实清楚”的标准已然架空了不开庭审理的现行实质性裁量标准。

4. 案件数量与司法资源的失衡

从诉讼经济学的角度出发,开庭比不开庭审理所需的成本更高,为了控制审判成本,必然会尽可能地选择不开庭审理,毕竟当前我国实行员额制改革后,法官数量严重不足,特别是中级人民法院,在承担大量一审案件的同时,还要处理大量

---

① 参见杨名跨、童之伟:《刑事上诉案不开庭审理之宪法学检讨》,载《湖北社会科学》2022 年第 1 期。

的上诉、抗诉案件的案件,案件压力巨大。[①] 我国早已进入了“诉讼社会”,法院案件数量持续增长,二审案件数量居高不下,审判压力巨大。刑事审判能力与新形势新任务不相适应,司法体制综合配套措施改革任务落实不到位,多元纠纷解决机制有待深入推进,刑事审判队伍建设存在差距,刑事案件的日益增长与刑事审判能力有限的结构性矛盾,导致二审法官往往选择不开庭审理,以提高诉讼效率。[②] 据统计,刑事案件一审的收案数从 2011 年的 84.57 万件增长到 2020 年的 110.76 万件,案件增长了大约 31%,刑事二审案件的收案数从 2011 年的 9.89 万件增长到 2020 年的 13.92 万件,案件增长了 40% 左右,二审上诉案大概占一审案件的 12%。因此,二审法官在司法实践中选择以不开庭的审理方式对二审上诉案件进行审理也是出于对于案件数量与司法资源之间的平衡。

四、二审不开庭常态化的疏解思路

长久以来,二审案件不开庭审理的理由是多方面的,但从笔者的角度看,根本原因在于司法实务界对于法律规定的不开庭审理条件的认知不足,导致司法实践与立法规范的长期背离。为切实有效解决二审不开庭问题,可以参考以下路径:

(一)规范刑事二审不开庭审理

1. 法院应当严格把握不开庭审理的条件

我国刑事二审案件应当以“开庭审理为原则,不开庭审理为例外”。根据我国现行法律的规定,对于二审应当开庭审理的案件采用列举式的规定,一是被告人、自诉人及其法定代理人对第一审认定的事实、证据提出异议,可能影响定罪量刑的上诉案件;二是被告人被判处死刑的上诉案;三是检察院的抗诉案;四是其他应当开庭审理的案件。在实践中,对于死刑上诉以及检察院的抗诉案件几乎已经全面实现了开庭审理,二审是否开庭的争议多集中于“可能影响定罪量刑”和“其他应当开庭审理的案件”中。

对于“可能影响定罪量刑”上诉案开庭需要两个条件,一是被告人、自诉人及其法定代理人对第一审认定的事实、证据提出异议;二是该异议可能影响定罪量刑。首先,对于一审认定的事实、证据提出的异议包括:第一,原判认定的据以定

---

① 参见张卫平:《民事诉讼法》,法律出版社 2019 年版,第 383 页。

② 参见周强:《最高人民法院关于人民法院加强民事审判工作依法服务保障经济社会持续健康发展情况的报告》,载《人民法院报》2020 年 10 月 18 日,第 1 版。

罪量刑的事实是否正确清楚;第二,原审认定的证据是否达到了确实充分的程度;第三,是否存在自首、立功、累犯等法定量刑情节以及是否成立;第四,是否是共同犯罪,在共同犯罪中的地位和作用是否清楚、被害人是否存在过错。① 据此满足一项即可为异议。其次,对是否可能影响定罪量刑的认定分为两种,一是可能影响定罪量刑,二是不可能影响定罪量刑。那么法官得出不开庭审理的依据只能是不可能影响定罪量刑,这显然是法官审查时不可能得出的结论。因此最高法规定对于被告人、自诉人及其法定代理人提出的异议无论是否成立,无论其是否影响定罪量刑,根据立法精神,都应当开庭审理。② 对于"其他应当开庭审理的案件"是上诉案,除发回重审的案件可以不开庭审理外,其余案件都应当纳入开庭审理的范围。

司法机关对于二审案件应当秉持以开庭审理为原则,不开庭审理为例外的审理理念,坚定地推行开庭审理,严格把握不开庭审理的案件标准。最高人民法院原副院长张军在贯彻落实修改刑诉法决定上强调要严格遵守二审开庭的法律规定,切实按照法律规定,不断提高二审案件的开庭比例,各级法院对于二审案件除了应当不开庭的情形外都必须做到开庭审理。③ 2012 年在刑诉法修改后最高法也同样强调对于二审案件应当开庭审理,关于开庭审理的法律规定应当严格遵守。只有通过开庭审理才能够实现直接审理和直接言词,才可以使当事人的权利得到充分的保障,才能使得二审的功能得以真正地发挥。

2. 法院应当进行双向释明

法院作出的不开庭审理的决定,应当进行双向释明。在实践中,普遍存在对适用审理方式的理由解释不充分的现象,基本上都是套用"经阅卷、讯问当事人,认为本案事实清楚,决定不开庭审理"的通用文本,表述模板化现象极其严重,对于被告人、自诉人及其法定代理人提出的异议不影响定罪量刑的,从而不予以开庭审理的没有说明理由。④ 因此,一方面,法院需要向检察院释明不开庭审理的原因,便于检察院更好地进行监督,使得在不开庭审理案件中双向进行流通,同时为检察院进入不开庭审理程序提供了一定的空间。另一方面,法院需要对当事人进行释明。对于当事人上诉的案件,法院一旦做出不开庭审理的决定,会使得当事

① 参见张军:《新刑事诉讼法法官培训教材》,法律出版社 2012 年版,第 359 ~ 362 页。

② 参见张军:《新刑事诉讼法法官培训教材》,法律出版社 2012 年版,第 359 ~ 362 页。

③ 参见张军:《新刑事诉讼法法官培训教材》,法律出版社 2012 年版,第 6 ~ 7 页。

④ 参见田源:《刑事二审不开庭审理常态化现象透析与问题疏解——以 D 省 Z 市中院为分析样本》,载《山东大学学报(哲学社会科学版)》2017 年第 5 期。

人的不满情绪增加，此时更需要法院对其进行释明，以保证当事人的知情权，让其更加容易接受不开庭审理的决定，从而增强司法的公信力。

（二）完善不开庭审理的监督倒逼机制

检察机关在刑事二审不开庭的案件中是否具有控诉职能，一直以来都存在争议，但理论界和实务界均承认检察机关在刑事二审程序中应充分发挥法律监督的职能。[①] 刑事诉讼中检察机关的监督应当是全方位、无死角的，但在刑事二审不开庭案件中却存在监督盲区。从立法上来看，对于二审案件，检察机关只在开庭的二审案件中派员出庭从而实现监督，对于不开庭审理的案件检察机关无法监督。具体表现为：对于不开庭审理的二审案件，检察机关无法监督；对于二审案件的审理方式的决定正确与否，检察机关无从监督；对于应当开庭而没有开庭的案件，检察机关缺乏监督。[②] 实践中，对于开庭审理的案件，法院仅将决定开庭的案件通知检察院，并将卷宗移送供其阅卷，由检察院派员出庭。对于决定不开庭审理的案件，不要求将上诉状副本送达至上级检察院，因此上级检察院无法知晓被告人是否上诉，法院是否开庭也无须征求同级检察院的意见，这无疑纵容了二审案件不开庭，为法官决定不开庭审理打开了方便之门。因此，对于二审不开庭审理的案件，不仅需要法院严格把握，同时也需要检察院进行监督倒逼。

1. 健全事前监督

目前，在不开庭审理的情况下检察机关严重缺位，使得二审大部分案件游离在监督之外，二审作为终审判决，检察机关难以发挥效用，审慎性有待考量。因此，二审法院在对二审案件拟作出不开庭决定之前，应及时将相关案件材料移送至同级检察院，并简要说明不开庭的理由。检察机关根据案件材料和上诉状，审查不开庭的理由是否合理，如认为其理由不合理的，应当提出开庭审理的建议。对于检察院的建议，法院原则上应当采纳，以有效规范法院的自由裁量权。

2. 健全事后监督

关于二审裁判文书的送达，由于刑诉法只规定了送达的对象和时限，对于送达程序没有明确规定，因此只能参照刑事一审程序进行。[③] 实践中，不送达或者不及时送达裁决书，都可能会导致检察机关无法进行事后监督。因此，无论是通过

① 参见陆旭：《"以审判为中心"视角下的二审检察监督》，载《中国政法大学学报》2016 年第 1 期。

② 参见张惠保：《刑事上诉不开庭审理案件的检察监督》，载《人民检察》2011 年第 15 期。

③ 参见成懿萍、廖乙桥：《刑事上诉案件中检察监督的缺位与完善——以 86 起上诉案件的实证分析为基础》，载《中国检察官》2011 年第 9 期。

开庭审理还是不开庭审理方式所作出的判决,二审法院都应当及时将上诉状副本、一审判决书、二审判决书等法律文书送达检察机关进行审查,同时应当明确送达方式和送达期限,避免造成检察机关的监督盲区。①

五、结语

刑事诉讼法虽然明确规定了二审应当开庭审理的情形,但由于诸多的因素导致开庭审理的原则逐渐异化为不开庭审理。这不仅违背了立法原意即以开庭审理为原则,不开庭审理为例外,同时违背了审判公开原则和直接言词原则,不利于保障当事人的诉讼权利。随着社会经济的不断发展以及司法体制改革的深入,需要真正地在司法实践中落实"开庭审理为原则,不开庭审理为例外"的审理理念,以此为进一步的以庭审为中心的实质化改革奠定基础,从而真正的发挥两审终审制的效用。

(编辑:武小琳)

① 参见张惠保:《刑事上诉不开庭审理案件的检察监督》,载《人民检察》2011年第15期。

推荐人语

该文整体以刑事电子数据调取中公民权利保障为研究对象。通过对理论及司法实践的分析，从调取事前、事中、事后阶段论证对公民权利保障的不足之处。文章提出以比例原则为指导，优化控辩程序，构建非法证据排除与监督制约规则。本文具有一定的理论意义，对比例原则、非法证据排除规则等提出新见解，同时具有一定的实践价值，有利于推进我国刑事电子数据调取领域新发展。

田力男　中国人民公安大学法学院副教授、博士生导师

刑事电子数据调取的权利保障研究

薛慧霞*

摘　要：大数据时代侦查机关向第三方平台调取电子数据呈常态化，其中对公民个人权利保障具有不足之处。调取分为事前、事中、事后三阶段，事前立法脱节，侵犯以知情权为核心的公民权利；事中调取现有程序强化控辩不平等地位；事后非法证据排除规则中合法性标准与监督制约规则缺失。对此应以比例原则为指导进行立法以保护公民权利，完善相关程序实现控辩平等，建构电子数据调取领域下的非法证据排除规则与监督制约机制。

关键词：电子数据调取；权利保障；侦查机关；比例原则

一、背景分析及问题的提出

大数据时代，众多数据在互联网上产生、收集、处理、使用，数据正在改变人类的生产生活方式，已成为人类未来发展的新动力。在这一过程中，新的法律关系产生，各方主体被赋予新的权利和义务，也同时引发新的法律问题。通过各种数据处理器收集公民的个人数据已经成为当今生活中的常态，尤其在商业环境和社

---

* 薛慧霞，女，山东省青岛市人，中国人民公安大学研究生院 2021 级硕士研究生。

会管理场景下,此种行为恰恰为刑事侦查机关调取公民个人数据奠定基础。[①]

与此同时,国内涉信息网络犯罪案件呈逐年递增趋势,中国司法大数据研究院于2022年8月发布的报告显示,2017—2021年全国各级法院一审判决信息网络犯罪案件28.2万余件,案件数量呈逐年上升趋势。[②] 在这些信息网络犯罪案件中,犯罪过程是基于数据的收集和使用,证据也往往以数据的形式呈现。侦查机关要想获取电子数据来侦破犯罪有以下三种方式:一是通过对电子数据所依附的原始储存介质进行搜查、扣押和提取获取,二是向第三方网络服务提供者调取,三是运用网络在线提取、远程勘验、技术侦查等手段进行收集。而侦查机关倾向于第二种方式,原因有三:其一是面对案多人少的压力,此时刑事诉讼价值中的"公正优先,兼顾效率"中的效率显得尤其重要,根据公安部发布的数据来看,2021年全年公安机关共侦办网络犯罪案件6.2万余起,同比增长10.7%;抓获犯罪嫌疑人10.3万余名,同比增长28.7%。[③] 其二是相关法律法规也赋予网络服务提供者配合协助侦查机关进行犯罪侦查的义务,如《刑事诉讼法》第54条和"两高"、公安部2016年9月9日《关于办理刑事案件收集提取和审查判断电子数据若干问题的规定》第3条都规定"人民法院、人民检察院和公安机关有权向有关单位和个人收集、调取证据。有关单位和个人应当如实提供证据。"《数据安全法》第35条规定:"公安机关、国家安全机关因依法维护国家安全或者侦查犯罪的需要调取数据,应当按照国家有关规定,经过严格的批准手续,依法进行,有关组织、个人应当予以配合。"其三是网络服务提供者自身具有充分的技术和数据资源优势。实务中早有网络服务提供者与政府签订协议共同进行个人信息收集与利用,[④]如早在2017年,滴滴就与多个政府合作,共同构建了一个大型交通数据平台,以实现政府和企业数据之间的无缝连接,这正是基于滴滴出行"超过2000万日峰值订单量、每日70TB定位轨迹数据和2000TB处理数据"的优势。[⑤]

---

① 参见郑曦:《侦查机关调取公民个人数据的规制》,载《上海政法学院学报(法治论丛)》2023年第3期。

② 参见《司法大数据专题报告之涉信息网络犯罪特点和趋势》,载中国司法大数据服务网,https://data.court.gov.cn/pages/index.html,最后访问日期:2023年5月25日。

③ 参见《通报部署全国公安机关开展"净网2021"专项行动的工作举措和取得的成效等情况》,载中华人民共和国公安部网,https://www.mps.gov.cn/n2254536/n2254544/n2254552/n8330992/index.html,最后访问日期:2023年5月25日。

④ 参见李延舜:《个人信息保护中的第三方当事人规则之反思》,载《法商研究》2022年第4期。

⑤ 参见章文嵩:《滴滴已与多地政府共建交通数据大平台　实现政企数据无缝对接》,载CSDN网,https://blog.csdn.net/weixin_33924770/article/details/90395293,最后访问日期:2023年5月25日。

目前,侦查机关为侦破犯罪向第三方平台进行个人数据调取已成常态化,而公民的个人数据信息具有隐私权属性,侦查机关调取数据难免伴随着对公民权利侵犯的争议,公权力和私权利的冲突亦体现于此。个人权利是公共利益的基础,公共利益的实现最终会转化为个人利益,但很多时候为了公共利益的实现必须限制个人权利,此时公私利益发生冲突。而公民面对个人数据被侵害大多持忍耐或消极抵抗的态度,原因是处于维权时间成本过高、数据滥用尚未造成实质性损害、不知道如何进行维权等原因,可见法律和实务都需进一步规制完善。[①] 有学者认为,网络服务提供者凭借技术资源优势,立法授权与服务协议形成与用户的不平等关系,促使互联网场域内权力生成,第三方平台的法定协助义务也变成一种授权,法律授权下第三方平台生成"权力"。[②] 权力的本质在于非对等,公民个人面对侦查机关和第三方平台天然为弱势方,公民权利更加需要全过程全方位保障,笔者接下来将刑事电子数据调取分为事前、事中、事后三阶段,逐一分析各阶段进行公民权利保障的必要性及相应对策。

二、刑事电子数据调取进行权利保障的不足之处

(一)事前:立法脱节与以知情权为核心的公民权利的侵犯

1. 立法的脱节

首先,我国刑事司法领域目前详细规定刑事电子数据调取的有"两高"、公安部2016年9月9日《关于办理刑事案件收集提取和审查判断电子数据若干问题的规定》(以下简称《电子数据规定》)、公安部2019年2月1日《公安机关办理刑事案件电子数据取证规则》(以下简称《公安电子取证规则》)两部法规。其中,《电子数据规定》第13条规定:"调取电子数据,应当制作调取证据通知书,注明需要调取电子数据的相关信息,通知电子数据持有人、网络服务提供者或者有关部门执行。"《公安电子取证规则》第41条和第42条规定公安机关进行电子数据调取的具体操作。

其次,《个人信息保护法》的出台为个人信息保护提供了法律支持,其中第23条规定:"个人信息处理者向其他个人信息处理者提供其处理的个人信息的,应当向个人告知接收方的名称或者姓名、联系方式、处理目的、处理方式和个人信息的

---

① 参见李爱君:《中国大数据法治发展报告》,法律出版社2020年版,第213页。

② 参见张锐智、李柏萱:《网络服务提供者权力异化及法律规制》,载《安徽大学学报(哲学社会科学版)》2022年第1期。

种类,并取得个人的单独同意。"《数据安全法》第四章规定了数据处理者的数据安全保护义务,《网络安全法》规定了各行各业在网络活动中的责任和义务。

最后,立法呈现出的便是数据保护类、个人信息保护类法律与刑事诉讼类法律的脱节。目前《个人信息保护法》《数据安全法》和《网络安全法》能否适用于刑事侦查领域还未可知,鉴于刑事侦查机关调取电子数据的特殊性,理应在上述3部法律中专门规定或者专门立法规定刑事司法领域电子数据调取、使用情况,但基于个人主义视角下的立法忽略了社会性问题,导致刑事电子数据调取领域下的个人信息保护与数据保护立法脱节。①

2. 以知情权为核心的公民权利的侵犯

大数据时代,公民为个人信息的所有者,第三方网络平台为公民个人信息的持有者,这与传统中公民既是个人财产的所有者与持有者不同。因此第三方平台想要获取公民个人信息必须让作为数据所有者的公民知情并同意,这样第三方平台才可以无障碍使用用户数据信息。当然也包括同意的推定原则,即在某些开放的网络平台和政府公开网站上,用户理应知道其个人信息会被其他人知晓并收集使用,若用户在开放平台上发布关于自己的信息,就意味着自愿将个人信息分享给不特定第三人。

而现实中"知情—同意"却流于表面,主要有以下两种方式:一是网站默认用户设置选项导致用户毫不知情便被收集记录个人信息。比如 cookies 是用户在访问网站时由网站放置到用户的硬盘驱动器上的可以记录用户身份和喜好的小文本文件,从而实现用户的个性化推荐,并加强网站的整体改进。而大多数浏览器会自动将 cookies 作为默认设置接受,尽管用户可以修改设置来拒绝 cookies,但大多数公民不知且更不会修改,况且用户一旦选择拒绝接受 cookies,就只能访问站点中可用于公众的一小部分。再如 web bug 是站点控制者或第三方监控用户访问站点的小图标图像,其本身难以被观察到,广告商会用 web bug 来采集用户访问站点的信息并添加到个人配置文件中,从而来确定对该用户要显示的广告内容。二是平台通过服务协议达成"同意的例外"来收集处理个人信息。如《腾讯视频隐私保护指引》中1.21(2)为履行法定职责或者法定义务所必需,收集或者使用用户个人信息无须取得用户同意。但纵览保护指引会发现平台会收集包括手机号码、生日、位置信息、身份证号、人脸识别、收货地址、相机相册权限、麦克风权

① 参见李延舜:《刑事数据调取中网络服务提供者的角色定位及关联义务》,载《法学》2023年第1期。

限、日志信息、下单支付信息在内的个人信息，并且会在不特定阶段与集团外第三方公司共享，这些敏感信息一经组合处理便能完整反映出一个人的特征，大数据处理后更会得到群体特征。但用户若拒绝签署服务协议，便“可能会影响正常使用或继续正常使用产品和服务”，①看似平等的服务协议实则暗含着对用户的不平等对待。侦查机关向第三方平台进行用户电子数据调取时，由于用户已经默认或同意相关协议，自然也无须向公民告知，导致公民知情权受损。

（二）事中：现有程序强化控辩不平等

1. 现有程序规定模糊

上述提及的几部法律法规虽规定刑事电子数据的调取程序，但总体规定模糊。第一，第三方平台参与制度不完善。法律只规定第三方平台有协助义务，但具体是第三方平台的哪个部门进行配合却没有规定，实践中有时甚至出现因平台内部没有相关部门或人员进行调取导致调取进度拖延，拖延就意味着被诉方的权利一直处于“漂浮”状态。第二，调取程序授权审批不严格。《公安电子取证规则》规定公安机关向有关单位和个人调取电子数据要经过办案部门负责人批准，而技术侦查措施的适用有审批层级、时限、次数、适用的犯罪类型的要求，可见调取数据审批极为宽松。鉴于网络时代网络运营商拥有庞大的数据资源，调取程序审批宽松会有现实中滥用的趋势。反观域外美国“卡朋特”案中美国联邦最高法院裁定警方若要定位追踪公民的手机位置信息就必须事先取得法院的搜查令，此案打破了美国一以贯之的“第三方当事人”规则，按照之前的规则警方是可以不经法院搜查令直接从电信运营商获得该手机的定位信息的。② 第三，调取程序记录不详。尽管《公安电子取证规则》规定必要时要进行录音录像来固定证据内容及取证过程，但适用起来具有随意性。第三方平台进行调取时没有具体的操作规范，不记录详细过程就容易出现随意扩大调取范围，侵犯公民个人权利的情况。如广州顺亨汽贸公司走私普通货物案中侦查机关向网络服务商调取了 30 个涉案邮箱中的 20 万封电子邮件，其中有大量与案件无关的数据资料，经过筛选后才将与案件有关的部分作为电子数据提交法庭，其余与案无关的邮件同样包含大量的

---

① 参见《腾讯视频隐私保护指引》，载腾讯隐私保护平台网，https://privacy.qq.com/document/preview/3fab9c7fc1424ebda42c3ce488322c8a，最后访问日期：2023 年 5 月 25 日。

② See Carpenter v. United States, 138 S. Ct. 2206; 585 U. S. (2018).

公民个人隐私,后续处置也不见声响。[①] 尽管有事后提供校验值等方式进行验证,但校验值验证并不能大包大揽,证据记录时间修改便不能通过此方式验证。[②] 第四,调取数据类型未区分。正如前述刑事法律与其他领域的法律脱节,《个人信息保护法》第二章第二节规定敏感个人信息的处理规则,并没有专门列出刑事司法领域的处理特殊规则。而域外欧洲议会和欧盟理事会发布的《针对警察和刑事司法机关的数据保护指令》(以下简称(EU 2016/680)第 10 条专门解释敏感个人信息的含义及处理规则,即只有在绝对必要的情况下,才允许处理暴露种族或民族血统、政治立场、宗教信仰、哲学信仰、联盟会员有关联的个人数据,和基因数据的处理、用于精确识别个体的生物特征数据、健康数据或与人类自然生活或性取向有关的数据,受数据主体权利和自由的适当保障,并且仅:(a)在欧盟或成员国法律授权的情况下;(b)保护数据主体或另一自然人的重大利益;或(c)此类处理涉及数据主体明显公开的数据。第五,调取适用对象未区分。我国法律并没有将对犯罪嫌疑人、被告人、证人等不同对象的调取适用程序区分开来,而欧盟《EU 2016/680》中第 6 条将数据主体区分,有犯罪嫌疑人、被告人、被害人、证人、同案犯等。

2. 辩方阅卷权与质证权难以实现

美国联邦警察有著名的"银盘理论"来规避非法证据排除规则,即二元体系下的联邦与州是分离的,非法证据排除规则只用来限制联邦执法官员,此时联邦执法官员会让州执法官员代替进行违法搜查或扣押,取得证据再交予联邦执法官员,联邦执法官员便可以规避非法证据排除规则的制约,譬如服务员用银盘收账单或小费,服务员双手干干净净地得到了酬劳。[③] 同理我国侦查机关也有向第三方平台调取数据以规避法律之嫌,如前所述,此种行为较技术侦查措施来获得公民个人数据对侦查机关限制更少,审批更宽松。但刑事诉讼法领域法律只规定网络服务提供者面对侦查机关有协助侦查的义务,双方为公权力机关与第三方平台,并没有站在被追诉人公民的角度。面对上述两方处于天然弱势的公民在法律没有保障的前提下行使权利自然受到限制,最为明显的就是阅卷权和质证权。

---

① 参见杜杰锋:《指导案例广州顺亨汽车配件贸易有限公司等走私普通货物案[第 873 号]》,载华律网,https://lawyers.66law.cn/s2d08346160c14_i289024.aspx,最后访问日期:2023 年 5 月 25 日。

② 参见薛楠:《第三方参与侦查取证的制度变迁及其完善——以电子数据取证为研究视角》,载《北京警察学院学报》2022 年第 4 期。

③ 参见郑曦:《侦查机关调取公民个人数据的规制》,载《上海政法学院学报(法治论丛)》2023 年第 3 期。

目前学界对辩方阅卷权的行使讨论颇多,有学者认为应当将阅卷权行使提前到侦查阶段,①有学者认为我国并未真正确立被追诉人的阅卷权。② 笔者认为阅卷权是质证权行使的前提,现阶段针对电子数据调取有三个过程,一是第三方平台收集处理公民个人数据信息的过程,二是侦查机关凭通知书要求第三方平台提供公民个人数据信息的过程,三是第三方平台内部搜集整理将公民个人数据信息提供给侦查机关的过程,过程纷繁复杂、材料呈现碎片化趋势,目前辩方阅卷仍然是阅读纸质诉讼文书和证据为主,对于新型电子数据的阅卷很少,况且部分被调取的电子数据并未被列入证据目录中,辩方看不到这些数据就难以进行后续的权利维护。控方作为辩方的对立方天然怠于让辩方阅卷,以达到惩罚犯罪的目的,更不用说辩方质证权的行使会受到技术、资源等的限制,除少数被控方如快播案中被告拥有高端专业技术人才进行辩护,大部分被控方并没有此种能力,因此刑事电子数据调取中后续的阅卷、质证均难以进行。反观域外欧盟《EU 2016/680》第 18 条规定了公民个人数据若包含在刑事调查和诉讼中处理的司法裁决、记录或案件档案中,公民就可以得到执法机关的联系方式、个人数据的处理目的、向监管机构提出投诉及其联系方式以及个人数据的更正、删除权等。

(三)事后:非法证据排除合法性标准规则与监督制约规则缺失

1. 非法证据排除规则合法性标准缺失

有学者认为,刑事诉讼通过司法审查来保障具有客观法秩序和主观请求权双重性质的宪法基本权利的实现,中国只有刑讯逼供等非法言词证据会被严格排除,实物证据在严重影响司法公正、不能补正和解释的情况下才排除。③ 目前存在的《电子数据规定》第 24 条验证收集提取的电子数据合法性标准存在偏颇。该条规定取证人员的数量、取证方法要符合技术标准、签名盖章、见证人及备份,实质是在保证电子数据的真实性,与合法性大相径庭,如法条没有关注取证主体是否具备调取资格。且《电子数据规定》第 27 条和第 28 条非法证据排除规则也基于真实性标准。第 27 条规定了瑕疵证据排除规则,瑕疵证据包括未封存、无签名或

---

① 参见骆东平、李柏桦:《论刑事侦查中的辩方阅卷权》,载《三峡大学学报(人文社会科学版)》2020 年第 5 期。

② 参见邵奇聪、宋维彬:《刑事被追诉人阅卷权研究》,载《苏州大学学报(法学版)》2021 年第 2 期。

③ 参见蒋勇:《个人信息保护视野下中国电子取证规制的程序法转向》,载《西安交通大学学报(社会科学版)》2019 年第 6 期。

盖章、注明不清的;第28条规定了3种不得作为定案的证据,也都是有关电子数据真实性的。另外,法院审查电子数据调取程序也会根据电子数据真实性标准审查,完全不会站在公民立场上审查调取程序是否侵犯到公民隐私权等个人权利,因此被调取人或者被追诉人寻求司法救济的空间很小。

我国法律法规只规定调取电子数据时应保证完整性、真实性,对合法性关注度不高,究其原因是立法均将提高案件办理质量,提高电子数据取证质量和效率作为制度目的,仅追求实体公正,忽视了程序公正。[①] 而在刑事诉讼中犯罪嫌疑人、被告人面对强大的公权力机关始终处于弱势地位,控辩双方天然为不平等地位,处于互联网时代尤甚,犯罪嫌疑人和被告人从技术、资源、人力、能力等方面均逊于侦查机关,此时更加需要从制度层面保护被追诉人的基本权利。从权利保障角度看,对电子数据的合法性关注是必不可少的,电子数据作为法定证据的一种,理应满足证据的真实性、合法性、关联性的标准,合法性是制约侦查机关依法调取电子数据的标准。

2. 监督制约规则缺失

无救济则无权利,刑事诉讼中对诉讼活动进行监督对于保护诉讼当事人合法权益,保障法律正确实施,维护司法公正具有重要意义。我国《个人信息保护法》第68条规定国家机关不履行本法规定的个人信息保护义务的,由其上级机关或者履行个人信息保护职责的部门责令改正;对直接负责的主管人员和其他直接责任人员依法给予处分。尚且不谈上述法律能否适用于刑事侦查领域,就算适用,对公权力机关的处罚也相对轻微,达不到震慑目的,更无法有效保护公民合法权益。可见刑事相关法律法规中电子数据调取权利人具有的监督救济措施为空白领域,还需进一步规制。

三、刑事电子数据调取的权利保障的未来进路

(一)比例原则指导下立法进行公民权利保护

德国弗里茨·弗莱纳指出:"对个人自由的限制从来不应超出必要的限度。警察不能用大炮打麻雀。"其中蕴含的便是比例原则,它是自然正义的化身。比例原则是利益攸关方应选择必要的手段为实现合法目标作出贡献,这些手段造成的损害应与其所促进的利益成比例。其本质在于调整目的与手段之间的理性关系,追求损益平衡。其包括四个子原则:目的正当性原则、适当性原则、必要性原则、

---

① 参见谢登科:《论电子数据收集中的权利保障》,载《兰州学刊》2020年第12期。

均衡性原则。[①] 立法应以其为指导推进，以解决社会公共利益与公民个人利益的冲突，以下将分析如何对刑事电子数据调取进行立法。

第一，目的正当性原则。它要求行为者的目的是正当的，法院审查个案时首先进行的目的正当性审查可起到前端过滤作用。侦查机关调取公民个人数据时应基于合法正当的侦破犯罪的目的，不能处于私利。并且对公民个人数据的处理要合法、公正地处理，必须以特定、明确、合法目的收集。在此可借鉴中国《个人信息保护法》与欧盟《EU 2016/680》第4条规定。第二，适当性原则。它要求手段应有助于或促进目的的实现，解决的是手段和目的之间是否存在本质联系，是对客观因果关系的客观评估。立法应规定适用调取措施时与其犯罪侦查具有关联性，对电子数据的调取要具有针对性和精确性，对于侦查作用不大的数据、不准确不完整的数据、不及时更新的数据不予调取。第三，必要性原则。它要求行为者所运用的手段所引起的损害达到最小程度，对于多种手段都有利于正当目的的实现的情况，应选择损害最小或没有损害的手段，以权利为本位。域外美国《银行保密法》规定只有在特定情况而且是调查金融犯罪的前提下才能向金融机构提取客户数据信息，并且提供了两种手段。一种是公开查询，此时应持合法的传票或调查许可证并通知储户本人，储户本人有拒绝的权利；另一种是秘密查询，适用美国FBI先向法院提出申请后可推迟通知储户本人的期限，查询完毕后再向客户告知推迟的事由。我国立法可借鉴此举，对调取手段进行多种方式区分，出于侦查犯罪的隐蔽性考虑，侦查机关可进行秘密调取，但相关过程应严格记录，以便被追诉人后续维权。第四，均衡性原则。它要求将损害降至最低所造成的损害与所获得的利益成比例，并禁止损益失衡。如果行动获得的收益远远低于消耗的成本，并且收益与成本不成比例，那么行动就不符合这一原则。放在立法中便是面对惩罚犯罪以维护社会治安的公共利益与个人权利存在被限制和侵犯的冲突，过度偏袒任何一方都是不正确的。欧盟《EU 2016/680》便很好地体现出这一点，其中第14条（数据主体的访问权）和第15条（对访问权的限制）中规定成员国为防止阻碍公权力机关或法律调查、侦查或诉讼；防止阻碍预警、侦查、调查或起诉刑事犯罪或执行刑事制裁；保护公共领域安全；保护国家整体安全；保护自然人的权利和自由等可全部或部分限制数据主体的访问权，但仍要考虑此种限制构成必要且相称且考虑自然人的基本权利和合法权益。除上述事由外数据主体拥有获悉自己数据是否正在被收集的权利，如果正在被收集和访问有权获知处理的目的和法律依

① 参见刘权：《比例原则》，清华大学出版社2022年版，第19～20页。

据;有关的个人资料类别;个人数据被披露的接受者或其类别,特别是来自别国或国际组织的接受者;储存个人数据的时间长短以及储存期限确定的标准;向个人数据控制方请求行使自身的更正权、删除权以及限制处理权;获取监管机构联系人的详细信息,并向监管机构投诉;知晓个人信息处理过程和知晓关于处理源头的任何重要且有用的消息的权利。我国《个人信息保护法》第6条亦规定处理个人信息应当具有明确、合理的目的,并应当与处理目的直接相关,采取对个人权益影响最小的方式。收集个人信息,应当限于实现处理目的的最小范围,不得过度收集个人信息。刑事领域调取立法也应遵循上述原则,另外要借鉴欧盟和美国金融行业相关立法,保障公民的知情权,避免"知情—同意"流于形式。

(二)完善相关程序实现控辩平等

德国法学家鲁道夫·冯·耶林说:"正义女神一手提着权衡权利的天平,另一手握有为主张权利而准备的宝剑。无天平的宝剑,是赤裸裸的暴力;无宝剑的天平,则意味着法律的软弱可欺。天平与宝剑相互依存。正义女神挥舞宝剑的力量,同执掌天平的技巧得以均衡之处,便是完美的法律状态之所在。"[①]因此要完善相关法律程序,以便实现控辩平等,解决公民个人权利与公共利益的冲突,达到动态平衡。第一,加快推进第三方平台内部合规。第三方平台应立足于"经营者——公共服务提供者——网络规则重要缔造者"三重角色推进内部合规改革,[②]规范内部部门设置,敏感数据披露共享时及时评估及告知。第二,从严审批调取程序。美国《金融隐私法》规定执法机关若要秘密调取金融机构客户资料必须向法院申请,要求法院发出命令才能行使此举。我国应借鉴此制度,建立令状审批制,公安机关调取数据由检察机关或者法院进行审批。第三,调取过程进行详细记录。欧盟《EU 2016/680》中第25条规定执法机关有记录日志义务,在收集、更改、咨询、披露,包括转移、合并和删除阶段至少记录日志。咨询和披露日志应能够确定此类操作的理由、日期和时间,并尽可能确定咨询或披露个人数据的人的身份,以及此类个人数据接收方的身份。我国应借鉴欧盟立法,对侦查机关调取电子数据过程进行细致完整记录,侦查机关收集、调取、使用、修改、删除等均须记录操作的原因、具体日期和时间,并由执行操作的人签字或加盖公章。第四,数据

---

① [德]鲁道夫·冯·耶林:《为权利而斗争》,刘权译,法律出版社2019年版,第1页。

② 参见李延舜:《刑事数据调取中网络服务提供者的角色定位及关联义务》,载《法学》2023年第1期。

类型分级分类。2021 年 12 月 31 日全国信息安全标准化技术委员会秘书处发布《网络安全标准实践指南——网络数据分级分类指引》,其中将个人信息分为一般个人信息和敏感个人信息,将数据分为一般、重要、核心数据,并在一般数据内部依照对公民组织权益危害影响程度分为四级。我国刑事诉讼法可借鉴此分类分级标准,按照不同类别不同级别来规制调取程序。第五,适用程序按适用对象进行不同设置。我国可借鉴欧盟分类,将调取对象分为犯罪嫌疑人、被告人、被害人、证人等,并重点保护犯罪嫌疑人、被告人的程序性权利。

另外,应着力保障辩方的阅卷权和质证权。首先,我国可灵活借鉴欧盟立法,《EU 2016/680》第 12 条规定成员国应当为数据主体行使自身知情、更正和删除权利提供便利,并以书面形式通知数据主体其请求的后续行动,不能无故拖延。由于犯罪嫌疑人、被告人自身可能无法进行有效的权利维护,我国刑事领域立法可根据《个人信息保护法》第四章(个人在个人信息处理活动中的权利)来赋予辩方律师相应权利。鉴于目前实务中侦查机关调取电子数据并不会全部当作证据的情况,可要求侦查机关为辩方律师提供书面调取记录和调取范围,辩方律师手持调取申请书可在第三方网络平台处查阅数据主体相关数据的处理状态。其次,对于辩方质证权的实现,《电子数据规定》第 21 条有些许体现,即控辩双方有需要提交的电子数据需要展示的……必要时可聘请具有专门知识的人进行操作,并就相关问题作出说明。有观点认为可允许辩方聘请专家辅助人为其提供专业帮助,① 笔者认为在当今我国被告人质证权并没有完全确立的大背景下,此种措施实行已经是司法进程中的一大进步,应当推行。

(三)建构电子数据调取领域下的非法证据排除规则与监督制约机制

首先,非法证据排除规则的含义是对于侦查人员以违反法律程序的手段所获取的证据,司法机关将其排除于法律程序之外,不得作为认定案件事实的根据。可分为三个基本类型,一是强制性的排除,二是裁量性的排除,三是瑕疵证据的补正。② 有观点认为应分为以下三种情况,一是对调取公民个人数据行为本身进行审查,二是对被调取的公民个人数据进行审查,三是对调取后的数据处理情况进

① 参见郑曦:《侦查机关调取公民个人数据的规制》,载《上海政法学院学报(法治论丛)》2023 年第 3 期。

② 参见陈瑞华:《刑事诉讼法》,北京大学出版社 2021 年版,第 128 页。

行审查。[1] 笔者认为第一种情况进行的审查应为强制性排除审查，根据前文所述法律遵循比例原则的要求，分别从是否目的正当、是否适当、是否必要、是否均衡四方面进行审查，不符合要求的即违反法律一律严格排除。第二种情况进行裁量性的排除，根据证据“三性”标准，如前所述电子数据规则欠缺合法性标准，可从侦查机关是否依法依规遵循调取的法律程序口切入，前文已详细说明进行调取审批、调取过程、调取类型、调取适用对象等程序规制，法院在审查时可参考上述规定，并综合考虑非法调取行为的严重性、损害的法益、采纳该非法证据对司法公正的影响等因素，对多种利益进行权衡后作出是否排除的决定。第三种情况可适用瑕疵证据补正，对于我国刑事电子数据调取来说，对调取后的审查可着重于是否及时将公民个人信息删除、有无对公民个人信息进行匿名化处理、是否发生公民数据泄露等，法院应责令侦查人员对此类轻微违法行为进行必要的补救，对成功获得补救的证据不再适用排除规则，对无法补救的证据予以排除。

其次，要建立一个切实有效的监督制约机制。第一，赋予公民相应救济权利。在此可借鉴美国《银行保密法》和《金融隐私法》规定，即侦查机关处于特殊情况没有通知储户本人进行秘密调取时，一经查询证明怀疑错误，便要通知储户本人，公开向其赔礼道歉并进行赔偿。并且查验人不得将其获得的个人数据信息扩散，否则将承担法律责任。如果储户对国家机关获取其在金融机构中的秘密的个人数据信息资料的行为不满，有权向法院提出异议，来对抗国家机关滥用权力侵犯其隐私权的行为。前文已详细阐释赋予公民知情权的必要性和措施，在此基础上还应赋予公民异议权，即公民有权对侦查机关调取其电子数据的行为提出反对，并保留自身对侦查机关提起诉讼的权利。第二，专门部门或专门机构进行监督。“法律监督专门化”理念日益兴盛，检察机关作为审判监督机关行使诉讼监督职能，由其内部进行专门部门设置开展对侦查机关调取电子数据的监督最为合适，对侦查机关所实施的专门调查活动和强制措施进行监督，发现违法实施情况有权责令加以改正，或者退回补充侦查，或者非法证据排除。目前检察系统正在推动“大数据赋能新时代法律监督”新治理，浙江省检察院探索出个案办理——类案监

---

① 参见郑曦:《侦查机关调取公民个人数据的规制》，载《上海政法学院学报(法治论丛)》2023 年第 3 期。

督——系统治理的数字检察之路。[①] 基于此，检察机关内部可设置专门的数据安全监管机构，公民可向检察机关提出异议，检察机关经审查后作出驳回或者纠正侦查机关违法活动的决定。

（编辑：武小琳）

① 参见童建明：《以大数据赋能新时代法律监督》，载中华人民共和国最高人民法院网，https://www.spp.gov.cn/zdgz/202207/t20220718_564739.shtml，最后访问日期：2023 年 5 月 25 日。

推荐人语

2012 年修正的《刑事诉讼法》明确了未成年人附条件不起诉制度，实务运行中发现其理论与实践面临冲突。本文以主观程序正义守法理论的本土化逻辑为基础，结合未成年人附条件不起诉制度的现实需求，检视其实践操作中面临的困境，从专业性、权威性、控制力三个角度提出了可行性建议，本文有助于为未成年人附条件不起诉制度的理念转变与实践路径提供思路。

田力男　中国人民公安大学法学院副教授、博士生导师

未成年人附条件不起诉制度的适用问题研究

——以主观程序正义守法理论为视角

何昕筱*

摘　要：我国 2012 年修正的《刑事诉讼法》明确了附条件不起诉制度，此后，各地结合当地具体情况出台实施细则。但基层检察机关长期面临案多人少、监督考察的专业素养不足等多重矛盾，因而附条件不起诉制度在实际运行操作中存在委托第三方机构程序虚置化、监督考察机制难以有效落实、缺乏外部监督等问题。为回应实践需求，基于主观程序正义守法理论将程序正义与社会心理学相结合的特点，从权威性角度出发重构委托第三方机构的程序，从专业性角度出发将监督考察纳入社区矫正范畴，从控制力角度出发落实人民监督员制度。在程序正义的基础上关注程序参与人对司法正义性、公平性的评价，转变涉案未成年人的被动参与地位，推动未成年人司法保护的前进。

关键词：附条件不起诉；未成年人犯罪；适用

我国未成年人附条件不起诉制度经历了由试点到予以立法明确的过程。自 2008 年起，全国开展大范围附条件不起诉试点工作。在此期间各试点结合当地经

* 何昕筱，女，河北省廊坊市人，中国人民公安大学法学院 2021 级硕士研究生。

济、社会发展状况进行了积极的开创性探索，如提出帮教考察机制、设定考察期限、设定考察义务等。① 这些理论结合实际的创新性工作方式为后期附条件不起诉制度的构建提供了智识参考。2012 年《刑事诉讼法》（以下简称 2012《刑诉法》）正式以立法的方式明确了我国的附条件不起诉制度，其中第 272 条吸收借鉴了试点工作经验，明确了附条件不起诉的考察期限与考察义务。此后，《人民检察院刑事诉讼规则（试行）》等配套制度相继出台，各地也在 2012《刑诉法》的基础上，结合当地经济、社会发展状况出台实施细则。至此，附条件不起诉制度的适用比例稳步上升，整体成效显著。

检验法律制度设计优劣的方法之一是观察其在实践中所呈现的效果好坏，也就是观察通过将法律制度付诸实践所呈现的预期目标与社会效果如何。而附条件不起诉制度的具体运行操作与理论设计存在一定差异。本文拟基于主观程序正义守法理论的本土化逻辑，分析附条件不起诉制度的适用问题，并结合当下社会发展状况提出可行性建议，以期逐步织密附条件不起诉制度的规则。

一、主观程序正义守法理论及其本土化逻辑

（一）主观程序正义守法理论的概念与特征

主观程序正义守法理论是一种特殊的程序正义理念，是社会心理学在程序正义中的体现，其落脚点在于程序参与人对公平正义的感知与心理预期。锡博特和华尔克的研究结果显示，程序参与人对司法的信任感与满意度型塑于程序的公正性，其中程序参与人的感知起到了搭桥的作用。而程序参与人对程序公正的感知并非局限于对其有利的结果，美国学者泰勒在其研究中发现，无论审判结果如何，只要程序参与人感知到公正的程序，就会对司法机关持肯定态度。②

泰勒将主观程序正义守法理论的特征总结为信任、中立、声音及尊重。其中信任为程序参与人对司法机关的信任与满意，即司法权威与公信力；中立为司法机关在程序中所保持的专业与中立的态度；声音为各方参与人的声音；尊重为司法机关对当事人的尊重。

（二）主观程序正义守法理论的本土化逻辑

在主观程序正义守法理论的谱系中，有大量研究与实证结果可用于分析，但

---

① 参见姚建龙、申长征：《未成年人司法法的中国方案及其未来》，载《人民检察》2021 年第 11 期。

② See Jonathan D. Casper, Tom R. Tyler and Bonnie Fisher, *Procedural Justice in Felony Cases*, 22 Law and Society Review 483, 483 – 507(1988).

其本土化逻辑起点应定位于我国社会的事实本身。整合我国社会事实本身与司法实践,应从涉案当事人的控制力与参与感维度展开本土化逻辑。

控制力主要体现于司法程序自身的控制力与涉案参与人对司法程序直接或间接的控制力两方面。一方面,如果立法缺乏系统性建设、执法不严或司法不公,公众感到司法过程中自身得不到有力控制,易导致司法机关权威性下降,进而影响司法的公信力。另一方面,工具主义的程序观认为公众关注程序的原因是程序影响结果,其立足点仍旧为结果。而在注重结果的基础上,提升涉案当事人的参与感是实现主观程序正义的有效途径。涉案参与人享有平等的攻击与防御权利,是直接参与控制司法走向的途径;第三方监督司法的运转,是间接参与控制司法走向的途径。值得一提的是,前述主观程序正义守法理论的本土化的展开逻辑并不足以支撑其成为"中国化"主观程序正义守法理论,后期应从理论研究与司法实践中循环往复、不断展开,保证程序正义不仅外化于法律条文中,更内化于社会公众的观念中。

二、主观程序正义守法理论视域下未成年人附条件不起诉制度的现实问题

关注程序参与人的心理预期,使得附条件不起诉制度的运作方式在一定程度上与其主观感知相契合,对制度的良好运转是必要的。而现行司法背景下,附条件不起诉是检察机关自由裁量权的体现,执法人员在行使自由裁量权时不仅是一种行为,也是在一定权力范围内,运用专业知识在一般性标准和特殊性问题之间进行推理的实践活动。这一实践活动的运行优良与否既取决于一般标准指引性的强弱,也取决于执法人员对标准的理解与运用。当前主观程序正义守法理论视域下附条件不起诉制度存在委托第三方机构程序缺乏系统性建设、监督考察机制非专业化和缺乏外部监督机制的问题。

(一)委托第三方机构的程序缺乏系统性建设

最高人民检察院于2017年3月2日印发的《未成年人刑事检察工作指引(试行)》(以下简称《指引》)第12条明确在附条件不起诉案件中人民检察院可以通过政府购买服务、聘请专业人士等借助专业力量的方式提高办案质量,这一举措同时缓解了检察机关案多人少的矛盾。2018年2月9日最高人民检察院、共青团中央签署《关于构建未成年人检察工作社会支持体系合作框架协议》,要求检察机关未检工作机构以政府购买的方式向专业机构提出工作需求,以期完善未成年人

司法保护。[①] 但现有法律规范对检察机关委托第三方机构的规定仅局限于“可以”委托,并未明确在何种情况下“应当”委托,所委托机构应当达到何种“标准”,“如何”委托,委托是否需要“格式化”文本,委托程序、委托后如何“监督”等问题。解决这些问题是当前附条件不起诉制度优化的重大命题,也是强化司法程序自身控制力的重要途径。而想要更好地发挥专业力量的优势提升涉罪未成年人对司法的信任感与对结果的接受度,达到促使涉罪未成年人尽快、顺利回归社会的目的,就应当细化委托程序,为办案人员提供行动指引。

(二)监督考察机制非专业化

之所以监督考察符合条件的未成年犯罪嫌疑人,不仅因为其犯罪行为对社会造成了不良影响,需要对其进行矫治,更重要的是未成年人身心发展不健全,起诉后的法律制裁可能会使其行为影响蔓延,迅速交叉感染,造成更为严重的后果。而监督考察主体与对象之间的鸿沟,专业之间的壁垒,都会影响附条件不起诉机制的有效运行。

2018 年《刑事诉讼法》第 283 条规定,在附条件不起诉的考验期内,由人民检察院对被附条件不起诉的未成年犯罪嫌疑人进行监督考察。最高检在检例第 103 号中明确检察机关在监督考察过程中应当根据被附条件不起诉人的身心发展情况,有针对性地动态调整考验期与考察内容。但对被附条件不起诉人的监督考察具有内容广泛且专业性强的特点不容忽视,检察机关作为国家的法律监督机关,本就面临“案多人少”的困境,难以满足附条件不起诉监督考察的专业性需求。如有学者在调查研究附条件不起诉制度的实施状况时发现,就考验期而言,绝大多数附条件不起诉案件的考验期一经确定,不再更改。即使部分检察机关工作人员认为一些未成年人在考察期内表现良好,也会因考量到未成年人情绪、行为波动较大及专业化风险负担问题而不敢贸然作出缩短考验期限的动态调整决定。[②] 就监督考察主体而言,绝大多数检察机关依据《指引》的规定,会同相关主体签订监督考察协议,成立考察帮教小组,以期实现跟踪考察、动态调整的目标。但在落实监督考察协议的过程中,检察机关大多处于被动考察地位,各主体间难以真正形成合力,考察帮教小组因无法有效衔接、合作及共享信息使考察活动陷

① 参见《关于构建未成年人检察工作社会支持体系合作框架协议》,载河南省商城县人民检察院网,http://www.xinyangsc.jcy.gov.cn/jwgk/201908/t20190809_2659258.shtml,最后访问日期:2022 年 4 月 28 日。

② 参见何挺:《附条件不起诉制度实施状况研究》,载《法学研究》2019 年第 6 期。

入僵局。

(三)缺乏外部监督机制

关注司法机关自身的价值与程序参与人的主体性,是维持法律高效运转的基础。马克斯·韦伯的官僚主义强调理想化的组织整体,他认为基层执法人员之间有着合理的分工且组织内所有成员均按照规则办事。然而,我国刑事诉讼中存在的最大问题即操作者在拥有自由裁量权时难以贯彻实施法律。在附条件不起诉案件中检察官的自由裁量权,即在法律规范的约束下、在内外部的监督下,以个人专业素养为支撑判断案件并作出决定的权力。内部监督与外部监督均可以起到约束执法人员的作用。但纵览现行法律法规对附条件不起诉的监督规定,仅有约束力较弱的外部监督机制,即《刑事诉讼法》明确规定的公安机关、被害人享有决定前的意见权,未成年犯罪嫌疑人及其法定代理人享有作出不起诉决定后的异议权。从这一规定可以窥见法律赋予附条件不起诉执法人员较大自由裁量权,该裁量权不仅体现在附条件不起诉的启动程序中,更是体现在附条件不起诉启动后的程序中,涉及考验期限的长短、考察内容、矫治的方式以及综合性评估等问题。[①] 在这一现象背后,却缺乏第三方的程序参与。未成年人附条件不起诉程序中的第三方缺位直接弱化了涉罪未成年人对程序的间接控制力。

三、强化权威性:委托第三方机构程序的重构

《指引》中明确人民检察院委托第三方机构开展社会调查时应当发出社会调查委托函,并在委托函中载明基本信息。这一规定为检察机关委托第三方时发出的委托函或协议提供了格式参考,为执法人员指明了方向。但检察机关本就存在案多人少的矛盾,附条件不起诉又涉及心理疏导与评估、观护与矫治、监督考察等多方面内容,若法律仅作出粗略规定,而不明确何种情况应当委托,委托程序等问题,只是依赖执法人员行使自由裁量权可能无法达到制度设计的预期效果,甚至违背立法者初衷,进而影响司法权威性与公信力。

(一)明确委托方及其权责

人民检察院是附条件不起诉的决定机关,对未成年犯罪嫌疑人的了解较为全

---

① 参见张中剑:《检视与完善:我国未成年人附条件不起诉制度若干问题探讨》,载《中国刑事法杂志》2013年第7期。

面、深入且细致,无疑是委托第三方机构的最佳主体。人民检察院作为委托主体,其部分权力与责任当然地取决于其自身属性,另一部分则来源于委托协议。《刑事诉讼法》第284条明确规定了检察机关有依法撤销附条件不起诉决定的权力,但在委托第三方机构程序过程中,人民检察院所应承担的责任要多于被赋予的权力,且其责任大多来源于委托协议。就权力而言,附条件不起诉的心理调查、观护帮教等程序专业性较强,应将附条件不起诉过程中的考察内容、考验期限、帮教方式的确定权交由第三方专业机构行使,其中检察机关作为监督、补充机关提出建议,以此实现委托方与被委托方的良性互动。另外,综合分析委托目的可知,第三方机构不仅是检察机关专业性不足的有效补充,还可有效缓解基层检察机关长期存在的人力矛盾。就责任而言,将专业性事务交由第三方机构处理,整体成效取决于第三方机构,极可能出现诸如对未成年犯罪嫌疑人造成不可逆伤害的问题,在前述情况下,检察机关将成为直接责任机关,负责检察官是第一责任人。当然,事后检察机关可根据委托协议向第三方机构追责。

(二)第三方主体资质的认定条件及程序

《未成年人保护法》中特别强调了对违法犯罪的未成年人实行"教育、感化、挽救"的方针,强调了社会力量介入涉罪未成年人司法过程的必要性。但无论是社会调查,抑或是心理疏导、观护帮教,其实施主体的专业程度均会对未成年犯罪嫌疑人产生一定影响。社会调查过程及其所形成结论的专业性将影响检察机关对未成年犯罪嫌疑人的判断,进一步影响检察机关对于考验期的设定、考察内容与帮教计划的制定。心理疏导与观护帮教的专业性更是会直接对未成年犯罪嫌疑人造成冲击,影响其身心发展。为实现最有利于未成年人的目标,应当明确所委托机构应当达到何种"标准"及其资质认定的程序。

为满足附条件不起诉过程中社会调查、观护帮教等司法实践的需求,应当对检察机关所委托的第三方机构设置一定的准入标准。国家卫健委、中央政法委、中宣部、教育部等10个部门于2018年11月16日发布的《全国社会心理服务体系建设试点工作方案》要求试点申报应当符合以下要求:一是具备展开社会心理服务的工作基础,二是有一定的经费支持。其申报方式为层层上报、省级遴选、国家备案。[①] 附条件不起诉中检察机关所委托的第三方机构的资质认定条件与程序即可采取此种形式。将具备相关工作基础、一定的经费支持、场所、足够数量的工作人员作为硬性准入标准,再根据不同委托事由设计具体附加条件,如观护帮教机构的定位是链接与整合未成年人帮教资源,因而其资质不仅需要满足以上硬性标准,还需符合以下附加条件:首先,有一定数量的有心理学、教育学、医学从业经验的工作人员。以未成年人的最佳利益作为首要考虑,为满足观察、教育未成年犯罪嫌疑人从而使其有效教育矫治并保护其健康成长,应当要求观护帮教机构拥有相当数量的有心理学、教育学从业经验或证书的工作人员,以及一定数量的有医学从业经验及证书的工作人员。其次,观护帮教机构应当与企业有一定的联系。未成年犯罪嫌疑人有回归社会的权利,国家和社会有使他们回归社会的义务,[②]观护帮教机构作为促使未成年犯罪嫌疑人回归社会的重要一环,应当与企业有一定的联系,双方得以在观护帮教期间协作、引导、帮助未成年人习得一技之长。当然,观护帮教机构处于未成年人司法体系和结构的补充地位,可以要求政府帮助联系企业作为其合作机构。专业的第三方机构能够运用专业知识和方法有针对性地从心理、行为、重返校园、回归社会等方面帮扶未成年人。因而,严格把控第三方专业机构的准入标准至关重要。

如前文所述,第三方主体资质的认定程序可以参考社会心理服务体系建设试点的申报方式,即层层上报、省级遴选、国家备案。就认定第三方主体资质而言,层层上报并非推卸责任、风险转移,而是为了更好地审查、监督第三方机构。

(三)引入预审法官制度

德国的预审法官制度体现在附条件不起诉决定的作出是检察院与法院协商的结果,即审前由检察官主导的附条件不起诉以及庭审中由法官主导的附条件不起诉都必须有法官的参与。预审法官制度有效规避了因检察机关自由裁量权过大而使被指控人受到无端指控或放纵的问题。[③]

如前文所述,我国现行法律规定下的附条件不起诉制度赋予了检察官较大地

---

① 参见《关于印发全国社会心理服务体系建设试点工作方案的通知》,载中国政府网,http://www.nhc.gov.cn/jkj/s5888/201812/f305fa5ec9794621882b8bebf1090ad9.shtml,最后访问日期:2022 年 4 月 30 日。

② 参见曾新华:《犯罪记录封存"但书"规定的法教义学展开》,载《中国刑事法杂志》2022 年第 2 期。

③ 参见李倩:《德国附条件不起诉制度研究》,载《比较法研究》2019 年第 2 期。

自由裁量权,检察官对程序的启动、运作过程及最终走向均拥有决定权。检察机关对附条件不起诉的绝对权力易出现不作为、乱作为问题。一方面检察官行使自由裁量权的环境并非仅依据法律法规的封闭环境,行使权力会受到诸如政策目标、场所需求、人力资源、目标群体的差异性等因素的影响,这也是自由裁量不确定性的重要来源。另一方面监督制约机制的缺位,极易导致对附条件不起诉的处遇失衡问题,因为权力本身具有不断扩张一直滥用的特性,而权力的行使者也可能因内、外部因素的影响而难以避免地呈现出过度结果导向的问题。习近平法治思想强调,我们应当通过严密的法律规范、严格的纪律维护制度构建起行之有效、可以长期坚持的权力监督体系。① 附条件不起诉制度中权力监督的长效机制,是指按照公正司法的目标要求,随着社会需求的变化而不断丰富、发展和完善的,能够保证附条件不起诉制度正常运行,切实实现未成年人利益最大化的社会规范系统。权力监督长效的建立可以达到督促执法人员依法高效执政的目的,达到规避执法不依法、不严格、不作为、乱作为等问题的目标。

有鉴于此,我国的附条件不起诉机制可以引入预审法官制度。首先,应当通过法律明确规定未成年犯罪嫌疑人附条件不起诉决定的作出必须有预审法官的参与。其次,通过实施细则明确程序具体运作方式,如对于有附条件不起诉初步意向的案件,检察官应当将案件材料、附条件不起诉意见书一同抄送至预审法官处,由预审法官在3日内给出建议,但预审法官未给出建议的期间内不影响附条件不起诉初步程序,如社会调查的继续推进。此外,应当明确附条件不起诉从决定到程序的启动与终结的过程,预审法官均可以参与并提出建议。

(四)明确委托协议的格式化文本

《指引》中明确人民检察院委托第三方机构开展社会调查时应当发出社会调查委托函,并在委托函中载明被调查对象的基本信息、案由、基本案情、调查事项、调查时限等与案件有关的基本信息。这一规定为检察机关出具社会调查委托函提供了详细的格式指引。检察机关委托第三方机构诸如心理疏导、观护帮教机构时应当与其签订委托协议,该委托协议的格式化文本可以参照委托函的格式,载明被附条件不起诉人的基本信息、案由、基本案情、检察机关及第三方机构的权责分配,另附社会调查报告以便第三方机构可以针对未成年人的特点制定个性化观

① 参见《习近平:强化对权力运行的制约和监督》,载新京报电子版网,http://epaper.bjnews.com.cn/html/2020-01/14/content_776757.htm,最后访问日期:2022年5月3日。

测及帮教计划。此外,委托第三方观护帮教机构时应在委托协议中明确专业性事务由第三方机构决定,检察机关仅起监督、建议作用,不能无故插手专业性事务,第三方机构有权在检察机关“越界”时向上一级检察机关申诉。

四、强化专业性:监督考察纳入社区矫正范畴

(一)监督考察纳入社区矫正范畴的必要性与合理性

1. 监督考察纳入社区矫正范畴的必要性

要研究监督考察能否纳入社区矫正范畴的问题,首先应当明确的是为什么要将监督考察纳入社区矫正范畴。

首先,检察机关运转压力大。最高人民检察院于2021年10月14日印发《检察人员考核工作指引》后答记者问时指出,目前全国超过60%的基层检察院编制数在50名以下。① 按照最高人民检察院在基层检察院划分出若干专门性质的内设机构的做法,很难保证每个部门均有独立员额检察官。将视域置于检察机关人力资源严重不足的情况下,一名检察官往往需要从事多项业务,所承办案件的数量与质量难以保证。另外,最高人民检察院于2021年发布的数据显示,未成年人犯罪附条件不起诉率呈逐年上升态势,2020年至2022年,同期附条件不起诉率分别为20.87%、29.69%、36.1%。数据反映出附条件不起诉制度适用人数逐步扩大的同时适用质量持续向好。② 而《刑事诉讼法》第283条明确由人民检察院对被附条件不起诉的未成年犯罪嫌疑人进行监督考察,由其监护人配合加强管教。检察机关作为监督考察机制的主导与负责机关,案多人少的压力格外突出。

其次,检察机关考核方式严苛。《检察人员考核工作指引》中明确对检察人员实行量化考核,考核内容包括业绩、共性及综合评价,其中业绩指标的占比不得低于满分分值的60%。工作量化的本意是激励、认可检察官的恪尽职守,但人有主观能动性、有思想,面对法律法规等毫无思想的外物,他们可以作为、积极创造,也可以不作为、消极怠工。科学的考核标准与办法可以起到激励、鞭策检察人员的作用;相反地,僵化的考核标准、畸高或畸低的权重将会为检察人员带来消极影响。如一些地方检察院设置的考核标准僵化、综合性低,为突出结果导向,依旧单

① 参见《检察人员考核工作指引》,载中华人民共和国最高人民检察院网,https://www.spp.gov.cn/spp/xwfbh/wsfbt/202112/t20211206_538030.shtml#1,最后访问日期:2022年4月28日。

② 参见《未成年人检察工作白皮书(2022)》,载中华人民共和国最高人民检察院网,https://www.spp.gov.cn/spp/xwfbh/wsfbt/202306/t20230601_615967.shtml#2,最后访问日期:2023年6月1日。

纯地就办案考核办案,导致检察人员消极怠工。①

最后,检察机关并非专业的监督考察、观护帮教与矫治机构,检察人员也不具备相关专业知识。现行法律制度下,检察机关的做法是固定考察内容与考察期限,难以根据未成年人的身心特点与具体帮教情况灵活调整帮教、矫治内容与考察期限。如前文所述,有学者对附条件不起诉制度进行实证研究时发现绝大多数案件中检察机关都不会对考察期限作出调整,仅有极少部分案件延长了考验期限,部分检察官表示其缺乏相关专业知识,无法贸然作出调整考验期的决定。② 但监督考察的意义不止于"监督",整合社会资源,帮助涉罪未成年人成长、改变、重返社会才是最终目的,如果监督考察、观护帮教不考虑被告人的过往经历以及前科情况,不考虑被告人的个性特征,不考虑具体案件中需要的是什么,③那么涉罪未成年人无法信服司法机关的运行,附条件不起诉的目的也难以得到实现。

检察机关作为国家法律监督机关,同时承担着起诉、侦查职责。其本就存在人力、物力、经费短缺的突出问题,此外也并非专门的矫正机构,检察人员并不全具备考察教育等专业知识,教育、改造被附条件不起诉人的能力有限。所以现行法律制度下监督考察机制的现状是,检察机关现阶段的教育和矫治一般停留在口头说教上,很难制定并落实个别化的监督考察措施。④ 这就需要将监督考察纳入社区矫正范畴,强化监督考察的专业性。

2. 监督考察纳入社区矫正范畴的合理性

对于被附条件不起诉人的监督考察纳入社区矫正范畴是否合理的问题,学界存有较大争议。有的学者反对将附条件不起诉纳入社区矫正范畴。⑤ 有的学者认为社区矫正的性质是非监禁刑罚执行方法,而附条件不起诉的性质是起诉保留并附带处分,认为两项制度性质不同,无法兼容,也不能轻易改变任何一种制度的性质,其同时认为社区矫正的正式对象是罪犯,不能随意扩大适用对象范围,但可以采取"窄口径、宽适用"的做法,将被附条件不起诉人作为兼顾对象纳入社区矫正范畴。⑥ 本文赞同后一种观点。

监督考察纳入社区矫正范畴有其可能性与合理性。首先,附条件不起诉与社

---

① 参见朱孝清:《检察人员考核的推进与优化》,载《人民检察》2021 年第 23 期。

② 参见何挺:《附条件不起诉制度实施状况研究》,载《法学研究》2019 年第 6 期。

③ 参见[德]冯·李斯特:《论犯罪、刑罚与刑事政策》,徐久生译,北京大学出版社 2016 年版,第 327 页。

④ 参见郑丽萍:《互构关系中社区矫正对象与性质定位研究》,载《中国法学》2020 年第 1 期

⑤ 参见王平主编:《社区矫正制度研究》,中国政法大学出版社 2012 年版,第 303 ~ 305 页。

⑥ 参见吴宗宪:《论对剥权犯实行社区矫正的必要性》,载《中国司法》2012 年第 2 期。

区矫正在制度构建上并非完全无法兼容。附条件不起诉的适用虽以检察机关认定行为人的行为构成犯罪且符合起诉条件为前提,但根据“无罪推定原则”,被附条件不起诉人并非法律意义上的犯罪人。① 其次,从附条件不起诉与社区矫正的内容来看,“两高”、公安部、司法部于 2020 年 6 月 18 日印发的《中华人民共和国社区矫正法实施办法》(以下简称《社区矫正法实施办法》)中明确规定社区矫正对象应当按照有关规定和社区矫正机构的要求,定期报告、遵纪守法、接受监督管理、参加教育学习、公益活动和社会活动等情况。这与《刑事诉讼法》第 283 条规定的被附条件不起诉人的义务基本相同,附条件不起诉中不同于社区矫正的“按照考察机关的要求接受矫治和教育”也是社区矫正的题中应有之义。另外,陈君武教授在研讨会上表示,《社区矫正法》的一大亮点即确定监督管理与教育帮扶两大核心任务。② 再次,被附条件不起诉人有“矫正”的需要。《人民检察院刑事诉讼规则》中明确规定我国未成年人刑事政策原则为“教育为主,惩罚为辅”。附条件不起诉即是检察机关认为涉罪未成年人所犯罪错较轻,认为可以不立即追究刑事责任而为其附加一定考验内容和考验期的不起诉,在考验期内,除了依法对其进行监督,还需承担帮扶、改造的责任。北京市海淀区人民检察院所作的附条件不起诉实证研究报告显示,在一定数量的涉罪未成年人中,约 75% 的未成年人有不良习惯,对有不良习惯的涉罪未成年人,检察官更倾向于对其附条件不起诉,通过考察教育措施矫正其不良习惯。③ 最后,美国、加拿大、日本等国家的社区矫正机关会为被附条件不起诉人制定一份个性化矫正计划。④ 如前文所述,我国检察机关因“案多人少”的矛盾难以解决其因专业性不足等原因在监督考察程序上一直处于临界状态的问题,监督考察功效更大程度上取决于检察官的职业操守与社会责任感,但实务中往往僵化处理被附条件不起诉人的考察教育方案,而《社区矫正法》在第七章“未成年人社区矫正特别规定”中明确相关机构应当依据未成年人的身心特点及个性化需求制定有针对性的矫正方案。社区矫正法本就要求矫正机构根据未成年人的身心发展特征与考察过程中的变化灵活调整矫正方案,这可以有效弥补检察机关的专业性不足问题。

---

① 参见郑丽萍:《互构关系中社区矫正对象与性质定位研究》,载《中国法学》2020 年第 1 期。

② 参见王顺安、李红梅:《纪念〈社区矫正法〉实施一周年暨〈社区矫正法〉历史意义及适用问题研讨会观点综述》,载《中国司法》2021 年第 9 期。

③ 参见北京市海淀区人民检察院课题组、杨新娥、莫非、王晶、于艳丽:《附条件不起诉实证研究报告》,载《国家检察官学院学报》2017 年第 3 期。

④ 参见王维:《社区矫正制度研究》,西南政法大学 2006 年博士学位论文,第 63 页。

新生问题倒逼法律的改变，法律的变化遵循社会的要求。从司法、社会需求的角度来看，我国的附条件不起诉制度和社区矫正制度不应囿于其性质而固步自封，应当坚持问题导向、目标导向，把握实践需求，在矫正对象等范畴不断添加新内容，为未来的发展留下足够的空间。

（二）建立以社区矫正为主导的多方考察机制

针对被附条件不起诉人，在监督管理与教育帮扶的结构耦合中，是否能把监督管理的“主体”与教育帮扶的“主体”剥离，如何处理监督管理与教育帮扶之间的张力，这是附条件不起诉监督考察机制实践运行的难点，也是有效帮扶被附条件不起诉人的理论切口。监督管理是根本，教育帮扶可以有效缓解监督管理的压力。而实务中，检察机关囿于工作压力与专业水平有限，无法有效帮扶并教育被附条件不起诉人，更没有理论知识与精力综合评估其身心发展程度，而根据最高人民法院 2021 年 1 月 26 日《关于适用〈中华人民共和国刑事诉讼法〉的解释》第 584 条以及 2020 年《社区矫正法实施办法》第 3、4 条的规定，由司法行政机关主管本行政区域内社区矫正工作，监督与社区矫正相关的法律法规的执行状况，同时承担推动社会力量如社会工作者和志愿者参与社区矫正工作。可见，社区矫正以整合多方力量，有针对性地帮助被矫正人为落脚点，且《社区矫正法》中有专章对未成年人社区矫正作出了特殊规定，要求对其采取有针对性的社区矫正措施，要求社会各方力量参与未成年人社区矫正过程中，要求整合各方资源帮扶教育未成年人，是人民检察院监督考察工作的有效补充。因此，我国可以建立由人民检察院负责、社区矫正机构主导、多方社会力量参与的监督考察机制。其一，人民检察院总揽全局的地位不可动摇。第三方机构及社区矫正机构虽与检察机关协同推进附条件不起诉程序的稳步行进，但只参与其中的一个或几个环节，而人民检察院决定程序整体走向。另外，作为国家法律监督机关的人民检察院的刑事执行检察部门负责对第三方机构的监督，并在委托结束后对被委托方所提交报告进行审查。其二，社区矫正机构主导矫正工作。社区矫正机构本就承担着帮助被矫正对象顺利回归社会、预防和减少犯罪的责任，社区矫正机构相比其他机构能更快适应监督考察的主导工作。其三，决定权、监督权由人民检察院行使、管理权由社区矫正机构行使，可以有效防止权力滥用，保障司法公正。

附条件不起诉监督考察处遇具有多元化的特征，即涉罪未成年人的需求较为多样，由人民检察院负责、专业的社区矫正机构主导、吸收社会多方支持监督考察工作的运行方式，可以明确各方责任，真正实现教育帮扶工作的专业化。

五、强化控制力:落实人民监督员制度

美国学者弗兰茨·纽曼说:“哪里有不受限制的裁量权,哪里便无法律制度可言。”[①]附条件不起诉制度赋予了人民检察院较大的自由裁量权,但并未形成完整的监督机制,尤其是外部监督机制的缺位,这就赋予了检察机关更大的自由裁量权。如前文所述,现有的外部监督形式较为单一,被害人、未成年犯罪嫌疑人及其代理人可能受信息不对称的影响,难以对检察机关的附条件不起诉决定提出意见。而人民监督员的监督是规范化的,是人民群众有序参与司法、监督司法的重要形式。《人民检察院组织法》(2018)第27条规定:“人民监督员依照规定对人民检察院的办案活动实行监督。”人民监督员对检察机关的监督是符合正当程序的,且根据2021年12月29日最高人民检察院与司法部共同印发的《人民监督员选任管理办法》(以下简称《办法》)规定人民监督员都具备最基本的政治素养,素质条件过硬。

《办法》将人民监督员监督的范围由“案件”修改为“办案活动”,这一重大变化与2019年8月27日最高人民检察院印发的《人民检察院办案活动接受人民监督员监督的规定》(以下简称《规定》)一致,为人民监督与全程参与附条件不起诉制度提供了法律基础。《规定》与《办法》印发后,各地根据要求尝试邀请人民监督员全程参与附条件不起诉程序。如无锡市人民检察院邀请人民监督员参与附条件不起诉案件的公开审查、司法规范化检查、案件质量评查等活动,且经过多次邀请人民监督员参与监督办案活动,明确了人民监督与参与办案监督流程并为其建立后续保障机制。孝义市人民检察院在附条件不起诉不公开听证会邀请人民监督员,并听取人民监督员的建议。临沂市兰山区人民检察院邀请人民监督员参与附条件不起诉案宣布活动并听取人民监督员对宣告程序、释法效果及检察人员职业素养的评议。[②] 各省市可参考出台细则及后续保障措施以落实人民监督员制度,真正实现决定权与监督权的分离,同时督促各方共同参与附条件不起诉程序,以强化涉案参与人对程序的间接控制力。

---

① 参见左为民、周长军:《刑事诉讼的理念》,北京大学出版社2014年版,第2页。

② 参见《无锡人民监督员监督附条件不起诉案》,载江苏省泰兴市人民检察院网,http://tztx.jsjc.gov.cn/tslm/mantianxing/202005/t20200528_1031833.shtml,最后访问日期:2022年5月10日;《孝义:涉未成年人盗窃案不起诉不公开听证会》,载腾讯网,https://new.qq.com/omn/20220506/20220506A050RM00.html,最后访问日期:2022年5月10日;《阳光下的监督|人民监督员助力涉罪未成年人回归社会》,载山东省临沂市兰山区人民检察院网,http://www.lsq.lyjc.gov.cn/news/386.html,最后访问日期:2022年5月10日。

六、结语

未成年人附条件不起诉制度的有效运行背后，不仅有关涉刑事实体法与程序法的调和，还取决于一系列配套措施的建立与完善，如跨领域主体与知识的协同发展等。主观程序正义守法理论所强调的程序的公正性、专业性与参与性为未成年人附条件不起诉程序的微观明晰提供了的思路，基于此才能保障附条件不起诉形式之合法性与监督考察之有效性、确保涉案未成年人的主动参与地位。

（编辑：武小琳）

实务论坛

轻罪治理现代化背景下起诉必要性审查机制的构建

龙　浩　李海燕*

摘　要：新时代以来，我国犯罪结构呈现出明显的轻缓化趋势。在此背景下，检察机关有必要构建公诉案件起诉必要性审查机制，既应对公诉裁量权运行的不足；又推动轻罪治理的现代化进程，促进社会和谐、降低治理成本，缓解人案矛盾，节约司法资源。现行的刑事法律规范蕴含了起诉必要性审查的基本逻辑，首先审查案件是否符合法定免罚情形，其次审查犯罪情节是否轻微、判断是否符合裁量免罚条件，最后审查免罚案件不起诉是否符合公共利益。在审查机制的具体构建上，审查对象应当明确为犯罪情节、是否需要判处刑罚以及公共利益，审查的案件范围不应受到人为限制，审查程序的启动、审查的方式、审查决定的作出等主要程序也应当逐一规范。

关键词：轻罪治理现代化；起诉必要性审查；公诉裁量权；酌定不起诉

习近平总书记在2019年中央政法工作会议上指出："要深化诉讼制度改革，推进案件繁简分流、轻重分离、快慢分道……。"①在此基础上，最高人民检察院（以下简称最高检）应勇检察长强调，面对简单轻微案件占比较高的刑事犯罪结构变化，应当创新"简案优质办"工作机制，以高质效为导向，将办案质量、效率、效果有机统一于公平正义；加强对不起诉等环节检察权运行的制约监督，持续做实不

* 龙浩，男，重庆市渝北区人民检察院检察官助理、法学博士；李海燕，女，浙江省温州市鹿城区人民检察院党组成员、副检察长。

① 参见"习近平出席中央政法工作会议并发表重要讲话"，载新华网，http://www.xinhuanet.com/politics/leaders/2019-01/16/c_1123999899.htm，最后访问日期：2023年10月20日。

起诉“后半篇文章”。[①] 进入新时代以来,我国犯罪结构发生重大变化,已呈现出明显的轻缓化趋势。检察机关理应充分发挥酌定不起诉的制度效能,推动轻罪治理的现代化,服务中国式现代化。但我国司法实践长期存在公诉裁量权运用不充分、不规范的问题,影响了酌定不起诉制度的运行效果。起诉必要性审查具有立法、现实与理论等多方面依据,有助于完善我国酌定不起诉的内容和体系。[②] 对此,本文以轻罪治理现代化为背景,论述起诉必要性审查机制的构建问题。

一、起诉必要性审查机制的构建基础

(一)应对公诉裁量权运行的不足

改革开放后,我国开始恢复法制建设,逮捕、起诉等刑事诉讼程序的相关立法和政策不断发展完善。1979 年《刑事诉讼法》设置了免予起诉制度,给公诉裁量权的行使提供了成文法依据。但免诉制度存在未经审判就确定有罪的问题,且实践运行情况引发了很大的争议,例如自侦案件的免诉率过高。有学者指出,自侦案件的免诉被滥用,存在将应当起诉的案件作免诉决定的畸轻处理,以及将不应认定为犯罪的案件作了有罪认定并决定免诉的问题。[③] 最高检在 1991 年和 1992 年的工作报告中也承认“有些地方办理贪污贿赂案件适用免诉不够严格,少数案件不该免诉而作了免诉处理”;并在 1991 年 12 月 26 日出台的《关于贪污受贿案件免予起诉工作的规定》(已失效)中,对免诉的适用条件及程序等进行了限制,但收效甚微:1992—1996 年自侦案件的免诉率仍然居高不下。

1996 年《刑事诉讼法》确立了法院定罪原则,废除了免予起诉制度,公诉裁量权行使的空间仅限于酌定不起诉程序。2006 年,党的十六届六中全会正式提出“实施宽严相济的刑事司法政策”。该政策的确立和实施取得了一定效果:2008—2012 年,全国检察机关对轻微犯罪决定不起诉 150, 309 人,比 2003—2007 年增加了 104.4%,酌定不诉率从 1.5% 增长至 2.4%。[④] 但这一时期,酌定不起诉制度的运行受到了严格限制,影响了宽严相济刑事政策的实施效果。一方面,1996 年《刑事诉讼法》的修改对检察机关产生了深远影响,导致检察机关适用酌定不起诉时

---

① 参见巩宸宇:《加快推进检察工作现代化,以法治力量更好稳定预期提振信心推动发展》,载《检察日报》2023 年 6 月 16 日,第 1 版。

② 参见苗生明:《起诉必要性审查之内涵与立论根据》,载《人民检察》2011 年第 7 期。

③ 参见白淑卿:《关于完善免予起诉制度的思考》,载《现代法学》1990 年第 2 期。

④ 除另有说明外,本文引用的办案数据均来源于历年最高检工作报告以及《中国法律年鉴》的“检察工作”“统计资料”部分。

较为保守和慎重,以免重蹈免诉制度被废除的覆辙。[1] 最高检不断通过制定规范性文件、开展专项评查等方式,加强对不起诉的监督和制约,酌定不诉率持续低位运行。另一方面,检察机关强化了打击犯罪以及对诉讼活动特别是侦查活动进行监督的职能。最高检 1997—2012 年的 16 个工作报告中,有 14 个重点提到纠正有案不立、有罪不究、以罚代刑等问题(2004 年和 2007 年的工作报告除外);同时出台了一系列规范性文件强化捕、诉职能。[2] 在此背景下,追加起诉数据连续且大幅上升,2012 年的追加起诉人数(37,620 人),甚至比 1998—2002 年之和(25,297 人)还要多。打击犯罪职能的强化,势必影响宽严相济的实施效果,导致同时期的酌定不诉率一直处于低位。

2012 年《刑事诉讼法》确立了尊重和保障人权原则,在未成年人特别程序中设立了附条件不起诉制度,新增了公诉案件和解程序,给公诉裁量权的运行提供了更大的程序空间,且取得了一定的实践效果:2013 年的酌定不诉率由此前的 2.4% 上升至 3.6% 。2018 年《刑事诉讼法》将试点了两年的认罪认罚从宽制度正式写入立法,并规定了特殊不起诉制度。相关的规范性文件要求逐步扩大酌定不起诉在认罪认罚案件中的适用。[3] 在这些利好因素下,公诉裁量权的运行环境有所改善,酌定不诉率稳步上升。但这一阶段公诉裁量权的运行情况仍然不够理想。一是受到审批程序繁琐、考核指标限制、适用标准模糊、面临办案风险等因素的束缚,检察机关长期存在不敢用、不愿用、不会用不起诉权的问题,导致酌定不起诉案件数量在低位徘徊。[4] 二是部分地区仍然存在构罪即诉的现象:北京市东城区 2014—2019 年“醉驾”案件的酌定不诉率仅为 0.67% ;[5]J 县 2013—2017 年仅对 10 起危险驾驶案件决定不起诉,占比仅为 3.7% 。[6]

可以看出,即便《刑事诉讼法》历经多次修改并不断完善,公诉裁量权的运行仍然存在一些不足,近期的主要问题是公诉裁量权运用不充分、不规范。对此,有

---

① 参见陈卫东:《检察机关适用不起诉权的问题与对策研究》,载《中国刑事法杂志》2019 年第 4 期。

② 如《进一步加强公诉工作强化法律监督的意见》提出“强化追诉犯罪意识,注意审查发现遗漏罪行和其他应当追究刑事责任的人,依法予以追诉”;《关于进一步加强对诉讼活动法律监督工作的意见》要求“发现遗漏犯罪嫌疑人或罪行的,追加逮捕或起诉”,无视逮捕、起诉的必要性问题。

③ 参见“两高”、公安部、国家安全部、司法部 2019 年 10 月 11 日《关于适用认罪认罚从宽制度的指导意见》第 30 条第 1 款。

④ 参见童建明:《论不起诉权的合理适用》,载《中国刑事法杂志》2019 年第 4 期。

⑤ 参见贺卫:《以多元模式综合治理醉驾犯罪》,载《检察日报》2020 年 12 月 9 日,第 3 版。

⑥ 参见徐述先、杨佑焕、芝春燕:《检察机关办理危险驾驶刑事案件疑难问题研究——以 J 县危险驾驶基本情况为实证》,载《西部法学评论》2019 年第 1 期。

必要构建起诉必要性审查机制,完善酌定不起诉的体系,推动公诉裁量权规范运行。

(二)推动轻罪治理现代化

从改革开放初期至今,我国的犯罪结构和刑罚结构出现了重大转型,主要表现在:一是严重危害社会治安的犯罪特别是暴力犯罪案件大幅减少。历年《中国法律年鉴》公布了全国公安机关刑事案件分类统计情况,其中公安机关立案的杀人、伤害、抢劫、强奸4类严重暴力犯罪案件总数占刑事立案数的比例(严重暴力犯罪率),从20世纪90年代和21世纪初的10%以上逐步下降,至2020年已低于3%。1999—2019年,检察机关起诉涉嫌严重暴力犯罪者也从16.2万人降至6万人,年均下降4.8%。二是刑事犯罪的重刑率、徒刑以上刑罚率大幅降低。全国法院每年判处5年有期徒刑以上刑罚的人数占生效判决人数的比例(重刑率),从40%左右逐步下降至10%左右;判处徒刑以上刑罚(不含有期徒刑缓刑)的人数占比(徒刑以上刑罚率),从80%以上逐步下降至60%以下;1999—2019年,被判处3年有期徒刑以上刑罚的占比从45.4%降至21.3%。犯罪结构、刑罚结构明显地向轻缓化转型。三是涉财产、经济的非暴力犯罪、网络犯罪、新型犯罪案件大幅增长。如公安机关财产诈骗犯罪立案率从2.5%—5%,大幅增长至近30%,2020年更是高达40%。[①] 危险驾驶罪、盗窃罪、诈骗罪等轻微非暴力犯罪常年排在起诉人数前几位,扰乱市场秩序犯罪、生产、销售伪劣商品犯罪、侵犯知识产权犯罪案件数十倍增长。正如卢建平教授所言,我国已经进入轻罪时代。[②]

通过构建起诉必要性审查机制,激活公诉裁量权的充分行使、规范行使,能够从两方面推动轻罪治理的现代化进程。一是促进社会和谐,降低治理成本。自"醉驾"入刑、劳教制度废除以来,我国犯罪圈不断扩大,轻微犯罪高发频发,如近几年全国检察机关起诉危险驾驶罪的人数维持在30万以上,常年排名第一。其中绝大多数起诉至法院的轻微犯罪被告人会被判决有罪,贴上罪犯的标签,其本人及子女的就业、升学、参军等会受到不良影响;部分被告人还可能被羁押甚至监禁,人身自由被剥夺一段时间,身心遭受不良影响且可能交叉感染,增加再犯罪风险。从国家与社会的角度看,这些问题也会引发更多的不稳定因素、增加治理难

① 1990—1997年,公安机关财产诈骗犯罪立案数占比分别为2.5%、2.5%、3%、3.1%、3.5%、3.8%、4.4%、4.9%;2016—2020年分别为15.3%、16.9%、22.8%、29.5%、40%。

② 参见卢建平:《为什么说我国已经进入轻罪时代》,载《中国应用法学》2022年第3期。

度和治理成本。因此,在审前程序中对轻微犯罪进行分流,很有必要。构建起诉必要性审查机制,能够促使检察机关在审查案件证据和适用法律规范之余,更加重视犯罪嫌疑人的起诉必要性问题,慎重决定起诉,防止一诉了之。政策的实施,必然促使检察机关降低轻微犯罪的起诉率,使得大量轻微犯罪嫌疑人免于被起诉、判决有罪甚至监禁,摆脱罪犯标签且降低交叉感染和再犯罪风险,更顺利地回归社会。这对于减少社会对立面、促进社会和谐、降低治理难度与治理成本而言,有极为重要的价值。

二是缓解人案矛盾,节约司法资源。多年来,我国司法机关办理的案件数量成倍增长,但办案人员数的增长速度却相对缓慢,导致人案矛盾日益突出:如 1990 年,全国法院各类一审、二审、审判监督共收案 3, 211, 758 件,刑事一审案件收案 459, 656 件; 2020 年, 受理各类案件共 28, 283, 204 件, 刑事一审案件收案 1, 107, 610 件,收案数量分别上升 7. 8 倍、1. 4 倍。1990 年,全国法院政法专项编制为 247, 420 人, 2011 年为 327, 000 人;①2014 年地方各级法院在编人员共 341, 785 人,②仅上升 38. 1% 。起诉必要性审查机制能够进一步激活不起诉制度,使得相当数量的刑事案件不再进入审判程序,有效减轻法官的办案压力和检察官的出庭履职压力,真正实现"繁简分流、轻重分离、快慢分道"。同时,随着起诉率的降低,看守所关押的被告人和监狱关押的罪犯数量也将明显减少,监管压力与监管成本亦将有效降低,司法资源的配置和利用得到优化。

二、起诉必要性审查的基本逻辑

酌定不起诉的法律依据是《刑事诉讼法》第 177 条第 2 款:对于犯罪情节轻微,依照刑法规定不需要判处刑罚或者免除刑罚的,人民检察院可以作出不起诉决定。具体可分为两类:一是犯罪情节轻微不需要判处刑罚,指的是《刑法》第 37 条规定的"对于犯罪情节轻微不需要判处刑罚的,可以免予刑事处罚"情形。这类情形由于涉及司法人员对犯罪情节轻微、不需要判处刑罚的自由裁量,可称为裁量免罚。二是免除刑罚,指的是因具有防卫过当、犯罪预备、犯罪中止、从犯、胁从犯、自首、重大立功等 16 种情形,根据刑法具体条文规定应当或可以免除处罚的,

① 参见陈陟云、孙文波:《法官员额问题研究》,中国民主法制出版社 2016 年版,第 101 页。
② 参见杨建文:《法院人事管理制度改革的现状与前景》,载《中国党政干部论坛》2015 年第 4 期。

可称为法定免罚。[1]

对于裁量免罚，文义理解上不存在分歧，但有学者从体系解释的角度指出，《刑法》第37条不是独立的免罚事由，因为其只是笼统性、原则性的规定，和法定的16种免罚事由之间不是并列关系，后者才是具体的免罚事由；若将《刑法》第37条界定为独立免罚事由，无法解决与《刑法》其他条款的根本性矛盾。[2] 根据这一解释，《刑法》第37条不能司法化，不能直接被援引作为酌定不起诉的法律依据；只有具有法定16种免罚情形时，才能适用酌定不起诉，裁量免罚将是一个伪命题。本文反对这一解释，认为《刑法》第37条可以司法化，理由如下。第一，全国人大法工委参与立法的人员认为这是酌定不起诉情形之一。[3] 第二，司法解释证实《刑法》第37条可以成为独立的免罚事由：如"两高"2011年3月1日《关于办理诈骗刑事案件具体应用法律若干问题的解释》第3条、"两高"2013年11月11日《关于办理抢夺刑事案件适用法律若干问题的解释》第5条、最高人民法院2022年1月13日《关于充分发挥司法职能作用，助力中小微企业发展的指导意见》第7条等，在16种免罚情形外，创设了新的免罚情形。第三，司法实践中存在检察机关行使裁量权，直接援引《刑法》第37条作为酌定不起诉法律依据的大量案例，全国人大及其常委会、最高检亦未否认这一实践做法，也能证实《刑法》第37条可以司法化。因此，犯罪情节轻微不需要判处刑罚，可以直接作为酌定不起诉的法律依据。参与1996年《刑法》立法的人员认为，犯罪情节轻微与不需要判处刑罚两个条件必须同时具备，前者是指已经构成犯罪，但性质、情节及危害后果都很轻，后者是指犯罪人认罪、悔罪，没有判处刑罚的必要。[4] 除司法解释的零星规定外，对二者的认定均无明确且可操作的标准，需要司法人员自由裁量。

对于法定免罚，一大争议在于16种免罚情形是否仍然需要以犯罪情节轻微

---

① 参见《刑法》第19条、第20条第2款、第21条第2款、第22条第2款、第24条第2款、第27条第2款、第28条、第67条第1款、第68条、第164条第4款、第272条第3款、第276条之一第3款、第351条第3款、第383条第3款、第390条第2款、第392条第2款。

② 参见张开骏：《刑法第37条不是独立免除刑罚事由》，载《检察日报》2015年2月11日，第3版；赵兴洪：《酌定不起诉的时代命运》，载《中国刑事法杂志》2022年第2期。

③ 参见王爱立主编：《中华人民共和国刑事诉讼法释义》，法律出版社2018年版，第371页。

④ 参见全国人大常委会法制工作委员刑法室编著：《中华人民共和国刑法释义》，法律出版社1997年版，第46页。

为前提。[①] 从《刑事诉讼法》第 177 条第 2 款的语法结构来看,犯罪情节轻微既是不需要判处刑罚的前提条件,也是免除刑罚的前提条件。由于文义解释方式在法律解释中具有优先性,在法律语义清晰明白且不会产生荒谬结果时,应当优先进行文义解释。[②] 因此法定免罚仍需要以犯罪情节轻微为前提。从体系解释的角度来看,这一结论也能成立:16 个免罚条款中,除“犯罪中止没有造成损害的,应当免除处罚”外,其余条款均给出了 2 种以上选择,包括“可以从轻、减轻或免除处罚”“应当减轻或免除处罚”“应当从轻、减轻或免除处罚”“可以免除处罚”“可以减轻或免除处罚”等,结合《刑法》第 37 条的规定,可以解释得出“犯罪情节轻微的,免除处罚;否则不免除处罚”的结论。

根据上述结论,可以构建出检察机关起诉必要性审查机制的基本逻辑(详见图 1):首先,对符合 16 种法定情形的案件,审查犯罪情节是否轻微即可。其中犯罪中止没有造成损害的,无须审查犯罪情节轻微与否。其次,不符合法定免罚情形的案件,先审查犯罪情节是否轻微,再审查是否需要判处刑罚,判断是否符合裁量免罚条件。最后,对裁量免罚或法定免罚案件,《刑事诉讼法》规定可以作出不起诉决定。此处的“可以”应当理解为授权性规定,而非裁量性规定,即原则上均应当作出不起诉决定,只有在例外情况下可以作出起诉决定。本文认为,这里的例外情况应当理解为不起诉不符合公共利益,如案件引发了恶劣的社会影响、严重破坏了社会主义核心价值观、不起诉可能造成负面的示范效应等。

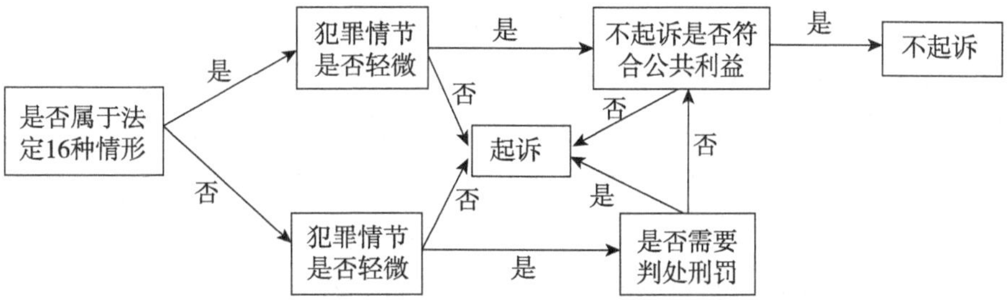

图 1　起诉必要性审查逻辑

---

① 一种观点认为,从文字表述、立法精神和刑法的相关条文来看,犯罪情节轻微对不需要判处刑罚和免除处罚而言都具有法律意义,参见顾永忠:《关于酌定不起诉条件的理解与思考》,载《人民检察》2014 年第 9 期。另一种观点认为,犯罪情节轻微不是免除刑罚的条件,只要属于法定的免除处罚情形,都可以适用酌定不起诉,参见傅强、宋迎新、黄福涛:《刍议刑事实体法视野下的相对不起诉》,载孙力、王振峰主编:《不起诉实务研究》,中国检察出版社 2010 年版,第 39 页。

② 参见陈金钊:《文义解释:法律方法的优位选择》,载《文史哲》2005 年第 6 期。

三、起诉必要性审查机制的具体构建

(一)审查的对象

根据上述逻辑,由于案件是否属于16种法定情形比较容易判断,起诉必要性审查的对象则主要是犯罪情节是否轻微、是否需要判处刑罚及不起诉是否符合公共利益三方面的问题。

1. 犯罪情节

犯罪情节主要涉及犯罪动机与目的、作案手段与方式、导致的后果与危害等,反映的是行为人的主观恶性及行为的社会危险性。对犯罪情节的审查判断主要围绕犯罪事实情况开展,同时也要适当结合当前的社会形势与刑事政策。例如在新冠肺炎疫情防控期间恶意哄抬物价的、在扫黑除恶专项斗争期间参与黑恶势力违法犯罪的,应当从严评价其犯罪情节;在企业合规改革背景下,公司企业为了经营发展偶尔实施犯罪的,对其犯罪情节的评价应当相对从宽。审查犯罪情节的目的是综合上述因素,判断主观恶性的大小、社会危险性的轻重。犯罪嫌疑人的主观恶性较小且行为的社会危害性较轻的,应当认定为犯罪情节轻微。在轻罪治理现代化的背景下,对犯罪情节轻微的解释不应额外增加犯罪性质,特别是罪名的限制:一方面,无论《刑事诉讼法》第177条第2款还是《刑法》总则关于免罚的条款,均未限制犯罪性质与罪名;另一方面,《刑法》分则既给危险驾驶、盗窃等性质较轻的罪名设置了较轻的法定刑,也给分裂国家、颠覆国家政权、参加黑社会性质组织等性质较重的罪名设置了较轻的法定刑(3年有期徒刑以下刑罚),这说明性质较重的犯罪也不排除轻刑。而犯罪情节是否轻微,对于宣告刑的轻重而言具有重要意义甚至是决定性意义。因此,犯罪情节轻微在性质严重的犯罪中也有适用空间,不应将其排除在特定罪名之外。实践中也不乏检察机关对情节轻微的故意杀人罪、非法制造枪支罪等性质严重的犯罪酌定不起诉。①

2. 是否需要判处刑罚

所谓不需要判处刑罚,是在认定犯罪情节轻微的前提下,对犯罪嫌疑人个人及其表现情况进行综合分析后,认为其人身危险性和再犯可能性均较小。是否需要判处刑罚,主要审查的是犯罪嫌疑人的个人情况,这有别于对犯罪情节的审查。一方面是犯罪嫌疑人的基本情况与平时表现,主要是指其生理和心理情况、家庭

① 参见重庆市大足区人民检察院不起诉决定书,渝足检未检刑不诉〔2019〕2号;重庆市彭水苗族土家族自治县人民检察院不起诉决定书,彭检刑不诉〔2016〕46号;等等。

情况、主要社会关系、成长经历、有无前科等,可通过社会调查的方式予以查明。这些因素能够反映出其实施犯罪的原因、回归社会的难易程度。另一方面是作案后的表现情况,包括到案情况、配合侦查调查情况、认罪悔罪情况、是否立功、弥补造成的损失、修复损坏的社会关系等,需要检察官认真审查相关证据材料,充分听取辩方与被害人的意见,必要时亲自进行走访调查了解情况。这些因素能够反映出犯罪嫌疑人作案后的态度,是否真诚悔罪、接受改造等。这里有两个问题值得注意。其一,检察机关综合审查上述情况后,认为并充分论证犯罪嫌疑人人身危险性和再犯可能性均较小,即可认定为不需要判处刑罚。不能将不需要判处刑罚严格等同于"宣告刑为免予刑事处罚",不宜以法院宣告免予刑事处罚的同类案件标准来限制检察机关的审查。否则会严重掣肘酌定不起诉权的行使,影响轻罪治理的效果。其二,被害人的追诉意愿虽然不取决于犯罪嫌疑人,但能够反映出犯罪嫌疑人与被害人的平时关系、作案后的弥补损失、修复关系情况,实质上与犯罪嫌疑人的个人情况密切相关。因此可以将被害人的追诉意愿作为是否需要判处刑罚的审查内容之一,而不宜单独列为一个审查对象,否则可能过于拔高被害人追诉意愿的重要性,对起诉必要性审查产生不当影响。

3. 公共利益

在司法体制改革、国家监察体制改革等新时代背景下,检察机关维护公共利益的职能定位和职权特征越发得到凸显。[①] 在起诉必要性审查工作中,也应当重视对公共利益的审查。公共利益包括国家利益和社会公共利益,具有权利保护的整体性、权利内容的共享性和权利归属的不特定性几个突出特征;尽管个人和组织的合法权益也是保护的对象,但检察机关只能代表国家利益和社会公共利益,不能成为代表个体利益的一方当事人。[②] 据此,司法人员对公共利益的解释应当跳出个案本身,而上升到国家和社会层面。部分司法人员以被害人可能上访、不起诉可能放纵犯罪等为由,将对符合免罚条件的犯罪嫌疑人提起公诉,这实质上是对公共利益进行了泛化解释,应当禁止。需要注意的是,根据现行法律制度构建的起诉必要性审查逻辑,只有对于符合免罚条件的案件,才需要审查不起诉是否符合公共利益。以"不起诉比起诉更有利于公共利益"为由,将应当判处刑罚的

---

① 参见苗生明:《新时代检察权的定位、特征与发展趋向》,载《中国法学》2019 年第 6 期;陈瑞华:《论检察机关的法律职能》,载《政法论坛》2018 年第 1 期。

② 参见苗生明:《新时代检察权的定位、特征与发展趋向》,载《中国法学》2019 年第 6 期。

案件决定不起诉的做法,虽然有利于拓展公诉裁量权,且和美国等国家和地区接轨,①但暂时没有成文法依据,应当慎重适用。

(二)审查的案件范围

如上所述,性质严重的案件也可能适用较轻的法定刑,因此起诉必要性审查的案件范围不应受到罪名的限制。本文认为,所有公诉案件都可以纳入审查的案件范围,只是根据可能判处的刑罚轻重不同,审查的工作方式有所区别。具体而言,综合犯罪事实与量刑情节,可能判处的刑罚不低于3年有期徒刑的案件,由于作出不起诉的可能性很小,起诉必要性审查工作可以适当简化;对于可能判处3年有期徒刑以下特别是可能判处拘役、管制、单处附加刑和免予刑事处罚的案件,应当重点审查、有力论证是否具有起诉必要性,必要时以社会调查、走访调查等方式充分了解犯罪嫌疑人是否符合免罚条件。2018—2020年,全国法院生效判决中,判处拘役、管制、单处附加刑和免予刑事处罚的人数之和分别为232,478人、296,635人、239,295人。如果检察官对这些案件的起诉必要性和公共利益均进行严格审查,相信其中相当一部分人不会被提起公诉并判决有罪。

(三)审查的主要程序

首先是审查程序的启动。在轻罪治理现代化的背景下,起诉必要性审查的启动不宜设置过高的门槛,否则难以拓展酌定不起诉的适用空间。对于可能判处3年有期徒刑以下刑罚的所有案件,检察官应当依职权启动审查程序。对于犯罪嫌疑人、辩护人认为不具备起诉必要性,提出应当决定不起诉的辩护和辩解意见的,也应当启动审查程序,而不论涉嫌的罪名与可能判处的刑罚。对于依申请审查的案件,检察官应当重点围绕辩方意见,对犯罪情节及是否需要判处刑罚开展审查。

其次是审查的方式。审查方式应当是书面审查、听取意见与听证审查三种方式相结合。书面审查是普遍适用的方式,主要是通过审查与案件事实相关的证据材料以判断犯罪情节是否轻微;审查社会调查报告、认罪悔罪等相关材料以判断是否需要判处刑罚。听取意见主要用于了解各方对犯罪行为及犯罪嫌疑人的态度与评价,以判断是否需要判处刑罚;也可以通过听取社会公众的意见以判断不起诉是否符合公共利益。听取意见形式应当灵活,既可以是电话听取,也可以是

① 参见[美]琼·E.雅各比、爱德华·C.拉特利奇:《检察官的权力——刑事司法系统的守门人》,张英姿、何湘萍等译,法律出版社2020年版,第99~100页。

当面听取,但均应当制作书面记录。根据最高检 2020 年 9 月 14 日出台的《人民检察院审查案件听证工作规定》,拟不起诉案件在事实认定、法律适用、案件处理等方面存在较大争议,或者有重大社会影响,需要当面听取当事人和其他相关人员意见的,经检察长批准,可以召开听证会。据此,听证审查的范围和程序均受到限制,不是普遍适用的审查方式。本文认为下列两类案件应当听证审查:一是检察官在判断犯罪情节是否轻微、是否需要判处刑罚问题上存在疑问的案件,属于存在较大争议案件,应当听证;二是符合免罚条件但不起诉可能不符合公共利益的案件,属于有重大社会影响,应当听证。

最后是审查决定的作出。案件经过审查后,无论决定起诉(包括追加起诉)还是不起诉,检察官都应当在案件审查报告中对起诉必要性问题进行论证。可能判处较重刑罚的案件拟决定起诉的,论证可以适当简化;轻微犯罪案件拟决定起诉的,应当全面、充分论证为何具有起诉必要性;符合免罚条件的案件拟决定起诉的,还应当论证为什么起诉更符合公共利益。依申请审查的案件,应当仔细审查申请理由并作出回应,不论采纳与否。存在争议的案件,应当提请检察官联席会议研究、报请检委会决定。① 值得注意的是,听证审查的案件,听证员的意见应当作为重要参考,特别是涉及犯罪的社会评价、公共利益等问题,身为人民群众的听证员作出的朴素价值判断,具有很强的代表性。因此,拟不采纳听证员多数意见的,必须经过检察长同意后才能作出决定,这既尊重了听证员的意见,又可以保证依法独立公正行使检察权。②

(编辑:李冉毅)

① 参见段明学:《从杰纳罗·威尔逊猥亵儿童案谈美国起诉必要性审查及其启示》,载《中国检察官》2022 年第 8 期。

② 参见李文峰、李昊昕、靳婷:《〈人民检察院审查案件听证工作规定〉的理解与适用》,载《人民检察》2021 年第 4 期。

起诉裁量权何以被滥用：基于美国“进步检察官运动”的述评

师　索　司佳宜*

摘　要：美国进步检察官运动源于部分检察官对美国惩罚性刑事政策负面效应的反思与改革。进步检察改革通常是指美国进步检察官发起的，通过调整起诉裁量权运行思路，旨在减少大规模监禁，消除种族处遇差异，并强调重构公平正义的检察改革。但受制于美国惩罚性法律结构，以及进步检察官对改革政治价值的追求，起诉裁量权在改革中遭到滥用，引发了改革顶层设计不足、改革法律价值不足、改革持续性存疑、忽视整体改革效应等问题，不可避免地遭到行政体系、检察系统、立法机构以及警察部门的反对。因此，既要看到美国进步检察改革的独特性，更要看到改革的固有局限以及滥用起诉裁量权带来的经验教训。

关键词：进步检察改革；起诉裁量权；减少监禁；促进公平

一、问题的提出

监察体制改革后，检察机关通过增设公益诉讼、主导实施认罪认罚从宽制度以及内部“捕诉一体化”工作机制改革，重新确立了以诉权为核心的检察权运行机制。过去检察机关“构罪即捕、构罪即诉、一押到底、一诉了之”的办案模式已不符合中央对检察机关的新定位、新要求、新期待。① 检察官在刑事司法体系中通常扮

---

* 师索，西南大学法学院讲师，法学博士；司佳宜，女，2001 年出生，复旦大学法学院法律硕士研究生。本文受中国犯罪学会 2022 年度研究课题青年项目“密码制度对犯罪治理的影响研究”（项目编号：FZXXH2022D01）的资助。

① 中国共产党中央委员会 2021 年 6 月 15 日《中共中央关于加强新时代检察机关法律监督工作的意见》规定：“人民检察院是国家的法律监督机关，是保障国家法律统一正确实施的司法机关，是保护国家利益和社会公共利益的重要力量，是国家监督体系的重要组成部分，在推进全面依法治国、建设社会主义法治国家中发挥着重要作用。”

演着“双重角色”,既是对抗诉讼模式中寻求定罪的积极追诉者,也是宏观正义体系中的公正代表者。我国检察机关在强化客观公正立场,逐步修正过去的“极限追诉”模式后,在塑造新的裁量模式过程中,应当如何规避检察裁量权调整后与立法权、侦查权、审判权之间的潜在冲突,避免刑事司法体系长期陷入“牵一发而动全身”的不稳定状态,很大程度取决于检察机关行使起诉裁量权的理念、方式、限度与质量,由此成为我国检察机关亟待厘清的问题。

作为制度对比,美国刑事司法体系秉承的惩罚主义以定罪率评价作为一线检察官晋升的主要考核指标,压制了检察官的公正角色,并将其带入了尴尬境遇:起诉裁量权的不当运用导致监禁人数规模逐年扩张,检察不端行为因定罪需求不断攀升,以及过于宽容警察滥用武力而引发种族冲突。20 世纪 90 年代开始,随着检控哲学的转变,检察官的正义角色被重新开发。“新起诉”(new prosecution)和“社区起诉”(community prosecution)等概念被提出,作为对传统检控思维的“进步”体现,检察官应当认识到社区在公共安全中的作用,通过更多地参与到社区,建立和维系伙伴关系,达到预防犯罪和解决社会问题的效果,而不是简单通过惩罚性政策处理犯罪。① 在美国检察系统外部,惩罚性刑事政策受到越来越多的反思,一些社会团体开始投入大量资源支持改革并发起倡议。② 在美国检察系统内部,一些地区民选检察官承诺改变用权方式,赢得了地区选举,取得了不同程度的成功。“进步”(progressive)开始被用来诠释这些以改革为导向的检察官,③由此拉开了美国进步检察官运动(Progressive Prosecutor Movement)的序幕。所谓进步检察改革,就是指美国进步检察官发起的,通过调整起诉裁量权运行思路,旨在减少大规模监禁,消除种族处遇差异,并强调重构公平正义的检察改革。我国与美国均属检警分立,检察机关在刑事司法体系中的位置及行使公诉职能方面比较类似,美国进步检察改革亦围绕重新规整起诉裁量权而展开。通过梳理美国进步检

---

① See National District Attorneys Association, National Center for Community Prosecution, *Key Principles of Community Prosecution*, No. 2007 - DD - BX - K173, Bureau of Justice Assistance, U. S. Department of Justice, 2007.

② 比如美国公民自由联盟发起了精明司法运动(Smart Justice Campaign)支持检察改革,检察革新协会(The Institute for Innovation in Prosecution)就一种新的基于社区的“检控范式”与进步检察官达成广泛合作。

③ Progressive 从词义上讲,有进步、革新、渐进发展等义,参照学界将美国的“Progressive Era”翻译为“进步时代”,以及其他学术译著中将 Progressive、Progress 翻译为“进步”,如[法]乔治 · 索雷尔:《进步的幻觉》,原文为“*The Illusions of Progress*”;[美]戴维 · 凯瑞斯:《法律中的政治——一个进步性批评》,原文为“*The Politics of Law: A Progressive Critique*”。结合此次美国检察改革的属性和进展,故将 Progressive 翻译为进步。

察官尝试打破传统刑事司法的惩罚藩篱、构建全新司法秩序过程中遭遇的难题与教训,能够为我国检察机关优化诉权运行提供必要的参考。

二、美国进步检察改革概述

(一)美国进步检察官运动的兴起

2016年,少数自称为"改革派"的地区检察官在芝加哥、费城、波士顿和其他一些主要城市赢得选举。这些检察官并未固守传统的法律秩序愿景,而是将权力重心放在审前程序的法律关系调整中。本质上,他们并不简单地处理案件,而是将处置犯罪放在更广泛的社会经济环境中考量,从而寻求刑法、程序及制度的改良。到2019年底,进步检察官又在达拉斯、休斯顿、奥兰多、圣安东尼奥以及路易斯安那州、密西西比州和弗吉尼亚州等地赢得选举。[①] 目前,大概超过12%的美国人口(4000万人)居住在一个有"进步"检察官的县或城市。尽管这些进步检察官只占全美2400个地区检察官的很小比例,但他们当选地区的监狱羁押人数占据了美国监禁人数的很大部分,进步检察改革具有较大运行空间,其影响力也在逐年扩大。进步检察改革的代表人物属现任美国副总统卡玛拉·哈里斯(Kamala Harris),她曾担任洛杉矶地区检察官以及加利福尼亚州司法部部长。

各地区进步检察官在上任后的改革侧重点并不一致。比如伊利诺伊州库克县检察官金·福克斯制定了如下政策:不会以重罪指控零售盗窃,除非价值在1000美元以上,或者被告人之前有10级或以上的重罪前科;支持保释非暴力犯罪嫌疑人;不起诉因经济原因而被吊销驾照的个人;公开前后6年的重罪案件数据。[②] 宾夕法尼亚州费城地区检察官拉里·克拉斯纳之前是公设辩护人,后从事刑事辩护,在他上任后,承诺改变检察文化,将"检察官寻求胜利的文化"转向"被害人寻求正义的文化";不再指控持有大麻或卖淫等行为,但卖淫次数超过3次的除外;检察官在量刑听证会上记录法官判处刑期,衡量监禁的成本收益;对持有大麻、卖淫、零售盗窃和非法入侵等25项不同罪名进行现金保释改革;对杀人案件,

---

① 在美国,大约有90%以上的刑事案件在州和地区层面被提起公诉。除了五个司法管辖区,其他州级司法管辖区检察官是通过民选上任,具体包括全州范围的州检察官和县级层面的州检察官。全州检察官通常被称为司法部部长或总检察长,但很少参与刑事案件的起诉;县级层面的检察官又被称为地区检察官或首席检察官,负责处理刑事案件。美国有2400名地区检察官,这些地区检察官管理超过25000名地区检察官助理,95%的案件由县一级地区检察官办理。

② See Davis, Angela J., *Reimagining Prosecution: A Growing Progressive Movement*, UCLA Criminal Justice Law Review 1, p.10(2019).

只指控可以排除合理怀疑的谋杀案件。[①] 若不将各地进步检察官的改革内容予以统筹整合,就难以观察整个改革全貌。基于此,纽约大学法学院布伦南司法中心(Brennan Center for Justice)和美国"公平起诉组织"(Fair and Just Prosecution)联合出版了《21世纪检察官的21项原则》(以下简称《原则》),[②]基本概括了改革全貌。《原则》将进步检察改革的内容分为两大板块,即减少监禁和促进公平。

(二)美国进步检察改革的内容

1. 减少监禁的改革措施

减少监禁由10项基本原则构成,包括:(1)审前转处规则化,即将嫌疑人、被告人从监狱或从司法程序中转移处置,让这些人回归社区而不是被监禁,从而节约司法资源,减少再犯,降低刑事起诉的附带伤害。(2)指控谦抑和公平辩诉交易,即检察官应严格审查案件,以确定证据是否支持所指控犯罪的构成要件,从而尽早驳回案件或驳回证据较弱的案件。在提出量刑建议时,应考虑可能对被告人不利的系统性因素或社会经济因素,限制使用强化量刑。一般而言,不应要求被告人以放弃寻求审前保释或证据开示的权利,或对违反宪法的行为提起诉讼的权利为条件进行辩诉交易。支持立法减少刑期,取消强制性最低刑期和"三振出局法"。(3)推动结束现金保释,即使用风险评估工具来决定保释条件,而不是推行现金保释。美国大多数人由于付不起保释金而被监禁。现金保释并未实现公共安全目的,却有效惩罚贫穷人群,迫使他们认罪。一般而言,应建议审前释放被告,包括那些被控犯有重罪的人,除非该人对个人或社会构成重大风险,公开支持取消现金保释。(4)鼓励治疗精神病患者而非定罪,美国最大的精神病院不是医院而是监狱。患有精神疾病的人不太可能获得保释,反而有可能面临更长的刑期。在可能的情况下,应对精神疾病患者进行治疗,而不是逮捕。与惩教人员和精神卫生工作人员合作,通过公共卫生措施提供帮助,在释放时恢复公共福利,如医疗补助。在刑事司法程序的不同阶段,聘用有过精神疾病经历的人作为顾问、培训师和同伴支持人员,听取他们的意见。(5)鼓励治疗吸毒成瘾者而非定罪,提供药物治疗项目的循证解决方案,支持在监狱进行药物治疗。不起诉少量持有大麻的人,不起诉吸毒过量以及没有伤害或死亡意图时共用毒品导致吸毒过量的

---

① See Davis, Angela J., *Reimagining Prosecution: A Growing Progressive Movement*, UCLA Criminal Justice Law Review 1, p. 11(2019).

② See Fair and Just Prosecution & Brennan Center for Justice, 21 *Principles for the 21st Century Prosecutor*, 3 December, 2018.

人。(6)友善对待未成年人,未成年人若尽可能少地卷入刑事司法系统,或者案件仍在少年法庭审理,长期治理效果会更好。在案件悬而未决时一般不应寻求监禁。不因一些典型越轨行为而决定起诉。在量刑时尽可能宽大,定罪后尽可能寻求监禁以外的其他选择。倡导分流项目和建立专门法庭,以满足未成年人需求。与执法部门合作,防止在没有律师在场或提供咨询意见时进行讯问。未成年人档案应做好保密性。(7)轻罪规模最小化,轻罪指控约占州和地区案件数量的80%。大多数是针对非法侵入、游荡、卖淫和持有毒品等罪行。轻罪逮捕和起诉极大影响公民生活,即使只是短期监禁或缓刑,但会失去工作、住房、贷款、福利以及移民身份,并导致难以打破监禁和贫困的循环。一般而言,不轻易指控与贫穷、无家可归有关的相关轻罪。在起诉不可避免时,应适用“传讯与释放项目”(cite – and – release program)而不被监禁。推动制度和程序改革,以确保面临轻罪和重罪指控的被告拥有称职的律师。(8)考虑刑事指控对移民的影响,刑事指控和定罪可能会引发对非美国公民的拘留和驱逐程序,使他们遭受更严重的连带惩罚,并使他们与家人分离。在进行辩诉交易和提出量刑建议时,要考虑定罪后对移民的消极后果。当一名移民在不知道消极后果的情况下认罪,可以撤销定罪程序。(9)推动恢复性司法,恢复性司法是以社区为基础来应对犯罪造成的危害。研究表明,被害人往往不认为起诉和判刑对他们有好处,恢复性司法有助于解决他们的担忧。推动恢复性司法后的再犯率一直较低。(10)降低缓刑和假释适用率,当前美国适用缓刑或假释的人数已经达到500万人。监管增加了一种不利的可能性,即那些原本再犯风险较低的人最终会因为技术违规而被收监。除非有令人信服的理由延长刑期,否则应将刑满释放后的考验期限制在1年以内。不将使用大麻或酒精视为违反监督的行为,推动假释和缓刑部门对违规行为实行分级处罚。

2. 促进公平的改革措施

促进公平由11项基本原则构成,包括:(1)改变检察办公室文化,检察官实施的政策措施对社区和整个司法系统产生巨大影响。检察官可设计更加公平公正的文化,比如在指控、辩诉交易以及审判中发现公诉不端行为并进行问责,采取能够反映价值观的绩效标准,向公众公开办案数据,征集公众满意度调查测评,克服办案中的隐性偏见,准允辩护律师在认为辩诉交易或检控不公正时提起申诉。(2)解决种族歧视。大量证据表明,种族歧视存在于任何程序阶段,体现为对有色人种社区的过度监管,以及各种显性和隐性的偏见。应当公开承诺减少检察实践中的族裔差异处遇。让社区监督检察官在种族不平等中扮演正面角色,追踪并公布种族和性别数据,以便及时改进。允许外部机构审查数据,评估并提出减少歧视的建议。谨慎使用风险评估工具,降低因警察执法而引起的种族歧视。(3)建立有效的定罪审查机制,成立定罪审查组(Conviction Review Units),审查已经判决的案件,以确定裁判是否受到不公正、错误的证据或偏见的影响。不能因为有罪判决是基于有罪答辩、被告未上诉或被告已服刑就将其排除在复审之外,支持为错判提供补偿,恢复错判后的权利。建立支持赦免程序和审查赦免请求。(4)扩大证据开示。隐瞒证据导致司法不公的现象在美国屡见不鲜,应建立案卷开示制度,向辩方披露所有相关证据,保护证人安全、防止证词被篡改。在提出指控后,尽快分享警方报告和政府拥有的其他材料。对故意不披露证据的检察官,确保其承担适度不利后果。(5)强化警察问责,当一名警察被指控过度使用武力或不当行为时,检察官必须对指控进行彻底调查。检察官在处理这些案件中所扮演的角色因其与当地警察部门的密切工作关系而变得复杂,这可能导致利益冲突而削弱公众信心。应以确保独立、公正和透明的程序为理由来保障对警察的调查和起诉。如果可行,组建一个独立的内部调查机构,配备高级检察官和经验丰富的调查人员。与当地执法部门合作,制定针对警员开枪和不当行为指控的调查计划。公布与查处执法不端行为有关的各项标准和执法流程。若检察官调查后未提起刑事指控,应支持州总检察长办公室或独立检察官进行二次审查。(6)消除罚金带来的贫困。定罪后的罚金是一种威慑和惩罚,但若不考虑个人支付能力而科处罚金,会使贫穷的被告陷入监禁和债务的交互循环。应降低法院对罚金收入的依赖,提倡根据收入和资产,将家庭债务和财务支出(如子女抚养和医疗成本)考虑在内,按浮动比例评估罚金。支持制定合理的罚金缴纳计划,倡导取消不交罚款后的滞纳金、吊销驾照等惩罚。倡导取消对 18 岁以下儿童和青少年的一切罚金。支持因经济困难而提出的减少或免除罚金的辩护动议。(7)清除和封存犯罪记录,大约 7000 万美国人有犯罪记录,这些人将背负沉重的附带惩罚后果。一般来说,在法律允许的情况下,应当支持删除或封存记录的请求。支持对不再属于犯罪行为的记录进行自动删除,鼓励雇主雇用有犯罪记录的人。支持将未成年人记录的封存年龄从 18 岁提高到 21 岁。(8)公平对待法庭科学证据。使用不可靠和具有误导性的法庭科学证据将危及刑事司法的合法性,检察官应努力提升法庭科学证据的可靠性,并让法院和陪审员了解其局限性。停止使用科学上无效的证据,不提供只有专家经验支持的法庭科学证据。(9)停止寻求死刑。检察官应反对扩大或加快死刑的立法,考虑公开支持废除死刑。如果法律要求考虑死刑,确保对相关案件应得到彻底和统一的审查。审查已经判决的死刑,在有大量证据证明可减轻罪责的情况下,充分考虑其他刑罚的可行性,不能以寻求死刑来迫使被告人接受辩诉交易。(10)衡量监禁成本。推行监禁以外的其他可节省成本的惩罚措施,计算拟判决的预期监禁成本,并在量刑前公布,以便法官量刑时考虑。与立法者合作,在减少囚犯数量的同时,减少惩教预算。(11)使用尊重人格的语言。美国刑事司法体系经常使用“罪犯”“有前科的罪犯”“重罪犯”和“在押人员”等缺乏尊重的词语,使得定罪后的耻辱永久化,妨碍了犯罪行为矫正和重返社会。

三、进步检察改革在美国的现状

(一)美国对进步检察官的认知与评价

进步检察官应当具有“进步”的特质,才能保证检察改革具有源动力。在美国,传统地区检察官必须标榜自己能够“严厉打击犯罪”才能赢得选举,由此造成了检察官日趋强烈的惩罚性倾向。那么,什么样的检察官能够被评定为进步检察官?其自身的进步特质表现在什么地方?美国学界对这个问题尚未形成定论,但形成了初步的共识,即必须对优先改革事项具有充分的合理性根据。① 检察官应当是“好人”,即道德上具有宽恕的品格、克服困难的意志。② 在看待犯罪的视角上,应当将犯罪问题与其他社会问题进行统合看待分析,合理确定犯罪责任。③ 美国政治体制的特点在于竞选承诺和上任后的实际措施并不能完全对应。2022 年 1 月就任曼哈顿地区检察官的阿尔文 · 布拉格(Alvin Bragg),上任后迅速执行他的竞选承诺,降低入室盗窃和持有某些武器等罪行的等级,不再起诉卖淫和拒捕等其他罪行。但几周后,纽约市暴力犯罪突然激增,两名警察在执勤中丧生,布拉格不得不宣布暂停他的改革措施。④ 由于进步检察官所在地区的情况具有差异性,对于竞选时承诺的改革措施,进步检察官能否全部兑现,成为进步检察政策是否具有持久性的关键因素。

基于此,美国有学者选择位于希尔斯伯勒县、库克县、密尔沃基县、杜瓦尔县四个进步检察官办公室的检控决策机制作为比较对象,以“检控优先事项”“惩罚

---

① See Pickerell, Heather, *How to Assess Whether Your District Attorney is a Bona Fide Progressive Prosecutor*, Harvard Law & Policy Review, Vol. 15:1, 2020.

② See Davis, Angela J., *The Progressive Prosecutor: An Imperative for Criminal Justice Reform*, Fordham Law Review Online, Vol. 87:3, 2018.

③ See Bruce A. Green & Rebecca Roiphe, *When Prosecutors Politick: Progressive Law Enforcers Then and Now*, Journal of Criminal Law and Criminology, p. 761 – 762(2020).

④ See *Are Progressive Prosecutors to Blame for an American Homicide Wave?*, https://www.economist.com/graphic-detail/2022/02/19/are-progressive-prosecutors-to-blame-for-an-american-homicide-wave.

性态度"作为一级变量,并确定了必要的协变量,通过回归分析,得出结论:进步倾向得分较高的检察官具有较少的惩罚态度,而传统倾向得分较高的检察官具有更高的惩罚态度。希尔斯伯勒、杜瓦尔和密尔沃基的检察官不如库克县的严厉,这可能是库克县检察官对芝加哥高暴力犯罪率作出回应的结果。因此,进步检察官和传统检察官之间并没有绝对的数值界限,而是存在各自的数值区间。① 由此可见,进步检察官在制定具体检控政策以及权衡起诉决策时,并不是一成不变的,仍然会根据现实情境进行适当调整。

也就是说,并不是所有看似具有"进步"形式的地区检察官都具有真实的改革意愿。有美国学者提出了14个指标来评估该地区是否真正具有进步检察官以及是否具有真实的改革意愿。在评价体系上,则将这14个指标在实践中的度量标准分为"理论上最进步的立场""潜在的进步政策""外部界限"三个评价层次。每个指标都允许评估人员在进步与倒退的检控政策之间划出清晰的外部界限。若度量值超出了"外部界限",评估人员可以将检察官从进步状态调整为非进步状态,甚至倒退状态。该学者选择了被媒体和学术界称为改革派的70名进步检察官,对他们的改革效果经过指标分析与评价定级,最后只有21名地区检察官可以在严格意义上被称为进步检察官。② 也有学者从进步主义的原则出发,将进步检察官的任务分为三个板块:"程序正义"(procedural justice)、"监禁进步主义"(imprisonment progressivism)、"反监禁起诉"(anti - incarceration prosecution)。程序正义意味着检察官必须以公正和无偏见的方式执行法律。监禁进步主义涉及精英犯罪的惩罚,应加大对警察、资本家和政治家所涉犯罪的起诉。反监禁起诉要求检察官在整体上重塑刑事法律体系的监禁倾向。每一个板块都设定若干指标,标识从"最弱进步主义"到"最强进步主义"的演进。总的来说,该学者对理想进步检察官的任务设定包括保护被告人权利、惩罚有权势的人及减少对普通人的刑事惩罚。③

① See Ryan C. Meldrum, Don Stemen, Besiki Luka Kutateladze, *Progressive and Traditional Orientations to Prosecution: An Empirical Assessment in Four Prosecutorial Offices*, Criminal Justice and Behavior, 2020.

② See Pickerell, Heather, *How to Assess Whether Your District Attorney is a Bona Fide Progressive Prosecutor*, Harvard Law & Policy Review, Vol. 15:1, 2020.

③ See Benjamin Levin, *Imagining the Progressive Prosecutor*, Minnesota Law Review: Current Issue, p. 1415(2021).

(二)进步检察改革措施的异议

支持者认为,进步检察官在履行承诺而执行既定检控政策时,应当采取较为强硬的态度,充分利用起诉裁量权进行改革。但美国刑事司法体系经过长期惩罚性固化,对这种突如其来的宽恕思想必将采取本能的结构性排斥态度。

第一,来自行政体系的反对。最严重的反对来自美国联邦政府,2019 年 10 月,时任总统特朗普签署了一项行政命令,授权成立一个由时任司法部部长巴尔领导的执法和司法委员会(Commission on Law Enforcement and the Administration of Justice),着重要解决 13 个问题,其中第 4 个问题就是解决"州和地区检察官拒绝执行法律或拒绝起诉各类犯罪。"联邦司法部同时管辖联邦调查局和联邦检察官。巴尔遵循保守的惩罚主义,整体上偏向于支持警察。巴尔在警察联席会的一次全国会议上发表演讲,他抨击"地区检察官把自己标榜为'社会正义'的改革者,他们花时间削弱警察的力量,让罪犯逍遥法外,并拒绝执法。"①与此同时,进步检察官与地方政府之间也存在矛盾。比如奥兰多地区检察官阿拉米斯·阿亚拉(Aramis Ayala)宣布不会对任何被告寻求死刑指控。这一举措遭到了佛罗里达州州长里克·斯科特的强烈反对,他发布了一项行政命令,将案件从阿亚拉的办公室转到布拉德·金的办公室处理,而布拉德·金以强烈支持死刑闻名。斯科特依据佛罗里达州法律中一个有百年历史但很少使用的条款,该条款允许他以"充分的理由"将案件从一个州检察官转移到另一个州检察官。佛罗里达州最高法院支持斯科特的做法,认为该行政指令基于地区检察官断然拒绝执行法律,属于对滥用自由裁量权的审查。败诉后的阿亚拉撤回了自己的政策措施。②

第二,来自检察系统内部的反对。由于美国大部分检察官带有强烈的惩罚倾向,与进步检察官的改革理念并不一致,在改革过程中难免遭遇系统内部的阻力。洛杉矶地区检察官乔治·加斯科(George Gascón)在上任后的几周内,指示检察官停止寻求死刑指控,下令停止大多数案件的现金保释请求,禁止检察官出席假释听证会。最具争议的是,他禁止检察官寻求各种强化量刑。③ 这些改革措施遭

① Mona Lynch, *Regressive Prosecutors: Law and Order Politics and Practices in Trump's DOJ*, Hastings J. Crime & Punish, p. 195(2020).

② See Tyler Q. Yeargain, *Discretion Versus Supersession: Calibrating the Power Balance Between Local Prosecutors and State Officials*, Emory Law Journal, p. 97 - 98(2018).

③ "强化量刑规定"是指那些被判犯有严重罪行并有前科的人,会比那些被判犯有相同罪行但没有犯罪记录的人获得更长的刑期。洛杉矶的检察官通常会为有过重罪定罪或被怀疑是帮派成员的刑事被告寻求更长的刑期。

到了洛杉矶县地区副检察官协会(The Association of Deputy District Attorneys for Los Angeles County)的反对,并向洛杉矶县高等法院提起诉讼,James Chalfant 法官认为,加斯科的检控政策违反了加州的“三振出局法”,该法规定检察官应证明刑事被告先前存在的每项严重或暴力重罪定罪。地区检察官不能命令他管理的检察官无视保护公众免受累犯侵害的法律,从而让刑事被告人受益。法院最终裁定地区检察官遵守“三振出局法”中的强化量刑规定。①

第三,来自地方立法机关的反对。由于进步检察官的改革措施或多或少地违背了立法机关已经制定的法律,亦会遭到立法机关反对。2019 年,宾夕法尼亚州立法机关悄然通过了众多法律修正案,其中一项修正案针对费城地区检察官拉里·克拉斯纳的进步检察政策,授予州司法部部长与地区检察官可在特定枪支犯罪中享有并行管辖权(concurrent jurisdiction)。这就意味着司法部部长可以指定一名地区检察官起诉其他地区检察官拒绝起诉的案件。除了宾夕法尼亚州,密苏里州也授予司法部部长对不属于县的城市中某些杀人案件享有并行管辖权。密苏里州只有一个独立的城市圣路易斯,而且该法案明确针对的是圣路易斯巡回检察官金伯利·加德纳(Kimberly Gardner)。在印第安纳州,一项州参议院法案将允许司法部部长任命一名特别检察官,负责办理和起诉地区检察官根据政策拒绝起诉的罪行。②

第四,来自警察部门的反对。警察对进步检察官的反对主要源于三个方面:一是绝大多数进步检察官将强化警察滥用武力的问责和起诉纳入改革日程,这一举措同传统检察官对警察的宽恕产生了分歧;二是进步检察官拒绝起诉某一类型的犯罪,警察对该类型犯罪的执法力度将大幅削减,让遭受此类犯罪的被害人将矛盾转移至警察;三是进步检察政策所采取的提早过滤案件的改革措施,使得警察没有办法继续侦查补充证据,从而影响整体执法策略。③ 综合这些对警察的不利因素,越来越多的警察部门反对进步检察政策。一些警察在进步检察官不起诉后,继续逮捕这些触犯低级犯罪的人员,以此通过这种监禁惩罚来抵消检察官的宽恕。④ 一些州的警察部门试图绕过地区检察官,在法律和政策允许的范围内,将

---

① See The Association of Deputy District Attorneys for Los Angeles County vs. George Gascón, 30 December, 2020.

② See Nicholas Goldrosen, *The New Preemption of Progressive Prosecutors*, University of Illinois Law Review, p. 150 – 152(2021).

③ See Andrea Cipriano, *Our Hands are Tied: Cops Join Struggle Against Progressive DAs*, https://thecrimereport.org/2021/08/11/cops-join-the-struggle-against-progressive-das/.

④ See Jeffrey Bellin, *The Power of Prosecutors*, New York University Law Review, p. 199(2019).

更多案件提交联邦检察官进行起诉。还有很多州的警察工会正在倾注竞选资金,尝试支持他们中意的传统检察官,在下一次竞选中打败进步检察官。

(三)美国学界对进步检察改革的建议

鉴于进步检察改革遭遇的困境和阻力,美国学界也开始对这项改革进行分析并提出一些建议。

第一,在改革指导思想上的建议。有学者认为,进步检察改革忽视了一个结构性前提,即美国刑事司法体系本就是为惩罚社会边缘人群设立,尝试引入非传统的检控策略来抵消刑事司法机构的固有顽疾,只能通过变革性改革来实现。但是,主流的进步检察官误读了改革对象的真实面貌,并不主张权力的重新分配,以至于让传统系统"重新巩固当前的权力配置并努力使其合法化"。基于此,进步检察改革不应该采取变革主义,而应采取改良主义。①

第二,在改革思路上的建议。有学者认为,进步检察改革本质就是妥协,进步检察官需要在四个方面实现妥协,才可能成功。一是与警察关系的策略,在起诉警察滥用职权面临重大限制时,仍然要强调合作与制约,而不是强行起诉而形成机构对立。二是与政府、法官等保守派达成共识,将改革的重点放在非暴力犯罪而不是暴力犯罪上。三是与立法者、警察达成共识,进步检察官必须制定足够合理的转处计划,而不是断然拒绝起诉某一类型的犯罪。四是进步检察官必须证明他们的改革将有利于那些没有监禁经历的选民。②

第三,在具体改革措施上的建议。有学者建议,进步检察官应当回归权力本身,而非以宽恕换取政治资本。应将业务经费用于社会服务,以使精神疾病患者、毒品成瘾者和穷人远离犯罪体系。应游说建立一个强大的贫困犯罪人辩护体系,而不是防止错误定罪和过度惩罚。为扭转刑事系统中的种族不平等,应支持加强被告人的平等保护权,而不是简单地公布统计数字。③

四、美国进步检察改革的评析

从整体上而言,美国此次兴起的进步检察改革具有自身独特之处,也具有自

---

① See *The Paradox of Progressive Prosecution*, Harvard Law Review, p. 759 – 760(2018).

② See Alexander John Kott, *The Compromises Progressive Prosecutors Must Make: Three Case Studies*, Honors Papers, p. 822(2021).

③ See Darcy Covert, *Transforming the Progressive Prosecutor Movement*, Wisconsin Law Review, p. 187(2021).

身局限性,应当辩证地进行分析。

(一)进步检察改革的独特性

美国进步检察对国内刑事司法的结构性弊端进行了深刻思考,尝试通过调整起诉裁量权,降低审前羁押和监禁服刑人数,对社会公平、法律公平以及种族公平进行重构,因此具有比较独特的改革意义。

一是权力角色的重塑。众所周知,美国检察官的自由裁量权通常不被审查。1976 年,联邦最高法院一致通过裁定检察官对民事责任享有绝对豁免权,这意味着当事人不得就刑事起诉期间的检察不端行为寻求救济。地区检察官因此在过去饱受检察不端行为的诟病,而进步检察改革正在努力重塑地区检察官的公正角色。二是执法理念的变更。地区检察官作为民选官员,可以对刑事司法系统产生直接、切实的改变,从而具有迅速改变当事人现状的便捷能力。监禁被描述为最后的手段,而不是刑事司法体系应该有的第一反应。检察官可以将重罪指控减为轻罪,决定是否进行监禁或缓刑,或者可以选择完全避免定罪。三是监督属性的强化。在过去,地区检察官最亲密的同事是警察,警察工会经常向地区检察官竞选活动捐赠大笔资金款项。检察官与警察之间的制约关系受到削弱,“案件审查者”和“合作伙伴”之间的界限很容易模糊,对警察的问责自然也就力不从心。[①] 进步检察官的竞争资金并不来自警察工会,也就在事实上与警察部门保持了距离,塑造了一种全新的程序监督关系。

(二)进步检察改革的固有局限

事实上,这并不是美国检察系统第一次以“进步”为名进行的改革。早在 19 世纪末 20 世纪初的进步时代,美国检察系统就以实现专业化及清除腐败为名进行过系统改革。当前进步改革所处社会背景、权力关系、利益关联明显更加复杂。尽管美国刑事司法体系的改革苗头已经展现,但整个美国对维系当前刑事司法体系的基本观点并未整体动摇,进步检察改革由此出现局限性。

第一,改革的发起点单一,缺乏强有力的上层支持与有序的改革蓝图。美国进步检察官的竞选经费主要由以富豪索罗斯为主的左翼势力资助,这些左翼势力

① See Chloe Lowell, *Cross – Examining the Progressive Prosecutor*: *The Challenges of Reform from the Inside*, http://www. cpreview. org/blog/2020/10/cross – examining – the – progressive – prosecutor – the – challenges – of – reform – from – the – inside.

前后共花费了数千万美元尝试改变美国的刑事司法系统。相反,作为传统改革的决策者,美国联邦高层对进步检察改革并不支持,特朗普当政时期对进步检察明确反对。拜登就任后,“公平起诉组织”立即向拜登政府递交了改革建议,也并未得到采纳。这就直接导致进步检察改革在动员力与号召力上存在先天缺陷。

第二,过于凸显改革的政治价值,反而淡化改革的法律价值。将此次改革标示为“进步”改革,就是态度鲜明地与传统法律秩序划清界限,改革的政治意义由此彰显。但是,在进步与传统之间的二分法可能使改革效果适得其反,因为进步派利用了模糊的公正义务来凸显刑罚严厉性,以及传统检察官在这种严厉惩罚环境中的无能为力。但事实上,进步检察的本质应当是凸显改革措施对整个美国检察用权模式的范式更新,更多的是对检察官作为刑事司法守护者角色的继续阐述,其落脚点应当在法律价值。但哈里斯的成功,让进步检察官们倾向于把自己塑造成有争议的焦点人物,而不是认真思考改革的法律效果。

第三,改革阻力较大,导致改革持续性存疑。进步检察官在推行改革过程中并未严格遵循自由裁量权,而是在多项改革措施中采取“一刀切”的检控政策,要么是直接放弃检控某类犯罪,要么是直接不执行某类犯罪的量刑规定。这就遭到法律共同体的结构性反对,导致改革措施在执行上推进缓慢。而当采取一些灵活措施时,又被质疑仅仅具有进步主义的形式而无实质。真正能够严格执行进步检察改革承诺的检察官占比并不高,较大部分检察官仍然是通过这种改革来累积后续的政治资本,从而谋求更高的职位。在传统检察官重新接替职位后,既有的改革举措极大可能会被全盘推翻。

第四,过于偏重于被告人利益,而忽视整体改革效应。进步检察官在执行改革时过于考量选民情绪,可能造成职业主义民粹化的危险,影响了决策的原则性与客观性,也在很大程度上忽视了被害人利益,引起了一些被害人的公开反对。这又导致一些严重犯罪人在保释后对被害人和社区造成二次伤害。比如,今年以来,纽约从入店行窃到暴力枪击事件均有所增加,纽约市市长埃里克·亚当斯公开将此归咎于地区检察官对低级别犯罪的起诉宽大处理。① 虽然并没有证据表明犯罪率提升或犯罪类型改变与进步检察政策相关,但进步检察政策的犯罪控制效果在短时间内并不能体现,也就缺乏了最有证明力的改革论据。

(编辑:李冉毅)

---

① See Rebecca Davis O' Brien, *How This Progressive Prosecutor Balances Politics and Public Safety*, The New York Times, 26 February, 2022.

检察视角下捕诉押精细化衔接的困境与出路

孙　琳　李薇菡*

摘　要：捕诉押精细化衔接不仅是司法文明理念和制度科学规范的要求，也是检察机关参与社会治理的表现。但在司法实践中，由于指控依赖口供、监管救济缺位、控制措施无力等多重原因，侦查机关普遍存在“以捕代侦”“一捕了之”“以押便诉”的做法，对捕诉押的精细化衔接造成了阻碍。对此，应通过构建以客观证据为主导的证明体系根除口供依赖，完善措施实施前后的监管救济体系严把环节衔接，创设诉押替代措施的规范治理体系强化管控力度，从而在真正意义上实现捕诉押的精细化衔接。

关键词：宽严相济；逮捕；起诉；羁押

随着我国犯罪结构由重罪向轻罪的持续转变和良法善治追求下治国方略由国家管理到国家治理的历史演进，以逮捕为代表的关涉公民人身自由的刑事强制措施的适用标准被进一步提高。由于捕诉押各环节本就具有“牵一发而动全身”的关系，一旦捕的“入口”改变，势必会影响押的状态和诉的“出口”，因此，如何实现捕诉押的精细化衔接是时代提出的新问题。对此，笔者将根据自身检察实务经历，检视捕诉押的实施现状，并通过考察域外相关制度，总结各国制度设置特点，试提出相关解决路径。

一、捕诉押精细化衔接的内涵和必要性

（一）内涵

所谓捕诉押精细化衔接，具体可以从以下两个方面进行理解。从整体来看，

---

* 孙琳，重庆市大足区人民检察院检察长，二级高级检察官，法学博士；李薇菡，重庆市大足区人民检察院检察六部检察官助理。

逮捕、羁押、起诉具有天然的衔接关系,可被视为一个完整的系统,检察机关应当严格把握逮捕的条件,加强对逮捕社会危险性的审查,尽可能适用非羁押强制措施,减少犯罪嫌疑人羁押候审,依法行使起诉裁量权,对符合法定条件的充分适用相对不起诉,发挥审查起诉的审前把关、分流作用,[①]达到节约司法资源的目的。从局部来看,逮捕、羁押、起诉又是相对独立的环节,逮捕并不意味着长期的羁押和必然的起诉,各环节应当具备完善的"出入口"把控规则。比如:加强对羁押必要性的审查,及时变更、撤销不必要的羁押;对危害国家安全、严重暴力、涉黑涉恶等重罪案件以及犯罪情节虽较轻,但情节恶劣、拒不认罪的案件则应当该捕即捕,依法追诉,从重打击。[②] 通过捕诉押的精细化衔接实现对实践中普遍存在的"以捕代侦""一捕了之""以押便诉"现象的有效遏制。

(二)必要性

1. 捕诉押精细化衔接是司法文明理念的内在要求。如果说古代司法文明的意义在于定分止争、惩恶扬善,那么现代司法文明的意义则在于保障人权、维护正义。[③] 从人权保障的角度来看,"二战"以来,司法文明呈现国际化的发展趋势。《世界人权宣言》第 3 条规定:"人人有权享有生命、自由和人身安全。"第 9 条规定:"任何人不得加以任意逮捕、拘禁或放逐。"《公民权利和政治权利国际公约》第 9 条第 1 款和第 2 款同样规定:"任何被逮捕的人,在被逮捕时应被告知逮捕他的理由,并应被迅速告知对他提出的任何指控。"对此,我国不仅积极参与了国际人权立法、执法和司法,还高度重视国际人权司法保障普遍性原则和惯例的中国化。[④] 例如,2012 年我国《刑事诉讼法》修改时在总则中落实并体现了《宪法》中所要求的"国家尊重和保障人权"的原则。而逮捕、羁押、起诉又直接关系公民基本权益,因此,捕诉押精细化衔接则是保障人权的有力体现。从维护正义的角度来看,刑事诉讼中剥夺自由情形有以下两种:(1)为了惩罚犯罪而剥夺自由;(2)为了防止犯罪或出于侦查需要而剥夺自由。由此可知,进行捕诉押的精细化衔接时,不仅应注重人权保障,还应在打击违法犯罪,维护社会秩序和追求程序正义和实现司法公正方面取得平衡。我国刑事诉讼向来以"重实体,轻程序"作为突出特征,随着司法文明理念的深入,人们逐渐意识到,正当程序的缺位极易引发冤假错

---

① 参见孙谦等主编:《刑事检察业务总论》,中国检察出版社 2022 年第 1 版,第 37 页。

② 参见孙谦等主编:《刑事检察业务总论》,中国检察出版社 2022 年第 1 版,第 37 页。

③ 参见张文显:《人权保障和司法文明》,载《中国法律评论》2014 年第 2 期。

④ 参见张文显:《人权保障和司法文明》,载《中国法律评论》2014 年第 2 期。

案的出现，在“放纵一个坏人”和“冤枉一个好人”的两者取舍之间，追求程序正义有利于在整体上最大程度地实现实体正义。同时，当被裁判者处于与控方平等的地位并能够充分参与裁判结果产生的过程、接受裁判者的充分说理时，将更有利于使被裁判者和社会大众在最大程度上对裁判结果的合理性产生信赖。因此，逮捕、羁押、起诉应该遵循正当程序原则，保障实体裁判的合理性被广泛认可。总而言之，司法文明的重要意义主要体现在保障人权和维护正义两个方面，而捕诉押精细化衔接可在充分保障犯罪嫌疑人合法权益的基础上，最大程度实现司法公正，维护社会秩序。

2. 捕诉押精细化衔接是制度科学、规范的应有之义。制度的科学化和规范化主要体现在以下三个方面：(1)制度设计是否完善；(2)制度运行是否受到监督；(3)具体措施实施是否符合比例原则。从制度设计的完善性来看，捕诉押精细化衔接摒弃过去“以捕代侦”“一捕了之”的做法，也不主张“不捕不诉不押”，而是通过制度的不断完善，逐步推进捕诉押精细化衔接。同时，根据实证法学派的目的刑理论观点，刑法的目的在于实现对罪犯的教育改造，其强调诉讼活动更应该注重个体差异，根据个案具体情况进行综合考量。对此，笔者认为，无论各界对刑法的目的存在怎样的争议，不能否认的是，精密司法理念是历史发展趋势。逮捕、羁押、起诉等刑事诉讼程序的启动将会给公民权益造成重大影响，只有建立相关配套制度，对程序启动进行严格限制，对权利救济进行充分保障时，才能在实现打击犯罪与保障人权的统一。当然，在保障人权的同时，打击犯罪的追求也对公安司法机关提出了更高的要求，该要求集中体现在以下两个方面：(1)如何在难以获得口供的情况下收集到足够有力的证据使被告人获得有罪判决；(2)如何在非羁押状态下实现对犯罪嫌疑人的有效监管。这都需要更加完善的取证制度和监管制度予以支撑。

从制度运行是否受到监督来看，正所谓“绝对的权力导致绝对的腐败”，为防止权力肆意膨胀威胁社会秩序，促使其朝着公正合理的方向运行，必须以制衡的方式对权力进行监督。刑事诉讼中权力的运行理应遵循该规律。主要原因在于，审前措施的实施一般会侵犯公民的基本权利，如果缺乏与权力主体相抗衡的力量，易使权力的适用范围难以控制地扩大。①

从具体措施实施是否符合比例原则来看，我国人口众多、刑案繁杂，羁押人数

① 参见刘成高、蔡伟民：《刑事诉讼中法检权力配置关系研究》，载《西南民族大学学报(人文社科版)》2016年第6期。

众多,司法资源难以应对。在此大背景下,为优化司法资源配置,集中力量打击重大犯罪,审前措施的实施更应遵循比例原则。此处的比例原则与行政诉讼法中的比例原则类似,具体而言,应包括适当性、必要性和损害最小三方面内容。就第一点而言,审前措施的实施力度应与罪行相适应,否则将导致权力运行失衡。就第二点而言,审前措施的实施应充分考虑措施实施后能否达到相应目的。例如,日本在实施羁押时需要通过判断羁押后能否达到惩罚目的或者预防性目的,①②才能决定是否真正实施羁押。就第三点而言,由于审前措施实施时,犯罪嫌疑人是否构成犯罪尚处于未决状态,即使其最终被法院定罪,刑罚也理应由法院的判决作出;因此,审前措施不应具有惩罚性,而应是在保障诉讼顺利进行的基础上,以对犯罪嫌疑人损害最小的方式实施。因此,捕诉押精细化衔接是具体措施实施符合比例的应有之义。

3. 捕诉押精细化衔接是检察机关参与社会治理的表现。党的十八届三中全会将“推进国家治理体系和治理能力现代化”列为全面深化改革的总目标,提出要“加快形成科学有效的治理体制”“创新社会治理”“提高社会治理水平”“改进社会治理方式”,这标志着我国从“国家管理”到“国家治理”的正式转变,相较于“管理”,“治理”的内涵更为丰富立体:“治理”的主体具有多元性,国家治理需要党、人大、政协、行政、司法、社会组织等多元主体共同参与;“治理”的体系具有系统性,强调以结果为导向,从上到下、从下到上、从中间延展的系统协同;“治理”的方式强调法治,其内容也更具包容性、灵活性、沟通性。概括而言,治理是一个系统性、体系化的概念,旨在强调多方协同和多管齐下,通过“医生诊病”之形式对各类社会问题辩证施治、对症下药,以更为科学和精准的手段实现社会层面的和谐有序、国家层面的公平正义。

从三组概念的关系上来看,③国家治理包含社会治理,社会治理是国家治理在社会领域实现国家治理的理念价值,④社会治理要求国家公权力实现制度层面的优化和实践层面的协同。而检察权是国家权力的重要组成部分,因此,更应在社会治理中发挥检察权的服务保障、整合协同等功能。“效率是以正确的方式做事,

---

① 惩罚目的:犯罪嫌疑人是否存在一些违反保释规定、没有履行按时出庭义务或者违反了其他禁止性规定的行为,需要被撤销保释依法进行羁押。

② 预防性目的:犯罪嫌疑人是否有隐藏或者销毁证据、逃亡的可能。

③ 这三组概念分别是:国家治理和社会治理、国家权力和检察权力、效率和效能。

④ 参见宫鸣:《检察机关服务和保障国家治理效能探究》,载《人民检察》2021年第5期。

效能是做正确的事。”[①]检察权作为司法权，是维护社会公平正义的最后一道防线，其能有效服务保障“履职的正确性”，是为效能的体现。同时，检察权兼具司法与行政的双重属性，因此，检察机关具有整合协同的天然优势，能够切实提高综合履职的效率。但如何在检察机关参与社会治理的过程中兼顾效率和效能呢？捕诉押的精细化衔接便是必由之路。由于捕诉押是一个系统化概念，在对捕诉押进行精细化衔接的过程中，不仅能优化资源配置，提高办案效率，更能通过对违法犯罪的精准打击发挥办案效能。由此不难看出，捕诉押精细化衔接不仅是实现效能之目的，还是提高效率之手段；因此，捕诉押精细化衔接是检察机关参与社会治理的具体表现。

二、实现捕诉押精细化衔接的现实困境

2021 年全国检察机关共决定不起诉 34.8 万人，同比上升 39.4%；不起诉率 16.6%，同比增加 2.9 个百分点，其中适用酌定不起诉 28.4 万人，较 2018 年的 10.3 万人上升了 2.75 倍。[②] 2022 年全国检察机关共决定不起诉 51.3 万人，不起诉率 26.3%。[③] 虽然，从起诉的“出口”数据来看，我国的捕诉押衔接呈精细化发展趋势，但实践中依然存在以下问题：

（一）“逮捕必然羁押＋指控依赖口供”促使侦查机关“以捕代侦”

由于口供依赖极易引发刑讯逼供、冤假错案，这就导致口供依赖不仅是单纯的证据问题，更是评判国家刑事司法治理水平的重要标准。[④] 虽然口供依赖现象并非中国独有，但其在中国却展示出与众不同的复杂性。[⑤] 尽管我国为防范口供依赖进行了系列的探索改革，但在实践中，公安机关和监察机关依然存在较强的口供依赖心理，在重罪案件及反腐败案件中尤其明显。改革开放 40 年来，我国的主要犯罪类型由重罪向轻罪转变，为适应刑事犯罪结构的巨大变化，全国检察机

① ［美］彼得·德鲁克著：《卓有成效的管理者》，许是祥译，机械工业出版社 2019 年版，第 6 页。

② 参见《2021 年全国检察机关主要办案数据》，载微信公众号“最高人民检察院”2022 年 3 月 8 日，https://mp.weixin.qq.com/s/6tp1gEbkfxkp77NBu2SIfA。

③ 参见《2022 年全国检察机关主要办案数据》，载微信公众号“最高人民检察院”2023 年 3 月 7 日，https://mp.weixin.qq.com/s/1Dtg3xhOhOflnRRsoNT_sA。

④ 参见李训虎：《口供治理与中国刑事司法裁判》，载《中国社会科学》2015 年第 1 期。

⑤ 参见李训虎：《口供治理与中国刑事司法裁判》，载《中国社会科学》2015 年第 1 期。

关采取各项制度探索,诉前羁押率已从2018年的54.9%下降至2022年的26.7%,[①]但从C市D区检察院的办案数据来看,2021年的诉前羁押率为42.62%,2022年的诉前羁押率为32.55%,依然远高于全国平均值。有警官坦言:"在案件数量居高不下但办案警力严重不足的情况下,虽然也深知相关政策的重要意义,但是以逮捕等方式控制犯罪嫌疑人能在很大程度上实现案件的侦破和办案资源的节约,因此实际办案中还是会倾向选择牺牲犯罪嫌疑人的权益。"[②]也有检察官表示,出于避免办案风险和提高办案效率的考虑,在"可捕可不捕"时,其一般倾向作出逮捕决定;即使是认罪认罚的案件,也同样如此。[③]

实践中,对于认罪认罚的犯罪嫌疑人,只要符合逮捕条件的,一般还是以逮捕为原则,不捕为例外,究其原因,除受到"口供中心主义"的影响外,证明规则尚未被严格贯彻、取证手段未得到科技支撑都在一定程度加剧了口供依赖的产生。虽然我国为贯彻"以审判为中心"理念进行了系列探索,但不能否认的是,传统的大侦查格局依然存在。对于公安而言,羁押不仅省时省力,还有利于获取、稳定有罪供述。对于法院而言,由于口供具有慰藉法官心理、护佑法官职业安全、充当法官救赎被追诉人媒介以及证成裁判合法性等重要作用,导致法官几乎都具有强烈的口供依赖习惯,[④]加上现行取证手段缺乏科技支撑,侦查阶段对证据收集的及时性和规范性也需要普遍提升,在零口供情况下,法官一般难以实现对案件事实的正确判断。[⑤] 在此背景下,获取口供必然成为办案的首要目标,而能否成功获取口供的关键则在于对犯罪嫌疑人的长期羁押,基于目前逮捕必然导致羁押的衔接关系,逮捕理所当然地成为实现羁押最为便捷有效的手段。倘若进行逆向思考就不难发现,如果逮捕并不必然导致长期羁押,那么即使口供依赖依然存在,其也并不会造成"以捕代侦"现象的频繁发生。

---

① 参见《数读!最高检工作报告透露了这些重要内容》,载微信公众号"最高人民检察院"2023年3月7日,https://mp.weixin.qq.com/s/eaTWKwbBgllRN-2CF_AjAQ。

② 参见王子毅:《降低审前羁押率的影响因素分析与对策研究》,载《中国刑事法杂志》2021年第4期。

③ 参见王子毅:《降低审前羁押率的影响因素分析与对策研究》,载《中国刑事法杂志》2021年第4期。

④ 参见李训虎:《口供治理与中国刑事司法裁判》,载《中国社会科学》2015年第1期。

⑤ 参见苏力:《制度是如何形成的》,北京大学出版社2007年版,第100~101页。

（二）"逮捕把控不严+监管救济缺位"造成侦查机关"一捕了之"

笔者以中国裁判文书网为检索工具，在高级检索栏中输入关键词并选择限定项，[①]检索到以下数据：截至2023年6月15日，刑事一审判决书共计6,703,708份，其中拘传14,943份，占比0.22%；取保候审3,096,069份，占比46.18%；监视居住251,635份，占比3.75%；拘留4,185,366，占比62.43%；逮捕3,370,713份，占比50.28%。由此可见，相较于非羁押型强制措施，[②]实践中依然普遍存在对羁押型强制措施的路径依赖；[③]即使是符合轻罪取保条件的被告人，虽然适用取保候审的比例较高，但适用拘留的比例也超过了50%，适用逮捕的比例超过了20%，整体适用状况有违比例原则。[④] 根据《人民检察院刑事诉讼规则》（以下简称《规则》）第575条、[⑤]第576条的规定可知，[⑥]人民检察院负责羁押必要性审查的部门不再是刑事执行部门而是负责捕诉的部门，[⑦]虽然该《规则》将审查主体从刑事执行部门调整到负责捕诉的部门，但依然没有改变审查主体缺乏中立性和独立性的事实，[⑧]因此，该《规则》自2019年修订以来，羁押必要性审查率和审查后强制措施

---

① 为尽可能保证数据的准确性，笔者找出一种较为合理的检索方式，现以采取逮捕措施的刑事一审判决书为例作简要说明：在高级检索栏的"案件类型"选择"刑事案件"，"审判程序"选择"刑事一审"，"文书类型"选择"判决书"，在"全文检索"中输入"逮捕"，便可得到采取逮捕措施的刑事一审判决书的数据；同理可得文中所列各项数据。需要特别说明的是，为避免数据重复，本文所检索数据以一审程序为限。

② 主要是指拘传、取保候审和监视居住。

③ 主要是指拘留和逮捕。

④ 参见李昌林：《推进少捕慎押三策》，载《中国刑事法杂志》2023年第1期。

⑤ 《人民检察院刑事诉讼规则》第575条规定："负责捕诉的部门依法对侦查和审判阶段的羁押必要性进行审查。经审查认为不需要继续羁押的，应当建议公安机关或者人民法院释放犯罪嫌疑人、被告人或者变更强制措施。审查起诉阶段，负责捕诉的部门经审查认为不需要继续羁押的，应当直接释放犯罪嫌疑人或者变更强制措施。负责刑事执行检察的部门收到有关材料或者发现不需要继续羁押的，应当及时将有关材料和意见移送负责捕诉的部门。"

⑥ 《人民检察院刑事诉讼规则》第576条规定："办案机关对应的同级人民检察院负责控告申诉检察的部门或者负责案件管理的部门收到羁押必要性审查申请后，应当在当日移送本院负责捕诉的部门。其他人民检察院收到羁押必要性审查申请的，应当告知申请人向办案机关对应的同级人民检察院提出申请，或者在二日以内将申请材料移送办案机关对应的同级人民检察院，并告知申请人。"

⑦ 一般是刑事检察部门。

⑧ 学者何邦武认为，审查主体缺乏中立性和独立性是导致羁押必要性审查难以见效的主要原因之一。参见何邦武：《羁押必要性审查问题与出路——基于〈人民检察院办理羁押必要性审查案件规定（试行）〉的分析》，载《甘肃政法大学学报》2021年第2期。虽然学者何邦武讨论的是《人民检察院刑事诉讼规则（试行）》中羁押必要性审查主体为检察机关刑事执行部门的情况，但是审查主体被调整为检察机关负责捕诉的部门后，也依然不能从根本上解决该问题。

变更率依然不容乐观,从以下两组数据可见一斑:(1)全国检察机关的不捕率稳步提升:2021 年,全国检察机关共计不捕 38.5 万人,同比上升 65%,不捕率 31.2%,同比增加 7.9 个百分点;[①]2022 年,全国检察机关共计不捕 36.6 万人,不捕率 43.4%。[②] (2)地方羁押必要性审查率和审查后强制措施变更率普遍不高:①2019 年 J 省 W 市检察院办理羁押必要性审查案件 508 件,2020 年为 198 件,同比降低 60%。[③] ②2019 年 Z 省 T 市检察院办理羁押必要性审查案件 648 件;2020 为 93 件,2021 年为 248 件。[④] ③2021 年,C 市 D 区检察院共计批捕 309 人,经羁押必要性审查后变更强制措施 8 人;2022 年,共计批捕 450 人,经羁押必要性审查后变更强制措施 10 人。由此可见,实践中,虽然检察机关的不捕率呈下降趋势,但凡是经审判的刑事案件,羁押型强制措施依然是主要的控制手段,即使是符合轻罪取保条件的刑事案件也同样如此;同时,羁押必要性审查率和审查后强制措施变更率普遍处于低位,"一捕了之"已成常态。

一捕为何会了之?如前所述,受传统大侦查格局影响,审前措施的实施缺乏对应的监督主体与监督程序,侦查机关享有立案权、取证权、羁押场所控制权以及除逮捕外的其他强制措施适用权,且权力运行体系基本封闭,由于线索是侦查人员发现,案件是侦查人员破获,犯罪嫌疑人是侦查人员抓获,侦查机关自然更倾向于羁押犯罪嫌疑人,而我国尚未对审前措施的实施进行对抗式程序设计,犯罪嫌疑人在被实施审前措施后没有有效的自我救济途径。就逮捕而言,由于没有上诉程序,犯罪嫌疑人只能申请羁押必要性审查,部分犯罪嫌疑人甚至根本不知道可以进行羁押必要性审查,因此在实践中,实施逮捕后,变更强制措施的情形很少发生。不难看出,实践中,采取逮捕的"入口"较大,改变羁押的可能又较小,基于目前逮捕必然导致羁押的衔接关系,"一捕了之"也就不足为奇了。

(三)"以结果为导向+控制措施无力"促使检察机关"以押便诉"

拘传、取保候审、监视居住、刑事拘留、逮捕的人身控制力度逐渐增强,后两者

---

① 参见《2021 年全国检察机关主要办案数据》,载微信公众号"最高人民检察院"2022 年 3 月 8 日,https://mp.weixin.qq.com/s/6tp1gEbkfxkp77NBu2SIfA。

② 参见《2022 年全国检察机关主要办案数据》,载微信公众号"最高人民检察院"2023 年 3 月 7 日,https://mp.weixin.qq.com/s/1Dtg3xhOhOflnRRsoNT_sA。

③ 江苏省无锡市梁溪区人民检察院课题组、邱霖、胡玉鸿:《"捕诉一体"办案模式下的羁押必要性审查制度》,载《中国检察官》2021 年第 6 期。

④ 参见王美鹏等:《羁押必要性审查制度实证分析——以 T 市人民检察院 2017 年至 2021 年案件数据为蓝本》,载《人民检察》2022 年第 22 期。

直接导致羁押状态,而羁押被普遍认为具有降低诉讼风险,提高诉讼效率的作用。[①] 产生这种观念的原因何在？笔者认为,可以从规范和操作两个方面寻找答案:在规范层面,我国现行法律法规缺乏社会危险性的量化标准,[②]这就直接导致检察人员难以准确把握犯罪嫌疑人的主观恶性、人身危险性等社会危险性因素,从而形成“构罪即有危险”的普遍认知;由于检察人员考评指标在防范新罪产生方面的侧重,[③]导致检察人员在进行“不捕可能导致新罪”和“批捕可能损害人权”的权衡时,会倾向选择有利于减轻责任,便捷诉讼进程的做法,从而导致取保候审的直接适用率和变更适用率均处于低位。在操作层面,由于我国非羁押性审前措施管控力度不足,导致若不在审前以逮捕方式对犯罪嫌疑人进行羁押,则极易失去对犯罪嫌疑人的人身控制,造成侦查工作的前功尽弃。因此,只有当犯罪嫌疑人出现法定情形时,才对其采取取保候审或者监视居住等措施。实践中,监视居住的人力、财力、物力等各项成本高昂,且采取监视居住后依然难以防范犯罪嫌疑人潜逃、自杀的风险,[④]这就直接导致监视居住长期处于无人问津的状态;同时,变更强制措施会增强原办案人员的工作量,但是不一定能起到更好的办案效果,因此,羁押型强制措施一般不会被变更为非羁押型强制措施。

由此可知,出于构罪即捕、减轻责任、便捷诉讼、节约资源的考虑,除非犯罪嫌疑人难以被判实刑等特殊情况,检察机关一般都不会主动对羁押型强制措施进行变更。碍于目前控制措施普遍无力的局面,本应在捕诉押精细化衔接中充分发挥监督作用的检察机关最终还是选择了以结果为导向的工作模式——“以押便诉”。

值得一提的是,实践中,检察机关作出酌定不起诉决定后,针对当事人的管控措施也比较单一,很难达到预防、教育、警示的作用。以C市D区检察院为例,检察机关在作出是否起诉的决定前,会根据与相关职能单位共同制定的《轻微刑事案件相对不起诉社会服务考察工作办法》对当事人的社会服务意愿和质量进行考察评估;若其表现良好,检察机关可对其作出酌定不起诉的决定,并同时向其送达

---

① 参见高祥阳等:《刑事执行检察视野下的羁押必要性审查制度初探》,载《中国检察官》2015年第19期。

② 参见江苏省无锡市梁溪区人民检察院课题组、邱霖、胡玉鸿:《“捕诉一体”办案模式下的羁押必要性审查制度》,载《中国检察官》2021年第11期。需要说明的是,现有逮捕社会危险性量化评估模型的预测正确率只达到中等程度,且并未超越司法人员的预测正确率,虽然带来有一定程度的便利,但是依然存在较大风险。参见高通:《逮捕社会危险性量化评估研究——以自动化决策与算法规制为视角》,载《北方法学》2021年第6期。

③ 参见江苏省无锡市梁溪区人民检察院课题组、邱霖、胡玉鸿:《“捕诉一体”办案模式下的羁押必要性审查制度》,载《中国检察官》2021年第11期。

④ 参见张国军、陈新刚:《捕后羁押必要性审查实务研究》,载《中国检察官》2019年第19期。

不起诉决定和训诫书;如果当事人存在行政违法行为,检察机关将在作出不起诉决定的同时向相关职能单位送达检察意见书,由相关职能单位对当事人作出行政处罚、没收违法所得等相应处理。但不难看出,酌定不起诉后的当事人仅仅是接受了一次“不痛不痒”的训诫,并未对其生活造成实质影响,极易产生再犯的风险。

三、域外相关制度及其设置特点

(一)域外相关制度考察

放眼域外相关制度,英美法系的代表美国,①人权保障理念是其价值取向的核心,这就决定了其在制度设计时追求形式正义和程序优位,通过强调控辩双方的强烈对抗实现程序正义。从其具体制度设计来看,美国的逮捕措施只令犯罪嫌疑人受到短时间的羁押,羁押期限通常不超过24小时,最长不超过两天;在逮捕实施后,也并非对犯罪嫌疑人一关了之,在审查起诉阶段,检察官会对警察提交逮捕报告进行审查,从而决定是否继续羁押犯罪嫌疑人;诉讼阶段,法官会再根据检察官提交的控诉书来决定是否羁押犯罪嫌疑人。同时,美国不仅有审前羁押必要性审查、②第三方评估以及重罪的预审听证等制度设计,③④还有犯罪嫌疑人对羁押进行起诉和向法院申请人身保护令的救济性权利。而美国由于辩诉交易的盛行和检察官自由裁量权的宽松,导致美国刑事案件起诉率一直处于较低水平。⑤

英美法系代表英国,⑥同样注重个人利益的保护和国家权力的限制。英国对犯罪嫌疑人实施逮捕后的羁押时长限制在36小时内,超过36小时的羁押,则需要在向治安法院申请“进一步羁押的令状”并得到治安法官的批准才能够实施,而

---

① 本文关于美国的逮捕及羁押制度内容的论述,参见曹文智:《中美逮捕制度之比较研究》,载《中国人民公安大学学报》2004年第5期。

② 羁押必要性审查:逮捕之后,警方有义务毫不延迟地将犯罪嫌疑人送至法官处,进行审前羁押必要性审查,由法官决定是否羁押。

③ 第三方评估:在进行审前羁押必要性审查之前,美国还采取第三方评估的方式,对犯罪嫌疑人是否符合保释条件进行调查:(1)由审前服务机构的审前服务官根据影响犯罪嫌疑人审前风险的评估指标进行调查;(2)根据统计量化结果对被告人的保释风险进行等级(共5个等级)划分;(3)向法院提出是否适用羁护替代措施的建议。

④ 预审听证:一旦起诉,法官在审查检察官提交的控诉书后,将传犯罪嫌疑人出庭,告知嫌疑人以何种罪名被起诉,如果是重罪则需要进行预审听证,法官在听证后,认为“可能的原因”并不存在时,其将会被立即释放。如果是轻罪则可以当庭决定是否将嫌疑人继续关押或取保释放。

⑤ 参见杨树艳、王若思:《美国起诉裁量权研究》,载《河北法学》2011年第8期。

⑥ 本文关于英国的逮捕及羁押制度内容的论述,参见吴宏耀:《英国逮捕制度的新发展》,载《国家检察官学院学报》2001年第2期;易延友:《刑事强制措施体系及其完善》,载《法学研究》2012年第3期。

羁押必要性的审查程序也是以控辩双方对抗诉讼的方式进行。与美国相同，英国也赋予被羁押人员充分的救济性权利，如申请保释、申请人身保护令；值得注意的是，英国的保释申请可在刑事诉讼的各个阶段提起。同时，英国对于起诉采取极为慎重的态度，检察官须对案件进行证据和公共利益双审查，如果发现案件虽然证据充分，但起诉后不利于公共利益保护时，检察官也可以决定不予起诉；即使是检察官已经起诉的案件，治安法院的预审法官也会对案件进行再审查，以确定案件是否确有移送起诉的必要。①

作为大陆法系的代表德国，②实行的是职权主义诉讼模式。为限制犯罪嫌疑人的人身自由，德国刑诉法设置了两类强制措施，即暂时逮捕和羁押。这两种强制措施导致的后果分别是暂时逮捕后的待审羁押、根据检察官的申请或直接作出的待审羁押。前者与美国逮捕的效果类似，当需要继续待审羁押时，则需要进入法官司法审查程序；后者则主要针对具备了法定羁押理由的犯罪嫌疑人，由法官依检察官申请或者在紧急情况下主动签发待审羁押令来启动相应程序。与英美法系国家不同，虽然德国的审前羁押决定是通过讯问犯罪嫌疑人获得，但是该羁押决定不需经过法官在听证时以控辩双方庭审对抗的方式得到。在此情况下，出于人权保障的考虑，德国法律明确要求执行人员在逮捕犯罪嫌疑人后必须不加延迟地将其解交给管辖案件的法官，同时赋予犯罪嫌疑人相应的救济权利，如抗告、提出羁押复查申请。就前者而言，犯罪嫌疑人若对第一次抗告结果不服，其可以向上级法院进行第二次抗告；③就后者而言，羁押复查可以犯罪嫌疑人的申请启动，当羁押时间过长时，即使犯罪嫌疑人没有申请，法院也会依职权主动启动。不难看出，德国的羁押自动复查程序实质是以司法权介入的方式达到限制侦查权的目的。但同时，德国历来严格实行的起诉法定主义，在起诉便宜主义的冲击下也开始出现松动，逐渐形成了“起诉法定主义为主、起诉便宜主义为辅”的起诉原则。近年来，德国在对检察官的自由裁量权进行限制的基础上，也对美国的辩诉交易制度进行了一定的吸收与借鉴，并产生了暂缓起诉制度。④

---

① 参见李喜春：《英国起诉自由裁量权之借鉴》，载《国家检察官学院学报》2004 年第 6 期。

② 本文关于德国的逮捕及羁押制度内容的论述，参见易延友：《刑事强制措施体系及其完善》，载《法学研究》2012 年第 3 期；杨帆：《浅论逮捕案件质量认定标准》，载《云南大学学报（法学版）》2014 年第 6 期。

③ 参见马珊珊：《我国审前羁押的司法审查研究》，吉林大学 2016 年博士学位论文，第 36 页。

④ 参见吕天奇：《比较法视野下的暂缓起诉制度研究——以德国、日本和我国台湾地区的立法为范本》，载《社会科学研究》2011 年第 1 期。

作为大陆法系代表的法国,[①]一直致力于探索比例原则和社会秩序的平衡路径。这种兼顾"秩序"和"自由"的做法,在其具体制度中均有所体现。受职权主义的影响,法国的临时羁押制度类似于我国的刑事拘留加逮捕,也类似于英美法系国家的审前羁押。一般而言,法国的临时羁押需由检察官向预审法官提出申请,若预审法官同意羁押,案件将移送至自由与羁押法官处,若预审法官不同意羁押,检察官可以针对该裁定提起抗诉。对于移送的案件,自由与羁押法官会在听取犯罪嫌疑人及其律师的意见后进行初步审查,若其认为无继续羁押必要,将裁定适用司法管制;若其认为仍然有继续羁押的必要,其也不会直接作出继续羁押的裁决,而是在对席听审后,再作出是否羁押的裁决。同时,当犯罪嫌疑人不服羁押决定时,其可以向上诉法院预审庭提起上诉,对该裁定仍不服的,还可以上诉到最高法院。相对应地,法国的起诉制度也在不停演变。法国自大革命时期便确立了起诉法定主义原则,检察官不享有任何自行斟酌的权力;直到 1993 年,法国确定了检察官在公诉前有征得当事人同意后进行调解的权力;到 1999 年时,检察官的权力已经扩大到提起公诉前的和解;到 2004 年时,法国更是将和解程序的适用范围进一步扩大。由此可知,随着历史的发展,法国起诉法定主义原则不断松动,检察官的起诉自由裁量权也被不断扩大。[②]

作为混合法系代表的日本,[③]向来奉行逮捕和羁押相分离原则。根据日本法律规定,实施无证逮捕后须立即向法官报告;如果需要长时间剥夺犯罪嫌疑人的人身自由,还须进行审前羁押必要性讯问审查,法官就羁押是否能达到惩罚目的或者预防性目的进行审查后,再作出是否羁押的决定。当犯罪嫌疑人不服羁押决定时,其可经准抗告,或者在法官告知其羁押理由时以庭审方式要求法官取消或者变更羁押决定。同时,日本出于节约司法资源和推行精密司法的考虑,也由最初的起诉法定主义逐渐向起诉便宜主义转变,而检察官的暂缓起诉权就是该转变的具体体现。[④]

---

① 本文关于法国的逮捕及羁押制度内容的论述,参见叶青、张少林:《法国预审制度的评析和启示——兼论强化我国逮捕程序的公开、公正性》,载《华东政法大学学报》2000 年第 4 期;施鹏鹏、王晨辰:《法国审前羁押制度研究》,载《中国刑事法杂志》2016 年第 1 期。

② 参见段明学:《法国起诉裁量权的发展及启示》,载《人民检察》2006 年第 13 期。

③ 本文关于日本的逮捕及羁押制度内容的论述,参见杨帆:《浅论逮捕案件质量认定标准》,载《云南大学学报(法学版)》2014 年第 6 期;林志毅:《关于捕后羁押必要性审查的几个理论问题》,载《烟台大学学报(哲学社会科学版)》2012 年第 4 期。

④ 参见赵靖:《日本不起诉制度对完善我国不起诉制度的启示》,载《西南大学学报(社会科学版)》2011 年第 5 期。

（二）域外相关制度设置特点

从对域外相关制度的考察情况来看，我们不难发现以下几个特点：(1)逮捕和羁押相分离。虽然各国的逮捕制度存在一定差异，但是都不约而同地对逮捕和羁押进行了分离；一般而言，各国采取逮捕措施后只会导致犯罪嫌疑人短时间的羁押状态，若想实现长期羁押，则须启动相应的审批程序。(2)监管救济贯穿羁押全程。在羁押前，各国通常采用了“第三方介入”或者“司法权监督”的方式对带有行政色彩的侦查权进行了限制；在羁押后，各国普遍对犯罪嫌疑人赋予了充分的救济途径；部分国家甚至在羁押程序启动后，将以动态管控为特征的自动复查程序作为人权保障的强力防线。(3)逮捕羁押并不必然导致起诉。虽然各大法系对法律价值的追求有所侧重，但是在长期的实践中，已逐步形成了相互趋同的态势，亦即各国的检察官几乎都具备了不同程度的自由裁量权，过去“凡构罪必起诉”的传统习惯被逐渐摒弃，这也从侧面揭示了逮捕和羁押并不必然导致起诉的普遍做法。

四、推进捕诉押精细化衔接的路径

（一）构建以客观证据为主导的证明体系根除口供依赖

审判作为刑事诉讼的关键环节，对证据是否采信决定案件事实的认定，而现行制度设计采取的是以结果倒逼的方式来评判法官的工作成绩，面对证据与事实的复杂性，口供不仅具备慰藉法官心理、充当法官救赎被追诉人媒介的主观作用，更能在客观上护佑法官职业安全以及证成裁判合法性。这无外乎是因为口供能尽可能地贴近客观事实，确保定罪证据的精确性。① 正是由于审判末端对口供的重视，在很大程度上加剧了侦查前端对口供的收集，最终形成刑事诉讼全程的口供依赖现象。对此，笔者认为，由于口供等主观证据受到外界诸多因素的影响，以其为主导的证明体系极易在认定事实时造成误判，因此，应构建以客观证据为主导的证明体系。② 从证据收集时间来看，侦查环节作为整个刑事诉讼的前端，其在证据收集成效上起着至关重要的作用。以毒品案件为例，监控录像的调取、生物检材的提取都需要在第一时间进行，若此时未将相关证据收集到位，后期再行补

① 参见李训虎：《口供治理与中国刑事司法裁判》，载《中国社会科学》2015 年第 1 期。

② 学者向燕认为，客观证据受到个人主观条件影响的因素较少，形态不易改变，在事实认定中应具有优先性。参见向燕：《刑事客观证明的理论澄清与实现路径》，载《当代法学》2022 年第 3 期。

正也已经丧失了相关证据的取证条件。从证据收集种类来看,应重视实物证据的收集和采信。“实物证据定案主义”能够起到防止无辜之人被错判有罪的积极作用,近年来,具有重大社会影响的冤假错案,例如,陈满案、张氏叔侄案、聂树斌案等,均存在实物证据缺失或存疑的情形。① 因此,在侦查环节,应重视对实物证据的收集;在审判环节,应重视对实物证据的采信。从证据运用方式来看,司法机关在整体上重视印证证明方法的运用,而对运用或然性推论持谨慎态度;②同时,“重核心证据,轻补助证据”的证据运用特点尤其突出。③ 究其原因,一般是由于法官在尚未进行情理推断排除相关疑点前,就以“证据证明的事实结论不具有唯一性”为由直接将该部分证据不予采信,表面上看,这是恪守“存疑时有利于被告人”原则的表现,实际上,这违背了“司法证明中运用的法则绝大多数具有某种程度的盖然性”的客观事实,④反而不利于通过补助证据的收集,运用或然性推论来还原案件事实。

(二)完善审前措施实施前后的监管救济体系严把环节衔接

将拘留、逮捕等审前措施与实质性羁押作出划分是国际通行的做法,而我国的刑事拘留和逮捕虽然是两个相互独立的强制措施,但均具有剥夺人身自由的羁押属性。如前所述,在侦查权封闭运行的情况下,审前措施的实施前缺乏实质性监管,审前措施实施后也缺乏相应救济。对此,笔者认为,应将审前措施与实质性羁押分离,完善审前措施实施前后的监管救济体系。具体而言:(1)将拘留纳入司法审查。将刑事拘留纳入检察机关审查范围,将其明确为逮捕前置程序,可以公安机关向检察机关申请执行令的形式进行监督,⑤并划分为一般情形和紧急情形,前者均应先申请再执行,即使是后者,也应在公安机关进行拘留的当天立即补办提请批准手续,从而避免刑事拘留封闭化运行可能出现的滥用,强化对人身自由权的保护。(2)设置羁押前的诉讼程序。将羁押程序进行单独规定,在实质羁押前,以诉讼方式进行审查;(3)设置羁押后的听审程序,以“律师庭审对抗 + 法官最

---

① 参见向燕:《刑事客观证明的理论澄清与实现路径》,载《当代法学》2022年第3期。

② 参见向燕:《刑事客观证明的理论澄清与实现路径》,载《当代法学》2022年第3期。

③ 参见向燕:《论刑事综合型证明模式及其对印证模式的超越》,载《法学研究》2021年第1期。

④ 参见向燕:《刑事客观证明的理论澄清与实现路径》,载《当代法学》2022年第3期。

⑤ 参见周睦棋:《中国刑事强制措施体系的价值转型与程序改革》,载《中国人民公安大学学报(社会科学版)》2015年第6期。

终决定”的羁押监督方式，[①]畅通被羁押人员的救济途径；（4）建立羁押自动复查程序，划分短期、长期时间节点，以“短期申请复查+长期自动复查”的方式对羁押人员进行动态管理，当羁押超期又未起诉时，必须变更羁押状态。

（三）创设诉押替代措施的规范治理体系强化管控力度

1. 完善法律“工具箱”，实现不起诉时的多元治理。国家与人民的关系，从过去的“国家管理”转变为如今的“国家治理”，而完备精密的司法制度不仅是捕诉押精细化衔接的要求，更是推进国家治理体系和治理能力现代化的基础。司法精密并非司法从宽，而是以检察意见、社区帮教、劳务代偿等替代方式实现不起诉情况下的辨症施策、对症下药。例如，检察机关可与公安机关、精神文明办公室等职能单位共同制定《轻微刑事案件不起诉社会服务工作办法》等“不诉”机制，并充分发挥侦查监督与协作配合办公室的协同作用——在公安机关移送审查起诉之前，完成对涉案人员的社会服务考核；相对于直接不起诉，这种做法不仅有利于缩短办案流程，节约司法资源，还能以社会服务等方式实现对涉案人员的警示教育，从而切实降低其再犯风险。

2. 建立羁押替代制度，实现不羁押时的有效管控。一方面，应完善取保制度，明确申诉途径。实践中应尽快对取保候审的标准进行量化，并将其作为不予羁押的衔接制度；畅通被羁押人员向检察机关申请审查的救济途径，形成批准、变更、撤销、申诉为一体的取保候审制度。另一方面，应构建新型管控体系，实现附条件不羁押。首先，应赋予公安机关在保释时根据案情设立附带条件的权力，例如，限制出境、限制高额消费、限入特定场所等。其次，应运用电子定位监管系统，对于部分涉嫌特定犯罪的保释人员以强制其佩戴电子手环的方式，实现其活动范围的动态监管。同时，应构建全国统一的征信系统，将保释人员违反保释附带条件的行为定性为特定失信行为，当其存在特定失信行为时，可通过征信系统实现其在基本生存开支消费上的全面限制，从而强化保释期间的管控力度。最后，应以司法审查的方式强化社区矫正机构对保证金、罚款的管理力度；以严格考核的方式促使社区矫正机构以缓刑人员的监督考察标准对保释人员进行从严监管，从而避免脱管漏管。

（编辑：李冉毅）

---

① 学者王宏璎认为，我国现行制度下法庭审判阶段控辩双方的对抗性不强，所以侦查阶段律师尽早地介入且被赋予调查取证的权利显得尤为重要；侦查阶段取证的成败，将直接影响到控辩双方将来在法庭上的对抗是平衡较量还是失衡应战。参见王宏璎：《控、辩平衡对律师辩护制度的要求》，载《兰州大学学报》2004 年第 1 期。

涉案企业刑事合规不起诉制度研究

赵　靖　郝文健*

摘　要：涉案企业刑事合规改革试点是检察机关全面贯彻习近平法治思想，坚持依法能动履职，有力推动企业守法依规经营，更好地服务经济社会高质量发展的一项重要制度创新。在试点过程中，检察机关探索适用了两种模式——“认罪认罚＋相对不起诉＋检察建议”模式和“附条件不起诉”模式。附条件不起诉模式可以克服相对不起诉机制的弊端，扩大了适用案件范围，设置了相对较长的合规期限，有助于实现涉案企业合规改革的目的，有利于企业合规制度的可持续发展。在未来进行立法完善时，可借鉴域外国家企业犯罪暂缓起诉制度的立法和实践经验，并结合我国的试点工作情况，构建我国企业犯罪附条件不起诉制度。

关键词：涉案企业；刑事合规；合规不起诉；附条件不起诉

近年来，我国一直致力于优化营商环境，支持企业发展。疫情期间，保障企业的平稳发展更是政府经济工作的重点，为此我国出台了不少政策文件。但在司法领域，企业犯罪案件数量却呈现不断增多的趋势。当前我国检察机关针对企业犯罪案件的处理方式主要为提起公诉，而涉案企业一旦被起诉或者定罪量刑，则可能引发一系列与社会经济相关的负面效应。这些负面效应不仅涉及企业自身的生产经营，甚至关系到整个行业的正常运行。因此，为解决企业犯罪案件逐年递增的态势，避免涉案企业因被追诉而引发的负面效应出现，“合规不起诉”逐渐进入我国学界和实务界的视野。

---

* 赵靖，重庆市北碚区人民检察院检委会委员、四级高级检察官，全国检察理论研究人才，重庆市检察业务专家、重庆市社科普及专家；郝文健，重庆市北碚区人民检察院检察官助理。

一、涉案企业刑事合规不起诉制度概述

近几年来，合规不起诉制度逐渐受到我国学者和司法工作者的关注，在对其作出定义前，应当先明确企业合规的内涵。

在我国，自 2016 年和 2018 年中兴通讯两次因合规问题与美国执法机构达成协议之后，[①]紧接着 2017 年雀巢(中国)公司也因为企业合规问题被兰州市中级人民法院审判，[②]虽然最后法院认定该单位不构罪，但这两个典型案例仍然引起了我国政府的注意，企业合规逐渐在我国受到重视。为了加强企业合规建设，我国先后出台了不少相关规章制度。在部门规章方面，如国家发展改革委、外交部等于 2018 年 12 月 26 日发布了《企业境外经营合规管理指引》，国资委于 2022 年 8 月 23 日发布了《中央企业合规管理办法》等。为进一步推动涉案企业进行自身合规建设，最高人民检察院(以下简称最高检)会同司法部、财政部等部门于 2021 年 6 月 3 日发布了《关于建立涉案企业合规第三方监督评估机制的指导意见(试行)》(以下简称《指导意见》)，全国工商联会同最高检、司法部、财政局等 9 个部门于 2022 年 4 月 19 日发布了《涉案企业合规建设、评估和审查办法》(以下简称《办法》)。在行业团体规定方面，中国证券业协会于 2021 年 5 月 28 日修订了 2012 年 2 月发布实施的《证券公司合规管理有效性评估指引》等。

学界和立法均对企业合规作出了定义，学界普遍认为企业合规主要是指为预防企业遭受合规风险而建立的治理机制。其中，合规风险大致包含企业因不法行为而可能遭受的行政处罚、承担的刑事责任以及其他附带后果。立法方面，根据

---

① 2016 年 3 月，美国商务部以中兴通讯涉嫌违反美国对伊朗的出口管制政策而对中兴通讯施行出口限制，限制美国元器件供应商向中兴通讯出口元器件、软件、设备等技术产品。2017 年 3 月，中兴通讯在美国得克萨斯州联邦法院认罪，承认违反制裁规定向伊朗出售美国商品和技术。当时中兴通讯与美国财政部、商务部和司法部达成和解协议，并同意支付 8.9 亿美元罚金。但此后美国商务部认为中兴通讯仍继续实施违规行为，于 2018 年 4 月 16 日宣布暂停中兴通讯为期 7 年的出口特权。后经历多轮谈判，2018 年 6 月 7 日，中兴通讯与美国商务部工商安全局(BIS)达成新的协议，协议要求中兴通讯更换整个董事会和高级领导层，且要求其保留由 BIS 挑选并负责国际清算银行的特别合规协调员团队，为期 10 年，以实时监控中兴通讯是否符合美国出口管制法律，这是国际清算银行首次采取如此严格的合规措施。参见刘少军:《企业合规不起诉制度本土化的可能及限度》，载《法学杂志》2021 年第 1 期。

② 2017 年兰州市中级人民法院判决的雀巢(中国)公司员工非法出售公民个人信息案，开创性地采纳了雀巢(中国)公司提出的“已建立企业合规管理体系、员工个人违法行为并不代表单位意志”的抗辩事由，切割了员工个人责任与单位责任，认定单位不构成犯罪。该案件也被称为“我国企业刑事合规抗辩第一案”。参见甘肃省兰州市中级人民法院刑事裁定书，(2017)甘 01 刑终 89 号。刘少军:《企业合规不起诉制度本土化的可能及限度》，载《法学杂志》2021 年第 1 期。

《中央企业合规管理办法》第 3 条的规定,“合规是指企业经营管理行为和员工履职行为符合国家法律法规、监管规定、行业准则和国际条约、规则,以及公司章程、相关规章制度等要求”,“合规风险是指企业及其员工在经营管理过程中因违规行为引发法律责任、造成经济或者声誉损失以及其他负面影响的可能性”。可以发现,学界主要是围绕合规体系管理对合规进行定义,而立法则是从合规本身进行界定,本文中“合规不起诉”中的“合规”是指刑事合规方面。

合规不起诉则是检察机关为激励企业进行合规体系建设而采取的方式之一。这一制度最先出现在美国,之后逐渐被英国、加拿大、法国等国家吸纳构建,我国于 2020 年开始了涉案企业合规改革试点工作,合规不起诉也是试点过程中检察机关最常适用的方式。合规不起诉是指由检察机关启动并主导的,对于某些特定的企业犯罪案件,通过要求督促涉案企业进行合规建设,在企业经第三方监督评估组织(以下简称第三方组织)考察合格后,检察机关通过公开听证会决定对该涉案企业不予起诉的制度。

二、涉案企业刑事合规不起诉试点情况

我国学界近年来一直在对企业刑事合规建设以及域外的企业犯罪暂缓起诉制度进行研究,直至 2015 年出现了“合规不起诉第一案”之后,[①]这一制度逐渐引起了立法者的注意。2020 年我国最高检检察理论研究所开始牵头启动对企业刑事合规的探索;同年 3 月,最高检启动企业合规监管试点工作,在全国确定了 6 个基层检察院作为试点单位。[②] 此外,还有江苏省的无锡、苏州、盐城等地的检察机关、[③]部分浙江省下辖的检察机关、辽宁省检察机关以及福建省泉州市洛江区、石狮市等地的检察机关实际启动了试点工作。[④] 同年 12 月 25 日,时任检察长张军在合规试点工作座谈会上强调:“要加强理论研究,深化实践探索,稳慎有序扩大试点范围,以检察履职助力构建有中国特色的企业合规制度。”同时提出,

---

① 我国“合规不起诉第一案”指的是 2015 年浙江省岱山县人民检察院办理的某公司伪造增值税专用发票、虚构抵押物案。

② 这 6 个试点单位为上海市浦东新区、金山区检察院,广东省深圳市南山区、宝安区检察院,江苏省张家港市检察院以及山东省郯城县检察院。

③ 参见张文庆、裴镜澄:《中国企业合规不起诉制度初探》,载微信公众号“合规管理研究”2021 年 5 月 10 日,https://mp. weixin. qq. com/s/BX5ZMkA9i - zOZOEi2bh04g。

④ 参见张宇涵:《企业合规不起诉制度初探》,载微信公众号“高杉 LEGAL”2021 年 5 月 26 日,https://mp. weixin. qq. com/s/NauOL9zoiqMmpTi - tm6MPw。

"'严格依法推进试点'——'要落实好认罪认罚从宽制度,对于不捕、不诉的企业,可以敦促其作出合规承诺''刑事处罚和行政处罚要衔接好,督促涉案企业把合规承诺落实到位'"。[①]

2021 年 3 月 8 日,在十三届全国人大四次会议上,时任检察长张军作《最高人民检察院工作报告》,其中也提到了探索督促涉案企业合规管理等。[②] 2021 年 3 月 19 日,最高检下发《关于开展企业合规改革试点工作方案》(以下简称《方案》),正式启动第二期企业合规改革试点工作。[③] 2022 年 4 月,最高检在深入总结前期试点经验的基础上,部署在全国检察机关全面推开改革试点工作。通过调研可以发现,大多数试点检察院都是以发布内部文件的方式进行具体制度的实施。《方案》对企业合规改革试点作出了定义,[④]从定义可知,我国进行这项改革试点的目的主要在于通过刑事程序来督促涉案企业制定并实施具有针对性的、有效的合规计划,从而加强我国企业的合规意识。此外,在试点过程中,为了解决检察机关工作人员对企业合规建设相关专业问题不甚了解的情况,最高检会同司法部等部门研究制定了《指导意见》,之后发布了《办法》,将专业的事情交给专业的人去做,邀请第三方组织对涉案企业的合规建设进行管理评估,检察机关负责监督指导。

(一)试点情况

在试点工作进行了两年多之后,各地检察机关因地制宜,积极培育了一批具

---

① 邱春艳、李钰之:《张军:创新检察履职,助力构建中国特色的企业合规制度》,载中华人民共和国最高人民检察院网,https://www.spp.gov.cn/dj/xwjj/202012/t20201227_504388.shtml,最后访问日期:2022 年 10 月 10 日。

② 参见《2020 年最高人民检察院工作报告》,载中华人民共和国最高人民检察院网,https://www.spp.gov.cn/spp/gzbg/202006/t20200601_463798.shtml,最后访问日期:2022 年 10 月 10 日。

③ "根据试点工作方案,相比第一期试点,第二期试点范围大幅扩大,涉及北京、辽宁、浙江、福建、山东、湖北、湖南、广东等 10 个省(直辖市)。这 10 个省级检察院可根据本地情况,自行确定 1 至 2 个设区的市级检察院及其所辖基层院作为试点单位。"参见《最高检下发工作方案　依法有序推进企业合规改革试点纵深发展》,载中华人民共和国最高人民检察院网,https://www.spp.gov.cn/xwfbh/wsfbt/202104/t20210408_515148.shtml#1,最后访问日期:2022 年 10 月 10 日。

④ "《方案》指出,开展企业合规改革试点工作,是指检察机关对于办理的涉企刑事案件,在依法做出不批准逮捕、不起诉决定或者根据认罪认罚从宽制度提出轻缓量刑建议等的同时,针对企业涉嫌的具体犯罪,结合办案实际,督促涉案企业作出合规承诺并积极整改落实,促进企业合规守法经营,减少和预防企业犯罪,实现司法办案政治效果、法律效果、社会效果的有机统一。"参见《最高检下发工作方案　依法有序推进企业合规改革试点纵深发展》,载中华人民共和国最高人民检察院网,https://www.spp.gov.cn/spp/xwfbh/wsfbt/202104/t20210408_515148.shtml#1,最后访问日期:2022 年 10 月 9 日。

有代表性的典型案例。最高检于 2021 年 6 月 3 日、12 月 15 日接连发布了《企业合规改革试点典型案例》(以下简称《典型案例一批》)和《企业合规典型案例(第二批)》(以下简称《典型案例二批》),2022 年 7 月 21 日发布了《涉案企业合规典型案例(第三批)》(以下简称《典型案例三批》),共包括 15 个典型案例。

从全国检察机关办理涉案企业合规案件的情况来看,截至 2022 年 6 月,全国检察机关累计办理涉案企业合规案件 2382 件,其中适用第三方监督评估机制(以下简称第三方机制)案件 1584 件,对整改合规的 606 家企业、1159 人依法作出不起诉决定;较 2022 年 4 月初全面推开试点时新增合规案件 1393 件,第三方机制案件 983 件。此外,截至 2022 年 6 月底,全国共有 1367 个检察院(含 81 个市级院,1286 个基层院)办理了涉案企业合规案件,合规办案基层空白院绝对数量减少至 1299 个。可以看出,涉企合规试点公开全面推开以来,发展状态呈现出良好向上的态势。从重庆的试点情况来看,截至 2022 年 7 月 13 日,重庆全市检察机关开展企业合规案件 71 件,适用第三方机制案件 29 件,已办结 3 件,通过制发检察建议等方式促进涉案企业合规经营 42 件,有 3 个分院适用第三方机制办理合规案件,各基层院适用第三方机制办理涉企案件 28 件。同时,重庆市人民检察院某分院(以下简称"重庆市某分院")专门针对涉企合规案件办理研究制定了《重庆市人民检察院某分院办理涉案企业合规案件工作指引(试行)》,重庆市 B 区检察院也于 2022 年 10 月 10 日会同区政法委、区司法局、区财政局、区国资委等部门探讨制定有关第三方机制的规范性文件,不断推动合规工作走深走实。

从典型案例出发,结合各地检察机关的试点探索情况来看,我国的试点工作中关于合规不起诉的模式大致有以下两种:

一是"认罪认罚 + 相对不起诉 + 检察建议"的模式。这一模式在实践中主要分为三种方式进行:第一种是检察机关作出不起诉决定之前,以向涉案企业发出检察建议的形式督促其作出合规承诺并进行合规建设,之后检察机关再将该企业的合规计划实施情况与案件情况结合进行考量并召开听证会以决定是否作出不起诉决定,刚开始试点工作时的上海市金山区人民检察院便采用这一方式进行涉企合规案件办理。2020 年 12 月,金山区检察院在办理其辖区某电子科技公司虚开增值税专用发票案时采取了"合规检察建议 + 相对不起诉"的模式,即先通过向涉案企业发出检察建议的形式提出合规建设的要求,经过对该企业回访考察后召开听证会对该涉案企业作出不起诉决定。[①] 第二种则是检察机关经过一番调查评估后决定对涉案企业作出不起诉决定，并同时向涉案企业发出检察建议以督促其进行合规建设或者向相关行政机关发出检察建议以给予涉案企业行政处罚。适用这一方式的试点单位为山东省新泰市人民检察院、江苏省无锡市新吴区人民检察院等。从最高检发布的《典型案例一批》中关于新泰市J公司等建筑企业串通投标系列案件的处理中，[②]可以发现当地检察机关采取的是“不起诉决定＋合规检察建议”的模式，即先综合案件情况召开公开听证会对涉案企业作出不起诉决定，再向涉案企业制发检察建议要求其开展合规建设；若还需对涉案企业作出处罚，则同时向相关行政部门制发对涉案企业给予行政处罚的检察建议。第三种是“认罪认罚＋相对不起诉＋检察建议”的模式，即检察机关在涉案企业和涉案人员认罪认罚之后，对涉案企业和涉案人员进行双社会调查，评估后针对符合合规建设条件的涉案企业，要求其开展合规体系建设，并邀请第三方组织对其进行监督评估，通过听证会对涉案企业的合规情况进行审查并决定对其作出不起诉决定，最后针对涉案企业的违法情况向相关行政机关制发予以行政处罚的检察建议。受限于现有立法规定，大多数检察机关在探索合规不起诉制度时，主要采用这种方式进行，如重庆市L区人民检察院在重庆C玻璃有限公司、金某某污染环境案的办理中，[③]《典型案例二批》中山东省沂水县人民检察院在山东沂南县Y公司、姚

① 参见孟广军、林中明、孙宋龙、郝红梅、卢志坚：《严管厚爱，为企业送上“法治定心丸”》，载《检察日报》2021年7月12日，第5版。某电子科技公司虚开增值税专用发票案具体办理情况为：2020年12月，金山区检察院在办理该公司虚开增值税专用发票案时，没有一抓了之，而是通过制发检察建议的形式提出企业合规的要求。检察建议制发后，该院对公司合规整改情况进行持续回访考察。2021年2月3日，该院组织公开听证会，邀请区城管局、工商联、部分企业负责人及主管人员作为听证员到场。经评估，该公司已制定较完善的企业合规制度并执行，有效降低再犯可能性。实际经营人姜某主动投案自首并补缴全部税款及滞纳金，具有较强悔罪表现。各听证员均同意检察机关拟对该公司相对不起诉，对被告人姜某进行量刑减让的处理意见。同年2月5日，法院对被告人姜某作出一审宣判，判决刑期与检察机关调整后量刑建议一致。

② 参见《最高检发布企业合规改革试点典型案例》，载中华人民共和国最高人民检察院网，https://www.spp.gov.cn/xwfbh/wsfbh/202106/t20210603_520232.shtml，最后访问日期：2022年10月11日。

③ 2021年9月，重庆市梁平区人民检察院在办理重庆C玻璃公司、金某某污染环境案时，没有简单地一诉了之，而是在涉案企业和涉案人员认罪认罚后，及时走访了解涉案企业的经营情况，在调查评估后决定对其开展合规改革工作并探索成立第三方机构进行涉案企业监督评估工作。2022年5月11日，梁平区人民检察院召开公开听证会决定对重庆C玻璃公司、金某某作出微罪不起诉决定，并向区政府提出重庆C公司以缴纳生态补偿金替代行政处罚的建议。参见《关于全市检察机关全面推开涉案企业合规试点改革工作情况的通报》，载重庆市人民检察院网，http://www.cq.jcy.gov.cn/，最后访问日期：2022年10月13日。

某明等人串通投标案的办理中都适用这一模式。①

二是附条件不起诉模式。这一模式主要是检察机关针对符合起诉条件的涉案企业,经过一段时间的合规考察后决定是否对该企业适用附条件不起诉,若决定适用则对该企业设定一段时间的合规考察期,考察期结束之后决定是否起诉。适用这一模式的试点单位主要有浙江省岱山县人民检察院、宁波市人民检察院等。这一模式是岱山县人民检察院经过初期尝试相对不起诉模式之后,探索新的方案而确定的针对企业刑事案件的现行处理方式。根据岱山县人民检察院庄力文主任的描述,该院当前企业合规的主要路径是附条件不起诉模式,该模式可以由等式"符合起诉条件 + 监督整改 + 有效验收 + 不起诉后转起诉的考察期(3 年最多) = 附条件不起诉"概括。②

(二)试点情况评析

从上述全国检察机关企业合规改革试点以及重庆市检察机关涉企合规改革试点的数据来看,总体上检察机关在办理涉企案件时适用合规不起诉或者第三方监督评估机制的积极性较高,但同时也存在一些问题。一是合规办案基层空白院数量还较多,一些基层检察院不仅未适用合规办理涉企案件,也未推动本地相关单位出台第三方监督评估机制实施的有关制度以及成立第三方机制管委会等。二是部分企业合规案件质量不高,部分基层检察院存在"为了合规而合规"的现象,导致部分企业合规案件办理效果不理想。同时还在一些具体制度的落实上存在偏差,如在法定刑 3 年以上案件以及适用认罪认罚提出轻缓量刑建议的案件中,适用企业合规的比例偏低。三是部分基层检察院在办理涉案企业合规案件时

---

① 参见《关于印发〈企业合规典型案例(第二批)〉的通知》,载最高人民检察院网,https://www.spp.gov.cn/xwfbh/wsfbt/202112/t20211215_538815.shtml#2,最后访问日期:2022 年 10 月 13 日。

② 参见《我国"合规不起诉第一案"的岱山经验》,载微信公众号"浙合规乎"2021 年 8 月 10 日,https://mp.weixin.qq.com/s/JhKNOiCMUHUbSta0M0y2DQ。该文章将合规不起诉的流程分为了六个阶段,并对此作了阐述:首先是检察院进行企业合规审查,即检察院依职权或依申请审查涉案企业是否符合企业合规试点及第三方机制;若审查通过,则商请第三方机制管委会启动第三方机制,管委会从专业人员名录库中随机抽取人员组成第三方组织并公示、备案;随后进入合规计划的制定阶段,由第三方组织提出合规计划要求,然后企业依要求制定合规计划,由第三方组织审查确定合规计划及考察期限;合规计划制定完成后即进入执行阶段,企业按合规计划执行,第三方组织则考察其执行情况并定期向检察院报告;考察期满后进入评估考核阶段,第三方组织在全面检查评估考核的基础上制作考察报告,并报送第三方机制管委会和检察院;最后,检察院结合书面考察报告、企业合规计划、定期书面报告等材料作出是否批捕、是否起诉、是否变更强制措施的决定,必要时还需对行政处罚、信用修复等事项提出检察建议或检查意见。

的基础性工作未做到位。如某基层检察院上报上级检察院的案件,当日受理当日即报请上级检察院启动合规改革程序,办案人员甚至未就相关犯罪事实向犯罪嫌疑人讯问核实,也未能对涉案企业的经营情况进行调查评估。因此,在检察机关下一步的工作中,一方面,上级检察院特别是省级检察院应当加大业务指导力度,加强研究调查和督促检查,进一步减少合规办案基层空白院数量;另一方面,基层检察院也应当努力提升办案质效。各基层检察院应认真摸排受理的涉企案件线索,坚持书面审查和走访调查核实相结合,做实对企业经营情况、面临有关各类风险的研判工作。同时也要能动履职,加强与行政执法机关、公安机关的沟通衔接,建立涉企合规案件线索摸排、监督移送、情况通报、相互协作等协同工作机制,进一步扩大涉企合规案件线索来源渠道。

从上述试点单位在实践中针对合规不起诉采取的两种模式来看,第一种模式的三种方式均是通过某种方式以督促企业作出合规承诺,再经过考察评估最终作出不起诉决定,均属于企业犯罪相对不起诉适用机制的范畴。但这种模式也存在一定的弊端:一方面,检察机关最终作出的是相对不起诉决定,而相对不起诉的适用对象则是犯罪情节轻微的案件,①从这一点上便限制了适用合规不起诉的案件范围。从试点情况来看也是如此,如南京市建邺区人民检察院关于合规不起诉的适用案件范围为可能判处 3 年有期徒刑以下刑罚的企业。② 另一方面,案件范围受限之后,也会导致实践中适用合规不起诉的涉案企业范围变窄。有检察机关在试点中发现,适用合规不起诉的企业犯罪案件,涉案企业通常都属于小微企业,即经营状况一般、规模不大、员工人数不多、日常业务流程也相对简单的企业。③ 而小微企业在实践中往往可能没有合规整改的能力,即可能不具备进行合规建设的

---

① 参见《中华人民共和国刑事诉讼法》第 177 条第 2 款规定:“对于犯罪情节轻微,依照刑法规定不需要判处刑罚或者免除刑罚的,人民检察院可以作出不起诉决定。”

② 参见李晓峥、杨思源等:《企业合规不起诉的中国实践》,载微信公众号“金杜研究院”2021 年 1 月 13 日,https://mp.weixin.qq.com/s/AcnTeOknQgbpm722isNlNg。该文章也通过实践情况证实了我国试点中合规不起诉主要适用于犯罪嫌疑人可能判处 3 年有期徒刑以下刑罚的轻微案件。根据深圳市龙华区人民检察院《关于对涉民营经济刑事案件实行法益修复考察期的意见(试行)》的规定:“其所针对的涉民营经济刑事案件,以法益侵害不大、易于修复的案件为主。……可能判处十年以上有期徒刑的刑事案件,一般不适用该意见。”同样地,根据南京市建邺区人民检察院《关于涉企犯罪案件中适用认罪认罚从宽推进企业合规的实施意见(试行)》的规定:“可能被判处三年有期徒刑以下刑罚,在考察期满后,企业全部完成整改方案的,并符合刑法、刑事诉讼法关于相对不起诉条件的,方可以依法作出不起诉决定。”

③ 参见李晓峥、杨思源等:《企业合规不起诉的中国实践》,载微信公众号“金杜研究院”2021 年 1 月 13 日,https://mp.weixin.qq.com/s/AcnTeOknQgbpm722isNlNg。

成本或者组织结构,这一定程度上阻碍了我国推进企业合规建设的道路。

从实践情况来看,虽然涉企案件相对不起诉适用机制存在一定的弊端,但该机制依旧是我国大多数检察机关在探索合规不起诉制度时所采取的模式,一些检察机关甚至已经形成了一套完整的适用规范和流程。

如广东省深圳市宝安区检察院从 2020 年 5 月通过一起虚开增值税专用发票案件开始了企业刑事合规工作。在办案过程中,宝安区检察院制定了《企业犯罪相对不起诉适用机制改革试行办法》并形成了一系列配套文书,包括《企业刑事合规协议》及权利义务告知书、《企业刑事合规问卷调查》等。此外,该区检察院还在借鉴国外经验做法的基础上,结合我国企业合规实践,独创性地设立了独立监控人制度,并联合宝安区司法局出台了《关于企业刑事合规协作暂行办法》,同时建立了多机关协作配合机制。

重庆市检察机关于 2022 年 4 月全面开展涉案企业合规改革试点工作。为全面推进全市检察机关开展涉案企业合规改革工作,重庆市人民检察院与重庆市司法局等 9 个部门于 2022 年 3 月 31 日制定印发了《关于建立重庆市涉案企业合规第三方监督评估机制的实施办法(试行)》和《重庆市涉案企业合规第三方监督评估机制专业人员选任管理实施细则(试行)》。基于上述两份文件,各区检察院逐步制定并发布了相关规定,如 J 区人民检察院发布了《关于建立 J 区涉案企业合规第三方监督评估机制的实施办法(试行)》。此外,重庆市某分院制定了《重庆市人民检察院某分院办理涉案企业合规案件工作指引(试行)》(以下简称《某分院工作指引》),其中规定了检察机关在办理涉企合规案件案件受理、适用审查、第三方机制启动、听证、案件处理以及整改监督等程序方面的要求,同时发布了相关配套文书《涉案企业合规告知书》《适用涉案企业合规及第三方监督评估机制通知书》等。

结合广东省部分检察机关和重庆市检察机关的试点情况以及《典型案例二批》《典型案例三批》等文件来看,我国试点过程中各检察院还是倾向于采用相对不起诉的模式,并在这一模式的基础上发展了一些相关配套机制。如上海、浙江检察机关通过上海 J 公司、朱某某假冒注册商标案开展探索的企业合规异地适用第三方机制,①以及在该案处理过程中,秀洲区检察院探索构建的企业合规“双组

① 参见《最高检发布第二批企业合规典型案例》,载中华人民共和国最高人民检察院网,https://www.spp.gov.cn/xwfbh/wsfbt/202112/t20211215_538815.shtml#2,最后访问日期:2022 年 10 月 10 日。

六机制”工作模式;[①]沂水县检察院和沂水县第三方机制管委会在山东沂南县 Y 公司、姚某明等人串通投标案的办理过程中探索的对第三方组织的“飞行监管”机制;[②③]广东省佛山市南山区检察院在试点过程中开展的由区政法委牵头,以建立工作联席会议制度的方式将企业合规监督考察的处理意见和材料报省检察院审批备案的模式探索。重庆市 D 区检察院在办理重庆市 P 汽车零部件有限公司、喻某某虚开增值税专用发票案中适用的简式合规等。此外,各试点单位在采取相对不起诉适用机制解决企业犯罪案件的同时,还将试点工作与依法清理“挂案”结合,提前介入相关涉企案件,引导涉案企业尽早进行合规建设。综合来看,虽然企业犯罪相对不起诉适用机制是不突破现有法制的选择,其相关配套措施中的异地适用第三方机制、“飞行监管”模式、简式合规、报省检审批备案等值得借鉴推广,但其具有的弊端仍然不可忽视。

笔者认为第二种模式更可取,即将附条件不起诉制度拓展适用于企业犯罪领域。一方面,这一模式可以克服相对不起诉适用机制的弊端,扩大适用案件范围,使得一些大型涉案企业也可以通过自身合规改革的方式得到检察机关从轻处理的结果,同时也能推进我国企业合规机制的发展。另一方面,相对于相对不起诉适用机制中的合规考察期较短的问题,这一模式则具备相对较长的合规考察期限,如实践中岱山县人民检察院采用了至多 3 年的期限要求。合规考察期限的主要目的在于督促涉案企业建立、完善合规计划,形成有效的合规管理体系,若时间过短,合规计划的有效性无法体现,从而无法实现设定合规考察期的初衷,因此设置相对较长的合规期限更有利于实现涉企合规改革的目的。此外,这一模式将附条件不起诉适用于涉企刑事案件中,有利于附条件不起诉制度在我国司法实践中发挥更大效用。目前我国法律规定的附条件不起诉制度仅适用于未成年人犯罪案件的处理中,将其适用范围延展至涉企刑事案件中,更能有效发挥其制度优势。

---

① “双组”,即检察机关牵头成立“合规监管考察组”和“合规指导组”两个工作组;“六机制”,即联席会议、合规培育、提前介入、会商通报、指导帮扶、审查监管等六个协作机制。参见《最高检发布第二批企业合规典型案例》,载中华人民共和国最高人民检察院网,https://www.spp.gov.cn/xwfbh/wsfbt/202112/t20211215_538815.shtml#2,最后访问日期:2022 年 10 月 10 日。

② 参见《最高检发布第二批企业合规典型案例》,载中华人民共和国最高人民检察院网,https://www.spp.gov.cn/xwfbh/wsfbt/202112/t20211215_538815.shtml#2,最后访问日期:2022 年 10 月 10 日。

③ 为确保企业合规建设和第三方组织监督工作依法、规范、有序进行,第三方机制管委会组建巡回检查小组,探索建立“飞行监管”机制,对第三方组织及其组成人员的履职情况开展不预先告知的现场抽查和跟踪监督。参见《最高检发布第二批企业合规典型案例》,载中华人民共和国最高人民检察院网,https://www.spp.gov.cn/xwfbh/wsfbt/202112/t20211215_538815.shtml#2,最后访问日期:2022 年 10 月 10 日。

三、域外合规不起诉模式

在域外国家中,合规不起诉体现为企业犯罪暂缓起诉制度或者企业犯罪审前转处协议制度。该制度起源于美国,之后逐渐发展至英国、法国、新加坡、澳大利亚等国。虽然英法等国的企业犯罪暂缓起诉制度是借鉴美国企业犯罪审前转处协议制度而确立,但二者采取的模式却存在不同,美国采取的是检察官自由裁量模式,而英法等国采取的是法官司法审查模式。[①] 下文将对部分域外国家的制度情况进行介绍。

(一)美国企业犯罪审前转处协议制度

在美国,审前转处协议制度一开始是用来处理青少年犯罪案件和毒品犯罪案件的。1960 年,审前转处协议最初在实践中被适用,其适用对象是实施非暴力犯罪的未成年人。1992 年,在对有关 Solomon Brothers 进行调查的过程中,[②]审前转处协议首次被适用于企业犯罪案件中。

美国针对企业犯罪案件采取的处理方式之一为审前转处协议制度,其中包括暂缓起诉协议(DPA)和不起诉协议(NPA)。暂缓起诉协议是指检察官与涉案企业之间协商达成的一份协议。不起诉协议与暂缓起诉协议的内容大体相似,两者唯一的区别在司法流程方面,即检察官适用不起诉协议时不需要向法院提起公诉,而适用暂缓起诉协议则需以向法院提起公诉为前提。

在协议内容上,现代审前转处协议的条款通常包括以下内容:要求涉案企业(1)承认不法行为;(2)实施对自身管理的改革;(3)对业务实践进行跟踪改革;(4)实施新的政策和合规方案;(5)同意进行内部调查,并与政府进行合作;(6)确定和/或解雇责任人;(7)接纳独立的监督员;(8)支付赔偿金和/或罚金;(9)其他相关条件。[③]

总的来说,美国创造性地将审前转处协议制度适用于企业犯罪案件的处理中,并且将合规机制纳入制度内容,为其他各国构建企业犯罪暂缓起诉制度提供

---

① 陈瑞华教授将英美等域外国家的企业犯罪暂缓起诉制度划分为检察官自由裁量模式和法官司法审查模式。

② Solomon Brothers 公司被指控提交虚假投标购买国库券,违反了虚假索赔和谢尔曼法案。该案的处理结果为 Solomon Brothers 公司与检察官达成了审前转处协议,同意支付 2.9 亿美元的罚款,继续与政府合作,罢免相关的高级管理人员,并执行合规程序,最终检察官未对其提起公诉。

③ See Harry First, *Branch Office of the Prosecutor: The New Role of the Corporation in Business Crime Prosecutions*, North Carolina Law Review, Vol. 89:1, p. 65 – 66.

了模板。但该制度在立法和司法实践中还存在不足之处：在立法方面，没有关于企业犯罪审前转处协议制度的正式立法规定，使得该制度的操作规则主要来自司法部和证券交易委员会等机构发布的政策文件。在司法实践方面，该制度不仅适用标准模糊并且缺乏具体的操作指南，而且由于缺乏事前限制和事后监督，极易导致检察官权力滥用等问题出现。此外，在实践中执法机构与涉案企业达成的审前转处协议中包含的高额罚金也可能使得民众对这项制度的作用产生怀疑，因为这可能会使得该制度的适用成为执法机构赚钱的工具。因此，对该制度应当辩证看待，不能一味地追求该制度为刑事司法带来的益处，而忽略其中可能存在的问题。

（二）英法企业犯罪暂缓起诉制度

随着经济全球化的发展，企业犯罪案件在各国也逐渐增多。为了有效地应对企业犯罪案件数量不断增加的趋势，许多国家引入了美国的企业犯罪审前转处协议制度。其中的代表国家为英国、法国等。

1. 英国①

英国通过 2014 年 2 月实施生效的《犯罪与法院法》（以下简称 CCA）中第 45 条和附表 17 引入并正式确立了企业犯罪暂缓起诉制度。

《犯罪与法院法》附表 17 中的第 1（1）款对该制度进行了界定，即“暂缓起诉协议（DPA）是指被指派的检察官与因为第二部分规定的罪行（涉嫌罪名）被检察官考虑起诉的人（P）之间的协议。”简单来说，暂缓起诉协议是指检察官与涉案企业之间达成的协议。

根据《犯罪与法院法》的规定来看，在内容方面，一份暂缓起诉协议应当包括：第一，一份与所涉嫌罪行有关的事实陈述，其中可能包括涉案企业的供认。第二，指定一个协议到期日，即在此期间不存在因涉案企业违约而导致协议终止的情况，则该协议到期失效。第三，检察官可以对涉案企业施加义务条件，这些条件包括但不限于以下所述的内容，即（a）支付罚金；（b）向受害者进行赔偿；（c）向慈善机构或者其他第三方机构捐款；（d）上缴涉案企业从犯罪中获得的任何利益；（e）实施合规计划或者更改与涉案企业政策有关的现行合规计划，或者培训涉案企业的员工，或者三者全部执行；（f）配合有关所涉罪行的任何调查；（g）支付就起

① See Crime and Courts Act 2013, Schedule 17, <https://www.legislation.gov.uk/ukpga/2013/22/schedule/17/part/1/enacted> accessed, 8 October, 2022.

诉所涉罪行或者达成暂缓起诉协议所耗费的任何合理费用。①

从适用流程方面来看,暂缓起诉协议制度适用的程序包括以下步骤:检察官在进行调查后决定是否向法院提起订立暂缓起诉协议的申请;法官对检察官与涉案企业达成的暂缓起诉协议召开初步听证会进行审查,并通过最终听证会决定是否批准;检察官对涉案企业不遵守或者违反协议条款的行为进行监督和补救,其中的监督补救措施可能包括与涉案企业进行协商补救或者起诉等;检察官在涉案企业完全遵守协议内容的情况下向法院撤回起诉。

2. 法国②

法国议会于2016年12月8日通过的《关于透明度、反腐败和经济生活现代化的法案》引入并确立了企业犯罪暂缓起诉制度,其模式主要采取了与英国相同的法官司法审查模式。

制度内容与英国的模式内容大体类似,但法国的规定也存在特别之处。其一,在法国的企业犯罪暂缓起诉制度规定中,法院只需要召开一次公开听证会即可决定是否批准协议,而英国的模式则需要两次听证会进行审查。其二,法国模式规定了法院的确认令,同时规定了法官的确认令并不导致定罪,也不具有定罪判决的性质或效力,公共利益司法协议亦不会记录在企业的犯罪记录中。其三,法国模式的规定更加注重被害者的保护,一方面规定了适用暂缓起诉协议应当告知被害者以及法院召开的公开听证会上法官应当听取被害者的意见;另一方面规定了被害者可以根据法院的确认令,结合《民事诉讼法》的相关规定,要求涉案企业履行根据付款令程序承诺向其支付的损害赔偿。其四,法国模式规定了涉案企业的撤回权,即"如原讼法庭庭长发出确认令,则涉罪法人自确认之日起有十天时间行使撤回权。撤回通知应通过挂号信通知检察官,并要求确认收到。如果涉罪法人不行使撤回权,则应履行本协议规定的义务。"其五,法国模式规定,若该协议不被法院批准或者其他情况,检察官不得在之后的庭审中援引涉案企业为达成协议所作的陈述或者提交的文件,即"如果原讼法庭庭长不确认拟定的协议或者法人行使撤回权,检察官不得在调查法官面前或审判法庭上援引法人在本条规定的

---

① See Federico Mazzacuva, *Justifications and Purposes of Negotiated Justice for Corporate Offenders: Deferred and Non - Prosecution Agreements in the UK and US Systems of Criminal Justice*, Journal of Criminal Law, Vol. 78:3, p. 253 - 254.

② See relatif à la transparence, à la lutte contre la corruption et à la modernisation de la vie économique, Chapitre Ier, Article 1er - Article 24. < https://www.assemblee-nationale.fr/14/ta/ta0830.asp > accessed, Oct. 8, 2022.

诉讼过程中所作的陈述或提交的文件。”其六，法国的相关规定未涉及协议内容变更的问题，这也是法国模式存在的一个弊端。

综合来看，英国率先汲取美国的经验引入并确立了企业犯罪暂缓起诉制度，之后法国、新加坡、加拿大、澳大利亚均仿照英国模式确立了暂缓起诉制度，均采取法官审查模式。检察官与涉案企业拟定暂缓起诉协议之后，检察官向法官提出批准协议的申请，之后法官举行听证会对该拟定的协议进行审查，作出是否批准的决定并说明理由。一方面，这一模式避免了美国检察官自由裁量模式易引发的权力滥用风险，使得法官介入程序并进行审查监督。另一方面，这一模式也存在不足之处，即该模式在实践中的运行效果可能达不到立法目的的要求，无法防止企业未来的不法行为。正如学者们在探讨英国暂缓起诉制度时所提到的，由于罚金的威慑作用有限，受到暂缓起诉协议约束的企业，其企业文化的真正变革不太可能在实践中发生。

四、涉案企业刑事合规不起诉立法完善和制度构建

涉案企业合规改革试点工作自 2022 年 4 月在全国全面推开之后，理论界和实务界一直在研究关于涉案企业合规立法的建议稿。目前在《刑事诉讼法》第五编特别程序中增设一章“合规刑事案件诉讼程序”的立法修改方案，得到理论界和实务界多数意见支持。根据前文对我国合规不起诉试点工作的情况总结来看，目前各地检察机关适用的涉企案件合规模式还存在差异，因此立法者会选择哪种模式还是未知，但正如前文所述，笔者认为采纳附条件不起诉模式更有利于合规刑事诉讼制度的适用与发展。因此，笔者建议在《刑事诉讼法》第五编特别程序中增设合规刑事案件诉讼程序，并构建企业犯罪附条件不起诉制度（以下简称企业附条件不起诉制度）。

下文将立足于涉案企业合规改革试点过程中已有的模式，结合域外企业犯罪暂缓起诉制度的立法、实践的经验和教训，从制度适用条件以及考察期设置等几个方面提出制度构建建议。

（一）企业犯罪附条件不起诉适用条件

正如检察机关对未成年犯罪嫌疑人适用附条件不起诉制度之前需要考量的因素一样，在决定是否对涉案企业适用附条件不起诉之前，也应当考量该涉企案件是否满足以下条件：

1. 属于适用案件范围

企业附条件不起诉制度的适用案件范围主要可以从两个方面来进行确定:一是所涉罪名的范围,二是所涉罪行的法定刑区间。

一方面,在适用罪名范围方面,从域外企业犯罪暂缓起诉制度所适用的案件范围来看,这一制度主要用于处理贿赂、欺诈等严重的经济或金融方面的企业犯罪案件。而从我国企业合规的试点情况来看,主要适用于公司、企业等市场主体在生产经营活动中涉及的经济犯罪、职务犯罪等案件,既包括公司、企业等实施的单位犯罪案件,也包括公司、企业实际控制人、经营管理人员、关键技术人员等实施的与生产经营活动密切相关的犯罪案件中。① 学界在讨论可适用附条件不起诉制度的罪名时,有学者提出可适用于所有的单位犯罪案件,即涉嫌刑法分则第三章、第六章、第八章所有单位犯罪的案件。②

笔者认为,根据《指导意见》第 3 条的规定来看,③适用于这一制度的案件应当主要是与企业的生产经营活动相关的罪名。从刑法分则罪名的分类角度出发,涉及企业生产经营活动的罪名主要集中在刑法分则第三章中。此外,结合域外各国的适用实践以及我国的试点情况来看,第六章规定的污染环境罪、第八章规定的对有影响力的人行贿罪、对单位行贿罪、单位行贿罪等罪名也是企业在经营活动中可能涉及的罪名。因此,企业附条件不起诉制度的适用案件范围主要为涉嫌刑法分则第三章规定的罪名以及第六章、第八章规定的部分罪名的单位犯罪案件。

另一方面,在刑罚区间方面,从我国企业合规的试点情况来看,④其适用对象

① 参见《重庆市人民检察院 Y 分院办理涉案企业合规案件工作指引(试行)》第 4 条的规定。

② 参见逢政、徐弘艳:《论暂缓起诉制度在惩处单位犯罪中的运用——以美国暂缓起诉协议为借鉴》,载《中国检察官》2019 年第 15 期。欧阳本祺:《我国建立企业犯罪附条件不起诉制度的探讨》,载《中国刑事法杂志》2020 年第 3 期。

③ 参见《关于建立涉案企业合规第三方监督评估机制的指导意见(试行)》第 3 条规定:"第三方机制适用于公司、企业等市场主体在生产经营活动中涉及的经济犯罪、职务犯罪等案件,既包括公司、企业等实施的单位犯罪案件,也包括公司、企业实际控制人、经营管理人员、关键技术人员等实施的与生产经营活动密切相关的犯罪案件。"

④ 如根据南京市建邺区人民检察院《关于涉企犯罪案件中适用认罪认罚从宽推进企业合规的实施意见(试行)》规定:"可能被判处三年有期徒刑以下刑罚,在考察期满后,企业全部完成整改方案的,并符合刑法、刑事诉讼法关于相对不起诉条件的,方可以依法作出不起诉决定。"参见李晓峥、杨思源等:《企业合规不起诉的中国实践》,载微信公众号"金杜研究院"2021 年 1 月 13 日,https://mp.weixin.qq.com/s/AcnTeOknQgbpm722isNlNg。

主要局限于直接责任人可能被判处3年有期徒刑以下刑罚的轻微单位犯罪案件。[①] 但这一范围可能会限制大型企业适用附条件不起诉制度,因为大型企业预期的犯罪严重程度可能高于被判处3年有期徒刑以上的刑罚。笔者认为,附条件不起诉制度在企业犯罪案件中的适用范围应当限于直接责任人可能被判处10年有期徒刑以下刑罚的案件。从域外的企业犯罪暂缓起诉制度所适用的案件情况来看,该制度主要针对大型企业且涉嫌罪行严重的案件。这些企业的组织机构完整并具备搭建合规治理体系的基础条件,有利于涉案企业进行彻底整改。此外,3年有期徒刑以下的轻微企业犯罪案件,在实践中也可以通过相对不起诉来处理,而附条件不起诉制度的适用案件范围则可以相对扩大,适用于处理一些较严重的企业犯罪案件,实现相对不起诉和附条件不起诉制度协作共建涉案企业合规刑事案件诉讼程序。

2. 符合检察官的考量因素

除了符合上述条件外,检察官还应当对涉案企业的情况进行充分考量。根据前文 Thompson 备忘录中规定的9个因素以及我国企业合规试点的情况来看,检察官对涉案企业适用附条件不起诉制度前应当考量的因素主要包括以下几项:(1)该企业涉嫌罪行的性质以及严重程度。若犯罪情节轻微则可以直接作出相对不起诉决定,相反若罪行极其严重也不能适用附条件不起诉制度。(2)该企业是否存在前科,亦即之前是否发生过类似行为。笔者认为,参照累犯不得适用缓刑和假释的规定,之前存在类似行为的涉案企业也不应当适用附条件不起诉制度。(3)该企业在不法行为发生后是否采取了相应的补救措施,即涉案企业有无作出退赃退赔、补缴税款、修复环境等补救挽损措施。(4)该企业是否制定或者实施了合规计划,抑或者是否存在进行合规建设的实力。(5)该企业是否存在合规意愿以及涉案企业和人员是否认罪认罚。(6)对该企业提起公诉后可能引发的附带后果。这一因素是安达信事务所倒闭事件后,美国执法机关在适用暂缓起诉制度时最关注的问题之一。在我国,检察机关针对这一因素的考量则主要是围绕公共利益的保障进行的。(7)该企业是否配合检察机关的调查。这一点曾经是美国司法部在修订备忘录的过程中存在争议的问题之一,主要是关于涉案企业是否必须披露与涉罪行为有关的员工信息才能与执法机关达成暂缓起诉协议。笔者认为,涉案企业是否配合调查的判断应当结合该企业是否认罪或者做出事实陈述以及不

① 参见陈瑞华、张建伟、李本灿:《关于我国建立合规不起诉制度的讨论》,载微信公众号“民主与法制周刊”2021年7月6日,https://mp.weixin.qq.com/s/YlQ8DF-Deyv4pOUxj1JIHA。

隐瞒证据等方面来看,而不应当从其是否提供涉罪的员工信息方面来判断,因为这可能涉及侵犯员工隐私权等问题。

上述因素是检察官在决定是否对涉案企业适用附条件不起诉时应当考量的基本因素,但在不断变化的司法实践中可能还存在其他需要办案检察官考量的因素。

(二)企业犯罪附条件不起诉的启动

企业附条件不起诉制度理应由检察机关决定适用,除此之外侦查机关可以向检察机关建议适用,涉案企业和相关人员也可以向检察机关申请适用这一制度,但最终应当由检察机关决定是否适用。

侦查机关在对企业犯罪案件进行调查的时候,若发现涉案企业具备合规整改的实力和意愿,同时该案件也符合附条件不起诉制度的适用条件,可以在向检察机关移送案卷时向办案检察官提出适用建议。除此之外,侦查机关也可以邀请检察机关提前介入侦查,尽早对涉案企业开展合规监督考察。

涉案企业可以在侦查阶段向办案人员表达其强烈的合规意愿并通过侦查机关向检察官申请适用附条件不起诉,亦可以在审查起诉阶段直接向检察机关表达其合规意愿以申请适用附条件不起诉,但最终由检察机关决定是否适用。

办案检察官在收到侦查机关的适用建议或者涉案企业的申请后,抑或者在对企业犯罪案件审查起诉时认为涉案企业符合附条件不起诉适用条件的,可进行审查评估后决定适用。在决定对涉案企业适用附条件不起诉之前,办案检察官应当对该涉案企业的行业情况、生产经营情况、刑事处罚后可能造成的社会影响以及涉案企业和人员是否认罪认罚等进行调查评估并形成调查报告。若确定该涉案企业符合附条件不起诉的适用条件,办案检察官在询问侦查机关、涉案企业及其辩护人、被害者及其委托代理人的意见后,可以提出适用附条件不起诉的处理意见,报部门负责人审核后,报检察长或者检察委员会决定,检察长批准后将案件材料报上级检察机关审批备案。针对重大或者存在异议的企业犯罪案件,检察机关可以通过召开公开听证会的方式来决定是否适用。此外,检察机关在考察期结束后也应当召开公开听证会来决定最终是否对该涉案企业提起公诉。若检察机关对涉案企业作出附条件不起诉决定,则从作出该决定之日起,审查起诉期限中止计算,直至考察期届满或者检察机关撤销附条件不起诉决定之日起恢复计算。检察机关作出的决定书还应当及时送达涉案企业及其辩护人、被害者及其委托代理人、侦查机关,同时还应报上级检察机关备案。

（三）“附条件”的具体内容

若检察机关决定对涉案企业适用附条件不起诉制度，则检察官应当对该企业提出考察期内应当履行的义务条件。该条件的内容一方面可以借鉴域外企业犯罪暂缓起诉协议中关于涉案企业应当履行的义务内容，另一方面也要结合我国司法实践状况以及企业发展状况进行确定。虽然条件的内容根据个案会存在差异，但总体上应当包含以下几项内容：

（1）做出事实陈述。这项内容是域外企业犯罪暂缓起诉协议的重点条款之一，我国在确定附条件不起诉的具体内容时也应当将该条款纳入。

（2）对被害者进行赔偿或积极采取补救措施。我国在构建这一制度时应当汲取加拿大和法国的企业犯罪暂缓起诉制度中有关重视被害者方面的经验，注重被害者的权益保护。

（3）进行合规整改。构建有效的企业刑事合规体系，这是涉案企业应当履行的义务条件中最重要的一项内容。涉案企业应当针对其涉嫌罪行制定合规计划，主要围绕企业治理结构、人员管理、内部规章等方面进行。在此过程中，涉案企业应当采取的措施主要包括：一是整改内部组织规章，规范员工行为并对员工进行专项合规培训等；二是围绕企业涉嫌罪行构建风险评估系统，对相关业务、客户、供应商等进行评估并制作风险报告；三是构建或完善企业风险应对体系，在违规行为发生后及时处理，如及时制裁并更换相关责任人员、配合有关部门的调查等。此外，涉案企业还可以构建内部举报系统、合规奖惩机制和纪律处分程序等，以便及时了解企业存在的合规漏洞以及发现并制止企业、员工可能存在的违法犯罪行为。

（4）接受检察机关及第三方组织的监督、评估和考察。涉案企业制定或完善合规计划之后，应当将该合规计划交由检察机关以及第三方组织进行审查。检察机关及第三方组织可以对该合规计划的有效性、可行性和全面性进行审查，并提出相关修改完善的意见。此外，合规不起诉试点过程中，一些试点单位探索的企业合规异地适用第三方机制和对第三方组织的“飞行监管”机制、对小微企业的简式合规也值得借鉴推广，在构建企业附条件不起诉制度时可以将其纳入。

（5）同意承担违反规定的法律后果。虽然涉案企业被适用附条件不起诉制度，但该企业的不法行为若符合行政处罚的适用条件，检察机关也可以在作出附条件不起诉决定的同时，向相关行政部门发出行政处罚的检察建议。

（6）承诺遵守法律法规。

除了上述几项常规性内容外，办案检察官可以根据案件的具体情况增加其他义务条件,如向社会提供公益服务、禁止从事特定活动等。

总之,涉案企业应当认真履行上述义务条件,若在考察期内有严重违反“附条件”内容的行为,检察机关则撤销附条件不起诉决定并提起公诉。

(四)企业犯罪附条件不起诉的考察期

根据未成年人犯罪附条件不起诉制度的相关规定来看,检察机关应当对涉案企业确定一定期限的考察期。从域外企业犯罪暂缓起诉制度的实施情况来看,从企业犯罪案发到暂缓起诉协议的考察期结束,一般是4年左右。[①] 而在我国合规不起诉的试点过程中,一些试点单位通常将考察期时间设置为6个月至12个月,[②]也有部分试点单位设置考察期限少于6个月。[③] 对此学者们提出批评意见,即这些试点单位设定的考察期过短,涉案企业可能无法在此期间内制定并实施较为成熟的合规计划。于是便有学者提出适用附条件不起诉的企业犯罪案件的考察期应当长一些,如陈瑞华教授认为《刑事诉讼法》对此可以设立为期1年至3年的合规考察期;[④]杨帆教授则认为企业附条件不起诉的考察期可以相对宽泛,1年以上5年以下较为适宜。[⑤]

笔者认为,针对企业犯罪案件的附条件不起诉考察期限设定为1年以上3年以下较为适宜。一方面该期限不应设置过短,时间短则可能导致涉案企业无法制定并实施有效的合规整改计划,或者涉案企业的合规建设可能还未有成效,使得检察机关无法进行考察评估。另一方面该时间不能设定过长,考察期过长则可能使得办案时间拉长,最终可能导致检察机关的办案效率降低。因此,企业附条件不起诉的考察期应确定为1年以上3年以下,具体案件的考察期长短则可以在此区间内进行设定,但必须与涉案企业的罪行严重程度、该企业的经营状况以及合规情况等相适应。

(五)强化对检察机关适用企业犯罪附条件不起诉权的监督

从前文域外制度部分的内容可知,美国针对企业犯罪采取的审前转处协议制度中检察官由于缺乏相应的监督制约机制,从而可能导致权力滥用的情形出现。

---

① 参见陈瑞华:《企业合规视野下的暂缓起诉协议制度》,载《比较法研究》2020年第1期。
② 参见陈瑞华:《刑事诉讼的合规激励模式》,载《中国法学》2020年第6期。
③ 参见《重庆市人民检察院Y分院办理涉案企业合规案件工作指引(试行)》第27条。
④ 参见陈瑞华:《刑事诉讼的合规激励模式》,载《中国法学》2020年第6期。
⑤ 参见杨帆:《企业合规中附条件不起诉立法研究》,载《中国刑事法杂志》2020年第3期。

于是英、法等国在引入该制度时，为避免这一问题而确立了司法审查机制，以监督限制检察官在适用暂缓起诉制度方面的权力。而我国在构建企业附条件不起诉制度时不适合直接采取上述两种模式，一方面检察机关的权力不能不受制约，另一方面在案件未移送法院起诉前，法院不应当介入案件的处理。因此，笔者认为应当借鉴未成年人附条件不起诉制度的规定，①对检察机关针对企业犯罪案件适用附条件不起诉制度设立一定的监督机制。一是被害人方面，可以通过向检察机关申诉复查的方式进行监督；二是侦查机关方面，可通过向检察机关申请复议或复核的方式进行监督；三是检察机关内部方面，可以通过上下级检察机关之间的审批备案方式来进行监督。

（编辑：李冉毅）

① 参见最高人民检察院 2013 年 12 月 27 日《人民检察院办理未成年人刑事案件的规定》第 35 ~ 39 条。

网络引发青少年犯罪的实证反思与治理路径

李　丽　刘耘希　夏金凤*

摘　要:网络在给社会生活带来便利的同时,也因其传播方式上的虚拟性、广泛性和便捷性,易成为不良信息的传播载体,可能为犯罪所用或诱发犯罪。青少年中使用网络者数量众多,且身心正在成长中,价值观尚未完全形成,网络不良信息可能诱发其实施犯罪,网络本身也可能成为青少年实施犯罪的"工具"。为了更好地防范和治理网络引发的青少年犯罪,应当结合网络技术特点和青少年身心发育不够成熟的状况,形成家庭、学校、社会等多方共同参与的惩治和防范机制,规范网络行为,平衡适用对青少年犯罪人的"宽严相济"刑事政策,以综合治理思路防范和治理网络引发的青少年犯罪。

关键词:网络;不良信息;青少年犯罪;综合治理

网络与青少年犯罪之间的关系,①大体可分为两个方面:一是因网络引发或借助网络实施的侵害青少年的犯罪;二是因网络引发或借助网络由青少年实施的侵害他人的犯罪。长期以来,加强以未成年人为主体的青少年保护是理论和实务中强调的主要方面,故对上述第一种因网络而侵害青少年的犯罪行为的防范与治理方面研究较多,但对上述第二种因网络引发而由青少年实施的犯罪行为的防范和治理方面研究相对较少。本文主要关注上述第二个方面的研究,即因网络引发或

---

* 李丽,重庆电子工程职业学院纪检监察干部;刘耘希,重庆市纪委监委干部;夏金凤,重庆市能源投资集团有限公司审计部副部长。

① 青少年并不是一个规范的犯罪学和法律概念。考虑到当前教育水平下,有相当一部分高校学生于25周岁硕士研究生毕业后走上社会,而"学生"走向社会前有着大致相近的学习、生活环境和模式,也有着相近的网络使用习惯和身心特点,故本文以25周岁以下作为青少年范围。在一些学术研究中,也有此类归类方法作为先例,例如莫晓春:《关于"青少年"年龄界定问题的思考》,载《广西青年干部学院学报》2009年第2期。

借助网络由青少年实施的侵害他人的犯罪行为的防范与治理。本文认为,随着网络技术的快速发展和网络在青少年生活、学习、工作中的迅速全面普及,网络引发的青少年犯罪行为应当引起我们的重视,并在整体上采用综合治理的思路予以科学防范和治理。

一、个案的启示

网络引发的青少年犯罪不在少数,笔者身边就有此类真实案例,反映出此类犯罪的一些特点。

(一)相关案例

笔者工作中接触到的由网络引发的青少年犯罪大体分为以下三种:

一是青少年受到网络信息误导,误认为不是犯罪而实施的犯罪行为。

如案例1:某高校学生甲,经常在网上聊天。甲在网上认识的某社会朋友与甲联系,讲国家有毕业生就业见习补贴政策,即高校毕业生到指定的单位就业,签订高校毕业生就业见习补贴申请表后,国家会向企业补助一定数额的高校毕业生就业见习补贴。该社会朋友怂恿甲收集该校毕业生身份证、学生证、毕业证等个人资料通过网络传给其,由其代为签订此类协议,等国家补贴下来后,再与毕业生五五分成。该社会朋友向甲解释:此类行为是有国家政策支持的,并不违法。甲遂联系自己多名同学通过网络传送相关个人资料给其社会朋友,虚假签订高校毕业生就业见习补贴申请表。通过此方式,甲共联系60余名同学,骗取国家补贴金额30余万元。案件侦破后,甲在供述时讲到,认为毕业生见习补贴有国家政策支持,自己虽然意识到此行为有不妥之处,但并不认为是犯罪行为。经认真教育后甲方才认识到自己的错误并认罪认罚。最终,综合全案案情,对甲以诈骗罪作微罪不起诉处理。

又如案例2:某高职院校学生乙,个人经济较为困难。乙上网了解到,可以出售自己的银行卡信息并收取一定的用卡“租金”。为利所诱,又受到网上言论蛊惑,乙认为此类行为仅是用银行卡帮人过流水,自己并不知晓资金来源,也未参与资金使用,不会构成犯罪。故乙先后将自己和他人的10余张银行卡“出租”,共收取租金近万元。案件侦破后,乙辩解,自己虽知道出租银行卡不妥,但不了解也未实际参与资金使用,“主观上”不具有非法使用资金或帮助他人犯罪的目的,不应构成犯罪。后在司法机关教育下,乙方才认识到自己行为的社会危害性并做认罪认罚。最终,综合全案案情,对乙以帮助信息网络犯罪活动罪作微罪不起诉处理。

二是青少年受网络信息误导,产生侥幸心理而实施的犯罪行为。

如案例3:某高校学生丙性格较为内向。丙平时喜欢上网,并认为在网上发言不是实名,难以被发现。因在学校与某同学产生误会,为泄私愤,丙在学校网站论坛捏造该同学"谈朋友""卖淫"等虚假事实,对该同学精神造成极大伤害。后公安机关根据其网络IP地址侦破案件。归案后,丙对所犯罪行供认不讳,并坦白,其一直以为网络发言为匿名,难以查到,故存有侥幸心理而铤而走险。最终,综合全案情况,对丙以诽谤罪作微罪不起诉处理。

又如案例4:某高校学生丁,平时学习成绩较好。丁在网上与人聊天,了解到代替别人参加英语4级考试可以取得不菲"佣金",且全程有人"打通关系",保证不被查获。丁认为,既然此人敢在网上"公然"谈论此事,并保证不会出问题,加之替考过程中会采取"替换照片"等手段,应该不会被查获,遂决定代替别人参加英语4级考试。在考试现场,丁当即被抓获。丁供述,完全没想到会被查到,并被如此迅速地抓捕。最终,综合全案情况,对丁以代替考试罪作微罪不起诉处理。

三是青少年受网络信息误导,由被害人演变为犯罪人的犯罪行为。

如案例5,某高校学生戊平时即较为"豪爽",重"哥们义气"。戊为支持自己的高消费生活,遂进行网上贷款,陷入"套路贷"。"债主"见其身材高大,又有些"江湖气",在其到期未能偿还欠款时,诱导其加入套路贷团伙。开出的条件是:一来只要加入团伙即免除原有债务;二来凡是戊介绍来的"客户"皆在利息上有优惠。受此诱惑,戊加入该犯罪团伙,从被害人演变为了犯罪人。加入团伙后,戊先后介绍10余名同学在其团伙贷款。案件侦破后,戊自述,本来自己是套路贷的被害人,但"大哥"以利相诱,且自己可以帮同学争取到利息优惠,在同学中也出了风头,自己就想加入团伙。最终,综合全案案情,对戊以诈骗罪作微罪不起诉。

又如案例6,某女生己,自进入初中未满14岁时即与一社会朋友"谈朋友"并发生关系。随着两人感情升温,己对其"男朋友"言听计从。该"男朋友"长期带己逃学上网,并下载色情录像两人同看。后"男朋友"为满足个人欲望,以分手要挟己诱骗其同学供"男朋友"奸淫。己怕与"男朋友"分手,加之自己也因长期观看色情录像而人生观扭曲,遂先后骗取两名女同学至"男朋友"处供其奸淫。此案侦破后,己自述,"男朋友"带其观看的色情录像中多有"强奸类"剧情,且有女性被强奸后反倒"依赖""爱慕"强奸人的情节,因此才听从"男朋友"的话走上犯罪道路。最终,该案因己某未满14周岁而未予刑事处罚。

(二)对相关案例的初步分析

此三类案件的共同特点有:(1)犯罪人大多是在校大学生,除一人因就读初中未满18周岁外,其余都为20岁左右成年人,且男女性别均有;(2)犯罪都是因网络而起,或轻信网友信息,或因网络与犯罪人相识,或受网络不良信息影响而人生观发生扭曲,最终走上犯罪道路;(3)最终检察机关均作微罪不诉等依法从宽处理,体现了司法机关对未成年人和在校大学生"当宽则宽"刑事政策的依法适用。上述案件反映出,青少年,尤其是25周岁以下以在校读书、未曾接触社会为主的在校生群体,因其较为单纯的生活学习经历和大量的网络使用,极易接触到网络不良信息,并受其影响走上犯罪道路。上述案例绝非偶然。从一些新闻报道中可以看到,因网络引发的青少年犯罪绝不仅有以上三种类型,涉及黄、毒、赌、性侵、故意杀人或伤害的严重刑事犯罪,①以及"网暴"等新形式犯罪也屡见不鲜,②司法机关虽然大多对青少年作从宽处理,但也不是一味作"不诉"决定,依法判处实刑甚至重刑的判决也有出现。

另需注意的是,上述案件发生后,检察机关均向相关学校和职能部门制发社会治理检察建议,督促相关部门和单位加强学生安全教育、法律知识宣讲、心理疏导,引导学生规范使用网络,提高网络不良信息的辨别能力。上述检察建议均得到被建议单位的采纳和落实。社会治理检察建议,是由检察机关主导的,针对办案中发现的普遍性、倾向性社会管理问题,而发出的检察建议,"是检察机关立足法律监督职能和司法办案,'抓前端、治未病',推动诉源治理,促进社会治理的重要抓手"。③ 2018年10月,最高人民检察院向教育部发出"一号检察建议书"(高检建〔2018〕1号检察建议书)。"一号检察建议"是专门针对校园安全管理规定执行不严格、教职员工队伍管理不到位,以及儿童和学生法治教育、预防性侵害教育缺位等问题,首次以最高人民检察院名义发出的检察建议,体现了检察机关对青少年犯罪的高度重视。经过几年探索,"一号检察建议"取得积极效果,建议中的

---

① 参见《案例:陕西一起因女大学生网络赌博引发的血案》,载搜狐网,https://www.sohu.com/a/511497614_120099889,最后访问日期:2023年3月15日。

② 参见《女子长期在网上杜撰同学是老赖 法院认定:网络暴力》,载光明网,https://m.gmw.cn/2023-07/21/content_1303448744.ht,最后访问日期:2023年3月15日。

③ 参见《最高检:以高质效社会治理检察建议推动更高层次诉源治理》,载中华人民共和国最高人民检察院网,https://www.spp.gov.cn/zdgz/202307/t20230723_622306.shtml,最后访问日期:2023年8月17日。

一些内容形成了制度机制在全国推广,或进入了法律中,[①]体现了综合治理思路在防范和治理青少年犯罪中的积极效用。

二、网络引发的青少年犯罪需予以重视

从身边案例出发,笔者对网络引发的青少年犯罪进行了认真分析。从客观数据可以看出此类犯罪不在少数,不容忽视。

(一)庞大的青少年网民群体和网络不良信息数量

从数据上看,青少年已是"网民"主体,数量十分庞大。有数据显示,2002 年时,我国已有网民 3370 万人,其中 24 岁以下网民占 56%,[②]大约 1887 万余人;2016 年 12 月时,我国网民规模升至 7.31 亿,而 2016 年 6 月,10—19 岁网民占据总人数的的 21.4%,20—29 岁占据网民总人数的 29.9%,即将近 50% 的网民为 29 岁以下的青少年,[③]数量达到 3.75 亿。最新数据显示,2023 年 6 月,我国网民数量达到 10.51 亿,相应地青少年网民规模进一步扩大。

同时,网络不良信息大量存在。有数据显示,[④]仅 2023 年 6 月,在中央网络安全和信息化委员会办公室举报中心的统一指导下,各级网信举报工作部门以及主要网站平台,就受理由网民举报的各类色情、赌博、谣言、侵权等网络不良信息 1779.4 万件。且网络不良信息不仅数量大,还呈快速增长态势。上述统计中显示,网络不良信息数量,环比增长率达到 7.2%、同比增长率达到 18.7%。其中,中央网信办举报中心就受理了网民举报总计 49.6 万件,环比增长率达到 4.8%、同比增长率达到 8.5%;各级各地网信举报工作部门,总计受理网民举报 69.0 万件,环比增长率达到 5.3%;全国主要网站平台受理网民举报达 1660.8 万件,环比增长率达到 7.4%。

如此庞大的青少年网民数量和如此庞大的网上不良信息数量,使得通过网络

① 参见胡玉菡:《检察机关落实"一号检察建议"两年成效显著》,载《检察日报》2020 年 10 月 25 日,第 2 版。

② 参见樊润英、白艳芳:《迷失于网络的青少年犯罪原因及防治对策》,载《山西省政法管理干部学院学报》2003 年第 4 期。

③ 参见《CNNIC:2016 年第 38 次中国互联网络发展状况统计报告——网民结构(五)》,载中文互联网数据资讯中心网,http://www.199it.com/archives/502889.html,最后访问日期:2023 年 8 月 17 日。

④ 参见《2023 年 6 月全国受理网络违法和不良信息举报 1779.4 万件》,载澎湃网,https://www.thepaper.cn/newsDetail_forward_23946919,最后访问日期:2023 年 8 月 17 日。

接触不良信息的青少年数量极大,青少年接触网络不良信息的数量也极大,形成了值得注意的滋生青少年犯罪的“肥沃土壤”。

(二)仍有相当规模的青少年犯罪数量和相当高比例因网络引发的青少年犯罪

目前来看,青少年犯罪数量虽有所下降,但总体仍有一定规模,且其中由网络引发的犯罪比例较高。以最高人民检察院近些年来公布的未成年人检察工作白皮书中的数据为例。① 白皮书显示,2014 年至 2022 年 9 年间:从数量上看,检察机关受理审查逮捕的未成年犯罪嫌疑人分别为:56,276 人、49,665 人、43,039 人、42,413 人、44,901 人、48,275 人、37,681 人、55,379 人和 49,070 人,未成年人犯罪数量仍相当大;从趋势上看,2015 年、2016 年、2017 年这 3 年未成年人犯罪嫌疑人数量连续下降,但 2018 年和 2019 年两年又连续上升,同比分别上升 5.87% 和 7.51% ,2020 年虽又有下降,但考虑到疫情因素,此年数据未必能真实反映未成年人犯罪的实际情况,且在 2021 年这一数据又大幅上升;另,检察机关受理审查起诉未成年犯罪嫌疑人数量亦同上规律。从上可见,未成年人犯罪数量仍有一定规模,且虽整体呈波浪形下降趋势,但下降趋势不够明显,并在多个年份大幅反弹。

而在青少年犯罪中,因网络引发的犯罪比例相当高。早在 2010 年即有调查显示,“青少年犯罪 80% 与网络有关”;②在 2019 年,北京市第一中级人民法院组织力量,对 2009—2019 年 10 年间未成年人犯罪情况进行统计。统计数据显示,“近七成未成年人犯罪案件存在未成年人不正常接触网络不良信息的问题,大量网络载体、电子游戏中的色情、暴力、赌博等不良内容严重影响未成年人的身心健康。在频发的校园欺凌恶性事件中,网络欺凌日益严重。”③另有其他国家和地区也有数据显示出网络引发的青少年犯罪比例较高。如欧洲防范网络犯罪中心与

① 自 2019 年以来,最高人民检察院连续公布《未成年人检察工作白皮书》,对 2014 年至 2022 年未成年人犯罪数据进行了整体梳理。本文所谓青少年群体虽然指 25 周岁以下青少年,但从未成年人犯罪数量变化亦可大致判断出 25 周岁以下青少年犯罪数量趋势。具体数据分别查自《最高人民检察院未成年人检察工作白皮书(2014—2019)》《最高人民检察院未成年人检察工作白皮书(2020)》《最高人民检察院未成年人检察工作白皮书(2021)》和《最高人民检察院未成年人检察工作白皮书(2022)》,具体见最高人民检察院官方网站。

② 参见杨正杰:《青少年犯罪的网络诱因与防治对策》,载《网络时代的青少年和青少年工作研究报告——第六届中国青少年发展论坛暨中国青少年研究会优秀论文集(2010)》,天津社会科学院出版社 2010 年版,第 385 页。

③ 《近七成青少年犯罪受不良网络影响》,载人民网,http://legal.people.com.cn/n1/2019/0818/c42510-31301562.html,最后访问日期:2023 年 2 月 11 日。

欧洲两所大学共同发表了一份报告,其中数据显示,“去年英国在打击黑客行动中逮捕的嫌疑人均为 15 至 18 岁之间的男性,2015 年澳大利亚 18 岁以下网络犯罪者比两年前增长了 26%、比三年前增长了 84%,美国约 1/6 青少年声称自己曾经尝试过某种形式的黑客行为,在英国这一比例高达 1/4。”①

三、网络引发青少年犯罪的主要原因分析

网络能够大量引发青少年犯罪,一个重要原因是不良信息在网络广泛、迅速而隐蔽地传播。这些网络不良信息或诱发青少年犯罪的主观动机,或成为青少年犯罪的工具,以上也可统称为不良网络环境。不良网络环境的存在,直接危害到青少年的心理健康,甚至直接引发青少年犯罪。②

(一)网络自身特性带来的危险因素

从网络特性上看,网络技术快速发展可能造成不良信息的快速广泛传播。作为一种工具,网络本身是中性的。③ 但其自身特点也可能造成不良信息的快速泛滥传播,给青少年带来许多不良影响。

一方面,是网络信息在传播方式上的特点。网络技术的主要特点均可能为不良信息传播提供“有利条件”:(1)形式上的虚拟性。如网民可随意选择名称符号(账号、用户名、昵称等)、性别、年龄、职业、学历等各类身份信息。在可以掩盖自己身份的时候,大多数人都会比平时更加漠视社会规则和道德要求,尤其是对于自控力较弱而好奇心较强的青少年,更容易放大胆子去做日常生活中不愿做不敢做的“失范”行为。当然,随着网络实名制的普及,这一问题得到了一定程度上的缓解,但仍未能彻底消除。且目前的实名制大都是对网站管理者的实名,对于网

---

① 《欧盟加强防范青少年网络犯罪》,载人民网,http://world.people.com.cn/n1/2016/1226c1002-28975660.html,最后访问日期:2023 年 6 月 10 日。

② 参见郭学文、何雨生、张晓庆:《互联网条件下青少年犯罪新特点及预防对策的实证研究》,载《鲁东大学学报(哲学社会科学版)》2017 年第 11 期。

③ 网络只是一种工具,可以为社会生活带来诸多便捷,但若使用不当,也会被别有用心人士利用,造成不当影响。关于网络技术中立的讨论,可见 2016 年以来对于快播案的论争。例如朱巍:《技术中立不能成为快播案的抗辩词》,载微信公众号“法律读库”2016 年 1 月 9 日,https://mp.weixin.qq.com/s/lr0PdI8HXjsL3_XqKKzZ_A;车浩:《谁应为互联网时代的中立行为买单?》,载《中国法律评论》2015 年第 1 期;车浩:《法律无需掌声,也不能嘲弄》,载微信公众号“中国法律评论”2016 年 1 月 22 日,https://mp.weixin.qq.com/s/cIS8CJZ1--7g4dTDTpXewQ;陈兴良:《在技术与法律之间:评快播案一审判决》,载《人民法院报》2016 年 9 月 14 日,第 3 版;张明楷:《快播案定罪量刑的简要分析》,载《人民法院报》2016 年 9 月 14 日,第 3 版。

络使用者来说，相互之间仍以匿名为主。(2)参与上的广泛性。当下智能手机、掌上电脑等网络终端极快且极广泛普及，方便了青少年连接网络，也造成网络不良信息渗透上的“广泛”性。这种广泛性不仅体现在受众上的广泛性，也反映在信息制造主体的广泛性上。在“自媒体”快速发展的今天，每一名青少年都可能在网络传播假信息、“坏”信息，并迅速形成信息热点，成为网络不良信息的“制造者”。(3)传播上的便捷性。网络信息传播的重要特点之一是“快速”，网络热点可以在极短时间内快速传播，让大量受众“看到”“听到”“接触到”，这从网络热点快速提升的阅读量上即可反映出来。

另一方面，是网络信息在内容上的复杂性。正是由于以上网络信息在传播方式上的虚拟性、便捷性和广泛性，造成网络信息不仅数量庞大，且难以审查，使得网络使用者“心中的恶”敢于释放，形成内容复杂的局面。如暴力游戏或视频可能激发出青少年暴力倾向。在不少游戏中，杀人、伤害等暴力内容和场面逼真而残忍，“悄然改变着青少年的思维方式和生命观、价值观，严重侵蚀着青少年健全人格的形成”。[①] 又如网络色情文化诱导青少年实施性犯罪。网络上的色情图片、影像、文学，以及色情聊天、广告、游戏等，严重扭曲青少年健康心理，间接促成青少年犯罪行为的产生。早在 2015 年即有数据显示，性犯罪在未成年人犯罪总量中占比 8% 以上，而色情文化是引发未成年人实施性犯罪的主要诱因。[②] 再如拜金主义、江湖义气等不良信息在网络的传播，也严重影响了青少年人生观、世界观和价值观的正常形成，在此不再赘述。

(二)青少年身心特点使其易受网络不当影响

一方面，从生理上看，青少年身体处于成长发育阶段，自控力差，且精力旺盛、体力充沛，易在网络不良信息刺激下产生冲动行为。而网络信息，包括游戏或各类音频视频信息中的暴力、血腥、色情场面，极容易在潜移默化中影响和改变着青少年的行为方式和行为内容。所以在青少年犯罪案件中，暴力犯罪占据一定比例，一个重要原因就是暴力、色情等网络不良信息更容易对其形成不当刺激，激发其模仿和实施此类行为的冲动。

另一方面，从心理上看，青少年的价值观尚未定型，加之社会阅历尚浅，易受

---

① 燕道成：《网络暴力游戏对青少年的负面影响及其规避》，载《中国社会科学报》2013 年 7 月 3 日。

② 参见于阳、郝晓敏：《英美国家与我国青少年性犯罪的分析与比较》，载《预防青少年犯罪研究》2015 年第 6 期。

网络不良信息影响。例如,有青少年以“哥们义气”为道德准则,为江湖义气不惜犯罪。又如,有青少年有严重的色情思想,也容易陷入犯罪。再如,有青少年有拜金主义。多数青少年的经济开销主要来源于父母,一旦零花钱或是生活费不能满足其不正常欲望,就可能引发极端犯罪。另外,青少年还有典型的逆反心理,不听“劝导”,也易酿成惨剧;部分青少年还喜欢“聚群”,互相传播不良信息,互相怂恿作出不当行为。

(三)不健康的成长环境使得部分青少年过度依赖网络

在学校教育中,虽然“素质教育”已推行多年,但仍有少部分学校对学生“唯成绩论”,片面追求学习成绩,对青少年带来较大的学业教育压力,但对青少年的法治和品德教育则不足。学习压力大,可能造成青少年从学校出走流向社会,法治和品德教育不足,使得青少年漠视法律,更容易走上犯罪道路。如笔者所了解到的章某某盗窃一案。犯罪人章某某是未成年女性。因为父母喜欢男孩,疏忽了对章某某的照顾,章某某发育稍显迟缓,学习成绩也不好,在学校不受老师的重视,同学们也经常欺负嘲笑章某某。终有一天,章某某承受不住压力离家出走,又因其年纪尚小找不到工作,就以盗窃为生。办案过程中,章某某自述,学校学习压力太大,宁愿外出打工也不愿回到学校。

在家庭教育中,部分家长教育理念落后,与子女沟通不够,也忽视了子女的感受,未能给予子女正常的关心。部分家长更多关注孩子的物质需要,对其精神需要不够理解,不懂得帮助孩子一起化解负面情绪。甚至有些家长把工作情绪带回家,与孩子发生不该有的冲突,造成了家庭氛围的紧张与压抑。同时,近些年来离婚率、失业率等也在升高,父母关爱缺位现象不在少数,由此也可能引发青少年心理问题甚至“抑郁症”。另有部分家长则在感情上过分“关注”,或过于溺爱自己的孩子,或肆意谩骂自己的孩子,造成青少年放纵的性格或没有安全感。上述问题,都可能迫使青少年将感情需求寄托在虚拟网络中。如廖某某抢劫一案。犯罪人廖某某父母都在经商,廖某从小跟外婆长大。父母对廖某某比较溺爱,金钱上是完全满足,养成了其任性的性格。某一次,廖某某的网友跟同学起了小摩擦,廖某某知道后挺身而出要帮网友出气,还邀约了另外两个朋友将被害人打成轻微伤,并抢走了其身上的钱,构成了抢劫罪。

(四)不健全的规范机制也为网络诱发青少年犯罪留有空间

一方面,针对网络传播行为的法制还需健全。近些年来,新网络问题不断出现，电信诈骗等新型网络犯罪中青少年犯罪人数不在少数，需予以针对性加强立法。一些网络经营者或网络信息传播者，唯利是图，大量传播暴力、凶杀、血腥、色情的镜头和画面。[①] 对此也需加强惩治。另一方面，引导青少年规范上网的法制不健全，尤其在智能手机、自媒体快速普及的今天，如何加强智能手机上网保护，也应当引起社会注意。同时，对青少年犯罪人的司法政策还需优化，不能忽视刑法惩罚功能的实现和对被害人尤其是未成年被害人合法权益的保护。

四、坚持综合治理加强网络引发青少年犯罪的防范与治理

预防和减少青少年因网络引起的犯罪，应当坚持综合治理思路。具体可从以下几方面做起：

（一）针对网络特点变网络为"普法阵地"

本质上，作为一种现代科技在社会生活中的运用，网络本身是"中立"的。据此，信息传播上的虚拟性、广泛性和便捷性均可成为利用网络加强对青少年普法教育，帮助其建立健康人生观、世界观和价值观的"普法阵地"。如利用其虚拟性，鼓励有思想困惑的青少年在网上讲出自己心中的疑惑，在保护其隐私的同时给予积极疏导；又如利用其广泛性，可以同时对较大数量青少年予以集中式的普法教育；再如利用其便捷性，可以实现随时随地、以青少年"喜闻乐见"、更易接受的形式进行普法教育。问题的关键在于对网络上不良信息的清除和健康信息的输入。所以网络本身是可以作为良好的青少年"普法阵地"。需要注意的是，要加强对网络不良信息的筛查。一方面，是加大对不良信息发布者的跟踪和惩治；另一方面，是加大对网络平台的管理。同时要加强网络道德建设。包括加强网络从业人员教育，引导其规范营业、合法营业；加强"网民"整体素养的培养，形成积极健康的网络活动行为规则和网络交流氛围，教育引导青少年严格遵守网络活动秩序，坚决抵制和消除暴力、色情、赌博等网络不良文化。

（二）针对青少年身心特点加强思想疏导和法治教育

针对青少年身心发育不成熟、逆反心理重的特点，设计相应课程，并采用青少年更易接受的形式进行情绪疏导和法治教育。对于逆反心理重的青少年，要深入了解其真实想法，以疏导的方式寻求认同；对于因学习成绩不好、自信心不足的青

---

① 参见石长起、曹萍：《略论网络文化与青少年犯罪》，载《法制与社会》2008 年第 15 期。

少年,建立正确的“学绩观”,帮助其恢复自信;对于有其他心理方面隐患或者网瘾的,进行专门的心理咨询,有条件的还可以在学校配置心理咨询师,引导网瘾戒除、针对性诊疗抑郁症等心理疾病。在形式上,不宜回避网络,反而可以利用网络展开多种形式的心理健康教育,帮助青少年身心健康成长。这里需要强调的一点是,不能忽视对18周岁以上在校学生的法治教育。目前,很多学校法治教育缺失或流于形式,已经有相关政策要求加强中小学校与司法机关的协作,配足配强法治副校长,通过常态化的法治课题,增强未成年人法治意识,使其尊重法律、遵守法律。但对于18周岁以上、仍在校园的青少年的法治教育则有所忽视。实际上,正如本文开始所讲,18周岁虽是法律上未成年人与成年人的分界线,但对于仍在校园的学生来说,不能仅仅因其年满18周岁就认为其“一夜成熟”而忽视了青少年身心发育的连续性,忽视了对其的法治教育。本文第一部分所举案例,大多都是年满18周岁的成年在校青少年所为。所以,应注重所有青少年尤其是未踏入社会的在校青少年的法治教育,并采用具体措施如在高职院校也应配足配强法治副校长。

(三)针对青少年成长环境凝聚家庭、学校和社会力量

保护青少年、治理青少年犯罪,需要社会各界共同参与。2020年修订的《未成年人保护法》单设了“网络保护”和“政府保护”,将原来的家庭、学校、社会、司法“四大保护”发展为“六大保护”;《预防未成年人犯罪法》更是在第4条直接明确,“预防未成年人犯罪,在各级人民政府组织下,实行综合治理”,强调国家机关、人民团体、社会组织及学校、家庭等要各负其责、相互配合,共同做好预防未成年人犯罪工作,及时消除滋生未成年人违法犯罪行为的各种消极因素,为未成年人身心健康发展创造良好的社会环境。为此,一方面,要充分重视青少年家庭教育的第一位功能,帮助青少年扣好人生的“第一粒扣子”。父母是子女的第一任老师,家庭是青少年人生的第一课堂。过于溺爱或纵容孩子的家庭教育方式均不利于青少年健康成长,甚至推动其走向违法犯罪道路。作为家长,首要的是给青少年以稳定和温暖的家庭,要让青少年找到安全感,让家庭成为青少年可以依靠的慰藉。家长要正确引导青少年,既要言传也要身教,以身作则地树立良好榜样。尤其要重视精神物质两方面的充分关怀,让青少年相信家长,通过家庭帮助他们形成积极的人生态度、树立正确的人生观、价值观。另一方面,积极加强在校青少年教育。大部分青少年处在学校求学的人生阶段,青少年的大部分时光在学校度过,学校教育对于青少年人生观和价值观的塑造意义重大。学校应当引导青少年

健康上网、在课堂中普及法律知识，并通过丰富多彩的课外活动避免青少年沉迷网络。这在前文也有涉及，在此不再赘述。同时，还应当有意识地引入社会力量，共同加强青少年犯罪防范和治理。除上文所提到以司法人员为主体建立法治副校长队伍外，还可引入心理专家、教育专家，甚至以政府购买服务的形式引入有专业知识的社工等，共同参与青少年教育教导。

（四）针对青少年犯罪人平衡惩治和保护的关系

长期以来，对于未成年人和大多数在校青少年，我们始终坚持"教育、感化、挽救"工作方针，但同时也不能忽视对青少年犯罪人适度"惩罚"，否则有宽纵犯罪人之嫌，并因之可能"鼓励"青少年犯罪，反倒适得其反。就刑法来讲，刑法修正案十一对刑事责任年龄进行了修改，新增"已满十二周岁不满十四周岁的人，犯故意杀人、故意伤害罪，致人死亡或者以特别残忍手段致人重伤造成严重残疾，情节恶劣，经最高人民检察院核准追诉的，应当负刑事责任"，这一规定即反映出当前国家在处理青少年犯罪时"当严则严"刑事政策的提倡。所以，对于青少年犯罪也应当合理适用刑罚，并配套以适合青少年的社区矫正、附条件不起诉、教育惩戒等刑罚执行和教育措施，帮助青少年认识到犯罪行为严重的社会危害性，督促其远离犯罪。同时，还应当加强技术监管，全面而迅速地筛选、清除网络不良信息，净化网络环境。在技术监管层面，重点打击非法网站，从根源上减少网络不良信息的传播。就当前来看，手机在青少年群体中大量普及。有些不良网站用不同的手机浏览器可以实现登录，有些不良网站在不同的网络运营商上可以实现登录。这就提醒我们，要持续提高网络不良信息的甄别技术，统一不同智能终端尤其是手机及不同网络运营商的监控体系，以及时高效过滤网络不良信息。相关职能部门也要发挥其作用，帮助和督促网络运营商健康运营。要合理适用行政处罚措施，视违法违规程度，确定相应的行政处罚或刑事处罚。检察机关还应当运用好公益诉讼检察职能，以检察权助推网络不良信息治理。在规范上网环境上，除传统的网吧这一场所外，还应当注意旅馆、酒吧等其他兼带提供网络服务的场所。《未成年人保护法》中规定，中小学校园周边不得设置营业性歌舞娱乐场所、互联网上网服务营业场所等不适宜未成年人活动的场所。同时国家的文化部门也出台了相关规定禁止未成年人进入营利性网吧。所以，对于网吧的管理目前做到了有法可依，但仍存在执行不严的问题，冒用成年人身份证进入网吧的现象常有出现。网吧经营者为利益驱动，往往"睁一只眼，闭一只眼"，纵容这种行为的发生。同时，除网吧外，其他酒店、旅馆、酒吧等青少年进入的场所也不能忽视。

总之,防范和治理由网络引发的青少年犯罪是一项长期而艰巨的社会工程,需要全社会的共同参与。可喜的是,各界已逐渐对此问题提高了警惕,并在法制法规健全、学校和家庭德育教育、社会价值观引导等方面作了许多努力。今后,应当始终坚持综合治理的思路,并根据网络技术新发展和青少年自身特点,有意识地加强工作内容的针对性、工作形式的生动性,以最大程度提高防范和治理实效。

(编辑:李冉毅)

企业合规改革视野下检察履职的多元优化

樊　烨　刘丽莉*

摘　要：自 2022 年 4 月起，由检察机关主导推进的涉案企业合规改革进入了全面推开阶段，该项改革被视为检察机关近年来履职创新的重要举措，并在刑事司法领域产生广泛且深刻的影响，推动我国刑事司法体系的进步与转型。随着改革的持续推进，检察机关在办理涉案企业合规业务时也不断创新办案方式，积极与有关机关形成联动机制，强化治理效果。在企业合规改革的视野下，检察机关在涉案企业合规改革中的履职样态呈现多元化的特点：既创新了企业犯罪的治理方式，又彰显了检察机关在第三方监督评估机制中的主导作用，突出了检察机关对恢复性司法的践行，还进一步扩充了诉讼监督的手段，实现了检察履职向社会治理层面的深入延伸。

关键词：企业合规；检察履职；社会治理；诉讼监督

自 2020 年以来，秉持着“保护市场主体、打造法治化营商环境”的理念，在最高人民检察院的统筹指导下，我国已开展两轮涉案企业合规改革试点工作，在挽救中小微企业生存、维护市场经济稳健发展方面已取得初步成效。在两轮试点改革中，如何设计开展合规整改流程，促进涉案企业真合规、真整改，是各地检察机关积极探索的重要问题，现已总结出“检察建议模式”和“附条件不起诉模式”两种合规整改路径。[①] 中央层面也积极总结试点经验，2021 年 6 月 3 日，最高人民检察院与全国工商联等 8 部门联合印发了《关于建立涉案企业合规第三方监督评估机制的指导意见（试行）》（以下简称《指导意见》），对涉案企业合规第三方监督评

---

* 樊烨，西南政法大学法学院刑事诉讼法专业硕士研究生；刘丽莉，安徽省宿州市埇桥区人民检察院检委会委员、综合业务部主任。

① 参见陈瑞华：《企业合规不起诉制度研究》，载《中国刑事法杂志》2021 年第 1 期。

估机制(以下简称第三方机制)的适用对象、组织管理、运行程序等核心问题作出了原则性规定。同年9月,全国第三方监督评估机制管理委员会(以下简称第三方机制管委会)成立,这意味着运用第三方机制促进涉案企业合规整改或将成为试点改革的主要做法。

2021年11月22日,全国工商联、最高人民检察院、司法部、财政部等9部门联合颁布《〈关于建立涉案企业合规第三方监督评估机制的指导意见(试行)〉实施细则》(以下简称《实施细则》)和《涉案企业合规第三方监督评估机制专业人员选任管理办法(试行)》(以下简称《专业人员选任管理办法》)。至此,针对涉案企业合规整改的第三方监督评估机制的"四梁八柱"已基本建成。企业合规第三方机制运行一年来,全国已办理涉企合规案件1700多件,其中适用第三方机制案件超过6成,取得了良好效果。① 2022年4月,最高人民检察院"官宣"涉案企业合规改革试点在全国检察机关全面推开,标志着合规改革进入了全新阶段。

在涉案企业合规改革试点中,检察机关的履职呈现出多元化的特点:既是企业合规计划建立中的支持者、帮助者,企业合规计划实施中的监督者,又是给予涉案企业刑事优待时的裁量者,企业刑事责任减免时的协助者。② 同时,检察机关开展涉案企业合规改革试点也是其切实履行维护经济社会更高质量发展的政治责任、持续推动优化法治化营商环境的法治责任以及促进诉源治理的检察责任的生动演绎。③ 毋庸置疑,涉案企业合规改革为检察机关履职提供了更广阔的平台和空间,丰富了中国特色检察制度,使检察机关的角色定位更加多元化、立体化。

一、检察职能向社会治理延伸

"检察机关作为国家法律监督机关,不仅承担着公诉、逮捕、立案侦查等诉讼职能,还要在办案过程中贯彻社会综合治理的司法理念,探索参与社会治理的新方式。"④2021年6月15日中共中央印发的《关于加强新时代检察机关法律监督工作的意见》(以下简称《意见》)规定,人民检察院是国家的法律监督机关,是保

---

① 参见徐日丹:《企业合规第三方监督评估工作推进会在京召开》,载中华人民共和国最高人民检察院网,https://www.spp.gov.cn/zdgz/202206/t20220615_559938.shtml,最后访问日期:2023年7月10日。

② 参见朱文瑞、陈姗姗:《检察机关在刑事合规中的功能与定位》,载《湖北警官学院学报》2021年第5期。

③ 参见徐日丹:《检察机关全面推开涉案企业合规改革试点》,载《检察日报》2022年4月6日,第1版。

④ 陈瑞华:《刑事诉讼的合规激励模式》,载《中国法学》2020年第6期。

障国家法律统一正确实施的司法机关，是保护国家利益和社会公共利益的重要力量，是国家监督体系的重要组成部分，在推进全面依法治国、建设社会主义法治国家中发挥着重要作用。《意见》首次提出检察机关是“国家利益和社会公共利益维护者”的角色定位，而在适用第三方机制的合规案件中，第三方监督评估组织（以下简称第三方组织）的组成人员直接对企业合规考察情况进行监管，其所作的考察结果或者考察结论对检察机关依法处理案件的办案行为产生直接的拘束力，而此类活动是关乎社会公共利益的职权活动，检察机关正是通过这种考察、验收、监管的方式站在维护公共利益的重要关口。在第三方组织的协助下，检察机关身负的“保护国家利益和社会公共利益的职责”得到进一步实现。① 检察机关对于涉罪企业合规治理的介入契合当前企业合规理论的要求与刑事合规的国际发展趋势，符合检察机关积极参与社会治理的重大政治角色定位。

检察机关通过涉案企业合规改革参与到社会治理还体现在对第三方机制启动条件的把关上。《指导意见》第 10 条第 1 款规定：“人民检察院在办理涉企犯罪案件时，应当注意审查是否符合企业合规试点以及第三方机制的适用条件，并及时征询涉案企业、个人的意见。涉案企业、个人及其辩护人、诉讼代理人或者其他相关单位、人员提出适用企业合规试点以及第三方机制申请的，人民检察院应当依法受理并进行审查。”也就是说检察机关在办理涉企案件中，需要通过调查企业情况来认定案件是否符合第三方机制适用条件，无论是依职权还是依申请的启动方式中均存在合规程序启动审查的必要。作为全面了解涉案企业开展企业合规必要性与可行性的重要手段，社会调查能够增强办案人员的司法亲历性，提升合规程序适用准确性。实践中，检察机关可以根据案件具体情况，采用个别访谈、实地走访、调取材料、大数据研判等方式，对涉案企业的基本情况、实际经营状况、刑事处罚后可能造成的社会影响和企业后续发展潜力等开展社会调查，②在此过程中深入社会及时了解涉案企业与公众的民意，使办案过程和办理结果符合社会公众的整体期待。

诚如最高人民检察院童建明副检察长在 2020 年 9 月深圳会议上所言：检察机关“帮助企业建立完善规章制度，有效防控重大法律风险，提高企业经营管理法治化水平”，③同时也是“在积极参与社会治理”。涉案企业合规改革为检察机关

① 刘艺：《检察公益诉讼的诉权迷思与理论重构》，载《当代法学》2021 年第 1 期。

② 参见陈超然：《检察机关涉案企业合规审查要点与思考》，载《中国检察官》2022 年第 24 期。

③ 童建明：《充分履行检察职责，努力为企业发展营造良好法治环境》，载《检察日报》2020 年 9 月 22 日，第 3 版。

参与社会治理开辟了新路径,是新形势下检察机关全面服务保障企业发展的创新探索,是对传统检察职能路径的必要延伸和应然拓展,符合经济社会发展的时代要求。

二、不起诉方式的创新发展

公诉权是检察机关行使法律监督的一项重要检察职能,这一职能决定了检察机关可以通过审查起诉,实现打击与惩罚犯罪所期望达到的预防犯罪的效果。如前文所述,实践中对涉案企业合规从宽已基本采取"检察建议模式"和"附条件不起诉模式"。所谓附条件不起诉模式,是指检察机关在审查起诉过程中,设立一定的考验期,对涉嫌犯罪的企业暂时不予起诉,并对企业建立刑事合规的情况进行监督考察,在期满后根据企业建立合规管理体系的进展情况,对其作出起诉或者不起诉决定的制度。① 相较而言,附条件不起诉模式在约束力以及监督考察执行力等方面能够更好地与企业合规制度相契合,在给予涉案企业"重生"机会的同时又不失惩治威慑的作用,实现"办理一个案件,挽救一个企业,规范一个行业"。因此,附条件不起诉模式成为试点检察机关对涉案企业从宽处理的主要模式,适用第三方机制所进行的合规监督考察从广义上来讲也是对涉案企业作出不起诉前所附"条件"的一种,这种规范化的"条件审查—监督考察—合规验收"流程被称为"范式合规模式"。② 检察机关通过不起诉的方式,督促企业合规经营,有助于企业建立完整的合规风险防范体系,在规范营业的同时切实履行好应尽的社会责任。

虽然《刑事诉讼法》只明确规定了法定不起诉、酌定不起诉、证据不足不起诉、特殊情形的裁量不起诉以及针对未成年人犯罪的附条件不起诉5种不起诉类型,未将适用合规考察的不起诉做法纳入其中,但这已经成为检察机关行使起诉裁量权的新方式。检察机关在企业合规附条件不起诉中承担着重要的角色,合规考察程序的启动、附带条件的设置、引导合规计划的制定、监督考察以及最终作出起诉或不起诉的决定,检察机关都全程参与。检察机关对于涉罪企业的具体情况较为了解,对于犯罪行为的性质、严重程度等能够作出专业、准确的判断,对于附带的有关赔偿、补偿、合规整改等条件的履行是否足以修复所涉犯罪对被害人和社会

---

① 参见合规及政府监管组:《多地检察机关积极探索开展企业"刑事合规不起诉"》,载微信公众号"方达律师事务所"2020年8月26日,https://mp. weixin. qq. com/s/1J9TcptTdOKSGzFCCzL6Ow。

② 陈瑞华:《企业合规整改中的相称性原则》,载《比较法研究》2023年第1期。

造成的影响也能作出相应的判断。因此,检察机关在办理涉案企业合规案件时,基于治理社会需要与已有经验能动履职,创新发展了对企业适用不起诉的新方式,并催生了学界对合规附条件不起诉的适用条件、对象、程序设计等诸多方面的探讨。① 基于目前针对未成年人犯罪的附条件不起诉适用已相对成熟,借鉴已有经验正式确立合规附条件不起诉制度可能是未来法律构建的主要方向,也将是未来企业犯罪治理的一种重要模式。

三、检察主导作用的强化

检察机关在刑事诉讼中起着承上启下的重要作用,不仅负责对侦查程序的监督与引导,而且通过对起诉裁量权的运用来决定是否启动审判程序,对案件处理起着过滤分流的作用。具体到处理涉案企业合规案件中来,检察机关决定合规考察程序的启动,在合规监管过程中起到衔接涉案企业与第三方组织的关键作用,并在效果验收时将涉案企业合规整改情况作为恰当运用起诉权的考量因素。从刑事诉讼基本流程和职责分工来看,刑事起诉是侦查和审判活动之间的桥梁,职责配置和权力运行的特点决定了检察机关在涉案企业合规中应当居于主导地位。

具体到第三方机制的适用上,检察机关的主导作用贯穿于启动、监督、结果认定的全流程。正如周新教授所提出的:"在第三方机制监管中,检察机关主导地位主要体现在过程控制和结果裁断两个层面。"②在过程控制层面保证合规整改程序的正当性,在结果裁断层面对不起诉案件进行质量把关。《指导意见》也明确提出要探索建立"检察主导、各方参与、客观中立、强化监督"的第三方监管机制,从规范层面确立了第三方监管中检察机关的主导地位。③ 并且,按照最高人民检察院的改革思路,涉案企业合规改革既要促进第三方监督评估的实质化、专业化,又要强化检察机关在第三方监督评估中的主导职责。检察机关在推进企业合规的过程中愈发展现出实质影响力,成为推动我国企业合规前进发展的重要国家力量,呈现出检察主导企业合规的实践面向。

检察机关在启动第三方机制时的主导作用主要体现在对启动条件的把关上,

---

① 具有代表性的如李玉华:《企业合规不起诉制度的适用对象》,载《法学论坛》2021 年第 6 期;时延安:《单位刑事案件的附条件不起诉与企业治理理论探讨》,载《中国刑事法杂志》2020 年第 3 期;陈瑞华:《论企业合规的中国化问题》,载《法律科学(西北政法大学学报)》2020 年第 3 期;等等。

② 周新:《涉罪企业合规不起诉制度重点问题研究》,载《云南社会科学》2022 年第 2 期。

③ 参见郭志远、王梦:《检察主导:论检察机关在企业合规第三方监管中的角色定位》,载《齐鲁学刊》2022 年第 6 期。

通过对涉案企业适用第三方机制的必要性和经济性进行考量,决定是否商请第三方机制管委会启动第三方机制。之后在第三方组织对涉案企业进行监督考察的过程中,为防止第三方组织与企业之间建立不正当的"利益输送"关系,检察机关也负责对考察评估工作进行审查与指导。同时,检察机关还负责对第三方组织的履职行为及其考察结果进行实质审查并确定是否将其作为依法处理案件的证据材料,以确保是检察机关而非第三方组织作出涉案企业合规整改是否达到有效性评价标准的最终结论。①

检察机关在第三方机制管委会程序运行方面也不仅仅起到一个沟通联络的作用。出于保障第三方机制管委会实质工作开展的目的,检察机关可以积极释理、主动协调,引导其他成员在合规工作的整个流程中依据自身优势,发挥积极作用。基于《指导意见》所体现出的"检察机关为主导,多元化主体共同参与"局面,检察机关仍然需要坚持主导地位,不能因为有其他社会专业力量的介入而忽视其在合规监管中的职责。作为监督考察的主体,检察机关应全面统筹考察进度,及时掌握、调查、督促合规计划进展,避免出现"纸面恢复""形式恢复""虚假恢复"的状况。② 但是,检察机关在第三方机制适用过程中的主导作用应有合适限度,不能侵蚀第三方机制管委会的统筹管理作用,应严格依照《指导意见》以及《实施细则》的相关规定,遵循检察启动原则,有序发挥检察机关、第三方机制管委会、第三方组织的决策、选任和执行作用,实行第三方机制管委会的综合管理和检察机关监督审查"双管齐下"的互动监管模式,三方合力共同实现合规监管实质化。

四、履职目标向预防犯罪转变

在国家治理的视域下,治理应当符合社会、政治、经济等全局发展。因此,犯罪治理应当顺应社会经济发展、犯罪形势变化、司法发展水平等规律,将犯罪等不安定因素合理控制在社会稳定秩序和经济持续发展之下。在此基础上,以修复被犯罪破坏的社会关系为核心要义的恢复性司法就应运而生了。恢复性司法被认为是积极性刑事司法(Proactive Criminal Justice)的三大支柱之一,代表了21世纪刑事司法的发展方向。③ 与传统刑事司法相比较,恢复性司法强调的重点有所不同。在诉讼各方的关系上,前者强调对抗性的关系与正当程序,并以此来界定"刑

① 参见赵恒:《论涉案企业合规第三方组织的法律地位》,载《政治与法律》2023年第6期。

② 参见何挺、严泽岷:《恢复性司法理念在企业犯罪附条件不起诉中的引入与运用》,载《法治社会》2022年第6期。

③ 参见陈晓明:《修复性司法的理论与实践》,法律出版社2006年版,第5页。

事正义”;而后者强调合作性的关系与弹性协商,在传统“刑事正义”的基础上延伸出“恢复性正义”。如果说传统刑事司法致力于解决针对犯罪行为所产生的刑事责任的问题,只要解决好被追诉人的刑事责任就实现了基本目的;恢复性司法除了关注针对犯罪行为所造成的损失如何进行弥补的问题外,还需要“照顾到犯罪行为所可能影响到的各方面主体,不再单纯地以追究犯罪人的刑事责任为主要任务,而是以修复各种被破坏的平衡格局与和谐关系为追求目标”。[①] 恢复性司法正视过去,强调弥补既有损失、修复社会关系,同时也面向未来,强调防止犯罪的再次发生,已成为新时代犯罪治理与刑事司法的主要理念。涉案企业合规改革作为行政化治理与刑事司法结合的产物,更应将恢复性司法理念贯穿至案件办理的全过程,优化案件办理的社会效果。

作为涉案企业合规改革正当性根据之一的法益修复理论,就是恢复性司法在治理涉企犯罪中的一种体现。根据法益修复理论,在合规考察程序中,企业积极主动采取了一系列补救措施,如主动认罪,配合执法部门的调查执法活动,积极开展合规内部调查,并采取了赔偿被害人、补缴税款、缴纳违法所得、恢复原状等挽损措施,完成了对犯罪所造成法益损害的补救和修复,因此对企业予以出罪处理。[②] 在刑事合规不起诉中,刑事司法政策对犯罪的关注由有罪必罚到双向结合、关注刑罚的事前预防和社会引导功能,有效发挥刑罚的社会治理功能。因此,在一定程度上,企业刑事合规改革是新时代呼应恢复性司法治理的一项重大举措,由此也带来检察机关履职目标的变化——涉罪企业合规考察制度让检察机关积极参与到企业治理过程中,实现了从追求惩罚、威慑效果向督促企业改变治理方式的重大转变,并推动检察职能由注重事后、消极预防向注重事前、积极预防转变。[③]

恢复性司法强调对受犯罪侵害的社会关系的修复,不以判处实体责任刑作为惩罚犯罪的唯一手段。特别是办理涉企犯罪案件时,考虑到对企业及其主要责任人判处刑罚可能对民生和就业带来的巨大波动,在程序层面,检察机关恪守“少捕慎诉慎押”的办案理念,对企业负责人涉经营类犯罪,依法能不捕的不捕、能不诉的不诉、能不判实刑的提出适用缓刑建议。2020 年 7 月 22 日最高人民检察院印发的《关于充分发挥检察职能服务保障“六稳”“六保”的意见》进一步要求:注重

① 参见韩荣:《刑事和解的社会学分析》,载《中南大学学报(社会科学版)》2011 年第 4 期。
② 参见陈瑞华:《企业合规不起诉改革的八大争议问题》,载《中国法律评论》2021 年第 4 期。
③ 参见李勇:《检察视角下中国刑事合规之构建》,载《国家检察官学院学报》2020 年第 4 期。

将犯罪嫌疑人认罪认罚积极复工复产、开展生产自救、努力保就业岗位作为审查判断有无社会危险性的重要考量因素,慎用逮捕措施。通过给予企业和直接责任人自我挽救的机会,避免“办一个案子,搞垮一个企业”,涉案企业在合规整改中付出了代价,也消除了内生性犯罪隐患,实现对犯罪的有效惩罚与预防,检察机关在这一过程中也成为恢复性司法的积极践行者。

五、检察监督手段的多样化

探索涉罪单位合规建设的实践,是刑事司法中构建“公私合作”犯罪治理模式的过程。检察机关在坚持法律监督机关本位的基础上,与行政监管部门、市场第三方主体进行合作,开拓了一条更为适合社会主义市场经济的法律监督道路。从这个角度讲,检察机关的监督职能得到了进一步优化,实现了在诉讼的各个环节和关键节点监督公权力的行使,最大限度地维护涉案企业合法权益。[①] 具体来讲,在立案阶段,检察机关通过侦查监督及时发现侦查机关违规插手经济纠纷的案件,监督违规立案的情形;在侦查阶段,依托于长期开展的“挂案清理”专项工作,检察机关监督侦查机关对民营企业或企业家适用强制措施的情形,督促其及时变更或解除强制措施,处理侦查机关立案后的慢作为、不作为问题;在审查起诉阶段,对第三方机制的启动、适用、考察、验收等都起着举足轻重的监督作用;在审判阶段,开展刑事申诉和国家赔偿案件专项督查,加强对审判活动的监督。未来对市场经济领域单位犯罪的治理流程监管还将扩展到案前防范与案后执行阶段,争取做到的全流程、全要素、全方位监管。

检察建议是在涉案企业合规改革中检察机关行使监督职能的主要方式,是检察机关监督职能的延伸,契合我国的检察制度。检察机关通过给企业制发检察建议的方式督促企业及时消除违法犯罪隐患,促使其规范化合规整改。同时,检察机关对外向行政主管机关提出检察意见,以此实现刑事合规与行政处罚的有效衔接。有学者还将目前检察机关主导型合规实践经验归纳为4种类型:检察建议后置模式、检察建议前置模式、第三方监管模式和附条件不起诉模式,并分析不同模式下检察建议的特点与作用,提出“后置的检察建议在强制性方面稍显不足,较难起到行之有效的监管作用”,而“检察建议前置模式能更好地保障检察建议的约束

---

① 参见董坤:《论企业合规检察主导的中国路径》,载《政法论坛》2022年第1期。

力和持续性”。[①] 检察机关作为法律监督机关,其监督权力在第三方机制的适用中也表现出不同形式:一方面,检察机关作为第三方机制适用的主导者,要统筹跟踪涉案企业合规整改的全过程,保证涉案企业合规整改依法依规开展;另一方面,其作为对公权力行使的监督者,要客观中立地监督第三方机制管委会及第三方组织的履职工作,保证第三方机制运行的正当性。同时为实现涉案企业刑事处理与行政处罚的有效衔接,检察机关还负有监督行政主管机关积极、正确行使行政监管权力的职责,“双管齐下”督促犯罪嫌疑单位履行合规义务。

六、结语

企业合规符合检察机关和企业的价值取向,成为我国当前社会犯罪治理和助推国家治理体系和治理能力现代化的重要举措,形成了企业、社会、国家的三重良性互动。检察机关也在参与涉案企业合规改革的过程中探索出了更大的履职空间:将检察职能延伸到社会治理领域,致力于对社会公共利益的维护;在犯罪治理目标上,将传统的事后惩罚犯罪转变为事前预防犯罪,积极践行恢复性司法治理理念;创新不起诉方式和检察监督的新途径,成为企业合规改革中至关重要的一份力量。未来检察机关作为涉案企业合规治理的中坚力量,将继续发挥把关、主导、监管等重要作用,牢固守住《意见》提出的检察机关角色定位,深入拓展延伸检察机关治理职能。

任何在社会需要的基础上开展起来的制度变革都像是在“摸着石头过河”,这个过程同时还受到社会政治经济情况以及刑事政策变化的影响,但制度的形成不是一蹴而就的,改革者不能操之过急,要耐心地发现问题、解决问题。我们要牢记,“企业合规改革的本质不是建立一套形式化的书面管理制度文件,合规是公司治理结构的一场革命,其根本目标是通过有效合规整改,堵塞管理制度漏洞,消除管理隐患,解决治理结构缺陷,实现经营模式和商业模式的去犯罪化,有效预防再次发生同类犯罪。”[②]目前涉案企业合规改革正在检察机关、第三方机制管委会、企业三方的推动下日趋完善,未来可能还会有侦查机关和法院的介入,来共同推动这项制度改革走向更加成熟。

(编辑:李冉毅)

---

① 参见时延安、陈振炜:《检察机关主导型合规模式中的监督与合作》,载《法治研究》2023 年第 2 期。

② 陈瑞华:《企业合规不起诉改革的动向和挑战》,载《上海政法学院学报(法治论丛)》2022 年第 6 期。

轻罪案件审判阶段羁押问题实证研究

——以G市B区为研究样本

李　璐　李紫依*

摘　要：轻罪案件审判阶段羁押问题在刑事诉讼中具有极为重要的意义。基于我国南部基层法院近5年判决书的统计分析发现，轻罪案件呈现逮捕率下降、审判阶段羁押期限缩短、在适用普通程序审理时认罪认罚从宽制度较好地简化了诉讼程序等可喜变化，但同时也透露出些许不足。我国审判阶段的捕后羁押状态中存在的主要问题包括：法院普遍消极行使变更或撤销逮捕权；现行立法关于法院决定逮捕程序及捕后救济途径的规定阙如；在轻罪案件量膨胀的背景下，审限制度及具体适用的审理程序暴露出不适应性。完善轻罪案件审判阶段羁押制度的总体思路应当是：完善法院的变更逮捕权、规范法院决定逮捕权的行使、探索轻罪案件审限制度改革。

关键词：轻罪治理；捕后羁押；审判阶段；逮捕期限；实证研究

随着法治进程的不断推进，犯罪治理面临着刑法规制范围扩大化、犯罪轻缓化、罪犯危险性降低的改变，如何治理轻罪案件，成为当下不容小觑的课题。我国《刑法》中并未直接使用重罪轻罪的措辞，但存在区分重罪轻罪的精神。[①] 学界在

---

* 李璐，西南政法大学诉讼法与司法改革研究中心研究人员；李紫依，安徽省宿州市埇桥区人民检察院检察员。本文系2023年度法学院学生科研创新项目“轻罪案件捕后羁押期限的实证研究——以G市B区为研究样本”（FXY2023065）的研究成果。

① 郑伟：《重罪轻罪研究》，中国政法大学出版社1998年版，第3页。

轻罪的界定问题上存在划分标准、法定刑还是宣告刑、具体适用的刑期等争议。①本文认为形式标准说更为清晰、明确，便于司法工作者直观、准确地适用刑事诉讼程序，可操作性更强。加之，我国刑法及刑事诉讼法中较多地使用“3 年”为划分标准，且以此为界，能较好地平衡案件数量及宽严相济的办案需要。故在本文的论述中，轻罪是指应当判处为 3 年以下有期徒刑（含缓刑）的犯罪，同时，本文将有且仅有一档法定刑，且该法定最高刑为有期徒刑 3 年的罪名作为轻罪中的特殊类型加以考虑。

近年来，已有不少关于捕后羁押问题的研究成果，主要集中讨论了羁押率过高、②羁押期限过长、③隐性超期羁押问题严重、④羁押期限与刑期折抵的计算规则不明⑤等问题，鲜有在刑事现代化与一体化的背景下，系统性地针对轻罪案件审判阶段羁押问题开展的实证分析。为弥补这一不足，本文拟从当前犯罪结构变化的视野下，以 2016 年至 2021 年间 G 市 B 区轻罪案件审判阶段羁押的变化情况为研究的切入点，旨在发现逮捕这一重要的强制措施在轻罪案件中的运行状况是否发生了变化，并分析促成这些变化的多种因素以及它们各自对审判阶段羁押变化发生作用的具体机制。

一、样本情况与研究方法

（一）样本的选择与代表性

本文以中国裁判文书网公布的文书为样本来源，并将样本聚焦在 2016 年、

---

① 在轻罪与重罪的划分标准上，存在形式标准说、实质标准说与综合说三种观点。同时在形式标准说内部，存在法定刑和宣告刑的争论。此外，在具体刑期的标准上还存在 3 年、5 年和 7 年等讨论。参见卢建平、叶良芳：《重罪轻罪的划分及其意义》，载《法学杂志》2005 年第 5 期；李邦友、姚兵：《轻罪和解模式研究》，载《法学杂志》2006 年第 6 期；杨迪：《我国轻罪制度建构研究》，吉林大学 2020 年博士学位论文，第 88 ~ 90 页；张明楷：《刑法学》（第 6 版），法律出版社 2021 年版，第 120 页。

② 刘计划：《逮捕功能的异化及其矫正——逮捕数量与逮捕率的理性解读》，载《政治与法律》2006 年第 3 期；郭烁：《徘徊中前行：新刑诉法背景下的高羁押率分析》，载《法学家》2014 年第 4 期；施珠妹：《逮捕证明要件的法规范分析——兼论对逮捕率的影响》，载《证据科学》2021 年第 2 期。

③ 孙长永主编：《中国刑事诉讼法制四十年：回顾、反思与展望》，中国政法大学出版社 2021 年版，第 344 ~ 347 页。

④ 崔兆强：《延押案件司法审查机制缺失与重构》，载《中国检察官》2013 年第 5 期；杨晓静、周晓武：《论“审判中心主义”下的审前程序控制——以“隐性超期羁押”为切入点》，载《政法论丛》2016 年第 3 期；王子毅：《降低审前羁押率的影响因素分析与对策研究》，载《中国刑事法杂志》2021 年第 4 期。

⑤ 倪诚：《从一起案例看侦查羁押期限的相关问题》，载《中国检察官》2012 年第 4 期；台培森：《缓刑中的刑期与羁押期倒挂现象研究》，载《中国检察官》2020 年第 20 期；杨梦峰：《先行羁押期限是否应折抵缓刑刑期》，载《中国检察官》2021 年第 22 期。

2019 年、2020 年和 2021 年间 G 市 B 区人民法院审理的刑事一审案件的判决书。这主要是基于以下的考虑:第一,以审判为中心的诉讼制度改革涉及公安机关、检察机关及法院三机关的机制变革。本文选择的时间始于“两高”、公安部、国家安全部、司法部 2016 年 7 月 20 日共同颁布《关于推进以审判为中心的刑事诉讼制度改革的意见》的当年,并向后延展 5 余年,通过较长的观察期,有利于见证以审判为中心诉讼制度改革背景下,衍生出的速裁程序、认罪认罚从宽制度、刑事案件辩护律师全覆盖等配套制度在轻罪案件中的落实情况。同时,也能够满足探究“少捕慎诉慎押”刑事司法政策对轻罪案件在审判阶段所采取的强制措施有何影响的需要。第二,G 市是以审判为中心诉讼制度改革推行下诸多配套措施的试点城市之一,案件量大,司法体系较为健全,同时也是南部综合实力名列前茅的城市代表,而 B 区为 G 市常住人口最多的区,能够较好地代表 G 市的整体水平。第三,一审是所有刑事案件的必经程序,且判决书中关于被告人基本情况的记载能够较为清晰地呈现每个被告人适用的审理程序、认罪认罚表现、有无辩护律师及被采取的强制措施等情况。概言之,本文选取的样本具有较好的代表性。

在以“刑事案件”“判决书”“G 市 B 区人民法院”“文书公开”和年份为关键词进行检索,并剔除部分重复样本后共得到 9914 份刑事判决文书,涉及 12,473 名被追诉人,其中有 11,796 名被告人被判处 3 年以下刑罚(含缓刑),含 2016 年 2458 人,占当年判决总人数的 93.92%;2019 年 3689 人,占当年判决总人数的 93.92%;2020 年 3259 人,占当年判决总人数的 94.41%;2021 年 2390 人,占当年判决总人数的 96.53%。[①]

由于文中数据仅是 B 区人民法院一审刑事判决书的统计,既不含由中院及以上法院一审的严重犯罪案件,也难以覆盖进入审判前就已终结的案件中强制措施的适用情况。故笔者对所搜集的有效样本进行全面分析,希冀尽可能完整地呈现各项强制措施的实际运行情况和变化趋势,以弥补上述局限。

(二)研究方法

由于实践中对犯罪嫌疑人适用强制措施的各项统计数据难以直接获取,笔者结合需要探究的问题,对所选取法院在特定年份内审结并公开的一审判决书进行逐案录入、整理与分析,具体步骤如下:

首先,以裁判文书中被告人基本情况部分所记载的实施强制措施的时间为依

① 最后检索时间为 2022 年 5 月 24 日。

据，分别计算各项强制措施的适用比率并分析各年份的变化情况；其次，通过对裁判文书中的时间点进行跨度计算，得到各类强制措施的适用期限，进而考察各年份、各种类强制措施适用的期限幅度和平均状况；再次，根据宣告刑判处的刑罚进行筛选，整理轻罪案件强制措施适用的总体情况；最后，筛选出轻罪案件中适用逮捕措施的案件，具体分析各因素对逮捕适用的影响。

二、基本情况与原因分析

（一）轻罪案件适用逮捕的基本情况

1. 轻罪案件逮捕率的总体情况

少捕的理念要求，在刑事诉讼中尽量少地逮捕犯罪嫌疑人、被告人，将逮捕的功能严格限制为保障诉讼顺利进行的预防性措施。[①]《刑事诉讼法》第 81 条在规定逮捕条件的时候，以采用取保候审尚不足以防止发生社会危险作为前提，暗含适用逮捕前应优先考虑适用取保候审之意。而"两高"、公安部、国家安全部 2022 年 9 月 5 日新修订的《关于取保候审若干问题的规定》第 3 条则明确指出，在采取取保候审足以防止发生社会危险性的情况下，应当适用取保候审，突出在强制措施的适用中应以逮捕为例外的立法本意。[②] 诚然，轻罪案件坚持少捕政策绝不等于一律不捕，而是应区分情况、区别对待。以徐某故意伤害案为例，检察机关认为，虽然徐某实施的是轻罪行为，但是其始终不认罪且可能对被害人实施新的犯罪，具有严重的社会危险性，有必要被逮捕。[③] 因此，对于轻罪案件，应从犯罪手段是否恶劣、危害后果是否严重、是否真心认罪悔罪等方面综合考量，准确评估社会危险性。在 2016 年至 2021 年，轻罪案件的逮捕率呈现平稳下降趋势，从 77.14% 降至 56.23%。然而，仍有超半数被指控轻罪的被告人曾被采取逮捕措施。

2. 轻罪案件适用逮捕的诉讼阶段及时间

根据《刑事诉讼法》第 80 条的规定，检察院和法院都有权决定逮捕。但从样本数据可见，被指控轻罪的被逮捕人中，约 90% 是在审前被检察院决定或批准逮捕，这反映了实践中逮捕的主要形式是检察院对公安提请批捕的案件行使批准权、对自侦案件行使决定逮捕权。但是，也存在部分审查起诉阶段处于非羁押状

---

① 庄永廉、孙长永、苗生明等：《少捕慎诉慎押刑事司法政策的内涵功能及其落实》，载《人民检察》2021 年第 15 期。

② 闫召华：《取保候审新规的优化与隐忧》，载《上海法治报》2022 年 10 月 19 日，B6 版。

③ 《检察机关贯彻少捕慎诉慎押刑事司法政策典型案例（第一批）》，载《检察日报》2021 年 12 月 6 日，第 2 版。

态的被告人,在审判阶段被法院决定逮捕,其中,除2016年和2019年分别有11名和3名被告人是在判决当天被逮捕外,其余被告人都是在开庭前被逮捕。另外,在审判阶段适用逮捕的情况中,转化型逮捕的比例较高。①

3. 刑期与逮捕的关系

羁押法定原则要求,羁押的适用条件与程序都只能由立法机关所制定的法律规定,司法机关行使羁押权力时不得违背法律。② 根据《刑事诉讼法》第81条的规定,可以将逮捕分为普通逮捕、径行逮捕和转化型逮捕三类,原则上被指控法定最高刑为拘役以下之犯罪的被告人并不符合普通逮捕和径行逮捕的条件。的确,在法定最高刑为拘役的样本数据中,仅有不到5%的被告人被采取逮捕措施,其中约90%的被告人是在被采取取保候审、监视居住后转而被适用逮捕。但不可置否的是,其中也存在少数虽不符合转化型逮捕条件,却仍被办案机关逮捕的被告人。

轻罪案件是审查逮捕时考量刑罚要件的重点案件类型,也是检察机关可能与审判机关存在判断偏差的部分。但是,实践中真正需要检察官进行刑期判断的案件比例不会太高,且大多属于常规性案件,是检察官能够准确判断的。③ 从样本数据可见,实践中被判处拘役以下刑罚的被逮捕人比例快速下降,2016年至2021年间,从38.75%减少至3.95%,但是其中不符合转化型逮捕条件的情况仍超过半数。

4. 审判阶段处于羁押状态的被告人情况

经过长时间的羁押后,案件事实基本查清、证据已收集固定、证人的供述及证据基本保全,不存在串供的风险。④ 且随着羁押时间的延长,被告人潜逃的风险也必然会减少。⑤ 正因为羁押具有临时性、阶段性的特征,所以一旦诉讼保障的需要消失或降低,便产生撤销、变更羁押措施的必要。⑥ 一方面,从样本数据可知,实践中,检察院在审查起诉阶段会将部分案件中的逮捕措施变更为取保候审,但对于

① 2016年有57人公诉日期不明,2019年有341人公诉日期不明,2020年有321人公诉日期不明,2021年有165人公诉日期不明。鉴于本文仅对轻罪案件审判阶段的羁押期限展开研究,故在后文涉及审判阶段羁押情况的表格中均不含公诉日期不明的样本数据。另外,除特别说明,后文所提的逮捕仅限于审前逮捕后未变更逮捕措施及审判阶段逮捕的情况。

② 江涌:《未决羁押制度的研究》,中国人民公安大学出版社2011年版,第59页。

③ 郭松:《中国刑事诉讼运行机制实证研究(四)——审查逮捕制度实证研究》,法律出版社2011年版,第157~158页。

④ 原立荣、刘铃悦:《延长羁押在欧洲人权法院的实践及启示——以"温霍夫诉德国案"为例》,载《中国刑警学院学报》2020年第5期。

⑤ 龙浩:《审前羁押理由的欧洲标准与借鉴意义》,载《福建警察学院学报》2021年第6期。

⑥ 罗海敏:《比较法视野中的未决羁押撤销、变更机制探析》,载《比较法研究》2021年第4期。

审前业已逮捕的轻罪案件,在审判阶段中不存在变更为非羁押型强制措施或释放被告人的情况。另一方面,轻罪被告人中,在审判阶段仍处于羁押状态的比例快速下降,2016 年至 2021 年间,从 74.37% 下降至 47.78% 。可见,审判阶段羁押率的降低与公安机关、检察机关对逮捕条件、继续羁押条件越发严格地把握有关。

另外,审判阶段处于羁押状态的轻罪被告人被指控的主要罪名依次为盗窃罪,四年平均占比 24.48% ;赌博罪,四年平均占比 9.49% ;贩卖毒品罪,四年平均占比 8.11% ;故意伤害罪,四年平均占比 7.39% ;诈骗罪,四年平均占比 5.78% ;开设赌场罪,四年平均占比 4.54% ;假冒注册商标罪,四年平均占比 3.87% 。统计数据显示,轻罪案件涉及的案件类型多为常规罪名、较为稳定。另外,可能限于案件数量较少的原因,法院决定逮捕的被告人中,被指控的罪名较为分散,未呈现明显的分布特点。

囿于数据只能呈现表象,无法阐释原因,故笔者通过参与式观察及访谈法官的方式,获悉法院办理案件的流程及习惯性做法,进一步探析上述现象出现的原因。[①] 首先,在立案后、通知开庭前,除案涉被告人适用的非羁押性强制措施临近届满外,法院一般不会主动适用强制措施,仅为处于羁押状态的被告人办理换押证。但是,若被取保候审人或被监视居住人出现脱逃等异常情况时,法院也会决定逮捕,以保障诉讼的顺利进行,但实践中该情况出现的概率极少。其次,在通知开庭后,对于检察院量刑建议中未建议适用缓刑,且法院认为未同时具备主观恶性不大、犯罪情节较轻、有悔罪表现、没有再犯罪危险、对所居住社区无重大不良影响等适用缓刑的条件,应对被告人适用实刑时,法院会在开庭前提前通知公安机关,并制作逮捕决定书,而后公安机关根据实际情况,在开庭前或在宣判当天对被告人执行逮捕。最后,法院出具的逮捕决定书乃至法院内部决定逮捕的审批文件中,仅载明现有证据证明被告人犯有某罪,现根据《刑事诉讼法》第 81 条的相关规定,决定予以逮捕,或“因审判需要,根据刑事诉讼法的相关规定拟决定逮捕”,而疏于对逮捕必要性要件的说明与论证,这可能变相导致以最终可能判处缓刑而倒推对被告人不适用逮捕、诱发法院滥用逮捕决定权的问题。

---

① 由于疫情等客观条件限制,笔者仅在 J 省 N 市 G 区进行实地调研,N 市与 G 市为临近省份,调研情况具有一定的参考意义。

(二)轻罪案件中逮捕期限情况

1. 审判阶段的逮捕期限

在羁押中应贯彻比例性原则,即羁押适用的程序及期限,应与被指控犯罪行为的严重性、影响诉讼正常进行的可能性、可能科处的刑罚等相适应。① 虽然我国《刑事诉讼法》中并没有将羁押期限与办案期限分离,但通过羁押必要性审查制度,对不需要继续羁押的被告人及时变更其被适用的强制措施,能够在实质上达到区分羁押期限与办案期限的目的。② 故,轻罪案件的羁押期限理应短于重罪案件。而综观样本数据可知,总体而言,在审判阶段的逮捕期限不长,且在 2019 年至 2021 年间,人均逮捕期间持续缩短,从 36.33 日降为 23.68 日。

2. 法定刑期对逮捕期限的影响

从样本数据来看,被指控徒刑以上法定刑期的被告人,被逮捕的期限更长,但总体而言,在 2016 年至 2021 年间该期限逐渐缩短,且与被指控法定最高刑期在拘役以下之被告人的逮捕期限间的差距逐渐缩小。

3. 审理程序与羁押期限的关系

近 5 年间,轻罪案件适用普通程序审理的比例显著下降,从 2016 年的 76.37% 降为 2021 年的 24.96%,相对应地,简易程序的适用率大幅提升,2016 年至 2021 年间从 20.30% 增加至 68.30%。同时,速裁程序在轻罪案件中的适用率稳定在低位,不足 7%。笔者通过实践调研获悉,部分案件虽然检察院建议适用速裁程序,但可能由于被告人在签署起诉书副本时否认自己曾实施犯罪、认为刑罚过重,抑或是由于法院案件量大,难以在办案期限内开庭等原因,而出现法院立案后将案件变更适用简易程序、普通程序的情况。

鉴于我国《刑事诉讼法》未确立审判阶段的最长羁押期限,故审判阶段逮捕期限的上限与办案期限等同,上述审理程序适用情况的变化必然影响审判阶段逮捕期限的长度。本文以不同审理程序为界分,在参考法定审理期限的基础上进行分段统计,以便更为准确地探讨审判阶段逮捕期限的问题。根据《刑事诉讼法》第 208 条规定,一审普通程序的审理期限原则上为 2 个月,至迟不超过 3 个月,对于可能判处死刑、附带民事诉讼或符合“因办理交通不便的边远山区、流窜作案、犯

① 江涌:《未决羁押制度的研究》,中国人民公安大学出版社 2011 年版,第 82 页。

② 项谷、姜伟:《人权保障观念下羁押必要性审查制度的诉讼化构造》,载《政治与法律》2012 年第 10 期。

罪涉及面广、取证困难的重大复杂案件或重大犯罪集团案件”的可以延长3个月，在有其他特殊情况，经批准后还可以继续延长。如表1所示，大部分轻罪案件能在3个月内审结，逮捕期限不超过3个月。但同时也需要注意到，部分轻罪案件的被告人被处以超过3个月的羁押，其正当性值得质疑。此外，适用普通程序的被逮捕人的人均逮捕期限在2019年延长至峰值后，呈现稳步缩减趋势，2019年至2021年间，从75.68日降至64.19日。

根据《刑事诉讼法》第220条规定，简易程序审理的期限原则上为20日，对于可能判处有期徒刑3年以上的，可以延长至1个半月。通过对法条的文义解释不难得出，轻罪案件并不符合简易程序中延长审理期限的条件，但是仍有部分案件在适用简易程序的前提下，被处以超过20日的羁押，其中不乏被指控法定最高刑期为有期徒刑3年之犯罪的被告人。因此有必要对适用简易程序审理的轻罪案件中，延长审理期限的正当性开展进一步的探究（见表2）。

根据《刑事诉讼法》第225条的规定，速裁程序的审理期限原则上为10日，对于可能判处有期徒刑1年以上的，可以延长至15日。如表3所示，大部分适用速裁程序的案件都能在10日内审结。

表1　普通程序中的逮捕期限

年份	逮捕总人数（人）	≤61日		62—92日		93—183日		≥184日		人均逮捕期间（日）	最长逮捕期间（日）
		数量（人）	占比（%）	数量（人）	占比（%）	数量（人）	占比（%）	数量（人）	占比（%）		
2016	1396	1198	85.82	115	8.24	50	3.58	33	2.36	39.63	602
2019	907	518	57.11	215	23.70	107	11.80	67	7.39	75.68	509
2020	711	439	61.74	159	22.36	64	9.00	49	6.89	65.77	546
2021	285	169	59.30	81	28.42	24	8.42	11	3.86	62.19	497

表2　简易程序中的逮捕期限

年份	逮捕总人数（人）	≤20日		21—45日		≥46日		人均逮捕期间（日）	最长逮捕期间（日）
		数量（人）	占比（%）	数量（人）	占比（%）	数量（人）	占比（%）		
2016	371	368	99.19	2	0.54	1	0.27	10.53	65
2019	1387	1300	93.73	57	4.11	30	2.16	13.88	402

续表

年份	逮捕总人数（人）	≤20日		21—45日		≥46日		人均逮捕期间（日）	最长逮捕期间（日）
		数量（人）	占比（%）	数量（人）	占比（%）	数量（人）	占比（%）		
2020	1167	1090	93.40	75	6.43	2	0.17	12.58	90
2021	780	757	97.05	22	2.82	1	0.13	10.73	76

表3　速裁程序中的逮捕期限

年份	逮捕总人数（人）	≤10日		11—15日		≥16日		人均逮捕期间（日）	最长逮捕期间（日）
		数量（人）	占比（%）	数量（人）	占比（%）	数量（人）	占比（%）		
2016	61	59	96.72	1	1.64	1	1.64	5.77	24
2019	150	146	97.33	3	2.00	1	0.67	5.89	29
2020	44	43	97.73	1	2.27	0	0.00	5.2	15
2021	77	76	98.70	1	1.30	0	0.00	4.91	14

4.认罪认罚在不同审理程序中的影响

认罪认罚类轻罪案件应是少捕慎诉慎押刑事司法政策适用的重点，在遵循认罪自愿性的前提下，犯罪嫌疑人、被告人认罪认罚，说明刑罚的教育作用已初步显现，可以综合案情对被追诉人从宽处理。[①] 进一步对普通程序和简易程序中被告人认罪认罚的情况进行分析，普通程序中认罪认罚的被告人的人均逮捕期限大幅短于未认罪认罚的被告人，可见认罪认罚制度在普通程序中较好地起到了简化诉讼程序、提高诉讼效率的作用。（见表4）相比之下，简易程序中，被告人是否认罪认罚对诉讼程序的影响并不显著，两者的审理期限差别不大。（见表5）一方面，可能因为简易程序的审理期限本就较短；另一方面，也可能因为简易程序以犯罪嫌疑人、被告人认罪为适用前提，故认罪认罚案件与非认罪认罚案件的复杂程度相近，需要办案人员投入近乎相同的时间精力。调研中法官也表示，对于认罪认罚的被告人，适用速裁程序审理实质上与适用简易程序审理的差别不大，一般仅在诉讼文书及宣判时间上有所差异。

---

① 庄永廉、孙长永、苗生明等：《少捕慎诉慎押刑事司法政策的内涵功能及其落实》，载《人民检察》2021年第15期。

表 4　普通程序中不同认罪认罚情况的逮捕期限对照

年份	情况	该情况总人数（人）	≤61 日		62—92 日		93—183 日		≥184 日		人均逮捕期间（日）	最长逮捕期间（日）
			人次（人）	占比（%）	人次（人）	占比（%）	人次（人）	占比（%）	人次（人）	占比（%）		
2019	认罪认罚	184	125	67.93	29	15.76	22	11.96	8	4.35	57.72	328
	非认罪认罚	723	393	54.36	186	25.73	85	11.76	59	8.16	80.25	509
2020	认罪认罚	385	266	69.09	99	25.71	13	3.38	7	1.82	49.68	434
	非认罪认罚	326	173	53.07	60	18.40	51	15.64	42	12.88	84.78	546
2021	认罪认罚	195	123	63.08	58	29.74	10	5.13	5	2.56	57.58	210
	非认罪认罚	90	46	51.11	23	25.56	14	15.56	6	6.67	78.50	497

表 5　简易程序中不同认罪认罚情况的逮捕期限对照

年份	情况	该情况总人数（人）	≤20 日		21—45 日		≥46 日		人均逮捕期间（日）	最长逮捕期间（日）
			人次（人）	占比（%）	人次（人）	占比（%）	人次（人）	占比（%）		
2019	认罪认罚	608	575	94.57	26	4.28	7	1.15	13.13	271
	非认罪认罚	779	725	93.07	31	3.98	23	2.95	14.47	402
2020	认罪认罚	892	823	92.26	68	7.62	1	0.11	12.90	90
	非认罪认罚	275	267	97.09	7	2.55	1	0.36	11.52	49
2021	认罪认罚	698	686	98.28	11	1.58	1	0.14	10.44	76
	非认罪认罚	82	71	86.59	11	13.41	0	0.00	13.23	39

5. 法院决定逮捕的期限情况

综合来看,在审判阶段法院决定逮捕的案件中,多适用普通程序进行审理。另外,可能基于被逮捕人数较少的缘故,人均逮捕期限和最长逮捕期限的波动较大(见表6)。

表6 法院决定逮捕的期限情况一览

年份	逮捕总人数(人)	普通程序		简易程序		速裁程序		人均逮捕期间(日)	最长逮捕期间(日)
		数量(人)	占比(%)	数量(人)	占比(%)	数量(人)	占比(%)		
2016	28	28	100.00	N/A	N/A	N/A		11.86	93
2019	19	12	63.16	7	36.84			108.63	287
2020	3	2	66.67	1	33.33			37.67	60
2021	7	7	100.00	N/A	N/A			6.86	27

(三)轻罪案件捕后刑罚情况

1. 逮捕与宣告刑的关系

通过对比宣告刑不同的案件中被告人被逮捕的情况可知,一方面,在审判阶段仍被逮捕的被告人被判处徒刑以上刑罚的比例极高,且该占比仍在不断上升,2016年至2021年间,从86.82%提升至96.67%。由此推断,实践中可能存在办案期限"绑架"宣告刑的情况(见表7)。

另外,缓刑是对犯罪分子在惩罚的前提下宽大处理的一种刑罚制度。适用缓刑,意味着在维持原判刑罚效力的影响下给犯罪人以悔过自新的机会,在教育改造的基础上帮助犯罪人回归社会、尽可能减少对其生活的影响。[①] 根据《刑法》第72条的规定,轻罪案件皆满足适用缓刑的刑罚要件,但从样本数据来看,表面上,在审判阶段未被逮捕的被告人有极大的概率被宣告缓刑,但对这一数据应反向分析,也即,若在审判阶段中被告人继续处于羁押状态,即便是被不当适用逮捕措施所致,最终也极有可能被剥夺适用缓刑的机会(见表7)。

① 高铭暄主编:《刑法学原理》(第3卷),中国人民大学出版社2005年版,第451页。

表 7　逮捕与宣告刑的关系统计

年份	总人数		徒刑以上至 3 年				拘役以下				缓刑			
	逮捕（人）	未经逮捕（人）	逮捕		未经逮捕		逮捕		未经逮捕		逮捕		未经逮捕	
			数量（人）	占比（%）	数量（人）	占比（%）	数量（人）	占比（%）	数量（人）	占比（%）	数量（人）	占比（%）	数量（人）	占比（%）
2016	1828	573	1587	86.82	192	33.51	241	13.18	381	66.49	213	11.65	485	84.64
2019	2444	904	2260	92.47	255	28.21	184	7.53	649	71.79	219	8.96	845	93.47
2020	1922	1015	1849	96.20	216	21.28	73	3.80	799	78.72	147	7.65	896	88.28
2021	1142	1083	1104	96.67	158	14.59	38	3.33	925	85.41	39	3.42	920	84.95

2. 被法院逮捕之被告人的判决情况

统计数据显示,由法院决定逮捕的被告人,最后近乎都被判处徒刑以上的刑罚,且被告人被判处徒刑以上刑罚的比例不断攀升,在2020年和2021年甚至达到100%。另外,法院决定逮捕被告人后,在判决时适用缓刑的比例较低,大部分年份甚至完全没有适用。有学者通过调研指出,实践中对于应当判处实刑、确需投监服刑,但被取保候审的被告人,法院通常会在一审开庭前先行逮捕。[①] 笔者在调研中也询问到类似的情况。这或许能部分解释法院逮捕被告人后,适用缓刑率较低的原因,但也不排除法院在判决时可能会受到先行逮捕的影响。

三、实践困境与完善建议

(一)实践困境

对于当前轻罪案件在审判阶段的羁押问题,可以分解为进入审判阶段前被告人已处于羁押状态、审判阶段法院决定逮捕两种情况,并从审判阶段被告人的逮捕适用与羁押期限两个层面出发,进行系统分析。

首先,对于进入审判阶段前就已被逮捕的被告人,法院一般消极行使变更或撤销逮捕权。根据《刑事诉讼法》第96条和第97条的规定,法院有权依职权或依申请启动对未决羁押的审查,但是审判阶段实际变更或撤销逮捕的情况极少。一方面,面对此类案件时,法院一般会默认检察院适用逮捕理由的有效性,仅办理换押手续和提讯证,而不会主动审查适用逮捕措施的必要性。另一方面,现行法律缺少对辩方当事人及其法定代理人、近亲属或辩护人提出变更逮捕申请之条件、时间、手续等程序的具体规定,且对于法院消极处理的程序性制裁阙如,故实践中依申请启动变更或撤销逮捕措施的路径也备受阻力。此外,对于超期羁押的案件,《国家赔偿法》难以给予有效救助。我国国家赔偿对赔偿的范围采用严格的法定主义原则。法律规定,国家赔偿应遵循无罪羁押赔偿原则,也即若受害人有犯罪行为,即便逮捕和判处刑罚存在违法情况,国家也不承担赔偿责任。[②]

其次,现行立法关于法院决定逮捕的条件、时间、手续、审查主体等程序以及救济途径存在模糊甚至空白,直接导致法院任意行使逮捕权的乱象。实践中,对于开庭前未羁押,但宣告判处徒刑以上实刑的被告人,部分法院采取宣判后当庭

① 邱学锋:《法院决定逮捕情形的范围和时机》,载《江苏法制报》2014年1月14日,A07版。

② 最高人民法院赔偿委员会办公室编著:《最高人民法院国家赔偿司法救助司法解释理解与适用》,人民法院出版社2020年版,第218~219页。

逮捕的方式，以防止被告人逃跑，这种做法是否具有法律依据？我国《刑事诉讼法》中仅用一个条文规定逮捕的条件，此种情况下，虽判决尚未生效，但被告人已明确被判处徒刑以上的实刑，能否理解为“可能判处徒刑以上刑罚”？在法院决定逮捕后，被告人及其法定代理人、近亲属、辩护律师可以向法院还是检察院申请变更强制措施？依据是《刑事诉讼法》第96条和第97条的诉讼职能型启动模式，还是《刑事诉讼法》第95条的诉讼监督型启动模式？[①] 另外，羁押必要性审查作为分离羁押期限与办案期限的有效手段，在实践中的运用尚存不足，在审判阶段，羁押必要性审查处于启动消极、成效欠缺的窘境。

最后，在轻罪案件量膨胀的背景下，审限制度和适用的审理程序暴露出不适应性。从审限制度的发展历史来看，可以说，现行审限制度主要是针对被告人被羁押的案件而设立的。一方面，从早期立法条文中可以推知，审限制度设置的主要目的是避免对被告人进行长时间羁押，如全国人大常委会1984年7月7日制定的《关于刑事案件办案期限的补充规定》（已失效）就明确载明，审限仅适用于被告人已被羁押的案件。另一方面，审限制度制定之初的司法背景为大量的被告人在审判阶段处于羁押状态。如最高人民法院2000年出台，2008年调整的《关于严格执行案件审理期限制度的若干规定》虽在既有法律的基础上强调多元价值，但反观其所在时代，未决羁押为常态的司法背景尚未发生较大改变。[②] 因此，在轻罪案件量逐渐增多，被告人在自由状态中等待审判的比例呈现增长态势的背景下，理应对审限制度进行调整。结合具体的审理程序来看，实际上，轻罪案件中，认罪认罚的被告人基本同时满足速裁程序和简易程序的适用条件，但基于案多人少等现实原因，检察院建议适用简易程序的案件比更高，甚至对于检察院建议适用速裁程序的案件，法院也可能变更适用简易程序、普通程序，导致速裁程序在轻罪案件中的适用率稳定在低位。若要在保证审判公正性的前提下打破现实窘境、减少司法拖延，势必需要对现有的审判程序模式作出适度调整。

（二）完善建议

1. 推动法院变更逮捕权的完善

随着诉讼进程的推进，先前诉讼阶段中的羁押理由不应自然延续，而需办案机关在办理换押证时重新审查羁押理由。换押证的实质是两个办案阶段的衔接，

---

① 罗海敏：《未决羁押撤销、变更机制研究》，中国人民公安大学出版社2021年版，第133页。

② 左卫民等：《中国刑事诉讼运行机制实证研究》，法律出版社2007年版，第259页。

因此法院可以考虑借助看守所的力量对被告人的羁押必要性进行审查,因为看守所作为专门的未决羁押机构,能够获取未决羁押犯身体、生活状况和家庭情况等一手资料,能够高效、准确地对被告人的社会危险性进行评估。[①] 具体而言,首先,应当确立看守所的中立地位。《看守所法》(征求意见稿)规定,看守所隶属于公安部门,其实这也是实践现状,但是若要有效发挥看守所的诉讼保障作用,必然不可受制于追诉机关,应归属于司法行政机关管理。其次,应在看守所内设置单独的审查机构,在掌握被羁押人身体状况、生活情况等资料的基础上,定期进行审核,并将满足适用非羁押型强制措施条件的被羁押人情况及时反馈给检察院和法院。同时,法院受理案件后,可以通过调取看守所的评估材料、要求检察院补充提交看守所的社会危险性审查材料、必要时提讯被告人等途径判断被告人是否满足变更强制措施的条件,积极行使变更逮捕权。

另外,法律宜对犯罪嫌疑人、被告人提出变更逮捕申请的条件、时间、手续等程序性事项作出明确规定,并配套设置程序性制裁措施。本文认为,检视《刑事诉讼法》第97条可知,立法并未对变更逮捕申请的时间作出限制,因此在法院判决前,只要出现《刑事诉讼法》第67条和第74条规定之情形,或被告人认罪认罚、社会危险性降低的,就可以由被告人及其法定代理人、近亲属或辩护律师向法院提出书面申请,并附带证明材料加以佐证。对于辩方提出的申请,法院应当作出回应,并记录留存。需要说明的是,虽然以听证的方式进行审查具有重要意义,但该方式背后必定附随着高昂的时间、人力、物力及财力等成本,存在推广实施的难度。因此,本文建议在当前仍应以书面审查的方式为主。

2. 规范法院决定逮捕权的行使

《公民权利及政治权利国际公约》第9条规定,"人人有权享有身体自由及人身安全。任何人不得无理予以逮捕或拘禁。非依法定理由及程序,不得剥夺任何人之自由。"审查逮捕程序作为开启逮捕的大门,必然需要从严把守。当前,我国刑事诉讼法中关于逮捕的规定主要是针对侦查和审查起诉阶段,故应完善审判阶段法院决定逮捕的程序性规定。

第一,在审判阶段应继续将保障诉讼顺利进行作为行使逮捕权的目的,并细化法院决定逮捕的条件。根据《刑事诉讼法》第162条的规定,公安机关起诉的案件应达到犯罪事实清楚、证据确实、充分的标准。故,在审查起诉与审判阶段中,因基本证据已经固定,不能仅以轻罪案件的被追诉人具有毁灭、伪造证据或串供

① 陈卫东、程雷:《看守所实施新刑事诉讼法实证研究报告》,载《政法论丛》2014年第4期。

等可能性判断为由,逮捕被告人。而对于宣判前未被羁押,但决定判处实刑的情形,应作为法院可以当庭逮捕的条件,在立法中予以明确规定。第二,明确法院决定逮捕的时间。应以判决生效为界,法院仅能在判决生效前决定逮捕。第三,在决定逮捕前,法院应在结合检察院移送的案卷材料的基础上,对被告人进行逮捕询问,听取被告人的意见。第四,在审判阶段,若承办法官决定逮捕被告人,应将写明具体逮捕理由及依据的逮捕决定书报请庭长或院长批准。第五,我国可以考虑建立逮捕理由开示制度,被告人被羁押后,被羁押人及其辩护人、法定代理人、近亲属可以向法院提出申请,要求法院告知逮捕理由。一方面这有利于被羁押方有针对性地提出变更逮捕申请和羁押必要性审查,另一方面也倒逼法院明晰逮捕原因,审慎决定逮捕。第六,在审判阶段同样应适用羁押必要性审查。在法院决定逮捕后,被告人及其法定代理人、近亲属、辩护律师可以依据《刑事诉讼法》第95条的规定,通过提交法院决定逮捕的理由、认为不应逮捕的理由、申请书等书面材料向检察院申请变更强制措施,检察院应当受理并及时进行审查、反馈。

3. 探索轻罪案件审限制度改革

法谚有云:"延迟的正义是对正义的拒绝,急促的正义是对正义的葬送。"在探索轻罪案件审限制度改革时需权衡权利保障与诉讼效率,并以后者作为附随目的,因为过于效率化的改革会对我国诉讼模式所特有的案件质量保障机制和错误裁判控制机制产生不利影响,也即可能破坏我国法官阅卷与法官主导庭审机制。①

第一,在轻罪案件的审理过程中应当有区分地贯彻迅速审判原则,设立灵活的合理期限规定,修正机械、呆板的具体期间规则。② 同时,鉴于审限制度系根植于我国的"地方性知识",拥有夯实的制度基础和长期的嬗变历史,难以轻易撼动、更替。因此,应在维持审限制度基本框架的基础上,进行适当修正。具体而言,可以考虑以当前普通程序、简易程序及速裁程序规定的审理期限为上限,首先确定被告人适用的具体程序,再在这一程序内,根据个案中被告人可能判处的刑罚、认罪认罚情况、案件复杂程度等因素,综合考虑个案的合理限度,不能仅依凭法院的办案时间在法定期限内,便认为其并未违反迅速审判原则。其次,应区分被告人处于羁押状态的案件与被告人处于自由状态的案件,对于前者略倾向于提升案件的诉讼效率,减少被告人的羁押期限,对于后者略侧重于保障程序公正,给予被告

① 左卫民等:《简易刑事程序研究》(第2版),法律出版社2020年版,第273页。

② 郭晶:《英美法系迅速审判权与欧陆法系诉讼及时原则之间的制度对话——比较法视野下的刑事诉讼"合理期间"》,载《西安交通大学学报(社会科学版)》2018年第4期。

人充分参与诉讼的机会。

第二,在履行释明义务基础上,扩大轻罪案件中简易程序和速裁程序的适用比例。首先,应当明确,认罪认罚的被告人对审理程序仍保有选择权,若其选择适用普通程序,并不影响认罚。但是办案机关应向被告人履行释明义务,告知其能够选择的程序及不同程序将带来的法律后果,鼓励被告人选择适用简易、速裁程序。其次,不可置否的是,在员额制改革背景下,案多人少问题是提高简易程序和速裁程序适用率的首要挑战。实践中,随着各地法院报考门槛及考核标准的提高,未入额的法官助理也具有较高的法律基础和职业素养,可以考虑由法官助理参与轻罪案件的前期办理及审查,最后由员额法官进行把关,在一定程度上缓解办案压力。此外,近年来信息网络技术快速发展,视频庭审、在线诉讼等现代化的庭审模式陆续出现,对于案情明晰、被告人认罪认罚的轻罪案件,可以考虑打破传统的刑事审判模式,探索远程诉讼、在线诉讼,在保障司法公正及被告人诉讼权益的前提下,进一步提升办案效率,节约司法资源。

(编辑:李冉毅)

域外法制

自由心证的例外：大陆法口供补强规则考察

纪　虎*

摘　要：口供补强规则起源于欧洲中世纪大陆法国家的纠问式诉讼。法国大革命之后，欧洲大陆法国家在刑事诉讼中逐步确立了自由心证制度，所有种类的证据包括口供的证明力由法官自由判断，口供补强规则基本消失。现代意义上的口供补强规则主要在英美法国家适用，个别大陆法国家如荷兰、日本和俄罗斯也保留有口供补强规则。我国口供补强规则的确立主要受日本法影响。2010年之后，隐蔽性证据规则将我国口供补强规则的发展推到了一个新高度。

关键词：口供补强规则；纠问式诉讼；罪体规则；真实性规则；隐蔽性证据规则

口供补强规则在英美法特别是美国法中有非常重要的地位。荷兰、日本和俄罗斯是少有的几个规定了口供补强规则的大陆法国家。受日本法的影响，我国1979年《刑事诉讼法》中也规定了口供补强规则。长期以来，口供补强规则一直受到我国理论界的普遍关注。2010年6月13日，最高人民法院、最高人民检察院、公安部、司法部、国家安全部（以下简称五机关）联合发布了《关于办理死刑案件审查判断证据若干问题的规定》（以下简称《办理死刑案件证据规定》），该规定首创了隐蔽性证据规则，即新的口供补强规则。学界关于隐蔽性证据规则的讨论，将我国口供补强规则的研究推到了一个新高度。2021年9月20日，国家监察委员会发布成立以来的第一部监察法规——《监察法实施条例》。该条例受刑事诉讼法的影响，也规定了口供补强规则。[①] 与域外法制相比，口供补强规则在我国

---

* 纪虎，西南政法大学法学院副教授、诉讼法与司法改革研究中心研究员。

① 参见《监察法实施条例》第60条第2款规定："只有被调查人陈述或供述，没有其他证据的，不能认定案件事实；没有被调查人陈述或者供述，证据符合法定标准的，可以认定案件事实。"

的新发展有相对的独特性。要全面、准确理解我国口供补强规则的特点,有必要从历史和比较法的视角进行系统考察。

一、法定证据制度与口供补强规则

现代口供补强规则起源于欧陆纠问式诉讼。公元1215年教皇英诺森三世宗教改革之后,欧洲大陆法刑事诉讼制度开始迈向纠问式。纠问式诉讼的确立改变了欧洲中世纪中后期的司法证明模式。早期盛行的神示裁判证据制度被法定证据制度所代替。法定证据制度实行极高的定罪标准,要求对犯罪事实的证明一定要达到"比中午的阳光还要明亮"的程度。① 在这一证明标准的影响下,法定证据制度把能够证明被告人有罪的证据按照证明力分成三类:具有完全证明力的证据(*probatio plena*)、不具有完全证明力的证据(*probatio semiplena*)和间接证据(*indicia*)。只有具有完全证明力的证据才可以直接用来给被告人定罪;不具有完全证明力的证据的证明力要高于间接证据,但二者都不能用来给被告人定罪。具有完全证明力的证据只有两种:被告人的口供和两个目击证人的证言。②

在纠问式诉讼中,法官通过口供判定被告人有罪要经过两个步骤:首先判断犯罪已经发生,其次证明被告人就是犯罪人。"判断犯罪已经发生",是指在使用被告人口供定罪之前,法官必须要发现能够证明犯罪发生的、可见的实体物和痕迹,比如,在谋杀案中要有被害人尸体,在纵火案中要有被焚烧的物品残迹等。这些实体物和痕迹是证明犯罪已经发生的重要证据,也称为"罪体"。为了发现这些实体物和痕迹,法官可以亲自勘验犯罪现场,也可以指派鉴定人对专门性问题进行鉴定。在判定"犯罪已经发生"之后,法官要做的事情就是"证明被告人就是犯罪人"。"证明被告人就是犯罪人"主要依据被告人的口供来认定。③ 也就是说,被告人需要亲自供述自己就是犯罪人。

可见,欧陆中世纪纠问式诉讼奉行的"口供至上"证明体系,其独特之处就在于"查明罪体程序"的前置性。这种程序设置,客观上起到了补强被告人口供的作用,是现代口供补强规则的雏形。

---

① James A. Brundage, *Proof in Canonical Criminal Law*, 11 Continuity and Change 329, 331(1996).

② Joanna Carraway Vitiello, *Public Justice and the Criminal Trial in Late Medieval Italy: Reggio Emilia in the Visconti Age* 114 (Koninklijke Brill NV 2016).

③ A. Esmein, *A History of Continental Criminal Procedure – with Special Reference to France*, Little Brown, 1913, p.257.

二、自由心证主义与口供证明力的判断

法国大革命之后,欧洲大陆法国家的刑事诉讼由纠问式转向职权主义,自由心证证据制度取代了法定证据制度。欧洲大陆法关于口供证明力的判断模式也发生了重大变化。

18 世纪,欧陆法学家受认识论哲学中的可能性理论的影响,主张确实充分的间接证据也可以使法官内心形成道德上的确信,只要证明达到高度可能性标准,就可以给被告人定罪。[①] 法学家们认为有完全证明力的口供和证言,与间接证据之间仅是证明力不同,品质上并无区别。有时候,口供和证言也不能直接证明案件事实,还必须依靠间接证据来判断口供和证言的真实性,甚至只有二者相互印证,才能准确认定案件事实。在案件事实的证明上,二者仅是"可能性"的程度(即法官的认知程度)不同而已。另外,完全的证明并不能适用于所有的案件,间接证据也是如此,但是在具体案件中,如果将二者结合在一起考量,情况则会大不一样。[②] 这里"道德上的确信"和"高度的可能性",是法官对案件事实认知的心理状态,这种认知只能通过法官自由评价证据来实现。自由心证制度在认识论上已获得了强大的理论支撑。

法国大革命期间,英国陪审团的引进为欧陆国家落实自由心证制度提供了制度基础。法国是率先引进英国陪审团制度的大陆法国家,也是第一个在成文法中规定自由心证制度的国家。早在法国大革命之初,制宪会议就在《1791 年 9 月 16 日的法令》陪审员的誓词中规定:"你们宣誓……必须根据指控和辩护意见,遵从良心和内心确信,以公民应当具备的公正和坚定信念做出判决";《1791 年 9 月 29 日的法令》再次强调:陪审团必须根据法庭调查建立内心确信,这既是法律的要求也是社会和被告人的期望。《1808 年刑事诉讼法》第 342 条将陪审团内心确信规定得更加明确和具体:"法律不要求陪审团说明确信的理由;法律也不会规定评价证据的证据规则;法律只要求陪审团能心平气和、本着内心的真诚,根据法庭上出示的指控证据和辩护证据,形成对案件的印象;法律不要求你们就某某证人说的是否是真话做出判定,也不要求你们对书证、证人证言、间接证据等证据的证明力

---

① R. G. Bloemberg, *The Development of the "Criminal Law of Evidence in England Law and in France, Germany and the Netherlands: 1750 - 1900"*, 59 America Journal of Legal History 358, 373 (2019).

② supra note, at 375.

做出认定。唯一的要求,也是你们的全部职责——请扪心自问:'你们完全确信了吗?'"[①]法国的这一"自由心证"表达模式一直延续至今。[②] 除了法国,荷兰《1804年刑事法令》也规定有自由心证制度:在证明犯罪时,犯罪是否已经发生,以及被告人是否是犯罪人都必须得到证明;法官必须确信,无罪在道德认知(内心认知)上是不可能的。[③] 德国是欧洲大陆法国家中较早废除刑讯逼供的国家。1752年,普鲁士国王腓特烈二世最后一次允许使用刑讯。刑讯的废止并没有直接导致自由心证制度在德国建立,直到1846年普鲁士王国引进了陪审团制度后,自由心证才在德国适用。[④]

在自由心证制度下,被告人口供的证明力不再由法律预先设定,而完全由法官自由判断。根据《法国刑事诉讼法典》第427条、第428条的要求,除法律另有规定外,犯罪可以任何形式的证据认定,法官需依据内心确信作出判决;和其他证据一样,口供的证明力也由法官自由判断。对此,学者的解释是:口供是形成内心确信的因素之一,法官可以不采信口供,也可以采信翻供前的口供。[⑤] 不像法国,德国刑事诉讼法没有关于口供证明力判断的具体规定。但根据自由心证主义,[⑥]德国学者认为:"相对于往昔,自白会使得所有其他证据成为多余的,或甚至不合法,而今在德国,自白也需要经过自由心证"。[⑦] 可见,与法国一样,德国也没有限制口供证明力的补强规则。德国的立法模式在欧洲大陆是主流。绝对的自由心

① A. Esmein, *A History of Continental Criminal Procedure – with Special Reference to France* Little Brown and Company, 1913, p. 628.

② 现行《法国刑事诉讼法典》第353条规定:重罪法庭退庭之前,审判长宣读以下训词:"除有关判决的理由的要求之外,法律不追问组成重罪法庭的每一个法官和陪审员形成内心确信所依据的理由;法律也不对他们规定种种规则,让他们必须特别依赖这种规则去认定某项证据是否完备、是否充分。法律只要求他们平心静气、集中精神,本着诚实之良心去寻找针对被告人提出的辩护理由在他们的理智上产生的印象。法律只向他们提出一个包含来了他们全部职责的问题:'您已有内心确信吗?'"参见《法国刑事诉讼法典》,载《世界各国刑事诉讼法典》,中国检察出版社2016年版,第633页。

③ R. G. Bloemberg, *The Development of the "Criminal Law of Evidence in England Law and in France, Germany and the Netherlands*: 1750 – 1900", 59 America Journal of Legal History 358, 375 (2019).

④ Thomas Vormbaum & Michael Bohlander, *A Modern History of German Criminal Law* 22, 97 (Springer – Verlag Berlin Heidelberg 2014).

⑤ 参见[法]贝尔纳·布洛克:《法国刑事诉讼法》,罗结珍译,中国政法大学出版社2009年版,第80页。

⑥ 《德国刑事诉讼法典》第261条规定:"法院根据其在整个审理中建立起来的、自由的内心确信,判断证据调查结果"。参见《德国刑事诉讼法典》,宗玉琨译注,知识产权出版社2013年版,第206页。

⑦ [德]Claus Roxin:《德国刑事诉讼法》,吴丽琪译,台北,三民书局1998年版,第136页。

证主义排斥限制口供证明力的做法,[①]从历史因素看,可能是欧洲人对中世纪法定证据制度的一种忌惮。因为"查明是否有罪所必须的某个事实主张必须由一项以上的证据证明。这样的规则对大陆的学者而言,意味着自18世纪中期以来就已经成为愚昧制度的法定证据传统的部分回归"。[②]

三、消极法定证据主义与荷兰的口供补强规则

在影响力较大的欧洲传统大陆法国家中,荷兰是唯一在刑事诉讼法中明确规定有口供补强规则的国家。现行《荷兰刑事诉讼法典》第338条规定了自由心证原则:"只有法官在法庭审理过程中对法定证据方法的内容形成确信,才能采纳证明犯罪嫌疑人实施了被起诉的犯罪行为的证据。"对口供的证明力,该法第341条第4款规定:"法官不得仅凭犯罪嫌疑人的陈述而采信证明犯罪嫌疑人实施犯罪行为的证据。"[③]荷兰不仅对口供证明力的判断作出了规定,对证人证言的证明力也作出了限制,强调"孤证不能定案";[④]而且,刑事诉讼法还规定了证据的法定种类。法定的证据方法仅限于:法官本人的认知、犯罪嫌疑人的陈述、证人证言、鉴定人证言、书面证据这五类。[⑤] 这些都表明,荷兰虽然在法国大革命后也引进了自由心证制度,但仍保留有中世纪法定证据制度的一些内容。因此,荷兰的证据制度又被称之为"消极的法定证据制度"(the negative system of legal proofs)。这是荷兰刑事证据制度的独特性。

荷兰消极的法定证据制度在1809年《荷兰王国刑法典》中首先确立。此后关于是否应当用法国式的绝对自由心证制度来替代消极的法定证据制度,荷兰法学

① 笔者认为,绝对的自由心证主义是指法律完全不对各种证据的形式和证明力作出任何限制,其证明价值完全交由法官自由判断。但这种自由心证在实践中是不存在的。即使在贯彻自由心证主义比较彻底的法国,也存在某些限制证据证明力的做法。参见[法]贝尔纳·布洛克:《法国刑事诉讼法》,罗结珍译,中国政法大学出版社2009年版,第80页。但对于口供而言,绝对的自由心证主义是存在的。

② 参见[美]米尔吉安·R.达马斯卡:《定罪的证据障碍与刑事诉讼的两种模式》,载[美]米尔吉安·R.达马斯卡著:《比较法视野中的证据制度》,吴宏耀、魏晓娜译,中国人民公安大学出版社2006年版,第118页。

③ 参见《荷兰刑事诉讼法典》,载《世界各国刑事诉讼法典》,中国检察出版社2016年版,第890页。

④ 《荷兰刑事诉讼法典》第342条第2款规定:"法官不能仅凭单个证人的证言采信证明犯罪嫌疑人实施犯罪行为的证据。"参见《荷兰刑事诉讼法典》,载《世界各国刑事诉讼法典》,中国检察出版社2016年版,第890页。

⑤ 《荷兰刑事诉讼法典》第339条第1款规定:法定的证据方法只限于:法官本人的认知、犯罪嫌疑人的陈述、证人证言、鉴定人证言、书面证据等。参见《荷兰刑事诉讼法典》,载《世界各国刑事诉讼法典》,中国检察出版社2016年版,第890页。

界争论了近一个世纪。1926 年,荷兰新的刑事诉讼法颁布,保留大部分消极法定证据制度的内容。[①] 苏联法学家维辛斯基认为,法定证据制度有积极理论和消极理论之分。积极理论要求法官在有法定证据的时候,作出有罪判决,不允许在这种情况下宣告被告人无罪。与此相反,消极理论则要求在欠缺法律所预定的必要证据时,不允许论罪。[②] 这里积极的法定证据理论是指法国大革命之前,在欧洲大陆普遍实行纠问式诉讼的背景下适用的法定证据制度;消极的法定证据理论则是指法国大革命之后,受自由心证制度影响,被改良的法定证据制度。根据荷兰早期的证据理论,消极的法定证据制度包括两个基本要素:一是只有通过法定证据种类,并达到最低证据标准时才能认定被告人有罪;二是除非法官在内心确信被告人有罪,否则不能给被告人定罪。法定的证据种类有目击证人证言、书证、间接证据和自白;最低证据标准是指只有一个目击证人的证言,或者只有被告人的供述时,不能给被告人定罪;单一的证言和口供必须要有其他证据予以补强。[③] 这一证据传统在荷兰一直延续至今。可见,荷兰的口供补强规则早在 19 世纪就已经确立了,是消极法定证据制度的遗产。

现行《荷兰刑事诉讼法典》第 341 条第 1 款、第 2 款,被告人的自白是指被告人在法庭审理过程中就其本人所知的事实或情况所作的陈述;被告人在法庭外的自白如果有其他法定证据方法补强,可以作为定罪证据使用。法庭外的自白是指被告人在庭前向警察和预审法官所作的自白。这种自白通常是以书面自白的形式装订在侦查卷中。[④] 根据上述规定可以看出,荷兰口供补强规则不仅要求补强庭外自白还要补强庭上自白。这一点与英美法不同。之所以如此,一是因为立法者认为单凭口供定案,发生错案的风险大;二是为了防止警察对被告人施以不当压力而获取口供。荷兰的口供补强规则要求认定被告人是否构成指控的犯罪事实至少需要两个以上的证据,但不需要对每一要件事实都要有两个以上的证据加以证明。比如,在认定被告人犯盗窃罪时,被害人指称有人潜入他的家中偷走了电视,如果被告人也供称是他秘密潜入被害人家中盗走了电视,只要有这两个证

---

① Ronnie Gerard Bloemberg, *The Development of the Criminal Law of Evidence in the Netherlands, France and Germany between* 1750 – 1870, PhD thesis of University of Groningen, 2018, p. 328.

② 参见[苏]安·扬·维辛斯基:《苏维埃法律上的诉讼证据理论》,王之相译,法律出版社 1957 年版,第 90 页。

③ Ronnie Gerard Bloemberg, *The Development of the Criminal Law of Evidence in the Netherlands, France and Germany between* 1750 – 1870, PhD thesis of University of Groningen, 2018, p. 297.

④ J. A. W. Lensing, *Criminal Law in Netherlands*, Wolters Kluwer International, 1997, p. 160.

据就可以认定被告人有罪。[①] 从这一论述中可以看出,荷兰的口供补强规则在实践中更接近英美法的罪体规则。

四、日本的口供补强规则

日本口供补强规则的确立是“二战”后继受美国法的结果。1880 年,日本参照法国刑事诉讼法,制定了《治罪法》。它是日本最早的近现代刑事诉讼法。1890 年,日本废除《治罪法》,制定了《明治刑事诉讼法》。虽然这一时期日本已经转向了学习德国法,且大有取代法国法的趋势,但因修法时间仓促,《明治刑事诉讼法》对《治罪法》修改不多,修法仍然是在法国法的影响下进行的。即便如此,《明治刑事诉讼法》的修改也参酌了德国《1877 年刑事诉讼法》的精神。1889 年《明治宪法》及其后《法院构成法》的颁布,标志着日本司法制度转向德国法。1922 年,日本制定了《大正刑事诉讼法》,主要受德国法的影响,该法一直沿用到“二战”后新刑诉法的颁布。[②] 从日本刑事诉讼法在“二战”之前的历史来看,其主要是受法国法和德国法的影响。由于这一时期,法国法和德国法在口供证明力的判断上都实行绝对的自由心证主义,所以上述日本刑事诉讼法也没有对口供证明力作出任何限制。其中,《明治刑事诉讼法》第 90 条还明确规定:“凡被告人之自白、官吏之检证调书、证据物件、证人及鉴定人之供述,其他一切之征凭,皆任判事之判断。”[③]该法在自由心证原则中明确规定口供的证明力由法官自由判断。《大正刑事诉讼法》第 337 条规定:“证据之证明力,一任判事自由判断之。”[④]这些都说明,日本现行法中的口供补强规则不是继受欧洲大陆法。

“二战”之后,日本被以美国为首的盟军占领。在盟军司令部的主持下,一系列法律改革措施以占领法规的形式全面出台。美国法对战后日本法律的制定产生了重大影响。1946 年制定的新宪法新增了许多关于刑事审理程序的规定,如正当程序原则、一事不再理原则、公正、迅速庭审原则等,这些几乎与美国宪法第四修正案、第五修正案、第六修正、第十四修正案的各规定类似。[⑤] 1947 年新修订的

---

① J. A. W. Lensing, *Criminal Law in Netherlands*, Wolters Kluwer International, 1997, p. 161.

② 参见[日]松尾浩也:《日本刑事诉讼法的发展和现状》,载[日]西原春夫主编:《日本刑事法的形成与特色(日本法学家论日本刑事法)》,李海东等译,法律出版社 1997 年版,第 37 ~ 38 页。

③ 参见《刑事诉讼法》(1890 年),载《新译日本法规大全》(第 2 卷),李秀清点校,商务印书馆 2007 年版,第 596 页。

④ 参见《日本刑事诉讼法》,载《法学杂志》1939 年第 1 期。

⑤ 参见[日]松尾浩也:《日本刑事诉讼法的发展和现状》,载[日]西原春夫主编:《日本刑事法的形成与特色(日本法学家论日本刑事法)》,李海东等译,法律出版社 1997 年版,第 41 页。

刑事诉讼法引入了起诉状一本主义、诉因制度、传闻法则、自白任意性法则、自白补强法则等,这些都是典型的英美法制度。日本口供补强规则就是在这一时期引进的。现行《日本国宪法》第38条第3款规定:“任何人对自己不利的唯一证据为本人的口供时,不得认定为有罪或处以刑罚。”①现行《日本刑事诉讼法》第319条第2款也规定:“不论被告人的自白是否在审判庭上作出,该自白是不利自己的唯一证据时,不能认定被告人有罪。”②

相较于美国法,日本的口供补强规则有如下特点:第一,日本将口供补强规则宪法化和权利化。日本直接在宪法条文中规定口供补强规则,这种做法十分罕见。美国宪法及其修正案中并没有相关规定。另外,日本宪法中的口供补强条款位于《日本国宪法》第三章“国民的权利和义务”,并与自白任意性规则处在同一条文中,可见,日本是将口供补强规则作为公民基本权利来对待的。而在美国,口供补强规则仅仅是一个法官和陪审团在定罪时必须要注意的证据规则而已。第二,被告人在法庭上的自白也需要补强。美国法中的自白补强规则仅适用于庭外自白,庭审中的自白不需要补强,因为庭审自白的任意性会得到法庭的充分保障。③ 日本在宪法中并未明确指出庭审上的自白也需要补强,而后来刑事诉讼法特别指出,“是否是在审判庭上”的自白都需要补强。日本这样做是因为1947年修法时,盟军司令部方面明确提出:被告人在庭上所作的有罪自白,有时候也有可能是由于外部无法观察的压力造成的。对于政治犯的追诉就是很明显的例子,由于被告人害怕家属遭受加害而不得不自白。④ 第三,日本的口供补强法则更接近于罪体规则模式。根据《日本刑事诉讼法》第301条的规定,从调查程序上看,只有在有关犯罪事实的其他证据被调查后,才能请求调查自白。法律这样规定“是因为先调查自白就可能过分地评价自白的证明力,因此必须先调查自白的补强证据”。⑤ 这与罪体规则中先调查罪体再审查判断自白的程序设置相似。这是因为在日本引进口供补强规则时,美国联邦司法系统及各州普遍适用的都是罪体规则。第四,试图将宪法和刑诉法中的自白补强条款适用于共犯口供补强。从1948年开始,日本实务界和理论界就开始讨论共犯口供补强的问题,但是日本刑诉法

---

① 参见[日]宫泽俊义:《日本国宪法精解》,董藩舆译,中国民主法制出版社1990年版,第279页。

② 参见《日本刑事诉讼法》,载《世界各国刑事诉讼法典》,中国检察出版社2016年版,第351页。

③ 参见纪虎:《美国自白补强法之罪体规则研究》,载潘金贵主编:《证据法学论丛》(第4卷),中国检察出版社2015年版,第344页。

④ 参见汪振林:《日本刑事诉讼模式变迁研究》,四川大学出版社2011年版,第225页。

⑤ 参见[日]田口守一:《刑事诉讼法》(第7版),张凌、于秀峰译,法律出版社2019年版,第493页。

中并没有单独的共犯补强条款。日本解决这一问题的方法,是对刑诉法自白补强条款的适用范围做扩张解释,将《日本刑事诉讼法》第301条中的“被告人”概念解读为“被告人本人和共犯”两个主体。这样共犯口供补强就被纳入口供补强规则中。[①] 这种做法与美国法完全不同,美国是将口供补强规则和共犯口供补强规则作为两个完全独立的证据补强规则来处理,二者之间没有关联性。

五、俄罗斯的口供补强规则

俄罗斯的口供补强规则有独特性,既不同于荷兰法也不同于美国法和日本法。近现代俄罗斯的纠问式诉讼没有西欧发达。法官在获取被告人口供前是否一定要查明罪体,并没有明确的要求。[②] 这一时期也没有明确的口供补强规则。但是,立法者已经充分认识到,被告人的口供是一种真实性相当危险的和不可信赖的方法。[③] 19世纪中后期,俄罗斯进行了一系列司法改革,引入西方的陪审团制度。陪审团制度的引进直接导致法定证据制度的废止和自由心证制度的确立。1864年《刑事诉讼条例》第666条规定了陪审员宣誓的内容,即“我在神圣的十字架和《圣经》面前向万能的上帝宣誓,我被选作陪审法庭的陪审员,将竭尽全力细心理解所看到的情节,听到的法庭辩论情况,当事人的无罪辩护,然后依据在法庭上看到和听到的,按照纯粹的法律和自己的良知来进行判断,不将有罪的人宣告无罪,也不给无罪的人定罪,谨记我做出的所有回答都在法律和作为最高裁判者上帝面前。我用完整的语言来证明,十字架是我的救赎者。阿门。”[④]这一内容充分体现了自由心证的要求,法官应当根据内心确信自由评价证据。[⑤]

十月革命之后,1922年5月,俄罗斯实现了刑事诉讼的法典化,颁布了第一部《苏俄刑事诉讼法典》;由于司法改革的需要,1923年又颁布了新的《苏俄刑事诉讼法典》。这一时期的刑事诉讼法明确规定了自由心证原则。1923年《苏俄刑事

① 参见吴冠霆:《论日本法上关于共犯及共同被告自白之定位——以日本练马事件为中心》,载《军法专刊》第5期;[日]土本武司:《日本刑事诉讼法要义》,董璠舆、宋英辉译,台北,五南图书出版公司1997年版,第337页;[日]田口守一:《刑事诉讼法》(第7版),张凌、于秀峰译,法律出版社2019年版,第501页。

② Nancy Shields Kollmann, *Crime and Punishment in Early Modern Russia* 135, Cambridge University Press, 2012.

③ 参见[苏]安·扬·维辛斯基:《苏维埃法律上的诉讼证据理论》,王之相译,法律出版社1957年版,第96页。

④ 参见王海军:《近代俄国司法改革史》,法律出版社2016年版,第144页。

⑤ 参见[俄]O. N. 奇斯佳科夫:《俄罗斯国家与法的历史》(上),徐晓晴译,法律出版社2014年版,第304页。

诉讼法典》第57条规定,法院不必拘泥于证据的形式,根据案件性质,自由采信证据;第319条重申了这一内容,要求法官对案内一切证据的判断,要综合案件的一切情况,根据内心确信进行。① 这些规定“反映着根据审判员的内心确信自由判断各种证据的原则”。② “被告人的辩解和其他证据列于同等的地位,他的辩解也和其他证据一样,由法院自由判断。”③可见,这一时期没有被告人口供补强规则。即便如此,苏联最高法院也反复强调,“被告人在法庭调查中空口无凭地否认他原先在侦查中的坦白,而法院不加说明理由就采信他的否认,这是粗鲁地违反关于审查被告人陈述的规定”;“对于可以提供作为被告人控诉更重的犯罪的根据的情况,并未充分查明,就对被告人关于他的犯罪具有较轻性质的陈述采取不加批判的态度,这也是不正确的”。④ 这些都体现了苏俄刑事诉讼中对口供的证明力审查判断要格外慎重的理念,在一定程度上体现了对口供补强的需求。

1960年,俄罗斯颁布了新的《苏俄刑事诉讼法典》,该法仍然保留了自由心证原则,其中第71条规定:评定证据应遵循法律和社会主义法律意识,依靠以全面、完满和客观审核案件全部情况为根据的内心确信。任何证据都没有预定的效力。⑤ 苏联学者认为,一方面,“内心确信不能脱离被评定的证据的客观本质,不能脱离各个证据之间以及证据与属于证明对象的情况之间确实存在的客观联系”;另一方面,关于内心确信,“法律没有规定,为了形成关于某种情况是否存在的确信,得具有什么样的证据和具备多少证据才能被认为是充分的”。⑥ 单从这些内容看,1960年《苏俄刑事诉讼法》对自由心证原则落实得很彻底。但在被告人口供定罪的问题上,该法又提出了更高的要求。1960年《苏俄刑事诉讼法》第77条第2款规定:“刑事被告人自己承认犯罪,只有在案件现有证据的总合已经证明这种自认的时候,才能作为控诉证据。”⑦也就是说,被告人的口供不具有独立的定罪能力,只有在其他证据能够证明口供时才能定罪。这是一个典型的口供补强规则。但苏联学者则认为,这一规定说明,被告人的口供也是需要用其他证据加以证实

① 参见《苏俄刑事诉讼法》,载《法学杂志》1939年第4~6期。

② 参见[苏]M. A. 切里佐夫:《苏维埃刑事诉讼》,中国人民大学刑法教研室译,法律出版社1955年版,第196页。

③ 参见[苏]M. A. 切里佐夫:《苏维埃刑事诉讼》,中国人民大学刑法教研室译,法律出版社1955年版,第254页。

④ 参见[苏]M. A. 切里佐夫:《苏维埃刑事诉讼》,中国人民大学刑法教研室译,法律出版社1955年版,第257页。

⑤ 参见《苏俄刑事诉讼法典》,王之相译,法律出版社1962年版,第28页。

⑥ 参见[苏]N. B. 蒂里切夫:《苏维埃刑事诉讼》,张仲麟等译,法律出版社1984年版,第151页。

⑦ 关于1960年《苏俄刑事诉讼法典》的内容,参见王之相译,法律出版社1962年版,第30页。

的普通证据,也进一步明确了该法第 71 条关于任何形式的证据都没有预定证据效力这一原则规定;"之所以有必要把这一规定更加具体化,不是由于对刑事被告人的陈述这种证据不相信,而是由于对它评价过高的本身隐藏着危险。"①这种理解表明苏联学者所阐述的理由恰恰正是口供补强规则的内在要求,而不是对口供自由判断的要求。

苏联解体后,2001 年俄罗斯联邦杜马通过了《俄罗斯联邦刑事诉讼法典》,在自由心证原则和被告人口供证明力的判断上,继承了 1960 年《苏俄刑事诉讼法》的规定,没有实质性的修改。② 关于被告人口供的审查判断,《俄罗斯联邦刑事诉讼法典》第 77 条规定:"刑事被告人承认自己实施犯罪的罪过,只有在他的有罪性质被刑事案件证据的总合所证实才能成为指控的证据。"对此,俄罗斯学者的理解是:"刑事被告人的口头认罪本身,如果没有得到任何客观材料的证明,还不是证据,因为它们不含有刑事案件中应该证明的事实的信息材料。"③如果刑事案件中存在刑事被告人的认罪交代,但没有证明他罪过的其他证据,那就应在审前调查阶段作出终止刑事案件的决定,在法庭审理阶段作出无罪判决。④ 可见,口供补强的内容在俄罗斯诉讼法中是有明确规定的。关于《俄罗斯联邦刑事诉讼法典》第 17 条"任何证据都不具有事先确定的效力"的理解,俄罗斯学者认为,其意涵是指"法律一般不规定一些证据优先于另一些证据,也不规定实体解决一个刑事案件所需要的证据数量";⑤被告人的陈述"与其他证据一起视为一种证据";⑥"被告人的陈述不应具有任何优越地位,他与其他证据一样是被自由地、根据内心确信评定的证据"。⑦ 从这些论述中可以看出,俄罗斯学者对自由心证及其口供补强规则等概念的理解,与我们有所不同,他们是用自由心证理论解读具有法定证据制度属性的口供补强规则。

此外,单就条文而言,俄罗斯口供补强规则的特点还表现在:在案的所有证据通过自由心证评价之后,如果指向被告人构成犯罪,被告人的有罪供述才具有证据能力和证明力。从这一点可以看出,俄罗斯的口供补强规则属于超罪体规则模

① 参见[苏]N. B 蒂里切夫:《苏维埃刑事诉讼》,张仲麟等译,法律出版社 1984 年版,第 166 页。

② 关于 2001 年《俄罗斯联邦刑事诉讼法》第 17 条、第 77 条的内容,参见《俄罗斯联邦刑事诉讼法典》,黄道秀译,中国政法大学出版社 2002 年版,第 14 ~ 15、65 页。

③ 参见《俄罗斯联邦刑事诉讼法典》,黄道秀译,中国政法大学出版社 2002 年版,第 219 页。

④ 参见《俄罗斯联邦刑事诉讼法典》,黄道秀译,中国政法大学出版社 2002 年版,第 220 页。

⑤ 参见《俄罗斯联邦刑事诉讼法典》,黄道秀译,中国政法大学出版社 2002 年版,第 117 页。

⑥ 参见《俄罗斯联邦刑事诉讼法典》,黄道秀译,中国政法大学出版社 2002 年版,第 220 页。

⑦ 参见《俄罗斯联邦刑事诉讼法典》,黄道秀译,中国政法大学出版社 2002 年版,第 219 页。

式,是更严格的口供补强规则。

六、我国口供补强规则的借鉴与创新

我国现代口供补强规则最早出现在民国时期。1921 年,北洋政府颁布了我国历史上第一部现代意义上的刑事诉讼法即《1921 年刑事诉讼条例》,该法是在清末《刑事诉讼律(草案)》的基础上修订而成。《1921 年刑事诉讼条例》第一次明确规定了口供补强规则。该法第 303 条第 2 款规定:“被告虽经自白,仍应调查必要之证据,以察其是否与事实相符。”南京国民政府颁布的《1928 年刑事诉讼法》《1935 年刑事诉讼法》延续了这一规定。国民党败退台湾后,1967 年,台湾地区地方政府对《1935 年刑事诉讼法》进行了一次较大修改。其中对口供补强规则的表述进行了调整。修正后的“1967 年刑事诉讼法”第 156 条第 2 款规定:“被告之自白,不得作为有罪判决之唯一证据,仍应调查其他之必要之证据,以察其是否与事实相符。”增加“不得作为有罪判决之唯一证据”的表述,使该条文更符合自白补强规则的要求。2003 年,又在第 156 条第 2 款“被告”一词之后增订“或共犯”的表述。这是一次重大修改,表明共犯口供补强规则得以确立,不需要再对“被告”一词作扩张解释,以此来调整共犯口供补强问题。关于自由心证原则,从清末《刑事诉讼律(草案)》至我国台湾地区现行刑事诉讼法,都有明确的法律条文予以规定。从上述历史看,民国时期口供补强规则的立法,有自身独立的发展过程,而非借鉴日本法或德国法。口供补强规则与自由心证原则并存也说明这一时期的证据制度是消极的法定证据制度。

革命根据地时期,由于受国统区法律的影响,1942 年起在陕甘宁边区政府内部试行的《陕甘宁边区刑事诉讼条例草案》也规定有口供补强规则。该草案第 36 条规定:“被告之自白,查与事实相符者,得为证据。”①另外,“在边区司法工作者看来,口供有真有假,尤其是被告人的口供作为定罪的唯一依据时,必须有其他证据的补强,和旁证相对照,否则不能轻易作出有罪的判决。”②1949 年新中国成立至 1979 年刑事诉讼的颁布,我国刑事诉讼法草案有六稿。③ 其中,1963 年 3 月 1

---

① 参见《陕甘宁边区刑事诉讼条例草案》,载艾绍润:《陕甘宁边区法律法规汇编》,三秦出版社 2007 年版,第 63 页。

② 马成、薛永毅:《“人民司法”视野下陕甘宁边区刑事证据规则考论》,载《证据科学》2019 年第 2 期。

③ 参见吴宏耀、种松志:《中国刑事诉讼法典百年(1906—2012)》(中册),中国政法大学出版社 2012 年版。

日第三稿是唯一一次提及口供证明力问题的草案。该草案第 50 条规定:“被告人的供述和辩解或者被告人相互间有利害关系的陈述,非经查对核实,不能作为证据。”①这还算不上是真正意义上的口供补强规则。1979 年《刑事诉讼法》第一次规定了口供补强规则,该法第 35 条规定:“只有被告人供述,没有其他证据的,不能认定被告人有罪和处以刑罚。”从条文上看,该条没有继承民国时期口供补强规则条款的表述,也没有借鉴苏俄口供补强模式,而是与《日本国宪法》第 38 条第 3 款口供补强条款表述相似。这说明,我国的口供补强规则条款在一定程度上受到了日本法的影响。从 1979 年至今,《刑事诉讼法》虽历经 3 次修正,但对口供补强条款没有作任何实质性修改。

虽然日本法对我国口供补强规则的立法有一定影响,但刑事诉讼法关于口供补强条款的表达有着鲜明的中国特色。“对一切案件的判处都要重证据,重调查研究,不轻信口供。只有被告人供述,没有其他证据的,不能认定被告人有罪和处以刑罚;没有被告人供述,证据充分确实的,可以认定被告人有罪和处以刑罚。”②这是刑事诉讼法关于口供证明力审查判断的完整表述。该条涉及两个方面的内容,其含义及之间的内在逻辑关系表现为:

一方面,“重证据不轻信口供”是审查判断口供证明力的基本原则,是我国的特有原则。该原则起源于新民主主义时期陕甘宁边区的刑事司法实践。③ 1940 年 12 月,毛泽东同志在《论政策》一文中首次提出“对任何犯人,应坚决废止肉刑,重证据不轻信口供。”④1941 年 5 月 1 日公布的《陕甘宁边区施政纲领》第 7 条规定:“改进司法制度,坚决废止肉刑,重证据不重口供。”⑤1942 年 2 月边区政府公布的《陕甘宁边区保障人权财权条例》第 10 条规定:“审判采取证据主义,不重口供。”⑥关于“重证据不轻信口供”的理解,当时的边区政府主席林伯渠在边区政府

---

① 参见吴宏耀、种松志:《中国刑事诉讼法典百年(1906—2012)》(中册),中国政法大学出版社 2012 年版,第 569 页。

② 参见 1979 年《刑事诉讼法》第 35 条、1996 年《刑事诉讼法》第 46 条、2012 年《刑事诉讼法》第 53 条第 1 款、2018 年《刑事诉讼法》第 55 条第 1 款。

③ 参见马成、薛永毅:《“人民司法”视野下陕甘宁边区刑事证据规则考论》,载《证据科学》2019 年第 2 期。

④ 毛泽东:《论政策》,载《毛泽东选集》,人民出版社 1966 年版,第 764 页。

⑤ 参见《陕甘宁边区施政纲领》,载艾绍润:《陕甘宁边区法律法规汇编》,三秦出版社 2007 年版,第 5 页。

⑥ 参见《陕甘宁边区保证人权财权条例》,载艾绍润:《陕甘宁边区法律法规汇编》,三秦出版社 2007 年版,第 7 页。

报告中指出:"有了口供,还得参考其他证据,证明其口供的确实性。"①现在对该原则的理解是:"'重证据'是指要重视一切证据,也就是以事实为根据。'不轻信口供'是指不能不经核实,不经与其他证据印证,就轻易相信证据口供。"②可见,"不轻信口供"的表述,是对口供证明力的限定,暗含着对口供证明力需要补强的要求,是法定证据主义的表现。但该内容是原则性规定,对如何限定的问题并没有具体表明。"重证据不轻信口供"是抗日革命根据地时期刑事政策在当今刑事证据制度的法律化。它是对口供证明力审查判断一般性的指导原则。这样的立法模式具有鲜明的中国特色。

另一方面,"只有被告人供述,没有其他证据的,不能认定被告人有罪和处以刑罚",是口供补强规则的典型表述,是对"重证据不轻信口供"原则的具体化。该规则的具体要求就是"不能仅凭口供定罪,即使定罪免刑也不行。"③前文已经指出,该规定的条文表述是借鉴了日本法,与《日本国宪法》第38条第3款规定相似。另外,"没有被告人供述,证据充分确实的,可以认定被告人有罪和处以刑罚",这一规定是对"重证据不轻信口供"的升华,强调被告人不认罪案件的事实认定,它充分体现了自由心证原则的精神。在欧洲中世纪的法定证据制度下,被告人的自白和两个目击证人的证言是给被告人定罪的两类证据,间接证据不能作为定罪的根据,即使间接证据能够形成闭合锁链,指向被告人有罪,亦不能作为定罪证据使用。现代大陆法自由心证原则最大的历史功绩就是确立了间接证据定罪的证据能力。如果在案间接证据的证明力达到了内心确信或理性确信的证明标准,法官或陪审团就可以给被告人定罪。"没有被告人供述,证据充分确实的,可以认定被告人有罪和处以刑罚"的规定就包含有依据间接证据给被告人定罪的内容。2012年《刑事诉讼法》在第53条第2款增加了"证据确实、充分"的内容规定,进一步明确了刑事案件的证明标准。④ 其中"综合全案证据,对所认定事实已排除合理怀疑"的表述就充分体现了自由心证的要求。

在口供证明力的审查判断上,现行刑事诉讼法第55条的规定,既有原则性内容也有具体的实施要求,对口供与自由心证之间的内在逻辑关系也作出了比较清楚的阐释。这种模式具有鲜明的中国特色。但是,该条关于口供补强规则的表述

① 杨永华、方克勤:《陕甘宁边区法制史稿·诉讼狱政篇》,法律出版社1987年版,第108页。

② 参见胡康生、李福成主编:《中华人民共和国刑事诉讼法释义》,法律出版社1996年版,第56页。

③ 参见胡康生、李福成主编:《中华人民共和国刑事诉讼法释义》,法律出版社1996年版,第56页。

④ 参见王尚新、李寿伟主编:《〈关于修改刑事诉讼法的决定〉释解与适用》,人民法院出版社2012年版,第48页。

存在一定的瑕疵,主要表现在:

一是将补强的范围表述为“被告人供述”,不够准确。1979 年刑事诉讼法使用“被告人供述”来限定口供补强的范围,不会产生歧义,是因为在这一时期,从侦查阶段到一审阶段,被追诉的主体都被称为“被告人”。也就是说,被告人审前的供述和审判中的供述都需要进行补强。1996 年刑事诉讼法修正时增加了“犯罪嫌疑人”的概念。被追诉主体在侦查阶段和审查起诉阶段被称为“犯罪嫌疑人”,在一审阶段被称为“被告人”。这种变化在规定口供补强规则的条款中并没有反映出来。1996 年、2012 年和 2018 年刑事诉讼法中的口供补强条款仍然使用“被告人供述”的表述。如果单从条文的字面理解就意味着,我国的口供补强规则只补强审判中的口供,审前的口供不需要补强。这显然背离了口供补强规则的初衷。英美法国家的自白补强规则补强的是庭外自白,庭审中的自白则不需要补强,因为庭审中自白的自愿性有法庭或法官的充分保障,而庭外自白的自愿性往往会受到质疑。因此,在立法技术上,刑事诉讼法应该在口供补强条款中增加“犯罪嫌疑人”这一表述,确保审前口供和庭审中的口供都应进行补强。

二是“没有其他证据”的表述不够准确。证据有控诉证据和辩护证据之分。根据口供补强法则的要求,补强证据所证明的方向与口供证明的方向应该是一致的,否则就不具备补强功能。那么,口供是有罪证据,要对口供进行补强的其他证据也应当是有罪证据。“没有其他证据”的表述并没有进行这样的区分。从逻辑上讲,这就意味着,只要案件中有一个其他证据,即使该证据是辩护证据,那么口供补强就已经完成了。如果口供补强规则能这样理解,那么该规则的设置就毫无意义了。因此,在口供补强规则的条文表述中还是应当明确“其他证据”的含义,将其限定为有罪证据。这是两大法系口供补强规则对补强证据最基本的要求。

三是“不能认定被告人有罪和处以刑罚”的表述不够准确。这一表述主要是受了《日本宪法》第 38 条第 3 款表述的影响。这一表述涉及定罪和量刑两个方面的内容。无论是在英美法还是在大陆法,口供补强规则都是一个定罪的证据规则,而不是量刑证据规则。对此,从日本口供补强规则的立法中可以看出这一点。《日本刑事诉讼法》第 319 条在贯彻落实《日本宪法》第 38 条第 3 款口供补强这一宪法权利时,删除了“或处以刑罚”的表述。另外,日本学者在解释第 38 条第 3 款中“不得认定有罪或处以刑罚”时,认为该规定是指“因为不认为是有罪而处以刑罚,也就是不认为有罪的意思。”这就充分说明口供补强规则只能适用于定罪程序。因此,为了使我国口供补强规则表述更为精准,应当删除“处以刑罚”的表述。

由于司法解释对刑事诉讼中的口供补强条款没有再作进一步解释,对口供补强的范围、补强的程度、补强证据的要求等问题都没有详细具体的规定,因此,我国的口供补强规则到底属于罪体规则模式还是真实性规则模式,从条文上很难进行判断。但从司法实践情况来看,我国的口供补强模式更倾向于真实性规则模式,即只要补强证据能够印证口供的真实性,就可以用口供给被告人定罪。这一点不同于日本法、俄罗斯法和荷兰法。

2010 年 6 月 13 日,五机关联合发布的《办理死刑案件证据规定》第 34 条规定:"根据被告人的供述、指认提取到了隐蔽性很强的物证、书证,且与其他证明犯罪事实发生的证据互相印证,并排除串供、逼供、诱供等可能性的,可以认定有罪。"这一规定被最高人民法院 2012 年 12 月 20 日《关于适用〈中华人民共和国刑事诉讼法〉的解释》(以下简称《法院解释》)(已失效)第 106 条继承。除了在"且"之后增加了"被告人的供述"字眼,内容没有实质修改。但《法院解释》对《办理死刑案件证据规定》的继承不是简单地沿袭,因为早期仅适用于死刑案件,而现在适用于所有的刑事案件。

这一规定是我国的创新,学界将其称为"隐蔽性证据规则"。[①] 关于隐蔽性证据规则的性质,官方的权威解释是:它实质上是口供补强规则,是对刑事诉讼法确立的口供补强规则的具体细化和完善。[②] 这种解释表明刑事诉讼法的口供补强条款与《法院解释》中的隐蔽性证据规则条款之间是"法律与适用解释"的关系。对此,笔者持不同意见。从官方的权威解释看,隐蔽性证据规则解决的主要问题是:"对于只有被告人供述其实施了犯罪行为,其他证据只能证明犯罪事实的发生,而无法建立与被告人关联的,一般不能认定被告人有罪。但如果根据被告人的供述、指认提取到了隐蔽性很强的物证、书证,且与其他证明犯罪事实发生的证据相互印证,并排除串供、逼供、诱供等可能性的,可以认定有罪。"[③]这也是《法院解释》草案中坚持的立场。[④] 可见,隐蔽性证据的功能是建立起被告人与已经发生的犯罪事实(罪体)之间的联系。与一般意义上的口供补强规则相比,隐蔽性证据规

① 关于隐蔽性证据规则的论述,可参见秦宗文:《刑事隐蔽性证据规则研究》,载《法学研究》2016 年第 3 期;秦宗文:《隐蔽性证据虚假补强问题研究》,载《南京大学法律评论》2016 年秋季卷;万毅:《"隐蔽性证据"规则及其风险防范》,载《检察日报》2012 年 6 月 6 日,第 3 版。

② 参见最高人民法院刑事审判第三庭编著:《刑事证据规则理解与适用》,法律出版社 2010 年版,第 257 页。

③ 参见最高人民法院刑事审判第三庭编著:《刑事证据规则理解与适用》,法律出版社 2010 年版,第 257 页。

④ 参见最高人民法院刑事审判第三庭编著:《刑事证据规则理解与适用》,法律出版社 2010 年版,第 262 页。

则多了一道“工序”。无论是罪体规则还是真实性规则,犯罪人与罪体之间的联系是通过被告人的供述建立起来的,无须用其他证据来证实。关于隐蔽性证据规则这一特点,我们很难在刑事诉讼法的口供补强条款中看出来。对此,《法院解释》与刑事诉讼法之间不是简单的“解释与被解释”“适用与被适用”的关系。可以说,隐蔽性证据规则是一个升级版的口供补强规则,比刑事诉讼法口供补强条款要求更高、更严格。

隐蔽性证据规则除了上述特点外,还有以下特点:第一,它是一个强化版的罪体规则。罪体规则要求在适用被告人口供之前,在案其他证据能够证明犯罪事实已经发生。这一点在《法院解释》中有明确规定。另外,通过口供获得的隐蔽性证据与证明罪体的证据能够相互印证,实际上是罪体得到了再次补强。也就是说,隐蔽性证据既要能够补强口供,也要能够补强罪体。这一要求是罪体规则所不具备的。第二,隐蔽性规则明确限定了隐蔽性证据的范围,即仅限于物证和书证这类客观性证据,言词证据不属于隐蔽性证据。隐蔽性证据必须具有“隐蔽性”,是不为外人所知只有案件人才知道的案件细节。① 而且,获取隐蔽性证据的信息源必须是被告人的口供,通过“先供后证”的方式获得。在法律中对这些非常具体的要求作出明确规定,在世界上都非常罕见。第三,隐蔽性证据规则将证据能力方面的要求,作为口供补强要件的内容。被告人的供述“排除串供、逼供、诱供等可能性”,这是对被告人口供证据能力方面要求。如果存在上述情况,被告人的口供将失去真实性,可能会作为非法证据予以排除。《法院解释》中的隐蔽性证据条款将证据资格问题作为审查判断口供证明力要件,显然是不恰当的。如果口供没有证据资格,何谈证明力!从审查判断的顺序上看,法庭在证据调查阶段就应当先审查口供的证据资格,只有具备了证据资格才会在判决时审查口供的证明力。换言之,法庭在审查判断口供证明力的时候,口供一定是具有证据能力的口供。按照这样的逻辑,“排除串供、逼供、诱供等可能性”的表述在隐蔽性证据规则中就显得多余。第四,隐蔽性证据规则在功能上有“定罪导向”的特点。② 根据《法院解释》,只要符合隐蔽性证据规则设置的前提条件,法官就可以认定被告人有罪。这与一般的口供补强规则不同,一般的口供补强规则强调不符合补强条件的,法官不能给被告人定罪。表述上的差异会让人产生这样的误解:隐蔽性证据规则实际上是一个定罪裁判规则,而不是一个限制口供证明力的证据规则。所以,有学者

① 参见万毅:《“隐蔽性证据”规则及其风险防范》,载《检察日报》2012 年 6 月 6 日,第 3 版。
② 参见秦宗文:《刑事隐蔽性证据规则研究》,载《法学研究》2016 年第 3 期。

就认为,隐蔽性证据规则是带有“定罪公式”色彩的证据规则,将法官塑造成一台僵化的司法机器,只需要将有关证据套入公式之中,就足以完成定罪的过程。① 据此,隐蔽性证据规则也可称为“积极的口供补强”规则。②

隐藏性证据规则的立法本意,是想让隐蔽性证据在被告人口供和罪体之间架起一座“桥梁”,来增强口供的可信度;但司法实践中,法官却将隐蔽性证据直接作为强力的口供补强证据来处理,即只要有了隐蔽性证据,其他口供补强证据可有可无。③ 隐蔽性证据削弱了其他补强证据的地位。从实践来看,隐蔽性证据的“桥梁”功能是不存在的。尽管如此,隐蔽性证据规则仍然标志着我国将口供补强规则提升到一个新高度,在贯彻“重证据不轻信口供”原则时,发挥着积极的作用。如何构建一个既具有中国特色的,也不违反证据法基本原理的口供补强规则,还需要在实践中探索。

(编辑:叶宁)

① 参见陈瑞华:《以限制证据证明力为核心的新法定证据主义》,载《法学研究》2012 年第 6 期。

② 参见李昌盛:《口供消极补强规则的实质化》,载《证据科学》2014 年第 3 期。

③ 具体内容可参见徐汝宝绑架案刑事判决书和裁定书,(2010)浙金刑一初字第 49 号,(2011)浙刑三终字第 129 号,(2012)刑三复第 73132310 号,(2013)浙刑三重第 3 号;向祥考强奸、故意杀人案刑事判决书和裁定书,(2010)黔南刑一初字第 17 号,(2010)黔高刑三终字第 232 号,(2012)黔南刑一初字第 18 号,(2013)黔高刑三终字第 18 号,(2013)刑三复 82115582 号。

深度伪造技术规制的犯罪控制模式：法律与政策的国际视角*

泰隆·基尔钦加斯特** 著 曾元君*** 译

摘 要:深度伪造是人类图像合成的一种形式,即将现有的图片或图像叠加到视频中以更改视频所描绘之人的身份。该技术依靠机器学习或人工智能来映射现有图像——通常为一张人脸照片,并将该图像转移到已有视频图像中。深度伪造技术出现于2017年下半年,随后催生出允许用户创建自己的深度伪造图像的应用和其他程序。我们此前便运用滤镜和表情符号来改变图像,但深度伪造可以制作出极具说服力的视频,让人误以为是被描述者的真实视频,因而尤其成问题。深度伪造技术能够处理各类视频,由此造成特定的风险包括为以下目的而制作的视频:煽动政治欺骗、选民操纵、商业欺诈和"报复性色情制品"。深度伪造的"报复性色情制品"能将任何人的面孔转移到已有色情视频中,因此危害极大。若该视频经互联网或社交媒体传播,损害便会加剧。

关键词:深度伪造;图像操纵;人工智能;机器学习;刑事化

一、引言

本文探讨了这样一个前提:深度伪造(deep fake)作为人类图像合成的一种形式,不易受到规制,并且除本文评析的值得注意的例外情况之外,不应对其定罪,甚至并非一定要对其进行规制。此技术的特点是人工智能或机器学习,它将人的图像(通常是人脸)以越来越难以令人察觉或无缝的方式转换到静态或动态图像

---

* 原文标题为"Deepfakes and Image Manipulation: Criminalisation and Control",发表在Information & Communications Technology Law, 29:3, p. 308 – 323(2020)。

** Tyrone Kirchengast,悉尼大学法学院副教授。

*** 曾元君,西南政法大学法学院讲师。

上。上述命题的复杂性在于该技术的争议性——深度伪造可以合法创作以供娱乐或提供批判性意见。该项技术在好莱坞电影中被用来合成并重现早已去世的演员,使他们得以重现以往的电影角色。① 此外,深度伪造可用于创作政治讽刺作品,②通过抨击和斥责知名政客或政府来促进社会评论。该技术比大多数人真正意识到的还要普遍得多,它通常安装于智能手机摄像头上,作为滤镜来增强用户的享受体验。然而,深度伪造技术也可能被用来实现更具危害性的目的,例如煽动商业欺诈、实施个人诈骗,甚至羞辱个人。③ 因此,该技术可能会在未经本人同意的情况下用于创建令人信服的虚假图像,包括色情图像。

深度伪造技术的故意、有害运用让人担忧,人们认为这是一个必须受到规制的领域。然而,规制可能采取多种形式且其自身可能还不充分。某些滥用深度伪造技术的例子,包括商业欺诈、故意制造政治和选举骗局,以及制作未经同意的"报复性色情"视频,引发了人们对滥用行为进行定罪的呼声。本文将探讨微妙复杂的深度伪造世界,批判性地评析对该技术的规制,或者更具体地说,对其使用或滥用进行定罪的需求。分析的重点是美国国会目前正在讨论的规制路径,即制定规范性框架,将那些较为恶劣和有害的情形定罪,同时为受害人提供救济和补偿机制。

当前,对这样一个犯罪或规制框架的需求远未明确。正如罗韩(Lohan)诉两方互动软件有限公司(Take – Two Interactive Software, Inc.)一案所表明的那样,如果视频演示或图像化身(avatar)仅仅是对一个人肖像的"一般艺术描述",那么单纯的视频演示不会导致可诉的补救措施。④ 本案中,林赛 · 罗韩(Lindsay Lohan)寻求损害赔偿,理由是其形象被用来构成视频游戏《侠盗猎车手 5》中的"莱

---

① 需取得家人同意, see Behind Star Wars, 'CGI Tarkin vs Real Tarkin – Comparison' (YouTube, 2020) https://www.youtube.com/watch? v = KsuvXHGCVXE accessed 7 July 2020, and Ultimate History of CGI, 'Rogue one: a star wars story – CGI' (YouTube, 2020) https://www.youtube.com/watch? v = HcXTPFgaa6E accessed 7 July 2020. Cf. biopics, notes 23 – 25, Bill A8155B, New York State Assembly, see https://www.nysenate.gov/legislation/bills/2017/a8155。

② 特朗普总统从未如此受欢迎,see TheFakening, 'President Donald Trump on Alec Baldwin Deepfake' (YouTube, 2020) https://www.youtube.com/watch? v = XdBDouKV828 accessed 7 July 2020. See below, note 4。

③ 参见由深度伪造的奥巴马总统所提出的如下警示,BuzzFeedVideo, 'You won't believe what Obama says in this video!' (YouTube, 2020) https://www.youtube.com/watch? v = cQ54GDm1eL0 accessed 7 July 2020。

④ Lohan v. Take – Two Interactive Software, Inc. (2018 NY Slip Op 02208, 29 March 2019, New York Court of Appeals).

西·乔纳斯”(Lacey Jonas)一角。法院面临的核心问题是图像化身,即一个人在视频游戏或类似媒体中的形象表现,是否构成《民权法》第50条和第51条意义上的“肖像”。费伊(Fahey)法官肯定了视频游戏形象可能被视为一个人的肖像,但驳回了罗韩的申请,他说明道:

> 乔纳斯这个人物根本无法被识别为原告,因为它仅仅是对一个“二十岁左右”女性的一般艺术描述,没有任何特定识别性的身体特征……那些艺术渲染是对现代海滩年轻女性风格、外观和性格的模糊和讽刺性呈现。①

因此,讽刺性的表达通常是不可诉的,但深度伪造技术可以为创作者提供令人惊叹的图像修改方式,相当明显地复制一个人的肖像。另外,创作者可能会有意复制一个人的身份以提供社会和政治评论。至少在美国,此类评论通常会作为言论自由而受到保护。因此,即使乔纳斯这个角色可被立即识别为林赛·罗韩,如果视频游戏本身被视作讽刺评论,创作者的使用也可能合法。②

值得注意的是,呼吁通过刑事定罪来规制深度伪造需要考虑适当的理论框架与具体的刑事定罪理论。隐藏于深度伪造刑事化背后的,是关于威慑、控制以及技术滥用救济等争议观点的讨论。规制和刑事化该项技术的程度实际上必须对照其可能造成的现实弊端和危害来理解。我们也需考虑能在多大程度上从“报复性色情”定罪中吸取教训并依赖传统的犯罪行为类别(包括构成非同意的行为)、“图像”的定义以及人们记录或传播违法材料的方式。主观要素或过错也很难界定,因为定义故意、鲁莽和疏忽或者这些传统上独立类别的组合可能存在不同方法。总体而言,尽管刑事化作为最后手段的观点具有明显局限性,但鉴于规制和部分刑事化深度伪造技术的共识正在形成,本文将以此观点为导向。

---

① Lohan v. Take - Two Interactive Software, Inc. (2018 NY Slip Op 02208, 29 March 2019, New York Court of Appeals),8.

② 纽约州《民权法》第50条规定:“任何个人、公司或法人,如为广告目的或贸易目的,在未事先获得任何在世者的书面同意或未成年人的父母或监护人书面同意的情况下,使用该在世者(包括未成年人)的姓名、肖像或照片,即犯有轻罪。”第51条则规定了对于前述行为的救济方式,包括禁令救济和损害赔偿救济。(译者注)然而,第50、51条允许未经在世者同意,使用其姓名、肖像、照片或声音以获取纯粹商业利益的行为,参见 Ann - Margret v High Soc. Magazine, Inc. [1980] 498 F Supp 401。但需说明的是,本案中的原告 Ann Margret(即肖像被使用者)为电影明星,属于因具有“新闻价值”而隐私权受到一定限制的“公众人物”。本案法院认定,如果存在公开表演,特别是公众人物的公开表演,以本案中的方式复制该表演并不构成第51条规定的诉因。(译者注)

本文将阐述深度伪造的起源,并探讨其优点和威胁。文章也会探索图像操纵对个人(包括个人人格、名誉和安全)与社会(例如自由商业和民主程序)造成的后果,并分析通过刑事定罪和政府控制,而对深度伪造制作和传播所致损害作出的立法回应。本文将讨论我们如何最佳应对深度伪造,是仅仅通过刑事定罪,还是通过多种方法,包括跨公共和私人领域的规制,由州政府和联邦政府、社交媒体组织进行规制,以及通过增加个人层面对此类技术风险的认知。文章还将探讨人工智能和机器学习在检测和应对这些威胁和损害方面的作用。随着深度伪造在各平台和媒体的广泛应用并进入了我们的日常生活,其有益应用和潜在危害之间的界限可能变得模糊。因此,仅靠刑事定罪很可能无法限制深度伪造和图像操纵的危害,最终可能需要采取多种应对措施。

二、深度伪造与人工智能:"深度学习"和"伪造"的结合

虽然本文关注的是对深度伪造制作、传播和其所致损害的规制性回应,但我们需要对这项使能技术(Enabling technology)进行简要解释。深度伪造是机器学习的一种形式,被广泛认为是人工智能的一种模式或形式,通过将一个图像映射到另一个图像中来合成人类图像。它允许用户使用机器学习技术或程序将现有图像和视频叠加到源图像或视频上。为了创建一个高度可信的最终处理图像,该技术必须能够确定现有图像的数据点,使之与另一图像相匹配。这须以足够令人信服的方式进行,得以欺骗人类大脑,使其认为所见即真实。创建移动图像的情形则会更加复杂。

深度伪造被描述为人工智能,因为它模仿人类的思维过程,旨在理性和智能地运作。① 它被描述成人工智能(而非计算机程序),理由在于它能分析自身图像处理经验,并通过新数据的输入来发展及调整其程序和行为,从而提高性能。②

三、历史、起源、合法与非法运用

"深度伪造"这个词大约诞生于2017年底,来自一位名为"深度伪造"的红迪网(Reddit)用户。2018年2月,红迪网禁止该用户分享非自愿的色情作品,其他

① Marie - Helen Maras, *Computer forensics: cybercriminals, laws, and evidence*, 2nd edition, Burlington, MA, Jones and Bartlett, 2014.

② Maras and Alex Alexandrou, *Determining Authenticity of Video Evidence in the Age of Artificial Intelligence and in the Wake of Deepfake videos*, International Journal of Evidence and Proof, Vol. 23:3, p. 255 - 262(2019).

网站随后也纷纷禁止使用深度伪造传播非自愿色情作品,其中包括社交媒体平台“推特”(Twitter)和色情网站“色情中心”(Pornhub)。然而,一些反应较慢的网站如4chan和8chan尚未禁止深度伪造内容。2019年,一款名为“深度赤裸”(Deep Nude)的应用程序被其创建者从应用市场删除,原因是该程序的攻击性预期目的令人严重不安:

> 这款名为“深度赤裸”的软件用一张穿着衣服的人的图片创建出一张新的、同一人的裸体图片。它将衣服换成了裸露的乳房和外阴,且只对女性图片起作用。当尝试使用男性图片时,软件则把男性的裤子换成女性阴部。虽然“深度赤裸”在衣着整齐的女性图片上获得了不同程度的成功,但它似乎对那些已经露出很多皮肤的图片效果最好。我们在该软件上测试了数十张照片,得到的最有说服力的结果来自《体育画报》泳装特刊中的高分辨率图像。①

然而,深度伪造也具有合法用途。这种应用早于制作“报复性色情”和实现与此相关的非法目的。苹果的Siri、亚马逊的Alexa和谷歌的Nest尽管都面向语音界面,但都由机器学习驱动。它们采用机器学习技术,将类似的智能应用于持续开发“人类”习得性反应,以更好地回答问题或者向用户输送互联网内容。2015年,谷歌开发了一款名为“TensorFlow”的人工智能工具,用于机器学习、数据和图像处理。谷歌在Gmail和谷歌翻译中用它来促进发现与搜索请求相关的进步和创新内容。爱彼迎(AirBnB)也运用了该工具,通过对图像进行分类来检测上传照片中的物体,从而改善客户体验,推特(Twitter)还将其用于图像分析以预测推文趋势。② 谷歌创造的这种开源程序的风险在于:它可能被用来实现更隐蔽或破坏性的目的,正如我们在上面看到的仅为羞辱个人和身体而创建的应用程序。

这项技术的应用比一些人可能意识到的更为广泛。我们的智能手机上都有一种人工智能模式,可以标记照片和识别各个图像中的人物。诸如“阅后即焚”(Snap chat)等通过智能设备运作的应用程序现在普遍支持图像处理,能叠加表情符号或者交换照片中的人脸以供娱乐。加州大学伯克利分校的研究人员开发出

---

① Samantha Cole, *This horrifying app undresses a photo of any woman with a single click*, Vice. com, 27 June 2019, https://www. vice. com/en_us/article/kzm59x/deepnude - app - creates - fake - nudes - of - any - woman.

② See TensorFlow, https://www. tensorflow. org accessed 7 July 2020.

一款假跳舞应用程序,此程序可以给人一种舞蹈精湛的印象。[①] 然而,正如我们可能用这些程序娱乐,更多可疑的用途也可能会被想象出来,这种技术风险会招致更严重的欺骗行为,包括“假新闻”泛滥。[②]

然而,“假新闻”可能合乎情理,因为它可能涉及受言论自由所保护的合理评论。例如,最近的争议已经扩展到政治操纵的图像和视频是否可能是合法的、令人厌恶的或冒犯的。关于如何回应这些问题,人们意见不一。此类视频或是可以保留,或是因违反公开的社区准则而从社交媒体中被删除,甚至被视为构成故意欺诈和欺骗而受到定罪。此类视频对内容进行了一些有限操纵,所以往往含糊地归为深度伪造,并因处理的是人物以外的内容,有时也被称为“低劣伪造”。“低劣伪造”近来获得了大量关注。[③] 美国众议院议长南希·佩洛西(Nancy Pelosi)的一段视频最近浮出水面。视频中,她的讲话速度被故意放慢,让人觉得她可能是因为醉酒而吐字不清。[④] 模糊之处在于,这种操纵(尤其是那些针对政治官员的评论)是否在实际上构成合理使用或评论,从而受言论自由的保护。若不受言论自由保护,视频内容则可通过诽谤法得以救济。[⑤] 脸书收到了相关投诉,但它没有删除佩洛西的视频。由于没有对佩洛西的视频采取行动,脸书创始人马克·扎克伯格(Mark Zuckerberg)随后被暴露在这样一个潜在模糊的“低劣伪造”操纵下,在他谈及数据被盗和他对数据安全的矛盾心理时,声音被篡改了。[⑥]

四、具体损害与后果

深度伪造可以造成诸多损害。这在很大程度上取决于深度伪造的内容和目标人群。一般而言,只有那些无缝、极度逼真的图像才会危害无穷。劣质拼接的

---

① Amanda Kooser, *Deepfake your dance moves with an AI body double*, C – net. com, 27 August 2018, https://www. cnet. com/news/deepfake – your – dance – moves – with – an – ai – body – double.

② Kevin Reilly and Steve Kovach, *Face – swapping videos could lead to more fake news*, Business Insider, 14 April 2018, https://www. businessinsider. com/fakeapp – lets – people – make – fake – videos – deepfakes – 2018 – 4? r = US&IR = T.

③ Meghna Chakrabarti, *The rise of deepfakes: things are not what they appear to be*, wbur. com, 20 June 2019, https://www. wbur. org/onpoint/2019/06/20/deepfakes – fake – news – videos – social – media.

④ Newsy, *Video of Pelosi's slurred speech is fake*, YouTube, 2020, https://youtu. be/q7Kl9gdiUcM.

⑤ Tyrone Kirchengast and Thomas Crofts, *The Legal and Policy Contexts of Revenge Porn Criminalisation: The Need for Multiple Approaches*, Oxford University Commonwealth Law Journal, Vol. 19:1, p. 1 – 29 (2019).

⑥ Washington Post, *Mark Zuckerberg 'deepfake' will remain online*, YouTube, 17 June 2019, https://youtu. be/NbedWhzx1rs.

图像可能会被立即识破。劣质的深度伪造也可能造成持续损害,但图像质量越高,就越可能被误认为真。如此,便会导致各种后果,包括在公众中传播错误信息、制造骗局和社会恶作剧、医疗紧急情况、暴力威胁、民间动乱、商业欺诈、市场干扰、政治操纵和选民欺骗,以及“报复性色情”的制作和传播。如上面“深度赤裸”的例子所示,它也可能延续性别暴力。

创造、记录和传播深度伪造信息可能带来的个人损害和后果取决于所使用的媒体和传播的错误信息。具体而言,所致损害取决于错误信息的性质以及它是否位于错误信息的边缘,即构成合理评论或论证,还是扭曲了个人的属性或特征,包括操纵是否是性化或性暗示的(即“报复性色情”)行为。操纵行为可能会影响个人或公司,例如通过深度伪造实施的诈骗案件,它甚至能扩大至选民操纵,因而影响大选进程。关于此类损害,我们已从“假新闻”的泛滥,以及可以说是改变了2016 年美国总统大选结果的“剑桥分析”丑闻中获得了深刻体会。①②

深度伪造导致的损害在某种程度上可能反映了“报复性色情”传播的损害,特别是在通过社交媒体传播的情况下。深度伪造的制作是一回事,而传播则完全是另一回事。图像或视频,包括那些类似“报复性色情”的图像或视频,一旦传播超出图像所刻画的个人之外,此人便失去了对图像的控制权。这种控制权的丧失,本身便会造成损害,增加或加剧了对个人的伤害。一旦图像传到社交媒体中,它可能无法被移除或删除,至少是无法被轻易移除。在此情况下,承担(非法律)责任的往往是社交媒体用户,他们需要标记图像并提出删除的理由。③

五、法律回应

在没有具体立法干预和引导的情况下,法院很可能会通过已知的刑事、民事和行政法类别来处理深度伪造所带来的危害。因此,在立法完善之前,对具有欺骗性的深度伪造通常采用欺诈的救济,而深度伪造未经同意的私密图像则通常采用录制和传播“报复性色情”的救济方式。当深度伪造的图片符合“报复性色情”的标准时,也可以采用额外的救济方式,包括诸如禁令之类的衡平救济。④ 如果图

① “剑桥分析”是英国的一家政治咨询公司。2016 年美国总统大选期间,该公司在未经数百万“脸书”用户同意的情况下收集了他们的个人数据,主要用于政治广告。(译者注)

② Wired, *The Cambridge analytica story, explained*, Wired. com, 2020, https://www. wired. com/amp - stories/cambridgeanalytica - explainer/.

③ 请见下文关于“非法律和替代性回应”的讨论。

④ Above, n 15.

像或视频具有明显的欺骗性,并且在其他方面符合欺诈的要素(获得经济利益或造成不利),法院可以进行干预。然而,深度伪造的潜在损害超出了单纯的欺诈或“报复性色情”,被篡改的图像可能同时是色情的,且具有其他欺骗性目的,或者是超出常规欺诈或“报复性色情”传播的操纵行为(例如,在选举时对政治家的性修改图像)。因此,或许有必要对其进行独立的立法干预和潜在规制,但这种干预的形式和程度是有争议的,因为深度伪造具备公认的合法正当目的——提供娱乐或促进社会评论。笼统的规制和定罪是不可取的。缺乏同意对我们的指导可能有限,因为未经同意的图像和视频也可用于合理的社会性或政治性评论,而这可能合法。现有的犯罪类别以及提供救济的民事和行政法律可能已足够。

美国国会目前正在审议两项旨在解决深度伪造问题的法案。该立法及美国少数几个州(包括弗吉尼亚州、得克萨斯州、加利福尼亚州和纽约州)所采取的路径将成为本节的讨论基础。目前,美国大多数州仍在设法解决“报复性色情”传播,尚未开始谈论看似棘手的深度伪造制作和传播问题。本节将评估当前对深度伪造制作和传播进行规制和定罪的尝试。下一节则着眼于对受害人的救济,这也是美国国会正在审议的立法对策的一部分内容。

2018年12月,美国《恶意深度伪造禁止法》(参议院法案3805)被引入美国参议院,①目前正由司法委员会审议。该法案的目的是修订《美国法典》(USC)第18章,以禁止特定的欺诈性音像记录。在拟议的法案中,深度伪造被定义为“以一种会使理性观察者错误认为其所见为一个人言论或行为的真实记录而制作或更改的音像记录”。拟议的罪行名义上最高可判处两年徒刑,并以“故意”为过错要件,如下:

犯罪——使用任何州际或国外商业手段或设施实施以下行为均属犯罪:

(1)以传播为目的制作深度伪造品,意图通过其传播为联邦、州、地方或部落法律规定的犯罪或侵权行为提供便利。或者(2)在以下情况下传播音像记录:(A)实际知道该视听记录是深度伪造的;以及(B)意图通过传播该音像记录为联邦、州或部落法律规定的犯罪或侵权行为提供便利。

上述罪行具体包括两种情形,即制作后意图传播的未遂罪和传播既遂罪。两者的量刑相同。鉴于构成刑事犯罪通常需要很高的损害门槛,而诉诸侵权的意图可能并不令人满意地在某种程度上扩大了犯罪的性质。这意味着,只要在制造单

① Malicious Deep Fake Prohibition Act 2018 (US) (Senate Bill 3805), see https://www.congress.gov/bill/115th-congress/senate-bill/3805.

纯的滋扰的同时,还具有传播的意图,就足够定罪。

此外,该拟议罪行还存在一种更为严重的情形。如果能合理预料深度伪造品的制作、复制或传播会影响联邦、州、地方或部落政府的任何行政、立法或司法程序的进行,包括选举管理、外交行为或者助长暴力,则最高刑罚将增至 10 年监禁。

该法案还规定了一般限制,包括交互式计算机服务的提供者不得因其自愿采取的任何下列善意行动而承担责任:限制获取深度伪造的内容;或者使信息内容提供者或其他人员能够使用或向其提供技术手段来限制获取深度伪造内容。任何人不得因受美国宪法第一修正案保护的任何活动而承担该法案规定的责任。

美国国会审议的第二个深度伪造法案也经司法委员会审阅,随后提交至犯罪、恐怖主义、国土安全、网络安全、基础设施保护和创新小组委员会。该法案名为《2019 年(美国)保护人人免受虚假表象的侵害,使剥削行为受到问责法案》(众议院第 3230 号法案),简称《2019 年(美国)深度伪造问责法案》,[①]其目的是通过建立一个规制框架来修订《美国法典》第 18 章,内容包括:[②]

· 水印[第 1041(a)(1)条]。任何含移动视觉元素的高科技伪造人物记录应包含嵌入式数字水印,明确标识该记录含经更改的音频或视频元素。

· 披露[第 1041(2)的(A)(B)(C)条]。任何含音频和视频元素的高科技伪造人物记录应包括:(1)不少于 1 个清晰的口头声明,指明该记录含更改过的音频和视频元素,并简明扼要地描述更改的程度;以及(2)整个视频持续过程中,在图像底部提供清晰可读的文字声明,指明该记录含更改过的音频和视频元素,并简明扼要地描述更改的程度。视觉披露和音频披露(相对于视听披露)也有类似规定。

· 刑事犯罪制度,未按要求披露将承担刑事责任[第 1041(f)(1)条]。(I)故意违反(a)—(i)款,意在羞辱或以其他方式骚扰被虚假展示之人,条件是该高科技伪造人物记录包含可视的性内容并且以该人似乎正在进行性行为或处于裸体状态为特征。(Ⅱ)意图造成暴力或人身伤害,或煽动武装或外交冲突,或干扰包括选举在内的官方程序,条件是高科技伪造人物记录事实上制造了煽动或推动上述行为的威胁;(Ⅲ)在与欺诈有关的犯罪行为的实施过程中,包括证券诈骗和电信诈骗、假冒他人身份或身份盗窃;或者(Ⅳ)外国势力或其特工意图影响国

① Defending Each and Every Person from False Appearances by Keeping Exploitation Subject to Accountability Act 2019 (US) (House of Representatives Bill 3230), see https://www.congress.gov/bill/116th-congress/house-bill/3230/.

② 这些要点是对拟议修正案的实质性概括。

内公共政策辩论,干涉联邦、州、地方或地区选举,或者从事该势力不得合法从事的其他行为。上述行为按照本罪名处以罚金,或者处以不超过5年的监禁,或两者并罚。篡改披露信息也属于犯罪。

· 民事处罚制度[第1041(f)(2)条]。(A)未披露。任何违反(a)款的人都将受到民事处罚,对每条记录或每项篡改最高可处以150,000美元民事罚款,并且受害人可以获得适当的禁令救济。如果披露内容被篡改,受害人也可享有类似权利。

· 私人诉讼权[第1041(g)条]。(1)一般规定。任何在世的个人或附属的公司或其他实体,如果在高科技伪造人物记录中被显示为从事了伪造的重要活动,可以根据第(2)项的规定,向有管辖权的联邦地区法院提起民事诉讼,要求损害赔偿,以及根据第(3)项的规定,对违反第(a)款或者更改高科技伪造人物记录来移除或者明显模糊第(a)款要求披露内容之人实施禁令救济。

· 该法案还包含了关于获得损害赔偿的规则,包括每条虚假记录50,000美元的门槛金额;如果虚假记录旨在展现在世之人的极端或令人愤慨行为,金额将增至100,000美元;如果视觉性质的虚假记录显示某人正在从事性行为或者处于裸体状态,目的是羞辱或以其他方式骚扰该被虚假刻画之人,则赔偿金额为150,000美元。另外,还提供了禁令救济[第1041(g)(3)条]和隐私保护[第1041(g)(h)条]。

· 第1042(a)条有关受害人援助,请见本文下一节。

· 针对外国和未知被告的对物诉讼[在被告未知的情况下,关于财产和相关救济,第1042(4)(a)条]。在高科技伪造人物记录中,在世之人被显示为从事了伪造的重大活动的,则此人及其关联机构或者其他与此人有重大联系的实体可以对该高科技伪造人物记录提出对物诉讼。

· 修正现有的关于诈骗以及与音像、生物信息身份认证相关活动的犯罪[第1042(5)条]。修正第1028条,插入——如果深度伪造:(1)试图促进任何非法活动,该活动违反了联邦法律或者构成任何可适用的州、地区或地方法律规定的重罪;(2)描绘淫秽或露骨性行为,需考虑该记录在多大程度上引起了淫荡兴趣、显然具有冒犯性,并且缺乏严肃的文学、艺术、政治或科学价值;(3)描述易引发对抗的言语,这些言语本身能造成损害或者倾向于煽动立即破坏和平,构成对即将发生的不法行为的呼吁,并且无论是单独还是与相关记录一起,都可能煽动或产生此类行为;(4)描述或构成司法部长通过条例所确定的对美国国家利益构成可信威胁的活动或言论,并且截至该条例颁布之日,这些言论已经联邦法院确定为属于不受第一修正案保护的言论类别。

· 假冒他人[第1028(6)条]。包括假冒美国公民和其他官员。

· 深度伪造的检测[第1028(7)(a)条——“成立特别工作组”]。国土安全部部长应与联邦其他相关部门的负责人协调，在科学技术局内成立一个特别工作组，以便：(1)努力推进美国政府打击深度伪造对国家安全的影响；(2)酌情研究和开发技术，从而检测或以其他方式抵制和打击深度伪造和其他先进的图像操纵方法，并将这种深度伪造或相关造假与合法视听记录或现实事件的图像描述区分开来；(3)向研究此类技术的联邦其他部门提供行政和科学支持；(4)鼓励美国政府努力采用这类技术；(5)促进美国政府与相关私营部门技术企业或者非政府实体(包括关于识别深度伪造或其他先进图像操纵方法的学术和研究机构)的讨论与适当合作。第1028(7)条规定了私营部门的合作。

目前禁止深度伪造的美国州包括弗吉尼亚州、得克萨斯州、加利福尼亚州和纽约州。此外，更多州正考虑将其规定为刑事犯罪并进行规制。虽然本文无法一视同仁地对所有州展开详尽论述，但这些州出现了一些共同趋势，包括将立法规定的私密图像罪延伸至操纵图像罪。① 纽约州比弗吉尼亚州更进一步，提出了刑事/规制的混合框架，试图规制“数字复制品”，包括死者的数字复制品。②

2019年3月，弗吉尼亚州议会通过一项有关弗吉尼亚州《刑法典》的修正案，特别修订2014年引入的禁止传播者以“胁迫、骚扰或恐吓”他人为目的而传播裸体图像或视频。③ 该修正案规定：“为禁止非法传播或销售他人的某些图像之目的，‘他人’包括其图像被用于创作、改编或修改视频或静止图像之人，旨在描述一个真实的人并且可通过其面孔、相似之处或其他显著特征识别为真实的人。”④每项罪行均为一级轻罪，最高可判处12个月监禁和2500美元罚金。

纽约州议会目前正在审议一项涉及面更广的法案，旨在禁止伪造图像，即使是已死亡之人的图像。该法案遭到了美国电影协会的反对，理由是法案会限制以

---

① 在澳大利亚全境，未经同意记录和传播私密图像罪的最初草案一般包括经过处理的图像，see ss 91P，Q Crimes ACT 1900 (NSW)；https://www.legislation.nsw.gov.au/#/view/act/1900/40/part3/div15c。

② 纽约州议会目前审议的A8155B号法案旨在修订《民权法》中与隐私权和公开权有关的内容，以及修订《民事诉讼法律与规则》中与侵犯公开权诉讼的及时性相关的内容，see https://www.nysenate.gov/legislation/bills/2017/a8155。

③ 该法案旨在修改并重新制定第18.2—386.2条及其刑罚，该部分涉及非法传播或出售他人图像，see https://law.lis.virginia.gov/vacode/title18.2/chapter8/section18.2-386.2/。

④ Ibid.

死者的数字复制品为主要内容的传记电影的制作。① 该法案确立了"在世和已故个人的隐私权和公开权;规定个人的人设是私人财产,可自由转让和传承;规定应向国家部门登记已故个人的此类权利;并规定在表达性作品中为交易目的而使用数字复制品的行为属于侵权"。②

纽约州议会提议的犯罪扩大至色情和其他作品中的图像操纵。根据该法案,如果媒体的目的是戏仿、讽刺、评论或批评,或者作品可能被认定为具有政治、公共利益或者新闻价值,则无论虚构程度,使用个人数字复制品无须征得同意。③ 法案中提议的具体罪行包括:④

· 表达性作品中以交易为目的的数字复制品。(a)使用本条第 50 节第 2 小节所定义的个人数字复制品,在下列情况下,未经个人同意,构成犯罪:(i)有剧本的音像或音频作品中,或者戏剧作品的现场表演中,以旨在造成并确实造成数字复制品所代表的个人正在以虚拟身份进行其为人熟知的活动之清晰印象的方式;(ii)音乐作品的表演中,以旨在造成并确实造成该数字复制品所代表的个人正在表演其为人所熟知的活动的清晰印象的方式;(iii)音像制品中,以旨在造成并确实造成该数字复制品所代表的运动员正在从事其为人所熟知的体育活动的清晰印象的方式。(b)下列情况中,使用本条规定的个人数字复制品无须征得同意:(i)出于戏仿、讽刺、评论或批评的目的;(ii)用于具有政治、公共利益或新闻价值的作品或类似作品(包括纪录片)中,无论作品的虚构程度如何;(iii)使用程度微不足道或者属于附带性使用。

· 在色情作品中使用个人数字复制品。未经某人同意,在音像色情作品中使用其数字复制品,旨在造成并确实造成了数字复制品所代表的此人正在表演的印象,则构成犯罪。本条款中的任何规定均不限制此人针对与该类色情作品有关的任何一方可能享有的任何其他权利。

六、受害人救济

为深度伪造诈骗或滥用受害人提供的救济方案包括普通法救济与衡平法救

---

① Motion Picture Association of America, Inc., *Memorandum in Opposition to New York Assembly Bill A. 8155B* (*Morelle, Right of Publicity*), Motion Picture Association of America, Inc., 8 June 2018, https://www.rightofpublicityroadmap.com/sites/default/files/pdfs/mpaa_opposition_to_a8155b.pdf.

② 请见按照《大会议事规则》第Ⅲ条 1(f)款提交的立法支持备忘录,https://nyassembly.gov/leg/?default_fld=&leg_video=&bn=A08742&term=0&Summary=Y&Memo=Y, also see ibid。

③ Cf note 4, Lohan v Take-Two Interactive Software, Inc.

④ 这些要点是对拟议修正案的实质性概括。

济,可用于限制或删除“报复性色情”图像。除刑事犯罪框架外,这类救济制度具有民事或行政性质。其中,民事救济包括对诽谤、侵犯隐私、违反保密规定的救济,以及禁令救济。并非所有法域都将滥用深度伪造规定为非法行为并提供救济,在美国可能也存在关于合理评论和言论自由的宪法限制。然而,民事救济能成功解决深度伪造所致损害的程度受到地理、司法管辖区以及诉讼当事人跨越国境追究侵害人(个人或法人,包括潜在的社交媒体提供者)能力限制的问题。这归结为使用传统民事程序来部分管制网络的能力。

依据救济“报复性色情”犯罪的经验来看,行政措施可能是将犯罪图像从社交媒体与网络中阻断和删除的更为成功的方式。① 澳大利亚和美国建立的电子安全专员可使用政府的电信基础设施,能与当地、联邦和国际执法部门轻松开展合作,从而以更直接的方式帮助受害人。② 他们也可向社交媒体组织施加相关压力来推动图像删除。公共教育性活动在建议公众关于恰当深度伪造创作与使用方面发挥着一定作用,有助于限制或预防损害。

美国2019年《深度伪造问责法案》规定了救济受害人的措施。尽管如此,法案所提议的权利只不过是要求收集关于深度伪造欺诈的相关信息,并任命一名行政协调员来确保起诉:

第1042条深度伪造受害人援助(a)针对外国指使的侵害行为设立协调员。司法部长应在每个州的公诉办公室指定一名协调员,负责接收公众关于可能违反第1041条(由任何外国或代表其行事的任何代理人制作或传播的深度伪造描述)的举报,并协调起诉工作。(b)司法部长应在每个州检察官办公室指定一名协调员,负责接收公众关于可能违反第1041条(关于私密和性方面的深度伪造描述)的举报,并协调起诉工作。

遗憾的是,除了民事和行政手段之外,几乎没有其他对受害人的补救措施,受害人可能更宜考虑刑事定罪和规制之外的非法律替代措施。替代性非法律对策的前景为刑事定罪和规制的局限性提供了有力的注解。因此,充分评估这些措施的可行性对于任何有关刑事定罪的批判性分析而言都至关重要,并且可以为呼吁刑事定罪(或规制)的观点提供重要反驳。

---

① 另请参见下文“非法律和替代性回应”中有关社交媒体社区准则的讨论。

② See eSafety Commissioner, Commonwealth Government, Australia, https://www.esafety.gov.au/, and Federal Communications Commission, United States, https://www.fcc.gov/ accessed 7 July 2020.

七、起诉裁量、犯罪构成与起诉指南

起诉裁量权仍然是一项重要但非完美的限制权力的方式。它需要公众对相关部门高度信任,而对深度伪造的制作和传播而言,这涉及各级政府,尤其是联邦一级政府。由于"深度伪造"同时具有破坏性、欺骗性与合法性,因此能将指控限制在特定情况下的起诉裁量权可能是避免"深度伪造"被过度定罪的较好路径之一。这一点在低级"深度伪造"中尤为明显,此类制品并非旨在对个别受害人造成具体的损害或后果。即便如此,"报复性色情"记录和传播的常见问题仍然存在,主观上的鲁莽(包括非故意的鲁莽)仍然能造成重大损害和后果,因此可能需要采取行动。将刑事定罪局限于纯粹的故意行为可能无法提供答案,但可以阻止过度刑事化。[①]

在犯罪构成中,如果有适当程度的过错——意图制造/散布并造成犯罪损害,至少可以将可能造成这些损害后果的必要过错提升到较高水平。然而,2018 年《恶意深度伪造禁止法案》(美国)中的拟议罪行大幅扩大了责任范围,要求具有"为犯罪或侵权行为提供便利"的意图。因此,鉴于其构成要件的宽泛性,若该法案获得通过,成为法律,就有必要仔细起草起诉指南,以鼓励检察官在第一时间作出适当的起诉决策。"为犯罪或侵权行为提供便利"的广度基本上涵盖了所有后果,小至轻微扰乱公共秩序,大大降低了刑事犯罪的门槛。

八、非法律和替代性回应

社交媒体组织具备社区指南,指南会告知用户可接受的内容以及可能导致内容删除的争议解决手段。[②] 在通过社交媒体上传和传播深度伪造品的情况下,用户可选择投诉机制,以提供适当补救。电子安全专员或跨司法管辖区的其他机构(如有)也可促进此类投诉。尽管这些指南通常不会明确涉及深度伪造,但不真实的内容可以被删除。与私人争议解决一样,当出现争议时,人们往往依赖社交媒体公司作出决策,但这样的决策可能缓慢且并不一致。脸书曾试图处理某些形式

---

① 关于此类罪行过错要件和行为要件之间门槛构造的复杂性,请见 Tyrone Kirchengast and Thomas Crofts, *A Critical Analysis of the Conduct and Fault Elements in Revenge Porn Criminalisation*, Criminal Law Journal, Vol. 43:4, p. 274 – 292(2019)。

② See Facebook, *Community Standards* (2020), https://www.facebook.com/communitystandards. 参见"真实性"条目,"我们希望确保人们在脸书上看到的内容是真实的。我们相信真实性能为分享创造更好的环境,因此我们不希望人们在使用脸书时歪曲自己的身份或正在做的事情"。

的操纵或未经同意的图片(特别是“报复性色情”图片)的传播。此后,它推出一种独立的干预模式,既利用人工智能检测潜在图像,又同时依靠用户上传他们怀疑可能是或会是未经同意而传播的图像。① 脸书的一个团队将审查这些图片,并找出未经同意上传的类似图片。据说,每个月大约有 50 万张图片被删除。②

随着“假新闻”丑闻和脱口秀节目的出现,事实核查变得越发重要。在这些节目中,对知识的宣称往往很少或根本无从得以洞见支持所谓事实或信息的知识来源。“事实核查组织”(Fact check. org)提供了一个可以以符合事实且直接的方式回答有关争议话题问题的网站。③ 这些问题往往包括政客的言论或关于政府行动或资金的普遍误解。虽然这样的组织可能会考虑此类视频信息内容的合法性(如上文南希·佩洛西的“劣质造假视频”),但似乎无法检测深度伪造视频的有效性。这类组织充其量只能作为那些寻求已被证实的参考资料的人的辅助工具,以帮助他们确定问题(通常是常见说法)的合法性。

其他检查图像和视频的尝试促使更多新程序被开发出来。这些程序使用机器学习技术,试图在图像上传时检测被修改或操纵的图像。“深度追踪”公司(Deep trace)利用深度学习和计算机建模来检测和监测人工智能生成的合成视频。④ 目前,该公司尚未全面推广其技术,人们对此技术是否能在 2020 年美国总统大选中使用仍抱有怀疑。⑤ “深度追踪”希望将他们的技术整合到现有的平台中,作为在社交媒体和传统新闻推送中实时检测深度伪造的一种可能方式。这项技术能否阻止经处理的视频图像的传播和泛滥,还有待观察。

九、讨论与结语

在急于对深度伪造进行刑事定罪或规制之前,必须承认深度伪造可以促进言

---

① Chelsea Ritschel, *How Facebook uses your nudes to combat revenge porn*, Independent, 8 November 2019, https://www. independent. co. uk/life - style/nudes - facebook - revenge - porn - naked - pictures - send - a9207941. html.

② Olivia Solon, *Inside Facebook's efforts to stop revenge porn before it spreads*, NBCNews, 18 November 2019, https://www. nbcnews. com/tech/social - media/inside - facebook - s - efforts - stop - revenge - porn - it - spreads - n1083631.

③ See FactCheck. org (2020) www. FactCheck. org accessed 7 July 2020.

④ See DeepTrace, *The Antivirus for Deepfakes*, (2020) https://deeptracelabs. com/ accessed 7 July 2020.

⑤ Jeremy Hsu, *Can AI Detect Deepfakes To Help Ensure Integrity of U. S. 2020 Elections?*, Spectrum, 28 February 2019, https://spectrum. ieee. org/tech - talk/artificial - intelligence/machine - learning/will - deepfakes - detection - be - ready - for - 2020.

论自由和合理的社会与政治评论,并能用于娱乐。刑事定罪必须认识到该领域的复杂性,包括技术方面和制定适当刑法回应方面的复杂性。必须审慎评估用于定罪的要素,即除了限缩犯罪行为可能范围的要素外,是否还具备操纵图像的故意。采用未遂犯罪——以传播为目的而制造深度伪造品的提议(正如我们在美国联邦层面所看到的那样)令人担忧。

鉴于深度伪造技术的复杂性及普遍存在性,刑事化作为最后手段的这一原则由于无法防止刑事化过度,因而可能不再是我们所需要的指导原则。① 深度伪造技术具有被滥用的巨大潜力。它可以对图像进行无缝处理,从而危及个人隐私和人格,远远超出了"报复性色情"犯罪的范畴,而"报复性色情"犯罪本身就是最近才被纳入图像传播犯罪领域。刑事化作为最后手段可能无法满足我们需求的另一原因是,通过将犯罪限定为具有更严格过错要件的行为来限制犯罪的创设(即该行为须具备造成旨在结果的意图)看似一个较为保守的恰当回应,但支持或鼓励将这样的有限刑事化与具有严重干预性的规制(民事或行政)框架相结合,可能确实只是以另一名义促成刑事泛化。

尽管刑事化理论充分认识到规制和过度规制也属于刑事化的一方面,但很多规制和过度规制都可能伪装为单纯的规制,被认为可能风险较小,因而公众更容易接受。显然,语言很重要,具有"真正"刑事定罪性质的回应很容易就被伪装成单纯的规制。我们所提倡的规制机制、执行模式,以及包括政府官员和侦查机构在内的利害关系方所享有的权利和权力,都应当得到全面深入的审查和评判。

美国联邦层面拟议的规制框架可能超出了限制或预防最恶劣和有害的图像操纵情形的标准。对未经同意记录和传播"报复性色情"图像进行定罪,显然是有道理的,尽管就其较低的过错要件——鲁莽仍存在保留意见。② 旨在诱导欺诈以谋取经济利益或导致经济劣势的图像同样会被定为刑事犯罪。操纵选民和欺骗媒体可以说完全是另一个问题。此类媒体的传播者和评论者必须对所提供材料的质量承担一定的责任,其中应包括对其合法性进行尽职调查。规制框架或地方刑事犯罪不大可能对像"剑桥分析"丑闻这样级别的操纵选票行为作出回应,而通常需要特别侦查或调查。③

---

① See Douglas Husak, *The Criminal Law as a Last Resort*, Oxford Journal of Legal Studies, Vol. 24:2, p. 234(2004).

② Tyrone Kirchengast and Thomas Crofts, *A Critical Analysis of the Conduct and Fault Elements in "Revenge Porn" Criminalisation*, Criminal Law Journal, Vol. 43:4, p. 274 - 292(2019).

③ See Wired, 2020.

必须认识到,深度伪造制作和图像操纵技术已经是我们日常生活的一部分,它已载入智能手机技术,用在拍照和录像的滤镜中。虽然这项技术主要服务于强化娱乐的技术体验,但深度伪造品正不断涌现。深度伪造的图像可以通过社交媒体和互联网传播,或是为了私人娱乐,或是为了更为阴险的目的。冒犯性图像可能包括令人不快的个人私密照片或视频,可能呈现穿衣或裸体画面,或者旨在欺骗他人以造成重大商业、政治损害或社会不和谐。被操纵的潜在后果是多种多样的,可以对个人和社会造成损害。因此,任何应对措施都必须认识到这种技术的集成性及其所致结果的多变性,它能在预期的有益用途(包括社会评论、讽刺文学、电影制作以及经同意而供个人享受的图像操纵)之外造成多种不必要的损害和后果。

因此,对深度伪造进行刑事定罪具有限度,必须仅针对最恶劣的欺骗或滥用情形。另外,个人教育很重要,这首先包括关于如何制作此类图像以及制作和传播这些图像是否确实可取的教育。这样的鼓励自我意识和认识社交网络危险的教育活动已经成为应对未经同意的"报复性色情"制作和传播的措施之一。[①] 然而,介于刑事化和自助之间的回应可能也有价值。这种处于中间地带的回应包括期望社交媒体组织根据已发布的社区准则监管传播的内容,这些准则对操纵图像保有一定的容忍度。在传播内容未取得所刻画主体的同意以及明显超出了认可的评论和讽刺的情况下,指南应当要求删除。此类准则的容忍门槛出了名的模糊,而且无法保证所有违规图像都会被删除。尽管如此,具有个人或私密特征以及那些描绘裸露或性内容的未经同意的深度伪造品,通常已经属于传统社区清除准则的范畴。当深度伪造呈现的虚假信息可能误导他人时,需要根据传播主题进行审慎判断,毕竟政治评论和讽刺不应像我们保护个人隐私权和人格权那样受到限制。这样的情形可能需要一个独立的第三方(例如我们目前的电子安全专员办公室)来审查内容、提出建议,并在相关情况下寻求救济(包括在国际层面,与社交媒体公司进行沟通,或通过相关政府渠道和向法院寻求救济)。[②]

人工智能有助于发现和删除有问题的深度伪造品。机器学习虽然制造了问题,但也可以提供解决方案。目前,检测问题图像和内容的程序正处于设计阶段,而社交媒体已经在通过算法删除未经同意的内容。这种技术还可进一步用于检测和标记被篡改的视频和图像。如果内容因被认定为合理评论或讽刺而不能删

① See Tyrone Kirchengast & Thomas Crofts, 2019.

② See eSafety Commissioner, 2020, and Federal Communications Commission, 2020.

除,它可以标记为含处理后的声音或图像,增强用户关于内容篡改的意识,从而改变用户对深度伪造及其试图传递的被操纵的信息的体验。

对深度伪造的制作和传播进行刑事定罪和控制,总是充满了复杂性和争议。它需要通过公共和私人组织以及个人采取多重且互相联系的路径,共同努力检测、清除、标记那些引发人们担忧的深度伪造品。刑事化(规制)和受害人救济极为重要,针对较严重和恶劣的行为,必须制定与常规标准及过错要件相一致的罪名。然而,从政府监管、社交媒体行动、进一步纠正技术的运用,到个人自助和教育的中间地带依然为关键所在。

(编辑:叶宁)

证成、豁免与排除合理怀疑的证明[*]

何福来(Ho Hock Lai)[**] 著 范智凯[***] 译

摘 要:有罪证明的法定标准是排除合理怀疑。该规则有两种不同的解释进路。根据认识论进路,该规则要求的是信念证成或知识证成;根据概率论进路,该规则是指满足特定的概率阈值。与概率论解释相比,认识论解释具有以下优势:可以豁免国家对错误定罪的责任。这一看法的根基包括:对法律规范的理解、有罪认定的法律依据和刑事审判的核心目的。

关键词:司法证明;证据;证明标准;证成;豁免;概率;认识论

一

一场关于司法证明与数学概率的古老论辩正在强势回归。[①] 但认识论对此已经提供了有力的见解。构成近期论辩的一个表面问题是,裸统计证据是否足以认定民事/刑事责任。我的主张是,关于排除合理怀疑有罪证明标准的两种解释进路之间存在显著差异。我的核心论点是,与概率论解释相比,认识论解释的独特优势是:可以豁免国家对错误定罪的责任。

二

本文的论证基础是将法律视为一种规范体系。法律规范有许多不同分类。

---

* 本文原载于《哲学问题》(Philosophical Issues)2021 年第 1 期(总第 31 期)。Ho, H. L. (2021). Justification, excuse, and proof beyond reasonable doubt. Philosophical Issues, 31: 146 - 166. 本译文已取得作者授权。

** 何福来(Ho Hock Lai),新加坡国立大学法学院教授。

*** 范智凯,中国政法大学证据科学研究院博士研究生,主要研究方向:证据法、刑事诉讼法。

① 许多晚近作品将在后文中一一引用。这场论辩在 20 世纪 70 年代达到顶峰。其中比较著名的早期学者是却伯(Tribe)和科恩(Cohon)。

一种是实体法规范和程序法规范之分。斯蒂芬(1872)描述了这两种规范的区别与联系。如他所说,“任何司法程序的目的都是确定某些权利或责任”,“所有权利和责任都取决于事实并来自事实”。[①] 基于此,法律有两项任务:一是规定“具体类型的事实在认定权利和责任方面的法律效力”,[②]这是实体法(比如刑法)的任务;二是规定“在一个程序过程中……利害关系人可以通过该程序将实体法适用于具体案件”,[③]该任务属于程序法,而证据法就是其中一部分。证据法“决定了当事人如何使法院相信事实状态的存在,而根据实体法的规定,该事实状态将确定其主张的权利或责任是否存在。”[④]

唐·科恩(1984)提出了另一种有所重叠,但与前述的实体—程序划分法不尽相同的分类。他将法律规范分为行为规范和裁判规范。这两类规范的不同之处在于规范目的,其创制的规则分别指向不同的行为人与行为。行为规范规制以普通公民身份行事之人,其目的是指导他们的行为。裁判规范规制以官员身份行事的人,目的是告诉他们在对普通公民行使权力时如何决策。

下文的讨论将集中于行为规范(即实体刑法规范)和裁判规范(即证据法规范)的分类。[⑤] 这两种规范之间的功能差异和联系,是我将要提出的论点的核心前提。

一个例子有助于阐明本文的总体思路。实体刑法对谋杀进行了定义,将其定为犯罪,即禁止公众犯下谋杀罪,并警告他们,如果犯谋杀罪将受到制裁。这一行为规范为普通公民提供了不做这种已经被法律定性为谋杀的行为的合法理由,来自制裁后果的震慑也激励了守法行为。国家想要将谋杀或任何其他行为犯罪化的理由可以有很多。

假设谋杀被简单地定义为一个人故意杀害另一个人。事实上,谋杀的认定十分复杂。为进一步降低复杂性,让我们暂且忽略各种辩护事由所造成的复杂性。简单地假设“杀害其他人”和“故意”是谋杀罪的构成要件。犯罪定义的这些要件

---

① Stephen, J. F. *The Indian Evidence Act* (*I. of* 1872): *with an Introduction on the Principles of Judicial Evidence*, Calcutta: Thacker, Spink & Co., 1872, p. 7. 当然,他参考了法律权利与法律责任的分类。

② Id., at 8.

③ Ibid.

④ Ibid.

⑤ 并非所有实体刑法规范都是行为规范。正如科恩(*Decision Rules and Conduct Rules: On Acoustic Separation in Criminal Law*, Harvard Law Review, 1984, p. 633 – 638)所指出的,有的辩护事由,如胁迫和紧急避险,最好视为裁判规范。

(包括犯行和犯意)是构成谋杀的事实类型。这些事实类型可以包容不同的实际情况,如杀人可以通过射击、刺伤、勒死等方式完成。构成犯罪的事实,即事实类型的形象,有时被称为“要件事实”。[①] 只有当一个人犯下了相关行为规范所定义的罪行时,国家才有正当理由判决该人有罪,而这就需要获得构成犯罪的要件事实。

如果国家希望判决某人犯有谋杀罪,就必须遵守一套法律规则。这套规则通常适用于不同类型的犯罪,其存在理由与制定禁止谋杀的行为规范的理由不同。为了让某人被判谋杀罪,州政府必须指控此人犯有谋杀罪并将其送上法庭。届时,该人具有“被追诉人”或“被告人”身份。庭审是开展刑事起诉的法律论坛,也是正式决定被告人是否犯有被指控罪行的场域。只有特定人员享有作出裁决的法定权力。他们可能是陪审团成员,或者,在没有陪审团的情况下,也可能是主持审判的法官。我将他们统称为“事实认定者”。对于如何裁决的决策,必须根据可适用的裁判规范作出。这样一个裁判规范,即是本文的探讨对象——排除合理怀疑的证明标准。如后所述,该裁判规范建基于我们对问责与证成的关注。[②]

三、

做好铺垫之后,让我们考虑两个与证成有关的问题。它们是不是同一问题,暂时不谈。一是定罪是否被证成的问题。二是事实认定者是否有理由作出有罪判决的问题。我所说的证成,是指法律上的正当性。分析法律证成的第一步,是区分法律要求的事实根据和法律要求的定罪的证据基础。

刑事定罪的事实基础是获得要件事实。在前例中,谋杀定罪的事实根据是被告人故意杀害了另一个人。如果被告人故意杀害了另一个人的指控是假的,那么他的谋杀定罪就没有事实根据,因而在法律上是未被证成的;那么,根据禁止谋杀的行为规范,他被定罪的规范性理由就不存在。

作出有罪判决的证据基础是,根据应当适用的裁判规范,审判中的可采证据充分到可以认定被告人犯下了被指控的罪行。最广泛地说,最终的裁判规范可以表述如下:

---

① “要件事实”有时也被称为“最终待证事实”“决定性事实”或“争议性事实”。See Ho H. L., *A Philosophy of Evidence Law*, Oxford: Oxford University Press, 2008, p. 10 – 11.

② 在本文中,“被证成”(justify, justification)与“具有正当理由”是同一意义上的不同表达——译者注。

> 裁判规则(以下表示为DR):当且仅当法庭上的可采证据排除合理怀疑地证明被告人犯下了被指控罪行时,才能认定被告人有罪。

DR指示着事实认定者如何作出裁决。它规定了有罪判决的条件。法律要求事实认定者根据DR作出裁决。当他作出有罪判决时,我们希望其动机是DR所述条件已得到满足。如果事实认定者完全出于偏见而认定被告人犯有谋杀罪,即使客观上证据已排除合理怀疑地证明被告人故意杀害了另一个人,事实认定者也没有适当地履行他所承担的法律责任。

DR不同于作为真相规则(以下表示为TR)的裁判规范:

> TR:当且仅当被告人确实犯有被指控罪行时,才能认定被告人有罪。

根据真之紧缩论(The Deflationary Theory of Truth),这相当于说:

> TR:当且仅当被告人犯了他被指控的罪行时,才能认定被告人有罪。

并且,由于被告人犯罪的事实是定罪的事实依据,这相当于说:

> TR:当且仅当存在认定被告人有罪的事实依据时,才能认定被告有罪。

如果一个人客观地、独立于有罪认定动机地揣摩"认定被告人有罪是有事实根据的",TR就不可能是正确的。即使被告人确实犯了罪(因此,客观上,对被告人进行定罪是要有事实根据的),事实认定者在没有任何证据可以合理支持有罪结论的情况下对被告人进行定罪,仍然是错误的。比如,汤姆森举了一个例子,在被告人碰巧实际有罪时,事实认定者通过抛硬币作出的有罪判决也是错误的;她坚持认为"这对我们来说很重要,因为被告人不仅不应受到不公正的惩罚,而且也不应被不公正地判处刑罚",①这当然是正确的。虽然事实根据是必要的,但仅凭事实根据不足以正当地对被告人进行定罪:证据基础也是必要的。

---

① Thomson, *Liability and Individualized Evidence*, Law and Contemporary Problem, 1986, p. 213.

四

裁判规范要求"排除合理怀疑的证明"。众所周知，这个短语的含义并不明确。虽然当前使用"解释"一词无伤大雅，但是，我们并不是在寻求其语言学含义，而是在建构其法律效力。有两种进路可以解释 DR。我将首先讨论认识论进路，然后再将其与概率论进路进行对比。在讨论认识论进路时，我将从以信念为中心的解释构造开始，然后再转向以知识为中心的构造。

许多作者将"排除合理怀疑的证明"(PBARD)解释为被证成的信念。在本文中，信念意味着完全的"非有即无"的信念，是传统上与知识相关的信念，而不是部分信念或信心。① 其基本思想是，事实认定者有责任找到可能的理由来追问被告人究竟有没有犯下被指控的罪行，而能否找到这样的理由，将影响是否完全相信被告人有罪的理由。关于这种以信念为中心的解释，可以简化表述为：②

排除合理怀疑的证明(证成信念)[以下表示为 PBARD(JB)]：当且仅当事实认定者根据庭审中的可采证据，有理由相信被告人犯下了被指控罪行时，才能排除合理怀疑地证明被告人犯有被指控罪行。

因此，裁判规范应被解释为：

> 裁判规范(证成信念)[以下表示为 DR(JB)]：当且仅当你(事实认定者)根据庭审中的可采证据，有理由相信被告人犯有被指控罪行时，才能认定被告人有罪。

将 DR(JB)遇到的困难暂且搁置。抛开这些困难不谈，考虑一下这个假设案例：

---

① 莫斯在 2018 年的创造性作品中认为信念也可以构成知识。Moss, S. *Probabilistic Knowledge*, Oxford: Oxford University Press, 2018.

② 关于对证明标准的信念中心解释，see, e. g. , Buchak, *Belief*, *Credence*, *and Norms*, Philosophical Studies, 2014, p. 169, 285 - 311. ; Nelkin, *Rational belief and statistical evidence—blame*, *bias*, *and the law*. In I. Douven (Ed.), *Lotteries*, *Knowledge*, *and Rational Belief*, Cambridge: Cambridge University Press. 2021; Ho, *A Philosophy of Evidence Law*, Oxford: Oxford University Press, 2008, p. 89 - 99. 一个更一般性的研究，参见阿玛亚 2008 年和 2015 年(尤其是第 75 至 133 页，第 471 至 556 页)的作品，她提出了一个以融贯性和美德为中心的证据裁判证成理论。Amaya, A. *Justification*, *coherence*, *and epistemic responsibility in legal fact - finding*, Episteme, p. 306 - 319(2008). Amaya, A. *The Tapestry of Reason - An Inquiry into the Nature of Coherence and its role in Legal Argument*, Oxford: Hart, 2015.

> “说谎的目击证人”
>
> 布鲁图斯被指控谋杀凯撒。布鲁图斯其实是无辜的。但检方传唤的证人正在陷害布鲁图斯。证人作证时天衣无缝地撒谎,宣誓后告诉法庭,他看到被告人将凯撒刺死。在交叉询问中,证人巧妙地抵御了辩护律师攻击其证言可信性的所有企图。没有证据证明被告人是无辜的或构成对有罪的怀疑。现有证据非常有力,足以证成相信被告人有罪的信念。

在某种意义上,事实认定者应当认定布鲁图斯有罪;而在另一种意义上,他不能这样做。① 如果PBARD(JB)是对的,并且事实认定者被要求遵守DR(JB),那么,他应当认定布鲁图斯有罪。然而,布鲁图斯仍是误判的受害者。② 他被判犯有他没有犯下的罪行。对他的定罪缺乏事实根据。致使布鲁图斯被误判的人是事实认定者,但由于他是以其官方身份并按照国家要求的方式行事,可以说,是国家通过事实认定者对布鲁图斯进行定罪的,因此,这种错误定罪,责任在国家。③ 在下文中,我对事实认定者的证成和责任豁免的分析均适用于国家。

想象一下,事实认定者根据DR(JB)将布鲁图斯定罪,而事实真相在他服刑数年后才浮出水面。我们希望,事实认定者会对布鲁特斯的有罪判决所造成的伤害表示遗憾。但承认这一点并不一定要求我们承认,事实认定者没有理由作出有罪裁决。我们是否应该按照以下方式分析说谎目击证人的情况:

> (A1)事实认定者作出的有罪判决在法律上已证成(因为有证据基础)。但定罪本身并没有在法律上得到证成(因为缺乏事实根据),因此该判决是错误的。

将作出有罪判决的行为的法律证成从有罪确信的法律证成中剥离出来是故

---

① 这两种意义的提出参考了莫斯的作品。Moss, *Knowledge and legal proof*. In T. S. Gendler and J. Hawthorne (Eds.), Oxford Studies in Epistemology, 7, Oxford: Oxford University Press, p. 28 – 29.

② 有的法官否认这一点。see Ho, *A Philosophy of Evidence Law*, Oxford: Oxford University Press, 2008, p. 64 – 66.

③ Cf. Yaffe, *When does evidence support guilt "beyond a reasonable doubt"*? In L. Alexander and K. K. Ferzan (Eds.), *The Palgrave Handbook of Applied Ethics and the Criminal Law*, Cham: Springer. 2019, p. 114. 原文强调:“定罪和惩罚是政府的行为——有时由普通公民即陪审员组成的临时机构。”

弄玄虚吗?[①] 我们可能会坚持这种区别;一个人持有某种信念的行为本身是正当的(根据令人信服的证词,事实认定者有理由相信布鲁图斯有罪),但这种信念仍是不正当的(相信布鲁图斯有罪的信念未被证成,因为证人实际上在撒谎)。然而,我们现在评价的是行为,而非信念,我们关注的是行为的法律证成。在某种程度上,作出有罪判决是将被告人定罪的言语行为。以法律规定的方式宣告他有罪,就是将他认定为罪犯。因此,在某种程度上,作出有罪判决就是对被告人定罪。[②] 那么,怎么可能同时存在,事实认定者在作出有罪判决时具有法律上的证成,而在对被告人定罪时却没有法律上证成的情况呢? 毕竟我们正在评价的是同一行为。即便如此,也很容易理解 A1 命题的合理性。从某种意义上说,事实认定者确实做了他应该做的事,而且他所做的事无可指责。这解释了不愿将他的错误行为描述为违法行为的原因。解决这个问题的关键是要记住有两个规范在起作用。事实认定者按照裁判规范[DR(JB)]做了他应该做的事情。但事实认定者的所作所为违反了客观规范,其中包括禁止谋杀的行为规范(除非布鲁图斯故意杀害恺撒,否则不应被定罪)。事实认定者是否应该为错误行为承担责任是另一个问题;正如我所说的,答案取决于他定罪布鲁图的动机。

要使定罪在法律(被理解为一种规范体系)上是正当的,需要有证据基础(如决策规范 DR 所要求的)和事实根据(如相关行为规范所定义的)来认定被告人有罪。布鲁图斯没有杀死恺撒——缺乏事实依据——使得对布鲁图斯的定罪在法律上是未证成的。但事实认定者有理由相信,根据当时现有的证据,这种事实依据是存在的。因此,我们应该说:

> (A2)事实认定者作出有罪判决在法律上没有正当性,尽管他有理由相信他这样做有法律证成。虽然事实认定者错误地判定布鲁图斯有罪,但他的行为是可豁免的。

驱动 A2 命题的是一种客观主义理由观。事实认定者一直有一个客观规范的理由不给布鲁图斯定罪。根据禁止谋杀的行为规范,只有在布鲁图斯故意杀害另

---

① 有关对主要行为(由符合主要客观规范确定)和次要行为(主观的,取决于行为人是否合理地相信其行为符合主要客观规范)之间的类似区别的批评,see Lackey, *Norms of assertion*. Noûs, 41, 2007, p. 603 – 607; Pascal, *In what sense is knowledge the norm of assertion*? Grazer Philosophische Studien, 77, 2008, p. 55 – 56.

② Ho, 2008, p. 20 – 21.

一个人的情况下,才能判决布鲁图斯犯有谋杀罪。布鲁图斯没有故意杀害恺撒这一事实是反对将布鲁图斯定罪的法律理由。无论事实认定者知或不知,这一理由都客观存在。① 因此,事实认定者对布鲁图斯的定罪在法律上未被证成。对无辜者进行定罪在客观上是错误的,即使这样做有证据基础。证据基础存在的意义在于,它可以为错误开脱(稍后提及);但这并不能改变事实认定者犯错的现实。②

我们所关注的裁判规范与裁判的决策有关。只有当决定对被告人进行定罪时,才必须对其处罚作出决策。是否认定某人有罪是事实认定者的事。对量刑法官来说,某人被定罪后是否应受到惩罚以及惩罚的程度是与之不同的问题。③ 事实认定者有责任确定有罪或无罪;但他无权(以事实认定者的身份)决定刑罚。事实上,一个人可能被判有罪而不受刑罚。这可能是出于宽大处理或其他原因,一些法律制度允许缓刑。事实认定论(特别是有罪认定论)需要置于刑事审判论之中,这与刑罚论截然不同。

五

那么,为什么要进行刑事审判?从理论上讲,没有审判也可以有刑法实施制度。毕竟,预防性羁押(一种特殊的法律制度,允许政府行政部门出于安全考虑而不经审判证明有罪就可以羁押任何人)的捍卫者就喜欢举出其在打击犯罪方面的有效性。审判在刑法实施的总体方案中只有一时半霎。虽然简短,但它起着关键而独特的作用。在对抗性司法中,审判是政府(通过检察官行事)在一个独立的国家机构(刑事法庭)中寻求将某人定罪的过程中承担责任的活动。④ 关键不在于没有定罪就没有惩罚(虽然这是事实),而在于没有犯罪就没有定罪(具体来说,一个人不应该因为他没有犯下的罪行而被定罪)。

为了使被告人被定罪,控方不能简单地告诉法庭:"相信我,被告人有罪。"在任何以"正当程序""无罪推定"和"法治"等政治价值观为基本原则的法律制度中

① Raz, *Practical Reason and Norms*, Oxford: Oxford University Press, 1999, p. 17.

② Cf. Moss, *Knowledge and legal proof*, In T. S. Gendler and J. Hawthorne (Eds.), Oxford Studies in Epistemology, 7, Oxford: Oxford University Press, p. 29,他将这种情况描述为事实认定者"客观上错误,但主观上是正确的"。

③ See, e. g., Rogers v US 422 US 35 at 40 (1975); Shannon v US (512) US 573 at 579 (1994).

④ More fully, see Ho, *Liberalism and the criminal trial*, Singapore Journal of Legal Studies, Jointly published in Sydney Law Review, 32, p. 87 - 106. (2010); Ho, *The presumption of innocence as a human right*, In P. Roberts and J. Hunter (Eds.), *Criminal Evidence and Human Rights—Reimagining Common Law Procedural Traditions*, Oxford: Hart Publishing, 2012.

都不能如此。要求控方于法庭的公开听审上解释并捍卫其指控，即定罪有法律上的证成，相当于法律在建立一个制衡体系，并要求——用一句耳熟能详的话来说——正义不仅要实现，而且要以人们看得见的方式实现。人们一般将审判描述为“发现真相”，亦即“要求控方公开地建立并捍卫证据基础的过程，以得出其请求的定罪存在事实依据的结论”。那种认为“刑事法庭旨在定罪并释放无辜者”的说法过于浅显。① 审判的目的是要求问责和证成。比如，法庭根据任何理性人都不会认为足以得出有罪结论的证据对某人进行定罪。即使被告人确实犯下了所涉罪行，而且达到了定罪有罪者的目的，审判也未能实现设立刑事法庭的根本目的。这一目的的关键内容是仔细审查证据以确保定罪有法律上的正当性。

有罪证明标准远远超过了仅仅确定采取某些侦查行动的“合理根据”标准或锁定犯罪嫌疑人的“合理怀疑”标准。尽管“合理根据”和“合理怀疑”是决定是否允许采取预审、调查或执行步骤时使用的合理、合法标准，但将其描述为证明标准属于用词不当。② 在 Hussien 诉 Chong Fook Kam 案（一起是否有权根据合理怀疑对公民进行逮捕的案件）中，枢密院表示：③

> “怀疑……是一种缺乏证据的猜测或推测状态：‘我怀疑，但我无法证明。’怀疑出现在侦查初期，而获得表面证据则是侦查的终点。一旦获得这些证据，警方的任务就完成了；案件已准备好进行审判，并进入下一阶段。”

怀疑——就像一般的相信或部分相信一样——可以成为行动的理性指南。这包括刑事侦查。并不是所有的侦查都能成功地得出定论并走向刑事起诉。指控某人犯罪就是主张他犯了罪。审判是检方必须出示证据以供审查，以支持、证成并说服事实认定者判断被告人被指控有罪主张真实性的活动。

---

① Papineau, *The disvalue of knowledge*. Synthese, 198, 2021, p. 5330.

② Cf. Moss, 2018, p. 202; Gardiner, 2019a; Gardiner, 2019b, p. 301.

③ [1970] AC 942 at 948. See also Jayasena v. R [1970] 1 AC 618 at 624，英国枢密院认为，将“证据性负担”称为“证明责任”具有模糊和误导性：“在陪审团审判中，一方当事人可能需要提出一些证据来支持他的案卷，无论是关于一般性争议还是具体性争议，然后才能将该争议交给陪审团处理。必须提出多少证据，取决于要求的性质。如果相信并且没有反驳和解释，陪审团可以接受这样的证据并认定事实得到证明。或者可能是……有足够的证据表明合理的可能性。毫无疑问，将这一要求描述为一种负担是可以的，称其为证据性负担也是可行的。但称其为证明责任，是令人困惑的。另一方面，当提出的证据不足以证明事实时，证明责任也可以被解除，因此无论是在法律上，还是证据上，抑或是其他方面，将证据性负担称为证明责任具有误导性。”

根据裁判规范的信念证成解释[DR(JB)],事实认定者必须作出的判断是一种认识论判断。他没有被要求决定,被告人是否应该出于实践目的而被视为犯罪。事实认定者被要求判断被告人所犯的罪行是否属实。如果判断是肯定的,则事实认定者必须在法庭上公开宣布他认定被告人有罪。一方面,这相当于断言被告人犯了有关罪行。正如皮尔斯在很久以前指出的那样,断言一个命题"就是让自己对其真实性负责"。[①] 在断言被告人有罪时,事实认定者,以及国家,公开对其定罪是否具有法律上的正当理由(包括是否存在事实依据)承担责任。

如上所述,行为规范是针对普通公民的,目的是引导他们的行为。禁止谋杀的行为规范传达的信息是"不要谋杀",而不是"除非你能逃脱制裁,否则不要谋杀"。制裁震慑可以作为遵守行为规范的激励措施。其传达的警告是"如果你犯了谋杀罪,你将受到这些制裁",而不是"当且仅当你运气不好,审判中的证据对你不利,你就会因谋杀而受到制裁。"[②]在"说谎的目击证人"案例中,根据针对布鲁图斯的规范,布鲁图斯不应该被判犯有他没有犯下的谋杀罪。因此,他遭受了误判。错误的定罪是指某人被判犯有他并没有犯的罪——仅仅在于有罪判决没有说出真相。[③] 断言被告人有罪,就要对断言的真实性负责,如果实际情况证实该断言是错误的,国家将对此负责。

六

我们已经清楚,为了在法律上证成有罪判决,事实认定者不能仅满足于根据现有证据可证成就相信被告人犯下了他被指控的罪行;在此之外,被告人必须真的做了这件事。在信念证成之上要求真相,基本相当于要求获得知识。因此,可

---

① Hartshorne and Weiss, 1934, p. 384. 类似观点, see Williamson, 2000, p. 268 – 9. 更多讨论, see Ho, 2008, p. 123 – 4, 127 – 8。

② 正如尼森在1985年指出的,后一种警告传递的信息是"人们不要根据他们知道的合法行为行事,而是根据他们认为可能被证明对自己不利的事物行事。" Nesson, *Reasonable doubt and permissive inferences: the value of complexity*, Harvard Law Review, 92, p. 1357(1985).

③ See generally *Bulygin Norms and logic: Kelsen and Weinberger on the ontology of norms*, Law and Philosophy, 1985, p. 160 – 163; *Bulygin Cognition and interpretation of law*, In L. Gianformaggio and S. Paulson (Eds.), *Cognition and Interpretation of Law*, Turin: Giappichelli., 1995, p. 21 – 24; Ho, *Evidence and truth*, In C. Dahlman, A. Stein andG. Tuzet (Eds.), *Philosophical Foundations of Evidence Law*, Oxford: OxfordUniversity Press, 2021.

以理解为什么一些作者从知识而不是信念证成的角度来解释排除合理怀疑标准。① 关于该解释进路最简单的版本是：

> 排除合理怀疑的证明（知识）［以下表示为“PBARD（K）”］：当且仅当事实认定者知道被告人犯有他被指控的罪行时，才能排除合理怀疑地证明被告人犯下了他被指控的罪行。

因此，裁判规范应该这样解释：

> 裁判规范（知识）［以下表示为“DR（K）”］：当且仅当您（事实认定者）知道被告人犯下了他被指控的罪行时，才能认定被告人有罪。

认识到真相对法律证成至关重要，并不是促使人们倾向于知识解释而非信念证成解释的唯一因素。根据通说，对真相的已证成信念，可能会有因为“盖蒂尔化”而成为已证成的真信念的可能，因此，已证成的真信念可能不等于知识，即该已证成的信念只是碰巧为真，因此不算作知识。② 为了获得知识，必须获得另一个条件。据称必须获得另一个条件才能获得知识。但这个条件是什么，存在争议。该条件（无论它是什么）是否与司法证明有关，也存在争议。有时，将法律意义归属于该进阶条件，是促使人们倾向于对证明标准作知识解释的原因。汤姆森（1986）认为，该进阶条件是，证据必须“保证”相关信念的真实性，这是知识所必需

---

① 一个综述性研究，参见 Gardiner, *Legal evidence and knowledge*, In M. Lasonen - Aarnio and C. Littlejohn (Eds.), *The Routledge Handbook of the Philosophy of Evidence*, Oxford: Routledge. (forthcoming). Duff, A., et al., The Trial on Trial, vol. 3, *Towards a Normative Theory of the Criminal Trial*, Oxford: Hart, 2007, p. 89（“只有在事实认定者知道被告人有罪时，定罪才是适切的”）; Pardo, *The Gettier problem and legal proof*, Legal Theory, 16, 2010, p. 38［“法律证明的目标或目的是知识（或近似知识的事物）”］; Littlejohn, 2020, p. 5264（除非知道被告人有罪，否则不得对其定罪）, Littlejohn, *Truth, knowledge, and the standard of proof in criminal law*, Synthese, 197, 2021, p. 118 - 9（“陪审团是否应该客观地定罪取决于他们所能知道的情况。从另一种意义上说，当我们有足够的可能知道被告有罪时，证据足以以可欲的方式定罪。”）; Blome - Tillmann, *More likely than not—Knowledge first and the role of bare statistical evidence in courts of law*. In J. A. Carter, E. C. Gordon and B. Jarvis (Eds.), *Knowledge First: Approaches in Epistemology and Mind*, Oxford: Oxford University Press, 2017, p. 284（根据“获得知识的证据性概率”来解释证明标准）; Moss, forthcoming, p. 2（定罪“要求在排除合理怀疑的情况下证明被告有罪，并且当且仅当法官或陪审团知道时，才能证成这一结论”）。

② Pardo, 2010; Duff et al., 2007, p. 91; cf Nance, 2021, p. 101 - 106（质疑这一问题在法律语境下的重要性）。

的进阶条件,而知识是肯定性判决的必要条件。[①] 另一方面,艾诺克、斯波凯特和费舍尔(2012)主张,信念对真相具有敏感性这一点在认识论上很重要,但他们否认知识对法律至关重要。我不必介入争论。出于当前目的,我专注于经典意义上的知识,即已证成的真信念。

在"说谎的目击证人"中,事实认定者并不知道布鲁图斯谋杀了恺撒。原因很简单,布鲁图斯没有这样做。"真"是知识的必要条件。一个人不可能知道假的东西。如果 PBARD(K)是正确的,那么没有排除合理怀疑地证明布鲁图斯谋杀了恺撒,因为事实认定者并不知道布鲁图斯谋杀了恺撒。因此,事实认定者在法律上没有正当理由作出有罪判决。

关于证明标准的知识解释存在困难。让我现在处理一个困难,稍后再处理其他困难。作为裁判规范,DR(K)是有问题的。塞拉诺(1995年,第144页)指出:

> "说法官……有义务查明真相,或根据真实的事实陈述作出裁判,这有点自相矛盾。"为了公正对待似乎只是表面成立的案件,作为一个直觉性要求,应当在法官责任的具体说明中加入一个意志性条款。而这样的条款……不能用知识来表述(在标准意义上是指,如果"p"是真的,则A知道p;A相信p;并且有充分的证据证明p。)相反,它必须用确信知道的术语来表达。法官有义务尽其所能发现真相,并根据他认为通过他的努力所知道的情况作出裁判。

作为裁判规范,DR应当指示事实认定者如何作出裁判。事实认定者遵循DR(K)的能力受到以下事实的阻碍:他不是全知的,不能区分他认为自己知道的东西(可能是错误的)和他知道的东西。为了应对塞拉诺的反对意见,DR(K)必须重新表述如下:

> DR(JBK):当且仅当你(事实认定者)根据庭审中的可采证据,有正当理由相信被告人犯了他被指控的罪行时,才能认定被告人有罪。

从事实认定者的角度看,这与DR(JB)有何不同?DR(JB)要求有正当理由相信有罪,而DR(JBK)则要求有正当理由知道有罪。回想一下,我所说的信念,

---

① 有关汤姆森的知识中心解释和信念中心解释的区别,see Nelkin, 2021, p. 20-21。

是指完全或彻底的信念。如果事实认定者相信 p 且有正当理由相信 p,那么,他通常也有正当理由相信他知道 p。从事实认定者的角度来看,DR(JB)和 DR(JBK)之间似乎没有太大区别。[①]

基于"撒谎的目击证人"案例中的可得证据,事实认定者有理由相信(他知道)布鲁图斯犯下了被指控的谋杀罪——亦即,定罪有事实依据。因此,事实认定者有理由相信,他对布鲁图斯定罪是合法的。但实际上,他有理由相信自己的行为是有法律依据的,这为他推翻法律上不合理的有罪判决提供了豁免理由。[②] 无论是根据 DR(JB)还是 DR(JBK)来解释要求排除合理怀疑规则,如果对被告人的判决被证明是错误的,那么遵循该规则定罪的事实认定者可以免于担责。按照这样的解释,该规则能够具有这种免责功能,因为它将证据基础与定罪的事实依据联系起来。

基于这种观点,排除合理怀疑的法律规则保留了其历史功能的表象。在前现代的基督教世界里,给无辜者定罪是一种致命的罪恶。惠特曼通过考察排除合理怀疑规则的起源,得出结论:"它最初是一个神学教义,旨在让陪审员放心,只要他们对被告人有罪的怀疑不是'合理的',他们就可以在不牺牲自身救赎的情况下将被告人定罪。"[③]只要陪审员对被告人有罪的确信是合理的,即使被告人实际上是无辜的,他们也可以免受谴责。此时此刻恰如彼时彼刻,现代的排除合理怀疑规则也有豁免功能。不同的是,豁免的不再是事实认定者的灵魂,而是他对不公正行为的责任。根据裁判规范认识论解释的要求,如果事实认定者遵循裁判规范作出判决,他就可以免除对无辜者定罪的不公正责任;因为,遵循裁判规范的认识论解释仅允许当事实认定者合理地相信存在定罪的事实基础时才作出有罪判决。

七

如果裁判规范(DR)仅满足于概率,那么它将缺乏这种解释功能。有一种观点在某些学术界更为流行,即在专业法官眼中,排除合理怀疑的证明是一个证据

① See Ferrer Beltrán, 2006, p. 302.

② 我采用了加德纳(2007)的观点:"豁免理由的结构来源于辩解的结构。当然,为一项行动开脱并不是为该行动辩护。相反,这是一个人在证明自己的信念是合理的。"Gardner, Offences and Defences. Oxford: Oxford University Press, 2007, p. 110.

③ 惠特曼的论文并非没有争议。相关批评,see Damaška, *Evaluation of Evidence: Premodern and Modern Approaches*, Cambridge: Cambridge University Press, 2019, p. 52 – 53。

满足概率阈值的问题。标准的“排除合理怀疑”概率论解释是:①

> 排除合理怀疑的证明(概率)[以下表示为PBARD(P)]:当且仅当被告人犯下被指控罪行的可能性超过某个特定阈值时,即排除合理怀疑地证明被告人犯下了他被指控的罪行,这取决于法庭采纳的证据。

同样可以更方便地表示为公式:

> $PBARD(P) = P(H|E) > T$
>
> P代表概率,H代表被告人犯有被指控罪行的假设,E代表在法庭采纳的证据,T是概率阈值。

根据对排除合理怀疑的解释,裁判规范是:②

> 裁判规范(概率)[以下表示为DR(P)]:当且仅当$P(H|E) > T$时,认定被告人有罪。

通说认为,T是一个固定的阈值,通常适用于所有刑事案件。③ 关于该阈值应该是什么,没有明确答案——当然,法律中也找不到答案。假设事实认定者能够在不知道T被固定在何处的情况下遵守DR(P)。为了便于讨论,将T的数值设为0.95。DR(P)不要求事实认定者完全相信被告人犯下了他被控的罪行。关于裸统计证据的辩论是由这样一种直觉引发的,即该证据本身可以满足DR(P)的要求,但不能在法律上证成有罪判决。尼森(1979年,第1192-1193页)试图用他

---

① 与通行观点相比,我的观点欠缺考虑。人们可以认为证明标准不是绝对的概率阈值,而是比较性的(see, e. g., Cheng, 2013; Nance, 2016,他们将比较性的证据区分力理论与非比较性的证据“分量”概念相结合)或者可以增加公正性约束。

② 根据莫斯的说法,事实认定者必须知道概率阈值已经满足。他的详细论述是:“排除合理怀疑地证明被告人有罪,需要事实认定者知道一些盖然性知识,即被告人有罪的可能性超过一定阈值。”根据她的分析,像下文“监狱警卫”案例的证据本身并不能排除合理怀疑地证明被告人的罪责。尽管事实认定者可能认为被告人有罪的可能性为0.96,但他无法知道那么多,因为存在某种无法排除的可能性,即“被告人比任意一名囚犯有罪的可能性更小”(Moss, 2018, p. 213)。在后来的一篇论文(Moss, forthcoming)中,她采取的立场是“司法证明要求排除相关的认识论可能性,其中可能性的相关性不是由其概率决定的。”

③ 但一些学者主张改变证明标准:see, e. g., Lillquist, 2002; Ribeiro, 2019。

著名的假设来说明这一点：

> “监狱警卫”
>
> 在一个封闭的庭院里，有25名穿着相同的囚犯和一名狱警。唯一的目击证人距离太远，无法分辨个人特征。他看到那个警卫，从制服上可以指认出来，绊倒了，显然是自己摔倒了。囚犯们挤在一起争论。其中一人挣脱了其他人，跑到院子角落的一个棚子里躲起来。其他24人袭击了倒下的卫兵并杀死了他。杀人后，隐藏的囚犯从棚子里出来，与其他囚犯混在一起。当执法者后来进入院子时，他们发现了死去的警卫和25名囚犯。

这就是我们所知道的全部，没有其他证据可用。从25名囚犯中随机挑选一名囚犯X，其因谋杀警卫而受到审判。尼森主张，并且普遍认为，X必须被无罪释放。为什么？仅从统计证据来看，有理由相信X有罪的客观概率为0.96，而关于X有罪的理性信念也应该产生相同的确信程度。这个数值超过了我们刚刚假设的0.95门槛。因此，无论是客观概率还是主观概率，都超过了阈值。按照DR(P)，X将不得不被定罪。然而，大多数人会认为正确的结果是无罪释放。① 这表明DR(P)对排除合理怀疑的理解是错误的。

另外，作出无罪判决与对裁判规范的认识论解释是一致的，并得到了后者的支持。在直觉上，证据的状态就是监狱院子里的情况，事实认定者没有理由相信（他知道）是被告人谋杀了警卫。② 有许多可能的理论支持这种直觉。这可能是因为统计证据与X杀死警卫的推定事实缺乏因果关系，③或者未能为X杀死警卫的命题提供规范支持。④ 也可能是因为，基于裸统计证据形成的信念是不安全的，⑤或是对真相不敏感的。⑥ 而根据另外一种理论，是因为我们不能排除X是无

① 心理学研究表明，“人们不愿意接受纯概率作为责任认定的证据……对于有经验的审判法官来说也是如此。”Wells, *Naked statistical evidence of liability: is subjective probability enough?*, Journal of Personality and Social Psychology, 62, 1992, p. 748.

② See, e.g., Buchak, 2014, p. 292.

③ Thomson, 1986.

④ Smith, 2018.

⑤ 根据一种理论，知识需要一种安全的真信念。但是，人们可以将安全性视为作出有罪判决的条件，而不必采取有罪判决必须基于被告人有罪的知识立场。See generally Pritchard, 2015 and 2018; Pardo, 2018; Gardiner, 2020a.

⑥ Enoch, Spectre and Fisher, 2012; Enoch and Spectre, 2019.

辜者这种简单可能性(他很可能就是当时躲在棚子里的那个人),这是一种可能的怀疑,[①]也是认定其罪责的认识论障碍。对于认识论解释者来说,DR(P)要么是不充分的(司法证明的成立需要很高的概率),[②]要么在根本上是错误的(司法证明最终不是数学概率的问题)。[③]

我不打算谈论争论的细节。我想做的是强调认识论解释和概率论解释之间的一个重要区别。前文提到,DR 的认识论解释将证据基础与定罪的事实依据联系起来:为了在法律上证成有罪判决,事实认定者必须有理由相信他知道被告人犯有被指控罪行。被告人犯有被指控罪行是他被判有罪的事实依据。即使事实认定者最终将一个无辜者定罪,事实认定者也可以免于承担错误定罪的责任:因为他有理由相信自己作出有罪判决是正当的。

这种论证不适用于概率论解释。正如我们之前所做的,假设某人谋杀罪的事实依据是他故意杀害了另一个人。[④] 当且仅当 X 故意杀害警卫时,才有事实依据将 X 定罪为谋杀警卫。当事实认定者遵循 DR(P)对 X 定罪时,定罪的动机是 $P(H|E) > T$(换句话说:动机是 X 故意杀死警卫的条件概率超过 T;或者更简单地说,X 很可能故意杀死警卫)。但根据行为规范判定 X 犯有谋杀罪的标准理由是,他故意杀害了另一个人"$P(H|E) > T$"与"X 故意杀死警卫"不同。$P(H|E) > T$ 与"X 没有杀死警卫"在逻辑上是一致的:事实上,在"监狱警卫"案例中两者都是正确的。要根据 DR(P)对被告人定罪,事实认定者无须相信根据相关行为规范对其定罪有事实依据;即使事实认定者不相信根据行为规范对其定罪的规范理由成立,定罪也是允许的。如果 DR(P)是对裁判规范的正确解读,则裁判规范和行为规范之间存在冲突:具体而言,在行为规范下定罪的规范理由和在裁判规范下定罪的动机理由之间存在冲突。这种冲突不公正地损害了行为规范对象;允许法

---

① See, e. g. , Moss, forthcoming. ("陪审团……不能排除被告人是试图阻止袭击的无辜囚犯的可能性,他们不是真的知道被告人有罪,因此定罪是不正当的。")加迪纳 2019 年的一篇文章提出了一个相关的替代框架,用于分析改编自相关知识理论的证明标准。Gardiner, G. , *The reasonable and the relevant: legal standards of proof*, Philosophy and Public Affairs, 47, 2019, p. 288 - 318.

② See, e. g. , Smith, 2018, p. 1210 - 1211(建议增加证据作为肯定判决提供规范支持的必要条件).

③ See, e. g. , Haack, *Evidence Matters—Science, Proof, and Truth in the Law*, Cambridge: Cambridge University Press, 2014, chapter 3; Cohen, *he Probable and the Provable*, Oxford: Oxford University Press, 1977.

④ 为迎合"监狱警卫"案例而认为"故意杀害他人"包括与其他人共同故意杀害另一个人。

院以不符合行为规范的理由对没有违反行为规范的公民定罪。[①] 这应该让我们犹豫是否接受将 DR(P)作为 DR 的正确解释。正如我们将看到的,它在道德正当性上是值得怀疑的。

八

假设 X 是无辜的,警卫被杀时,他正好躲在棚里。由于他没有谋杀警卫,因此没有事实依据判定他有罪。对他的谋杀定罪是错误的,因为事实主张是假的。事实认定者根据 DR(P)作出有罪判决这一事实是否会有所不同?这能否证成或豁免对 X 的错误定罪?

事实认定者试图通过简单地指出他是遵循法律——特别是 DR(P)形式的裁判规范——来证成他对 X 的定罪,这是行不通的。即使 DR(P)是对裁判规范的正确解读,根据行为规范,对 X 的定罪在法律上仍然是不正当的。撇开这一点不谈,DR(P)形式的裁判规范在道德上是否正当?

我们认为,谋杀在法律上被定义为故意杀害另一个人,而不是"许多或大多数成员参与故意杀害另一个人的参考群体一员"。采用后一种"谋杀"定义的法律即使不是不可理解,在道德上也是令人反感的。但是,在根据 $P(H|E) > T$ 的逻辑对 X 进行定罪时,我们实际上是否表现得好像法律将仅仅是参考群体成员的人就定为罪犯?[②] 作为参考群体的成员(是院子里的二十五个囚犯之一)当然不是犯罪;然而,它被视为判定 X 谋杀警卫的充分证据。[③] 这在道德上是站得住脚的吗?

似乎正在发生的事情是这样的。定罪的判断是基于实践推理。人们可能会尝试沿着以下思路对 DR(P)进行道德辩护。在 $P(H|E) > T$ 的情况下,"谨慎假

① 这与法治的要求相契合。借用富勒的话,"宣布的规则与其实际适用并不一致。" Fuller, *The Morality of Law*, New Haven: Yale University Press, 1969, at p. 39.

② See Colyvan, Regan and Ferson, 2001; Zuckerman, 1986, p. 499; Cohen, 1987, p. 94, Buchak, 2014, p. 303.

③ See Papineau, 2021, p. 5317; Littlejohn, 2020, p. 5259(两者都指出,被告人不仅仅是因为自己是参考类的一员而被定罪).

设"X 谋杀了警卫。[①] 起作用的命题性态度不是信念,而必须是类似于乌尔曼 · 玛格利特和玛格丽特(1992)所阐述的"将命题视为真实"的概念,[②]或者可能是科恩(1991;1992)的"接受"概念,因为它们具有实践导向。[③] 那么,这个论点需要捍卫的主张是:事实认定者假设 X 谋杀了警卫,而这样做的动机是 P (H|E) >T 的事实,这在道德上是正当的。

这样的论点可能会以如下理由展开,但终归是没有说服力的。根据事实,定罪有罪者和释放无辜者具有积极价值,而定罪无辜者和释放有罪者具有消极价值。完全消灭错误判决是不可能的。我们能做的就是在不确定性下管理风险。T 是概率值,当有条件的有罪概率超过 T 时,将被告人定罪将使期望值最大化。DR(P)在道德上是站得住脚的,因为从长远来看,采用它的审判制度有望产生关于真实与虚假、有罪与无罪的最佳社会组合。在"监狱警卫"案中,事实认定者认定 X 有罪在道德上是正当的,尽管(事实认定者不知道)X 是无辜的。在认定 X 有罪的过程中,事实认定者遵循了一条在道德上可以辩护的规则,并参与了一项有价值的社会实践:

参与刑事司法制度的实践,使我们享有许多好处,包括安全和减少犯罪。[④] 这种说法对于一个顽固的功利主义者来说可能是可接受的。[⑤] 但是,正如雅夫(2019年,第 112 页)所指出的,"任何有报应主义倾向的人都不会采取这样的思路来进行辩解。我们不能通过诉诸'这样做会实现美好'的途径来证成(定罪)和惩罚无

---

① "谨慎假设"短语来自 1872 年《印度证据法》第 3 条中"已证明"的定义。该条规定:"当法院在考虑了所审理的事项之后,认为该事实存在,或认为该事实存在的可能性如此之大,以至于谨慎的人应该根据该事实存在的假设采取行动时,即为事实已被证明。"人们很容易将本条第二部分的"谨慎人"标准视为基于一种实践推理并作为第一部分中"信念"标准的替代方案。但必须强调的是,该定义的起草者詹姆斯 · 斯蒂芬拒绝接受排除合理怀疑的证明阈值观点。对他来说,概率是"道德确定性"的问题(Basu, 1931, p. 1438),而排除合理怀疑的证据需要消除与被告有罪不一致的每一个合理假设(Stephen, 1872, p. 35 – 37),这种规范进路在结构上类似于相关的替代知识理论。

② Ullmann – Margalit and Margalit, 1992, p. 171:将 p 视为真"就是把 p 作为前提加入自己的实践推理中,按照 p 为真的想法继续推理"。

③ 科恩认为,陪审团应该宣布其成员接受什么,而不是他们相信什么。Cohen, 1991; Cohen, 1992, p. 117 – 125. 一般来说,"接受 p 就是拥有或采取一种认为、假设或假设 p 的政策——将这个命题或规则包摄在一个人的前提中,以决定在特定情况下做什么或思考什么,无论一个人是否认为 p 是真的"。(Cohen, 1992, p. 4). 科恩的早期成果中更清晰地主张信念中心解释。see e. g. , Cohen, 1977, p. 81, 311 and 322. 对于科恩的"接受"概念在法律事实认定的应用,see Ferrer Beltrán, 2006。

④ Yaffe, 2019, p. 112.

⑤ 相关文献参考,see Ho, 2008, p. 191 – 193。考虑在不赞同结果主义的情况下为惩罚后果证成的可能性超出了本文的范围。对于这种可能性的研究,see, e. g. , Tadros, 2011。

辜者的做法”。[①]

如果 P(H|E) > T 不能证成对 X 的定罪，那么它还能豁免错误定罪的责任吗？如果事实认定者有理由相信存在事实依据，那么他可以在没有事实依据的情况下对 X 定罪。但这可以说并非“监狱警卫”案例表现的情况。有时会与彩票悖论相提并论。让我们保持与“监狱警卫”案例中相同的数字。假设在公平发售且只有一个中奖者的 25 张彩票中，我只持有 1 张。中奖彩票已公布，但我还没有查看结果。目前没有其他相关信息。我没中奖的概率为 0.96。人们普遍认为我不知道我没中奖。但我有理由相信我没中奖吗？如果洛克的论点是正确的，并且仅凭概率，我完全有理由相信我没有中奖，那么我也有理由相信每个买彩票的人都一样。这样我就有理由相信，所有彩票都没中奖。但这会产生矛盾，因为我也有理由相信其中一张彩票已经中奖了。这个悖论的一个可能的解决方案是，否认我有理由相信（而不是相信高概率或高确信度）我没有中奖。[②] 事实似乎是，如果我完全相信，并且排除非理性因素，那么我一开始就不会买彩票。人们提出了各种论据来支持没中奖的信念是不合理信念的论点。[③] 这些不同论点可能同样适用于“监狱警卫”案例的情况。如果这是正确的，那么“监狱警卫”案例中的统计证据并不能证明有罪判决存在事实依据：它不能证成 X 故意杀死警卫的信念，尽管这可能证成该故事具有很高的确信度或很高的客观盖然性。

回想我之前的说法，在认定被告人有罪的过程中，事实认定者是在断言被告人有罪，并且在此过程中应对其断言的真实性负责，如果断言是错误的，他就要承担责任。因此，法律要求以对要件事实的绝对信念而非概率信念或信心为指导进行定罪是合理的。完全相信 X 故意杀害了警卫，就是采取这一主张的立场，并致力于证明其真实性。而如果事实认定者相信 X 故意杀害警卫的客观概率为 0.96，或者 X 这样做的确信度为 0.96，那么事实认定者就没有对 X 的有罪形成立场。这并不意味着事实认定者关于 X 是否有罪的判断是错误的；毕竟，事实认定者也为 X 的无罪指定了一个概率，尽管概率很低。[④] 为了继续论证，人们可能会

① 括号内的词语为本文添加。类似的观念支持了史密斯 2021 年一篇论文的论点，即法律概率论是令人反感的，因为它纵容了故意将误判无辜者作为定罪的手段。

② See, e. g., Nelkin, 2000; Nelkin 2021; Buchak, 2014; Smith 2016, ch. 3; Smith, 2021a; Smith, 2021b. Cf. Backes(2020) 捍卫了洛克关于认识论正当性的解释，根据该解释，如果是在极有可能程度上的信念，则在认识论上是正当的；对洛克式理解的批评参见 Littlejohn, 2020，对该批评的回应见 Papineau, 2021, p. 5323 –5324。

③ 诚然，直觉是混合的。关于复杂的心理分析见 Nagel, 2021。

④ See Fantl and McGrath, 2009, p. 141 –143; Buchak, 2014, p. 286 –287.

进一步主张,在认定 X 有罪时,事实认定者只应被视为根据审判中举出的证据进行断言,X 故意杀死警卫的概率超过 T。① 由于该断言仍然成立,因此事实认定者无须借口回答错误。这个说法是有问题的。它将做出有罪评价的证据基础与有罪判决中包含的断言混为一谈。通过将有罪判决视为主张该判决的概率的证据基础,这一论点产生了我刚才提到的冲突,即在行为规范下定罪的规范理由("X 故意杀害警卫")和在裁判规范下的定罪动机理由["$P(H|E)>T$"]之间的冲突。

明确地说,虽然我主张 DR 的概率论解释(排除合理怀疑的证明)缺乏对可以合理要求有罪判决之事实根据的承诺,但我既不是暗示概率在法律事实认定中毫无作用,也不是否认规制错误风险的必要性。排除合理怀疑的认识论解释可以借鉴知识的相关替代理论,根据该理论,p 的知识需要排除 p 的所有相关替代假设。② p 的相关替代假设即非 p 的相关可能性。风险评估涉及判断哪些备选方案是相关的(而不是过于遥远),以及判断证据是否"排除"了相关备选方案。概率是衡量风险的一个很好的指南,但两者可能会分开。③ 在"监狱警卫"案例里,虽然 X 无罪的概率很低,但他也很可能是无辜的;据我们所知,他很可能就是那个躲在棚子里的人,而且在审判中没有举出任何证据来证明这种简单的可能性。尽管 X 有罪的数学概率很高,但将他定罪的风险太大。

九

现在,回到我的一般论点。如果我是正确的,而事实认定者根据 DR(P)将 X 定罪的事实既不能为其错误定罪证成,也不能为其豁免责任,那么当后来发现 X 是无辜者时,我们该对 X 说什么呢?我们是不是要告诉 X:"你只是运气不好。任何审判制度都不可能完美,有得就有失。"④我们是否应该追随佩利的脚步,建议 X "换个角度想,错判你有罪的人可能也是为了国家着想"? X 是否应该欣慰地认为"自己在概率性裁判规范[DR(P)]的运作下遭受痛苦时",正是该规则的"一般效果和力势"使得"社会的福利得到维持和维护"?⑤ 以这种方式回复 X 的切肤之

① Cf. Hedden and Colyvan, 2019, p. 464[赞成摆脱报应主义立场,并发现"完全适合……一个法律体系,将定罪视为不是直接断言被告人有罪,而是断言被告非常可能有罪"(原文强调)]。

② Ho, 2008, p. 151 – 155.

③ 对于非概率风险理论,see, e. g., Pritchard, 2015 and 2018(提出了一种风险描述的模式);Gardiner 2020b(提出一个认知风险理论化的替代框架)。

④ Cf. Enoch, Spectre and Fisher, 2012, p. 208.

⑤ Paley, 1817, p. 300. 他因这句话受到了严厉的批评。公平地说,他并不赞同 DR(P),主要关心的是防止基于不合理怀疑的无罪释放。

痛,引发了一种熟悉的道德反对意见:它不尊重 X 作为一个人的自主权,违反了康德的“人是目的,而非手段”的禁令。

那么,我们如何解释 DR(P)的理论魅力? DR(P)优于 DR 的认识论解释何以可能? 认识论解释被指责牺牲了准确性。[①] 考虑这个思想实验:改变一下监狱的情况,使提起诉讼是基于目击证人的指认而非统计证据。目击证人作证说,他看到 X 杀死了警卫。心理学研究表明,目击证人的指认通常是不可靠的。在修改后的场景中,目击证人正确指认 X 为罪犯的概率很可能低于原始场景中统计证据得出的有罪概率。但目击证人证词是一种可以证明相信(知道)被告人有罪的证据,因此也是一种可以满足裁判规范认识论解释的证据。认识论解释允许事实认定者根据修改版“监狱警卫”案例中目击证人的指认,而非根据原始版“监狱警卫”中的统计证据来判定 X 有罪。如果我们只关心准确度,这是没有意义的,因为基于目击证人的指认,正确定罪的概率可能反而比基于统计数据的概率要低。

我不同意这个观点。因为该观点仍然是从认识论解释所反对的统计性推理的角度看待目击证人的证言。正如“监狱警卫”案例中的推理,院子里的囚犯 X 可能有罪,因为院子里的大多数囚犯都可能有罪,在修改后的版本中,推理认为,这种目击证人身份只有在有限的程度上是可靠的,因为大多数目击证人指认(在类似条件下作出的)只有在这种程度上才是可靠的。换言之,这种目击证人指认的可靠性在概念上是根据选定的参考身份类别中正确身份的频率来考虑的。这一推理存在缺陷。裁判规范的认识论解释允许被告人以目击证人的证词为根据被定罪,前提是该证词足够有力,足以证成相信(知道)被告人有罪的信念。我们刚刚概述的统计推理无法确定证词是否足够有力。在许多法律制度中,法律都认为根据缺少补强的目击证人证词定罪通常是不可靠的。法官必须“警告陪审团,在根据指认的准确性对被告人定罪之前,需要特别谨慎”。必须有充分的理由认为法庭上的证人说的是真话,必须排除他犯错误的所有合理可能性。审判的某些特点旨在揭示谎言和错判无辜的可能性;对证人的交叉询问就是一个最好的例子。在一个相关的替代方案框架中,只有通过排除目击证人证词的所有虚假可能性——可能是由于说谎动机、视线障碍、视力差、照明不良、指认距离远、瞬时观察等——事实认定者才可以知道是 X 杀了警卫,或者有理由相信证人证词证明 X 杀了警卫。如果要根据缺乏补强的目击证人证词进行定罪,法律要求有充分的理由认为目击证人的指认属于不可靠目击证人指认的例外情况。只有当目击证人

---

① See, e.g., Enoch, Spectre and Fisher, 2012.

证词具有如一些法院所说的“特别可信性”时,才能安全地将其作为例外予以采纳。[①] 事实认定者必须遵守法律(他们实际上是否遵守法律是一个单独的经验问题)。因此很难说,法律允许根据目击证人的指认而非裸统计证据来定罪损害了准确性。

十

我主张,排除合理怀疑的认识论解释具有概率论解释所缺乏的理论优势;前者可以豁免事实认定者,进而豁免国家对无辜者进行定罪的责任,但后者不能。在结束发言之前,我应该提出一个警告。司法证明不完全等于认识论。

法律不允许事实认定者根据与手头案件有关的个人知识作出判决。从历史上看,采取陪审团制度的初衷恰恰是利用个人知识。当陪审团制度首次在英国出现时,陪审员是从争议案件发生地选出的人。他们是“知情”的,主要根据他们已经知道的事实来决定他们面前的案件。这些知识——由于社区规模小且联系紧密——并不难获得——要么是第一手资料,要么是在审判前从其他非正式来源获得的。然而,这种情况在17世纪发生了变化。[②] 陪审员“从有权依赖个人知识的邻里证人转变为仅能使用在法庭上正式提出的证据的事实法官”。[③] 禁止在事实认定中使用私人知识的相同规则,在没有陪审团制度的欧洲大陆有着更长的历史,因为法官的任务就是查明事实。中世纪的神学家和法学家认为,法官应该根据在法庭上出示的证据而不是根据他们私下对案件的了解来作出判断。[④] 无论过去这么认为的理由是什么,[⑤]它都非常符合现代刑事审判理论中作为公共程序的问责与证成理论。事实上,在今天,拥有私人知识会使一个人失去担任事实认定者的资格。

这就解释了为什么以信念为中心和以知识为中心的排除合理怀疑证明标准解释[DR(JB)和DR(JBK)]要求审议必须限于可采证据。然而,即使有这种限制,这两种解释都不是对当代法律的完全准确描述,至少没有完全准确描述普通法法律制度。[⑥] 有必要对其进行一些改进。但由于篇幅有限,我只能发表一些一

---

① PP v GCK [2020] 1 SLR 486.

② Gallanis, 2009, p. 957 - 958.

③ Mitnick, 1988, p. 201 - 202.

④ Whitman, 2008, p. 105 - 114; Damaška, 2019, p. 54 - 56; Radin, 1932.

⑤ Whitman, 2008, p. 110. 他主张,反对依赖私人知识的规则是一项“道德慰藉规则”,保护法官免于对“他们所审判的案件的血腥后果”承担个人道德责任。

⑥ 大陆法系的内心确信标准更复杂、更具争议。See Damaška, ch. 10.

般性评论。司法证明并不取决于事实认定者的个人信念。正如我在别处详细阐述的(何福来,2008,第92-93页),它依赖于一种认知判断:更全面地依赖于事实认定者对一个人有正当理由相信什么的判断,如果一个人要(1)只考虑可采证据;(2)忽略任何可能已经出现的不可采证据;以及(3)避免使用法律上可能禁止的各种证据推理(例如来自被告不良品性的"偏见推理")。此外,事实认定者必须遵守将某些解释强加于证据推理的证据规则(例如可反驳的法律推定)(何福来,2008年,第42-43页)。重要的是,尽管法律干预了事实认定者的认知判断,但干预总是有限的。在刑事审判中,事实认定者最终必须在有限的法律约束下判断某人是否有正当理由相信被告人有罪。我认为,由法律限制引起的改进并没有实质性地破坏我当前论点的主旨。实际上,事实认定者作出有罪判决的理由是,在某些情况下,人们有正当理由相信被告人有罪,这通常应该豁免他(以其官方身份)在错误定罪时的责任。

(编辑:叶宁)

稿　约

一、《刑事司法论丛》是由西南政法大学诉讼法与司法改革研究中心主办，西南政法大学刑事检察研究中心、量刑研究中心、有组织犯罪研究中心协办，面向国内外公开发行的刑事司法专业连续出版物，由法律出版社出版，每年出版一卷到两卷。

二、《刑事司法论丛》的宗旨：不重作者身份，不限论文篇幅，唯重学术质量；立足刑事司法，服务青年师生，培育科研新秀，促进学术交流。

三、《刑事司法论丛》设置有理论前沿、特邀编辑荐稿、实务论坛、域外法制等栏目，分别采取自由投稿与特邀编辑推荐相结合的组稿方式。

四、《刑事司法论丛》主要发表刑事司法方面的原创性论文，举凡刑事程序法、刑事实体法、刑事证据法方面的研讨文章，皆可赐稿。本论丛鼓励一稿一投，反对一稿多发。来稿一经采用，酌付稿酬。电子版来稿请发送 xssflc@126.com，并在邮件主题中注明“《刑事司法论丛》投稿”。来稿时务请在文内首页附作者简介，写明作者的真实姓名、工作单位、职务或职称、学历、邮寄地址、联系方式。翻译稿件涉及的版权事宜，请译者自行处理并负责，投稿时须提交原文。所有来稿均于一个月内回复审稿结果。、

五、《刑事司法论丛》注释一律采用圆圈脚注，每页单独编号。具体注释体例如下。

①闫召华：《认罪认罚的自愿性及其保障》，载《人大法律评论》2018 年卷第 1 辑，法律出版社 2018 年版，第 169 页。

②胡云腾：《正确把握认罪认罚从宽　保证严格公正高效司法》，载《人民法院报》2019 年 10 月 24 日，第 5 版。

③陈国庆：《量刑建议的若干问题》，载《中国刑事法杂志》2019 年第 5 期，第 3 页。

④王兆鹏：《美国刑事诉讼法》，北京大学出版社 2005 年版，第 538 页。

⑤李艳飞：《速裁案件被追诉人认罪真实性保障机制研究》，西南政法大学

2020 年硕士毕业论文,第 69 页。

⑥[美]道格拉斯·埃文·贝洛夫:《刑事诉讼的第三种模式:被害人参与模式》,载[美]虞平、郭志媛编译:《争鸣与思辨:刑事诉讼模式经典论文选译》,北京大学出版社 2013 年版,第 192 页。

⑦参见[美]吉安娜·J. 戴维斯:《专横的正义:美国检察官的权力》,李昌林、陈川陵译,中国法制出版社 2012 年版,第 8 页。

⑧郭其钰、苏礼昊:《杭州首例 48 小时刑事速裁案件快速办理》,载 https://www.chinanews.com/sh/2020/07 - 16/9240080.shtml,最后访问于 2020 年 12 月 20 日。

⑨Cheryl G. Bader, *Forgive Me Victim for I Have Sinned: Why Repentance and the Criminal Justice System Do Not Mix – A Lesson from Jewish Law*, Fordham Urban Law Journal, Vol. 31:1, p. 69(2003 – 2004).

⑩Tyrone Kirchengast, *Victims and the Criminal Trial*, London: Macmillan Publishers Ltd., 2016, p. 1.

⑪Tollett v. Henderson, 411 U.S. 258, (1973).

六、本论丛文章已被《中国学术期刊(光盘版)》《中国期刊网》等全文收录。作者投稿时,若不同意自己的文章被上述电子出版物、数据库收录请作特别声明。若无声明,视同同意本论丛编辑部与上述电子出版物、数据库的约定。

七、编者保留对来稿进行技术性加工处理的权利。文章如发表,文责自负。

《刑事司法论丛》编辑部

2022 年 12 月